シュタイナー「自由」への遍歴

ゲーテ・シラー・ニーチェとの邂逅

井藤 元 著

口絵１　国語のノート①

口絵２　国語のノート②

口絵３　算数のノート①

口絵４　算数のノート②

プリミエ・コレクションの創刊に際して

「プリミエ」とは、初演を意味するフランス語の「première」から転じた「初演する、主演する」を意味する英語です。本コレクションのタイトルには、初々しい若い知性のデビュー作という意味がこめられています。

いわゆる大学院重点化によって博士学位取得者を増強する計画が始まってから十数年になります。学界、産業界、政界、官界さらには国際機関等に博士学位取得者が歓迎される時代がやがて到来するという当初の見通しは、国内外の諸状況もあって未だ実現せず、そのため、長期の研鑽を積みながら厳しい日々を送っている若手研究者も少なくありません。

しかしながら、多くの優秀な人材を学界に迎えたことで学術研究は新しい活況を呈し、領域によっては、既存の研究には見られなかった溌剌とした視点や方法が、若い人々によってもたらされています。そうした優れた業績を広く公開することは、学界のみならず、歴史の転換点にある21世紀の社会全体にとっても、未来を拓く大きな資産になることは間違いありません。

このたび、京都大学では、常にフロンティアに挑戦することで我が国の教育・研究において誉れある幾多の成果をもたらしてきた百有余年の歴史の上に、若手研究者の優れた業績を世に出すための支援制度を設けることに致しました。本コレクションの各巻は、いずれもこの制度のもとに刊行されるモノグラフです。ここでデビューした研究者は、我が国のみならず、国際的な学界において、将来につながる学術研究のリーダーとして活躍が期待される人たちです。関係者、読者の方々共々、このコレクションが健やかに成長していくことを見守っていきたいと祈念します。

第25代　京都大学総長　松本　紘

目次

第Ⅱ部　「ゲーテ自然科学」あるいは『ツァラトゥストラ』との対峙
―思想研究者時代の思想

第Ⅲ部　人智学的世界観の縮図としての『メールヒェン』もしくは『ファウスト』――霊的指導者時代の思想

凡例

一、引用文献は巻末の引用文献表に従って著者名と発行年、頁数で示す。

二、翻訳を参照した場合は、原著と＝で区切って翻訳の発行年と該当頁数を示した。

三、強調については、引用原文の強調は傍点で示し、井藤による強調は、引用末尾に［傍点筆者］と記した。

はじめに

ここに一枚の絵（口絵1参照）がある。小学校一年生の少年が描いた絵である。縦四〇センチメートル、横三〇センチメートルの大きなノート（「エポックノート」と呼ばれる）の見開き二頁にわたって描かれたその絵は、少年が国語の授業の中で描いたものである。見るとアルファベットの「A」と共に何やら不思議な場面が描かれている。この場面は象形文字のごとく「A」という文字の成り立ちを示しており、文字と絵は深く関連している。

この絵は、二時間かけて完成に至った。同じだけの時間をかけて彼の同級生たちもまた、同じ絵を完成させた。つまり、この絵は少年のオリジナルな作品ではなく、敬愛する担任の教師が黒板に描いた絵を模写したものである。一枚の絵を模写するために二時間もの時間を費やすこの授業、かなりの集中力が求められる。雑に早く描くことを教師は許さない。時間をかけてじっくりと描くよう、教師は繰り返し生徒たちに訴えかける。そのため学習はゆっくりと進む。

ふとノートのページをめくってみると、次も、またその次もアルファベットの一文字と共に不思議な場面が並んでいる。一日一文字ずつ学習が進められているのだ。いくら小学一年生とはいえ、一回の授業でアルファベット一文字分しか学習が進まないというのはあまりに少なすぎはしないか。そうした心配をよそに、この学校では学ぶべき知識の量を全くと言ってよいほど重視していない。それよりもいかに深く学ぶかに全精力が注がれている。数値的に測定可能な知識など重んじられてはいないのだ（必然的帰結として、この学校にはテストがない）。一日二時間かけて、ノートに絵や文字を描いてゆく。これがこの学校の一つのスタイルなのである。しかも一つの教科が三〜六週間も続く。この間、別の科目が教えられることはない。他の科目が教えられるのは、一つのターム（「エポック」と呼ばれる）が終わった後である。一つのタームを終えて、次のタームに移る。これの繰り返しで授業が進んでゆく。こうしたサイクルが八年ものあいだ、一人の担任の指導の下で続けられるのである。

この不思議なカリキュラムに基づく学校は、名を「シュタイナー・シューレ（シュタイナー学校）」という。創始者の名はルドルフ・シュタイナー（Rudolf Steiner 1861–1925）、本書の主人公である。一九一九年にはじめてシュタイナー学校が開設されて以来、その数は増え続け、現在、シュタイナー学校は全世界におよそ一〇〇〇校あるといわれている。普及の仕方も極めて広範で、ヨーロッパを中心として、中近東、アジア、アフリカ、中南米、オーストラリアなど全世界に設立されている。[1] また、モンテッソーリ教育と並んで、幼児教育界でシュタイナーの教育実践は広く受容されており、もはや流行として片付けることのできぬ影響力を継続的に保ち続けている。それもただ単に普及したというだけではない。現在、シュタイナー学校の「卒業生調査」が行われているが、その調査結果はシュタイナー教育が、時代の要請にかなう形で一定の成果を生み出し続けていることを示している。[2]

先の少年は、卒業までシュタイナー学校に在籍したわけではなかった。彼はスイスのシュタイナー学校に一年在籍し、その後日本に帰国した。帰国後、日本の公立学校で感じたギャップは相当のものであった。そのため、シュタイナー学校の記憶は帰国後に感じた猛烈な違和感とセットで少年の中に刻み込まれている。何しろ、学習のスピードが違う。一日一文字の世界から、日々テスト勉強に追われる世界にやってきたのである。

最初は授業についてゆくこともままならなかった。けれども時が経つにつれて、いつしかそうしたリズムにも適応し、何事もなかったように学校生活に順応していた。

既にお気づきかと思うが、この少年とは二十五年前の筆者のことである。独特の雰囲気に満たされたシュタイナー学校での経験は短いながらも鮮烈であった。時が経ち、記憶が薄れても毎回の授業に胸を躍らせ、授業を楽しいと感じたあの感覚は体で覚えている。何より手許にはシュタイナー教育の世界に全身で浸ったことの揺るがぬ証拠として「エポックノート」が残されている。異国の地での不思議な経験がこのノートの内に彩り豊かに閉じ込められている。

一年という限られた期間だったため、ノートは途中で終わっている。使われなかった残りの白紙ページを眺めていると、さまざまな想像と共にとめどなく疑問が湧き起こってくる。

一つの教科だけを三〜六週も続けて学習するカリキュラム(「エポック授業」[3])。このサイクルだと、たとえば算数のエポックが終わったとして、次に算数が回ってくるのは数か月後、ということになる。シュタイナー教育では一度学んだことを「忘れる」ことが大切だとされ、学んだ事柄を熟成させることに重きを置いている。だが、あの方法で本当に知識は定着するのであろうか。

シュタイナー学校では八年間一貫担任制が採用されているが、これは本当に機能しているのか。筆者自身一年生の時、担任の教師のことが大好きであったが、八年ものあいだずっとうまくやっていくことはできただろうか。

シュタイナー教育は芸術に満たされている。「芸術を」教えているのではない。国語、算数、理科、社会……すべての教科が「芸術的に」学ばれているのである。だが、芸術に満たされていると聞けば聞こえは良いが、あのやり方で本当に「学力」がつくのであろうか。

一歩引き下がって、さらに根本的な問いが湧き起こる。シュタイナー学校の実践は、一体何のために、何を目指して、行われているのか。いかなる人間を育成しようとしているのか。そしてどのような発想や考え方が実践を貫いているのだろうか……。

創始者であるシュタイナー自身の言葉に耳を傾ければよい。そう答えが返ってくるかもしれない。シュタイナー教育についてはシュタイナー本人に尋ねるのが最善のはず。道理としてはごもっともである。だが、これが実に厄介な問題を孕んでいる。

シュタイナー教育を支える思想は人智学（Anthroposophie）と呼ばれる。人智学の及ぶ範囲は、教育のみならず、芸術、宗教、医学、社会論、宇宙論、農学、経済学など広大である[4]。この人智学、秘教的色合いを帯びているがゆえに、容易に接近を許さない。人間を物質体、エーテル体、アストラル体、自我から成る構成体とみなす独特の人間観、転生の観点から描き出されるライフサイクル論、宇宙の生成、発展を説く宇宙進化論等々……。

コリン・ウィルソンは次のように語る。「二〇世紀のあらゆる重要な思想家の中で、ルドルフ・シュタイナーはおそらく最も研究しにくい人物であろう。シュタイナーの思想になじんでいない人がその著作を読むと次々に障害に出くわし、意気を阻喪させられる［傍点筆者］」[5]。そして「最も偏見のない読者でさえもうこりごりだとばかりに彼の本を投げ出してしまう」[6]。ここには人智学研究の困難さが如実に表現されている。

実例を挙げよう。次の文章は十二、三歳頃の子どもの「発達」について講じたシュタイナーの講演からの引用である。

「さて、十二、三歳の子どもも、成長する上で重要な時点を通過します。この時期に人間の霊的魂的部分が強められます。とはいえ、その霊魂部分はまだ十分自我と結びついてはいません。霊学上一般にアストラル体といわれているものがこの時期に強まり、そしてエーテル体と結びつきます。もちろん独立した本性としてのアストラル体は、性の成熟期になって現れてきます。けれどもこの時期には、アストラル体はエーテル体と結びついて、特別な仕方で現れるのです。アストラル体は十二、三歳のときにエーテル体を力づけ、それを成熟させせます。この点に子どもの発達の重要な段階があるのです。この時期に正しい教育を受けた子どもは、外の世界を理解する力を内部から発達させはじめます[7]」。

ここには通常「発達」と聞いてわれわれが思い起こすイメージとは全くもって異質な問題が取り上げられている。エーテル体、アストラル体といった人智学用語によって「発達」の問題が語られ、「発達」に適した教育のあり方が示される。

こうした言説にあふれているため、アカデミズムはいまもシュタイナー思想（人智学）をオカルトとして敬遠し続けている。「学校は歓迎され、思想は敬遠されている[8]」とは教育学者の西平直がシュタイナー教育をめぐる現状の核心を射抜いた言葉である。

したがって、シュタイナー教育をめぐって湧き上がってくる問いをシュタイナー自身にぶつけてみても、（多くの人にとっては）すぐに納得のゆく形で回答が得られるわけではない。少なくとも、はじめてシュタイナーの思想に触れたとき、幼い頃シュタイナー学校で感じた「楽しかった」という素朴な印象と人智学用語を通じて語られる事柄とが筆者の中ではうまく結びつかなかった。シュタイナー学校の実践には、人智学の思想がその細部に至るまで沁みわたっているはずだが、人智学の言葉は素直には筆者の胸に響かなかったのである。

けれども、実践を支える思想がいかに特異で、容易に受け入れがたいものであっても、この実践は現に事実として広く普及している。それは膨大な数のシュタイナー教育関連図書や学校数の急激な増加など、数量化可能なデータが物語っていることである。しかしながらこうした現状にあって、教育学はシュタイナー教育という現象を十全に掴みとるだけの枠組みを用意できていない。実践の受容と思想の敬遠。現状において、実践と思想の「乖離状況」は慢性化しつつあるといえるのだ。この点は、シュタイナー教育が抱える極めて深刻な問題である。本来ならば実践が受容されるのと同程度に、地道な思想研究が積み上げられてゆくべきである。シュタイナー教育の背景にある思想を一つ一つ丁寧に読み解き、実践を支える基本的な構図を見定めることも、同時並行で進められるべきである。だが、現実には実践だけが受容され思想は敬遠されている。両者が実にアンバランスなのである。

本書の問題意識はここにある。シュタイナー教育をめぐるこうした現状に鑑み、実践の背景にある思想を、思想研究という学問的土壌のうえで吟味すること、このことが本書の課題である。本書はしたがって、直接的に「シュタイナー教育」を論ずるものではない。シュタイナーの教育実践の一々について検討を加える実践研究ではなく、実践の背景にある「思想」を分析する基礎研究である。本書では一貫して、シュタイナーの教育実践がいかなる思想に支えられているか、その根本的構図の抽出を目指す。

だが、口にするのは簡単であるが、いざ取り組もうとするとそこには大きな壁が立ちはだかる。シュタイナーの思想研究が十全になされないのも、この壁に阻まれてのことである。言うまでもない。人智学という壁である。正攻法でこれに立ち向かおうとしても、特殊な人智学用語が行く手を遮り、われわれは解読のための足場を築くことができない。なにしろ「最も偏見のない読者でさえもうこりごりだとばかりに彼の本を投げ出してしまう」内容なのである。正面からのアプローチは避けた方が良さそうである。

そこで本書では、二つの操作を施し、迂回路を辿って人智学への接近を試みる（その詳細については序論で述べる）。この二つの操作により人智学との正面衝突を避ける。

一つにはシュタイナーの思想的源泉を辿るという方法である。つまり、シュタイナーの思想的出自にまで遡り、その源泉から人智学の根本的構図を浮き彫りにさせるという方法をとる。シュタイナー思想は確かに特異であるが、それは突如思想史上に姿を現わしたのではない。彼は、先人の思想から多大な影響を受け、苦心の末、人智学を打ち立てるに至ったのである。本書では、この点に着目し、人智学の思想的源泉を掘り起こすことで、彼の特殊思想をその原景に遡って読み解く。

では、その源泉とは何か。それはゲーテ、シラー、ニーチェの思想である。本書では特にこれら三思想家との関係に焦点を当て、シュタイナーの思想を読み解いてゆく。シュタイナーは生涯にわたって繰り返し彼らの思想に言及し、その重要性を強調し続けた。とりわけ初期シュタイナーは、それら三思想家について論ずる中で、自身の思想を間接的に語っている。三思想家の解釈という形をとりつつ、彼らの枠組みを借りる形で、自身の思想を示しているのである。このことは極めて重大な意義を有する。なぜならば、この点に着目することで人智学の特殊用語を用いずにシュタイナー思想の内実を明らかにするための方途が得られるからである。ゲーテ、シラー、ニーチェを試金石とすることでシュタイナー自身の思想が浮き彫りにされるのである。つまり、三思想家の枠組みによってシュタイナー思想が翻訳される。三思想家に対するシュタイナーの解読を見ていくことで逆にシュタイナー自身の思想が照らし出されることとなるのだ。

人智学へと接近するために本書が採用する第二の方法がシュタイナーの思想的遍歴の時期区分である。本書では、思想家としての彼の遍歴を三期に分割する（思想研究者時代、転回期、霊的指導者時代）。思想研究者時代の彼は、主にゲーテ自然科学研究に従事し、堅実な思想研究を行っており、オカルト的な要素は一切見られない。転回期を経てシュタイナーは霊的指導者となり、人智学を打ち立ててゆく。本書ではこの思想的発展を辿ってゆくのである。一見するところ、思想研究者時代の思想と霊的指導者時代の思想の間には深い断絶があるようにも思われる。だが、両者はひと続きなのではないか。この点が本書の一つの要点である。両者の連続性に目を向けることでシュタイナーの内に一貫して認められる人智学的人間形成論の基本構図を抽出することが可能となる。そしてここにおいて両者の連続性、さらには思想的発展を辿るべく、加味されるのが「第一の方法」である。つまり、それぞれの時期区分において、シュタイナーが三思想家（ゲーテ、シラー、ニーチェ）をいかに読み解いたか、この点を検討してゆくのである。そして、彼の解釈の変遷を読み解いてゆくことで、シュタイナー自身の思想的成熟を辿ることも可能になる。三期の思想を三思想家との関係の変遷を追う中で検討するということである。こうして「第一の方法」と「第二の方法」を連動させることで、人智学の連続性・一貫性が明らかとなる。

以上が人智学へと接近するために本書が採用する方法である。この方法により、人智学用語を用いることなくして、シュタイナー思想を読み解くことが可能となる。そして何より、こうした方法を採用することで人智学的人間形成論の核心に迫ってゆくための道が開かれる。その核心とは、シュタイナー教育における最重要課題、つまり人間の「自由」の獲得の問題である。本書は最終的にこの「自由」というキーワードへと収斂してゆく。シュタイナー教育は「自由への教育」を標榜しているが、ここにおける「自由」の内実（「自由」の構図）が、本書の方法論によって明らかとなるのである。シュタイナーはゲーテ、シラー、ニーチェの内に「自由」をめぐる重大な思想が描き出されていることを発見した。そして彼らの思想を読み解く中で、自身の「自由」の哲学を練り上げていったのである。

シュタイナーが辿った思想的遍歴、それはすなわち「自由への遍歴」である。本書を始めるに当たり、その予告として彼の遍歴とそれに対応する「自由」への道程を大まかに示しておく。序論以降はこのラフスケッチに沿ってシュタイナーの「自由」への哲学を描き出してゆくこととなる。

先に示した通り、本書では彼の遍歴を三期に時期区分する。

一　思想研究者時代
二　転回期
三　霊的指導者時代

これに彼のゲーテ、シラー、ニーチェ研究を重ねて書き加えると以下のようになる。

一　思想研究者時代（ゲーテ自然科学研究、ニーチェ研究）
二　転回期（ゲーテ＝シラー研究）
三　霊的指導者時代（ゲーテ文学研究）

ゲーテ自然科学研究を出発点とし、シラー、ニーチェ研究を経て、ゲーテ文学を読み解く。その過程で三思想家の解読を通じて描き出される「自由」獲得への行程は、まさにシュタイナー自身が歩んだ「自由」への軌跡でもあった。彼の思想的成熟そのものが「自由」獲得の道程なのであり、彼自身の遍歴と彼の「自由」への哲学は構造的にパラレルなのである。シュタイナーの目指す「自由」は、以下の過程を経て至りうるものとなる。

一　自然認識
二　自然認識から自己認識への転回
三　自己認識（「自由」の獲得）

本書で明らかにする通り、シュタイナーにとって「自由」とは「自分がなにものであるか」を直観的に認識（「自己認識」）し、それを引き受けてゆくことによってはじめて獲得される。「自己認識」に至るために、その準備としてまずは「自然認識」が必要となる。「自然認識」から「自己認識」へ。こうした過程は、ゲーテ自然科学研究からゲーテ文学研究へと至る彼の思想的変遷と正確に重なる。

「自然認識」が「自己認識」の前提だということを、シュタイナーは、ゲーテ自然科学研究を通じて示した。さらにはシラーやニーチェとの対決の中で「自然認識」から「自己認識」への転回の必要性が示される。そして、この転回を経て「自由」へと至る過程を、シュタイナーはゲーテ文学を読み解く中で明らかにした。

前置きはこれぐらいにしておこう。本書の予告編は以上で終了となる。「自由」獲得を人間形成の最重要問題と考え、独自の思想（人智学）を打ち立てた思想家シュタイナー。彼の「自由」への遍歴を辿ってゆくことにしよう。

註

（1）　Freunde der Erziehungskunst Rudolf Steiners 2001＝二〇〇五。

（2）シュタイナー学校の卒業生調査については、たとえば今井の論文参照。［今井 二〇一〇］

（3）ただし、体育、音楽、外国語などに関してはエポック形式を採らず、毎日学習が行われる。エポック授業が行われるのは、国語、算数、理科、社会などの特定の科目だけである。

（4）人智学に基づく病院、農場、銀行についてはブリュッゲによってその内実が紹介されている。［Bruegge 1984＝一九八六］

（5）Wilson 2005, p. 9＝一九九四、九頁。

（6）*Ibid.*＝同書。

（7）Steiner 2005e, S. 135＝一九八五、一一七頁。

（8）西平 一九九九、一二頁。

序論

一　実践と思想の乖離状況

「自由への教育」を標榜するシュタイナー教育。その教育思想を支える人間形成論的構図の解明、これが本書の課題である。

「はじめに」でも述べた通り、シュタイナー教育は、教育実践の場で脚光を浴びる一方、その思想は依然、シュタイナー思想（人智学）特有の言説によってアカデミズムから黙殺されている。西平が指摘する通り、アカデミズムはシュタイナー思想を「本気で相手にすることなく、思想史における位置づけすら不十分なままである」[1]。つまり、思想研究は実践の普及に大きく後れをとっている。実践の受容と思想の敬遠。実践と思想の「乖離状況」は慢性化しつつあるというのが現状なのである[2]。

さて、「思想研究は実践に後れをとっている」と記したが、この記述は誤解を招く恐れがあった。正確には現状において、シュタイナーの（教育）思想研究が量的に不足しているわけではない。むしろ、その量は近年著しく増加し、膨大な文献が積み上げられている。研究の増大にもかかわらず、「乖離状況」の橋渡しが果されないのである。思想研究の蓄積が「乖離状況」の解消に寄与してしない。それどころか、実は先行研究の多くはその慢性化に加担しているとさえいえるのだ。この点こそ、シュタイナー研究をめぐる最大の問題と考えられる。

では「乖離状況」を慢性化させている要因とは何か。研究の蓄積が、「乖離状況」の解消へと向かわないのはなぜか。ここでその構造的問題を見定めておこう。

問題の所在を確かめるべく、次節では先行研究の類型化を試みる。この作業を通じて、ある種の先行研究が孕む問題性（「乖離状況」慢性化への無意識的加担）を暴き出す。そして同時に、類型化の過程で、本研究が採用する方法論を提示したい。

二　先行研究の四類型

シュタイナー教育、もしくはシュタイナーの（教育）思想に関する先行研究は、以下の四カテゴリーに類型化が可能であるように思われる（なお、ここでの目論見は、シュタイナーに関する膨大な先行研究を網羅的に把捉することではない。先行研究をその傾向性ごとに大別することで、シュタイナー研究をめぐる現状を概観することに主眼を置く）。

予め見通しを立てておくならば、これまでの先行研究は、大きく「閉鎖型」と「開放型」に分類可能である。第一、第二類型は「閉鎖型」に、第三、第四類型は「開放型」に属する。

第一類型　シュタイナー（教育）思想の概説もしくは分析　（伝記的解説を含む）。―閉鎖型
第二類型　シュタイナー教育実践の概説もしくは分析。―閉鎖型
第三類型　シュタイナー（教育）思想の比較研究もしくは思想史的研究。―開放型
第四類型　シュタイナー（教育）思想を他の理論を援用して読み解く試み。―開放型

先行研究で最も多く見られるのが、第一類型ならびに第二類型である。

第一類型は、「シュタイナー（教育）思想の概説・分析（伝記的解説を含む）」を試みるものである。第一類型のうち、基本的な型の一つに挙げられるのが伝記的研究である。シュタイナーの思想的遍歴を伝記的視座から辿るものは多い。このうち、リンデンベルク著『シュタイナー伝』は、最も体系的である。上下巻合わせて一〇〇〇頁を超えるこの大著は、貴重な写真や資料をもとにシュタイナーの伝記的背景を詳細に記している。[3] また、カルルグレン著『ルドルフ・シュタイナーと人智学』では、シュタイナーの生涯が簡潔にまとめられている。[4] リンデンベルクの伝記的大著とは対象的に、このテクストは小品ではあるが、シュタイナーの生涯を概観するのに有効である。その他伝記的テクストとしてヘムレーベン、[5] ボック、[6] イーストン[7]らの研究が挙げられる。

また、第一類型のうち、シュタイナーの思想を伝記的背景と共に概説するものも多く見られる。つまり「伝記」編と「思想」編に分けて論じられるタイプのものである。代表的研究としてシェパード、[8] エミヒョーベン、[9] エドマンズ、[10] ラヒマン、[11] セドン、[12] 吉田[13]の論考が挙げられる。これらの論考は、伝記的背景とそこから生み

出された思想を同時に視野に入れることで、シュタイナー思想を両面から浮き彫りにさせるものであり、これもまたシュタイナー研究のオーソドックスな型の一つに数えられる。

さらに、第一類型の第三のものとして、シュタイナー（教育）思想の分析に専心する研究が挙げられる。たとえばクグラーは、人智学における認識論、芸術論、社会有機体論をシュタイナーの生きた当時の社会的背景を視野に入れつつ詳細に分析している。[14] その他、ウィルキンソン、[15] マルティン、[16] マクダーモット、[17] セドン、[18] ウェルバーン[19]などがシュタイナーの文献に即して、その思想を概説・分析している。

また、我が国では、シュタイナー関連の翻訳を多数出版している高橋（巖）[20]や西川[21]が、数多くの重要な人智学研究を遂行しており、日本におけるシュタイナー思想の普及に多大な貢献をしている。教育理論の研究書としては広瀬の『シュタイナーの人間観と教育方法』が体系的である。[22] 幼児期及び青年期の教育方法を、その背景にある人智学的人間観の分析を通じて明らかにしている。

第一類型に数え挙げられるもののうち、シュタイナーの哲学的主著『自由の哲学』を取り上げた研究もいくつか見られる。世紀転換期以前、思想研究者として活躍していた際に著された『自由の哲学』には、彼の後期思想に見られるような秘教的内容は一切含まれていない。ゆえにその時期のテクストは批判的・理性的吟味が可能である。このため、シュタイナー初期の著作『自由の哲学』の検討を通じて、シュタイナーにおける「自由」の内実を哲学的に描き出そうとする試みがなされている。シュタイナー思想に接近する際の最も手堅いタイプの研究と言えるだろう。だが、あくまで思想研究者時代のテクストという制約があるため、『自由の哲学』分析を通じてシュタイナーの秘教的側面に接近することはできない。確かにそこで論じられている内容は後期思想へと通ずる思想的萌芽を有しているが、『自由の哲学』をもってシュタイナーの「自由」の内実全体を見渡すことはできないのである。この種の研究として、ヴィッツェンマン、[23] ディーツ、[24] ゼルク、[25] パーマー、[26] スワシャン[27]の研究が挙げられる。

次に第二類型について。第二類型は、「シュタイナー教育実践の概説・分析を試みるもの」である。この種の先行研究も膨大に存在する。そのすべてをここで列挙することはできないので、およその傾向性を掴んでおくことにする。第二類型のうち、最も典型的なものとしてシュタイナー教育の特徴を概観する文献（エポック授業や八年間一貫担任制といったシュタイナー教育に特徴的な教育方法の紹介）が挙げられる。ヴェーア[28]、ケリードー[29]、チャイルズ[30]、ハーウッド[31]、ウィルキンソン[32]、カルルグレン[33]、クラウダー&ローソン[34]、リスト&シュナイダー[35]、ベルン自由教育連盟[36]、高橋（巖）[37]などの文献がこれに相当する。

また、幼児教育に特化したものとして、ハイデブラント[38]、ケーニッヒ[39]、グルネリウス[40]、クーティク[41]、ライチェル[42]、堀内[43]などの文献が挙げられる。これに関連して、幼児教育で重要な意味を持つ「メルヘン」や「おもちゃ」を扱ったものに、シュナイダー[44]、ケーニッヒ[45]、ヤフケ[46]、ノイシュッツ[47]、吉良[48]らの文献がある。学童期から思春期までの教育を扱った文献としては、コエプケ[49]、ステイリー[50]、エラー[51]などの研究を挙げておく。

さらに、クッツリ[52]、ニーダーホイザー[53]、クラーニッヒ[54]、高橋（巖）[55]、高橋（弘）[56]、秦[57]らは、「フォルメン線描」、「オイリュトミー」などシュタイナー教育独自の実践を分析している。また、絵画教育・美術教育を扱ったものに、コッホ&ワーグナー[58]、ユーネマン&ヴァイトマン[59]、シュトラウス[60]の文献が、音楽教育を取り上げたものにムーヘ[61]、ヴェンシュ[62]の研究がある。その他、ウリーン[63]、シューベルト[64]はシュタイナー学校の算数・数学教育を概説しており、高橋（巖）[65]、ヴァイス[66]は、シュタイナー教育における治療教育について論じている。シュタイナー学校の教員養成については河津[67]の文献に詳しい。

ここでその一つ一つを詳細に検討することはできないが、以上概観した通り、第一類型同様、第二類型の文献も膨大であり、その数は増加の一途を辿っている。

さて、第一、第二類型を概観した上で、シュタイナー教育をめぐる現況（「実践と思想の乖離状況」）は、より厳密に以下のように診断されねばならない。

現状において、第一、第二類型の研究はむしろ十分すぎるほどに積み上げられている。その量は今後も増大し続けるだろう。だが、それらの文献がいくら積み上げられても、現に「乖離状況」の解消に寄与していない。その理由は、第一、第二類型が次のような帰結に至っているように思われるからである。

両類型は、シュタイナー思想（人智学）の肯定的受容を出発点としている。すなわち、基本姿勢としてシュタイナー思想の批判的吟味という視点が欠けている。

これは故なきことではない。人智学はわれわれの常識的枠組みでもって、到底理解不可能な思想内容を多分に含み持っている。「人類は地球と共に七段階に進化する（宇宙進化論）」などといった人智学の思想について、われわれは議論の余地をもたない。それは「正しいか否か」ではなく、「信ずるか否か」の問題である。この点についてヴェーアは次のように述べる。「シュタイナーの発言は、それが霊的探究の結果であると主張される限り、理解の上で多くの人々にとって著しい障害となっている。その発言の衣装をなしており、時折、激しい批判の対象となる言語形態（とりわけ講演の文章の場合）は別として、用意のない読者は、発言された事柄を前にして途方に暮れてしまうのである。人智学の一次文献を理解するには、自然科学、哲学、それに心理学などの適正な教養があっても、それだけでは十分とは言えない。明らかに、特殊な解釈学的補助手段が必要なのである」(68)。人智学の理性的吟味はウィルソンが指摘していた通り（「最も偏見のない読者でさえもうこりごりだとばかりに彼の本を投げ出してしまう」）、人智学の思想的性質ゆえに困難なのである。

したがって、第一類型のテクストは、人智学用語に馴染めない者にとっては、そもそも読み進めることすらできないであろう。人智学を解説するのに用いられる用語自体が特異な人智学用語なのである。それゆえ、テクスト理解のためには、その大前提として人智学への共感的姿勢が求められる。まずもって人智学用語（「エーテル体」、「アストラル体」など）を受け入れることができなければ、読者は先に進むことができず、その門前で締め出されてしまう。

第二類型は実践から出発して思想へと向かうベクトルである。シュタイナー教育独自の実践が検討される際、第二類型においては、「シュタイナー教育ではなぜそうした特異な実践を行うのか」という素朴な問いに対し、その回答を人智学そのものに求める（「エーテル体に働きかけるためにフォルメン線描を行う」などといった説明）。ゆえに、その秘教的説明はシュタイナー思想に馴染めない者にとって、当然のことながら説得的なものとなりえない。結果、人智学による実践の説明は必然的に排他性を帯びることとなる。

誤解を招く恐れがあるので強調しておこう。シュタイナー自身は、人智学の盲目的受容を断固拒否した。テクストの内容を無批判に受け入れることを彼は決して許さなかった。たとえば主著『神秘学概論』、「初版まえがき」においてシュタイナーは次のように述べる。「著者はまた、論理的に妥当する事柄のみを、受け入れようとする、慎重な読者を求めている。盲目的な信仰だけですまそうとする限り、本書には何の値打ちも見出せないであろう。とらわれぬ理性の前でみずからを正当化しうる限りにおいてのみ、本書は存在するに値する。盲目的な信仰は、愚かな迷信を真実と取り違えかねない[69]」。彼は、各々が人智学の思想的内容を自らの思考によって徹底的に吟味することを願ったのである（こうした彼の基本的姿勢については、本書全体を通じて示されるであろう。この態度こそが、「自由」獲得の前提となる）。

だが、シュタイナー（教育）思想もしくはその教育実践について検討した文献（第一類型、第二類型）が、そうした理性的・批判的姿勢を保持しているかと言えば、その問いには否と応えざるを得ない。これは先行研究の不備というよりは、人智学の性質そのものに起因しているように思われる。繰り返し強調しておこう。人智学に接近する者には、まず第一に人智学への受容的態度が求められる（先に記した通り、この態度なくしてテクストを読み進めることができない）。そして第一、第二類型のテクストは、この受容的態度を暗黙の前提としている。

確かに原初においてシュタイナーその人は読者に人智学の理性的吟味を求めていた。だが、人智学が解説者（第一、第二類型）を経由して語られる場合には、必然的帰結としてそこに人智学への受容的雰囲気が付与されてしまう。なぜなら解説者は既に人智学の洗礼を受けている（受容的態度を保持している）からこそ、解説者となりえているからである。人智学用語に拒否反応を示す者が、人智学用語を用いてそれを概説することなどできようはずもない。「「人智学通」は、師匠を「信仰」する弟子の立場にあるので、師の言葉を信じて疑うことがない」[70]。かくして人智学への肯定的雰囲気（ときに賛美や絶対肯定）が第一、第二類型の文献に瀰漫することとなる。先に第一類型のうち、『自由の哲学』を論じたテクストは思想研究として最も堅実であると述べた。だが、最も手堅いはずの、この哲学的著作を検討した研究においてさえ、ときにシュタイナー賛美の傾向が見てとられる。たとえば『自由の哲学』に関するスワシャンの研究には、*A Celebration of Rudolf Steiner's book The Philosophy of Freedom* すなわち、「ルドルフ・シュタイナー『自由の哲学』の賞賛」という副題が掲げられている。副題の内に既に批判的態度の不在が宣言されているのである。こうした事態は、シュタイナー思想研究をめぐる現状を象徴的に示しているように思われる。

そして、人智学の絶対視へと陥りかねないこうした傾向の持つ危険性こそが、人智学の批判者たちにとって格好の標的となるのである。ローザクはこの点について次のように述べている。シュタイナーは、「弟子たちに、師の主題のバリエーションを試み、限りなき感謝を捧げる以外にほとんど何もすることを残してくれなかった。その結果、人智学運動はシュタイナーの死後、あらゆることに関する彼の権威のせいで沈滞し、固定してしまい、彼の膨大な著作の受け売り解釈学に満足するばかりとなってしまった」[71]。

第一、第二類型はしばしば以上のような帰結を生む。「人智学による人智学の説明」は閉じた循環を生ぜしめ、必然的に閉鎖系を完成させる（「わかる人にはわかる」という言い回しの閉鎖性・排他性）。

したがって、第一、第二類型はいずれも、冒頭で述べた思想と実践の「乖離状況」に解決をあたえない。というよりも、人智学内部においては、そもそも思想と実践は乖離していない。乖離していないどころか、両者はこの上なく緊密に連関するものと理解され、自己完結しているのである。

第一、第二類型はいずれも、「閉鎖」へのベクトルである。このベクトルは思想と実践の「乖離状況」を促進させることはあっても、決して解消には向かわない。これにより、閉鎖型の理解は「乖離状況」の慢性化に（無意識的にではあれ）加担することとなる。

第一、第二類型の研究が不必要だと言いたいのではない。それらの研究はシュタイナー（教育）思想の普及に紛れもなく貢献してきたし、これからもし続けるだろう。このことは疑いえない。その事実を大前提とした上で、現状において「開放のベクトル」が求められていると主張したいのである。

では「開放のベクトル」とはいかなる研究を指すのか。シュタイナー教育をめぐる喫緊の課題は、それを支える（教育）思想を開いてゆくことにある。この課題に応えるのが第三類型及び第四類型（開放型）である。

閉鎖型の研究との決定的差異は、開放型の研究が、人智学への受容的態度を前提としない点にある。ゆえに、人智学に馴染みのないものにとってもアクセスが可能である。よって、「乖離状況」の橋渡しに寄与するものとなりうる。だが、第三、第四類型は、第一、第二類型に比し圧倒的に少数である。

第三類型は、「シュタイナー（教育）思想の比較研究もしくは思想史的研究」である。すなわち、他の思想との比較のもとでシュタイナー思想の特徴を描き出そうとする試み、あるいはシュタイナーを思想史的に位置づけようとする試みである。だがこうした研究は極めて少ない。深澤はこの点について次のように述べる。「人智学運動は、その思想面とは別に教育や障害者医療、農業実践などで広く社会的認知を受けているために、逆にその秘教的思想が検討されにくいという側面がある。……宗教史学的・思想史的研究やグノーシス主義との比較研究はほとんど皆無である」[72]。

　比較研究として散見されるのが、ユングとシュタイナーの比較である。その代表的なものとしてヴェーアの『ユングとシュタイナー』が挙げられる。ここでヴェーアが試みているのは、両思想家を「対置」し「共観」することである。彼の目指す「対置」、「共観」とは次のような方法である。「対置とは、二人の人物の著作を、相互に対照させる必要があるという意味である。その場合、まず承認され、認識される必要があるのは、両者の認識方法の性質の相違である。この相違は、何等かの和合の試みによって取り繕われてはならないし、性急に類似点を対比することによって当り障りのないものにされてもならない。とはいえ、この相違を承認しても、共通の言語に類するものを見出したり、共通の公分母を探り出す作業は、それが成功するものなら、続けなければならない」[73]。また「共観」については、ケーベルレを援用しつつ次のように説明される。「共観とは……総合を意味するものではなく、種々の仮説や理論を加え合わせたものでもない。……共観とは、むしろこの言葉のギリシア語の意味通り、新しい認識や進歩に対して心を開いた状態で、一切の真正で本質的な要因を、まとめて観じる試みなのである」[74]。こうした方法に則り、安易に両者の共通項を抽出するのでなく、ヴェーアは慎重にユングとシュタイナーの比較を試みている。

　またエレンベルガーもヴェーア同様、短いながら、ユングとシュタイナーの比較検討を行っている。両者の類似点については次のように記される。「二人とも超心理学的体験があり、二人とも無意識の心の深淵を探究する自己訓練法を考想した。そして二人とも、魂の旅から戻ってきた時は新しい人格の持主となっていた。二人とも人生は変容に次ぐ変容であるとしたのも不思議ではない[75]。また相違点についてはそれぞれが「無意識への旅をどのように活用したか」にあると述べている。「どちらも人生の半ば近くに創造の病を……経験し、両者ともこの体験から教説の基本概念を抽出した。しかしシュタイナーが知識の霊的源泉に到達し、それによって自分は啓示を行う能力を身につけたといわんとするのに対して、ユング……は精神療法の実施が与えてくれる実践的作業から離れなかった[76]」。

さらに高橋巖は、ユングとシュタイナーが「錬金術」に対してそれぞれいかなる態度を示していたか、検討を行っている。そこにおいてユングは現代の錬金術を「心理学」と呼び、シュタイナーは現代の錬金術を「人智学」と呼んだと指摘されている[77]。

西平[78]は、『魂のライフサイクル』においてシュタイナー思想をユングの深層心理学やウィルバーのトランスパーソナル理論との関連で検討している。そして、エリクソン理論を基盤としつつ、西平は発達研究と輪廻思想の接続を試みている。ここでは、シュタイナー独自のライフサイクル論がユング、ウィルバーとの対比の中で相対化されている。

さらに深澤は、「グノーシス」をめぐる論文集において、シュタイナー思想とグノーシス主義の関係を示し、たとえば人間論に関して「肉体・魂・霊というグノーシス的人間三分法は、シュタイナーにとっても人間理解の基本をなしている」と指摘する[79]。そして、ここにおいて深澤は、人智学とグノーシスの通底及び差異を明らかにしている。

柴山[80]は自覚的にシュタイナー思想の思想史的研究を試みている。たとえば、シュタイナーの色彩論をパウル・クレー、カンディンスキーのそれと比較している。柴山はゲーテ色彩論を出発点とし、独自の色彩論を展開していった三者を比較することで、シュタイナーの色彩論の特徴を描き出した。また、別の論文ではシュタイナーが一九世紀自然科学における科学主義といかに対峙し、反科学的な人間観を構築していったかを明らかにしている。[81] さらに柴山はシュタイナーの教育実践についても思想史的観点から分析を試みている。すなわち、シュタイナー教育における「オイリュトミー」を彼の同時代人であるエミール・ジャック＝ダルクローズが展開したミューズ的実践、「リトミック」を参照枠として考察した。[82]

これら第三類型の研究はいずれも他の思想との比較を通じて、シュタイナー思想を相対化する試みといえる。[83] 人智学の相対化は、その特異さを緩和し、他の思想との比較の中で、人智学の特徴を浮き彫りにさせる。こうした相対化の視点により、第一類型の孕む絶対化は緩和される。

だが、ヴェーアがあくまで「対置」と「共観」を方法論とし、思想と思想の安易な統合を避けたように、第三類型の研究は、禁欲的に「相対化」の地平に留まっているように思われる。第三類型は相対化の過程で人智学の特徴を浮かび上がらせるものであり、こうした研究は、人智学を外部から分析する試みとなっている。

第四類型は、「シュタイナー（教育）思想を他の理論を援用して読み解く試み」である。これは「人智学」の特殊用語を用いずにシュタイナー教育（思想）を読み解こうとする試みと言い換えられる。

この種の研究として、今井、西平の研究が挙げられる。今井はルーマンのシステム理論をもとにシュタイナー教育の分析を行っている。[84] とりわけ、シュタイナー学校で採用されている八年間一貫担任制は、オートポイエーシスシステムとしての生徒に対して、「因果地図」を精密にするシステムとして読み解かれる。

また西平は「型」の観点からシュタイナー教育独自の実践である「フォルメン線描」の分析を行っている。[85] そこでは文化人類学の分析枠組み「イーミック」と「エティック」に基づき、「エティックな（人智学の専門用語を使わない・外部の観察者の）視点から見るとき、フォルメンとは、どのように理解されるのか」という問いが立てられ、「型に入る」という視点からフォルメンの読み解きが行われている。

シュタイナーの（教育）思想を特異で閉鎖的な思想空間から解き放ち、シュタイナー教育の根底に働くメカニズムを原理的次元で解明することがこれらの研究において目指されているのである。

第四類型はシュタイナー（教育）思想を読み解く上で画期的であり、人智学を教育学研究における最新の成果と交差させ、その現代的意義を問うという意味において極めて重要である。だが、こうした研究は残念ながら現状において十分な研究蓄積を持たない。

また、この種の研究は、それが安易に遂行されるならば、外部から既成の枠組みを投影して事足れりとすることにもなりかねない。慎重な態度が求められるのである。

以上見てきた通り、「乖離状況」打開のためには、開放へと向かう、第三、第四類型の研究蓄積が必要と考えられる。シュタイナー教育研究において早急になされるべきは、パブリックな共有可能性を高めていくことである[86]。

では、以上のように先行研究を類型化した上で、本研究はいかにカテゴライズされるか。結論から言えば、本研究は右記の類型のいずれにも属さない。正確には二つの類型の複合的方法、すなわち第三類型と第四類型を統合した方法を採用する。

すなわち、「人智学用語を用いずにシュタイナー思想を読み解く」という点では、本研究は第四類型に属する。だが、思想解明のための道具を他から借りてこない。シュタイナー思想解読のための道具をシュタイナー自身から引き出すのである（これにより、第四類型が持ちうる危険、すなわち、既成の枠組みを外部から投影することで恣意的解釈となる危険を回避する）。あくまでシュタイナー自身の言説からその思想的核心を導き出すことを目指すのだ。

また本研究では、シュタイナーの思想的出自にまで遡り、その源泉を掘り起こすことで、「自由」獲得を最重要課題に掲げる人智学的人間形成論の根本的構図を浮き彫りにさせる（その具体的方途については次節で詳述する）。

シュタイナーは、人智学を打ち立てる過程で、先人の思想（ゲーテ、シラー、ニーチェら）から甚大なる影響を受け、これに依拠しつつ自身の思想を醸成していった。本研究では、この点に着目し、シュタイナーが依拠した思想家たちのテクストを試金石とすることで、シュタイナー自身の思想的基盤を明らかにする。つまり、人智学に潜在する思想史的背景にまで遡ることで、シュタイナーを思想研究の地平で吟味するのである。この意味において、本研究は第三類型にも分類可能となる。第三類型に特徴的な外部からの操作と共に、シュタイナーの思想的源流へと遡ることで、内在的に人智学の内実を解き明かしてゆく。

人智学用語を用いずに人智学を読み解き、かつ、あくまでもシュタイナー自身の言葉に留まって、その思想的核心に極限まで迫ってゆく試み。

一見するところ困難とも思える（人智学用語を用いずに人智学を読み解く）この試みはいかにして可能となるのか。その困難な課題を果たすべく、本研究では二つの操作を施す。

三　本研究の方法——二つの操作

(一)　人智学の思想的源泉

本研究では、二つの方法を用いることによって、シュタイナー思想の定式化を試みる。第一にシュタイナーの思想的出自を辿る方法。

本書が強調したいのは、人智学は思想史上の突然変異ではないということである。人智学は紛れもなく特異であるが、何の思想的脈絡もなく突如、思想史上に姿を現わしたわけではない。

あまり知られてはいないが、彼が独自の思想（人智学）を打ち出してゆくまでには、長い葛藤と模索の日々があった。シュタイナーは先人の思想から多大な影響を受け、それらを養分とすることで思想を醸成し、吸収と脱皮を何度も繰り返し、苦心の末、人智学を打ち立てるに至った。

とりわけ、初期（思想研究者時代）シュタイナーは、後述の通り、先人の思想から多くを学び、それらの思想との緊張関係の中で、自身の思想を形成していった。そして、自身の依拠する思想家のテクストを読み解く中で、間接的に、かつ慎重に自らの考えを示したのである。初期の著作では、先人の思想を解釈するという体裁をとってはいるものの、そこで語られていることは紛れもなくシュタイナー自身の思想内容である。こうした事実は、シュタイナー思想への接近を可能にする方法論をあたえる。

つまり、シュタイナーと彼が依拠した思想家たちとの思想的連関を読み解くことで、シュタイナー自身の思想的特質・傾向性が明らかになる。

換言するならば、特殊な人智学用語を用いずに、その思想を把握するための方途が得られることになる。人智学の源流となる思想家たちの枠組みによって、人智学が翻訳可能となるのだ。人智学の思想的源泉を掘り起こすことで、人智学発生の場面に立ち会い、彼の特殊思想をその原景に遡って読み解く試みである。

(二) ゲーテ、シラー、ニーチェとの思想的連関を読み解く

本研究で人智学の思想的源泉として取り上げる思想家は、ゲーテ、シラー、ニーチェの三者である。では、なぜここで特にシュタイナーとこれら三思想家の関連に着目するか。

当然のことながら、シュタイナーと先達との関係はこの三者との関係に尽きるものではない。シュタイナーは、これら三思想家以外の思想家からも影響を受けていることは確かである。彼の思想的な対決相手として、カント、ヘッケル、ブレンターノ、ジャン・パウル、ショーペンハウアー、ドイツ観念論の思想家たち（フィヒテ、シェリング、ヘーゲル）などの名を挙げることができる。

とりわけ、初期シュタイナーの思想形成にとって極めて重要な存在であるカント、フィヒテへの配視は必須である。初期シュタイナーの哲学的主著『自由の哲学』の成立にはカント及びフィヒテが深く関与していた。『自伝』に記されている通り、少年時代より、シュタイナーはカントの『純粋理性批判』を熟読した[87]。「自分の思考の基礎とすべき堅固な足場を『純粋理性批判』から得たいと望んでいたからである[88]」。だが、カントはシュタイナーを思想的に満足させなかった。もの自体は決して認識の対象とならないというカントの主張を受け入れられなかったのである。彼は「カントに依っては、これ以上進むことはできなかった[89]」。

カント哲学に満足できなかったシュタイナーはフィヒテ研究に従事することとなる。「シュタイナーにとって……とびぬけて重要だったのは哲学者フィヒテだった[90]」。シュタイナーはカントを乗り越える存在としてフィヒテに期待を寄せたのである。「私が特に熱心に研究したのはフィヒテの『知識学』であった。私はカントをかなり深く読みこんでいたので、カントを超えようとするフィヒテの試みについては、未熟ながらもある程度理解することができた[91]」。そして、フィヒテの問題関心を深く共有したシュタイナーはフィヒテ研究に没頭した（『自伝』が記すところによれば、シュタイナーは「導師」に出会い、ゲーテ研究に加えてフィヒテ哲学の研究を促された）。「私［シュタイナー　註：筆者］は『知識学』から取りかかったが、フィヒテのその他の論文『学者の使命』『学者の本質』に特に興味を持った。これらの論文の中には、私自身がそれに倣いたいと思うような、ある種の理想が表明されていた[92]」。かくして、人間の自我と神がその本質において同質であるというフィヒテの思想はシュタイナーに強く影響を及ぼした。「自我が、他の何ものにも依拠せずに、自己に目覚める振る舞いを通してみずからを創造し、みずからを世に現すものなら、それこそ、物質の世界に存在しながら、同時に、神と本質を同じくする、感覚を超えた存在だと言うことができる。……シュタイナーは、フィヒテの自我の哲学を通して、すべての認識の基盤に自我を据えることに、確証を得たのである」[93]。

シュタイナーはカントの哲学的論駁を目指し[94]、フィヒテの影響を強く受けた博士論文「認識に関する一考察─特にフィヒテの科学的教義に触れて」を完成させ、一八九一年に博士号を取得する。そしてこの論文は、一八九二年『真理と学問』として出版されるに至った。『真理と学問』は、「自由への哲学への序曲 Vorspiel einer ≪Philosophie der Freiheit≫」という副題を持っており、序文では次のように述べられる。「現在の哲学は不健全なカント信仰に罹っている。本書は、この病いを克服するために寄与しようとするものである」[95]。そして、カルルグレンも指摘するように、「こうした哲学研究をとおして彼は、内的にも外的にも彼の哲学的主著といえる『自由の哲学』の下準備にとりかかっていた」[96]。そして、ヘムレーベンも述べている通り、「認識の限界を超克するという課題は、シュタイナーにとって人間の自由の問題と最も密接に結びついている」[97]のであった。

さて、初期シュタイナーの哲学研究をめぐっては、既にジーモンス、ウェルバーンらが検討を試みている。ジーモンスは、シュタイナーが人間の意識についての問いをフィヒテと共有していたことを指摘し[98]、ウェルバーンは、「カントに対するフィヒテの応答は確実にシュタイナーのカントへの応答を先取りし、全体的な方法において、これに影響を与えた」[99]と述べている。

初期シュタイナーの「自由」の理念を明らかにするためにも、カントもしくはフィヒテとの関係を読み解くことは極めて重要な課題といえる。

だが、本研究は、カント、フィヒテとシュタイナーの間に存する「自由」をめぐる思想の内的連関について、その検討の重要性を十分に認めつつも、この問題を主題としない。

確かにシュタイナー思想を厳格な哲学的議論のもとで検討することは、思想研究として堅実であり、人智学が確たる哲学的基盤の上に築き上げられていることを示すためにも有効である[100]。けれども、結論から述べるならば、シュタイナーは結局のところ、哲学的議論に満足しなかった。彼はカントもしくはフィヒテの地平に留まることができなかったのである。後述の通り、思想家シュタイナーの遍歴は、思想研究者時代、転回期、霊的指導者時代の三期に区分が可能であるが、フィヒテはあくまで思想研究者時代の彼にとって依拠すべき基盤をあたえていたにすぎない。シュタイナーが人智学を打ち立ててゆく過程で、フィヒテ研究は脱却されるべきものとなるのだ。したがって、これに伴い、本研究では思想研究者時代に著されたテクストである『自由の哲学』を主たる考察対象に据えない。

シュタイナーは、そうしたカント、フィヒテ的地平では語ることのできない「自由」をめぐる豊かな問題をゲーテ、シラー、ニーチェの思想圏の内に見出した。

本論で詳述する通り、シュタイナーにとってゲーテは生涯にわたって思想的な伴走者となった。シラーはシュタイナーの人間形成論に理論的支柱をあたえた。さらに「ニーチェが自分のために書いたかのように」シュタイナーはニーチェを理解した。カントやフィヒテの哲学的議論が決して解き明かすことのできない諸問題がそれら三者のテクストの内に示されているとシュタイナーは考えたのである。

ここで重要な点は、シュタイナーが自身の思想を語る上で依拠した三思想家のテクスト、すなわち、ゲーテの『メールヒェン *Das Märchen von der grünen Schlange und der schönen Lilie*』、『ファウスト *Faust*』、シラーの『人間の美的教育についての書簡 *Über die ästhetishe Erziehung des Menschen*（以下『美的書簡』と略記）』、ニーチェの『ツァ

ラトゥストラ *Also sprach Zarathusrtra*』、これらが、いずれも一義的解釈を許すものではないという点である。いずれのテクストについてもこれまで膨大な解釈が提示されてきた。

第I部で検討するが、『美的書簡』をめぐっては、「いくつかの論点に関して非常に多様な、ほとんど一八〇度異なったものを含む読解がなされてきた」[101]。ゲーテの『ファウスト』については、その解釈だけで多くの図書館を満たすことができるほど、膨大な文献が存在している[102]。『ツァラトゥストラ』の扉には、ニーチェ自身によって「誰にでも読めるが誰にも読めない本 Ein Buch für Alle und Keinen」という言葉が掲げられている。シュタイナーが高く評価し、自身の思想をそこに託したテクスト群が、いずれも多様な解釈に開かれた難テクストであるということは、単なる偶然ではない。

一見して明らかな通り、それらのテクストはいわゆる「哲学書」ではない。『メールヒェン』、『ファウスト』は共に文学テクストであるし、『ツァラトゥストラ』は、しばしば哲学的叙事詩とみなされる。『美的書簡』は確かに抽象概念によって議論が展開してゆくものの、「哲学研究者にとってはあまりに詩的すぎる」[103]。

人間形成のダイナミズムを描き出すに当たって、シュタイナーにとって（カントやフィヒテのような）哲学的叙述は最適ではなかった。彼は「個」の内に「普遍」を見出す文学的叙述形式を重んじたのである。本論で見ていく通り、シュタイナーにとって具象的で躍動的な文学的表現は抽象的議論より下位に置かれるものでは決してなかった。文学的叙述によってこそ、人間形成の生きた諸相を捉えることができると考えていたのである。

また、こうした文学的テクストとシュタイナーの思想的関連を検討することで、右記のテクストはシュタイナー思想自身を映し出す鏡となる。右記のテクストをめぐり、解釈者たちは、しばしば自身の思想を投影しつつ、その読解を行ってきた。このことはシュタイナーの場合においても例外ではなく、彼は徹底的に自身の問題に引きつける形で、右記のテクストと対決した。シュタイナーはこれらのテクストを高く評価し、それを読み解く中で、自身の思想的核心を描き出していったのである。つまり、この点に眼を向けるならば、シュタイナーのテクスト解釈を分析することで、シュタイナー自身の思想的傾向性が明らかとなる。

そしてこの作業を通じて特に焦点化されるのは、シュタイナー人間形成論における最重要課題、すなわち「自由」獲得の問題である。シュタイナーは三思想家の問題圏の内に「自由」をめぐる諸問題が描き出されていることを読み取った。

シュタイナーは「自由」獲得を目指す人間形成論のプロトタイプを描き出したものとしてゲーテの『メールヒェン』及び『ファウスト』を読み解いた。ニーチェの『ツァラトゥストラ』の中には「自由」を勝ち得た存在としての「超人」を見出した。そしてシラーの『美的書簡』の内に、「自由」獲得のための根本的構図を発見した。

そして三者の思想に依拠する中で自身の「自由」の哲学を築き上げたのである。

以上の理由により、本研究では、三思想家のテクストを、シュタイナー人間形成論の構図を浮き彫りにさせるための最上の試金石とみなし、その解釈の分析に専心する（なお、第一の操作の具体的方法については、次節で示す）。

三思想家（ゲーテ、シラー、ニーチェ）との思想的連関に焦点を当てる利点は他にもある。すなわち、三思想家への言及は他の思想家に比し圧倒的に多いため、シュタイナー自身の思想を浮き彫りにさせる上での資料が極めて豊富である。また、三思想家については、彼の生涯を通じて繰り返し検討されているゆえ、その分析によってシュタイナーの思想的変遷を追ってゆくことも可能となり、この意味でも恰好の素材となる。

図1

㈢　シュタイナーの思想的遍歴

第二の操作は、シュタイナーの思想的遍歴の区分である。

本研究では、シュタイナーの思想的遍歴を三期に分割し、それぞれの区分において、三思想家（ゲーテ、シラー、ニーチェ）といかなる思想的連関を有していたかを見ていく。

通常、シュタイナーの名を聞いて、第一に思い浮かべられるのは、霊的指導者としての像であろう。オカルト的言説に満ち溢れ、独特の思想を語ったあの姿である。

だが、先にも述べたように、ルドルフ・シュタイナーは突如「シュタイナー」になったわけではない。彼は長い思想的醸成を経て「霊的指導者シュタイナー」となった。

彼の遍歴は思想研究者時代、転回期、霊的指導者時代の三期に区分可能である（その区分の根拠については第五節で詳述する）。

思想研究者時代の思想にオカルト的要素は一切見られず、ゲーテ、シラー、ニーチェらについての堅実な思想研究を行っていた。霊的指導者時代の彼とは別人のようである。

思想研究者時代と霊的指導者時代、両時期のあいだに転回期が差し挟まれる。転回期は、思想研究者時代と霊的指導者時代の「はざま」に位置し、この時期の彼は過渡期に位置するがゆえに、両時期の要素を併せ持っている（「併せ持っている」という表現はしかしながら正確ではない。実際のところ、転回期は両極の要素―アカデミズムとオカルティズム―が混在し、精神的葛藤の渦中にある）。そして、転回期が両時期を橋渡しする。興味深いことに、転回期に神智学協会でシュタイナーがはじめて霊的内容を講じた際のテーマは、ニーチェ思想についてであった。そして、その一週間後、彼はゲーテ『メールヒェン』について講演した。

ゲーテ『メールヒェン』についての講演は、ゲーテとシラーの思想的一致を解明したものである。つまり、霊的指導者への転回前夜に、シュタイナーはゲーテ、シラー、ニーチェ、三者の思想を論じることで霊的指導者としての誕生を果たしたのである。この事実は極めて象徴的である。すなわち、三思想家が思想研究者時代においてのみならず、霊的指導者時代においてもなお重要な存在であり続けるであろうことの予感とも読み取れる。

思想研究者時代の思想と霊的指導者時代の思想、両者の間には一見するところ深い断絶があるようにみえる。

だが、実のところそれらは地続きなのではないか。両者は矛盾するどころか一貫しているのではないか。この点が本書の一つの要点となる。

実際、シュタイナーは、霊的指導者となって以降、思想研究者時代の諸論を振り返り、これを自身の思想的基盤を形成するものとして位置づけた。思想研究者時代の研究がシュタイナーの地盤となっていることは、繰り返し強調される。

一例を挙げよう。処女作『ゲーテ的世界観の認識論要綱』(一八八六年)が、一九二三年に再版されるに当たって付された「新版の序」において、シュタイナーは次のように初期の研究を振り返っている。

「今日それ[『ゲーテ的世界観の認識論要綱』註:筆者]を再び私の前に置くと、それはまた、私が後に語り、出版してきたすべてのことの認識論的基礎付けであり、弁明であるように思われる(104)」。

初期のゲーテ認識論研究が後の思想(人智学)の認識論的基盤となっていると言うのである。こうした彼の叙述に基づき、霊的指導者時代の思想と思想研究者時代の思想、両者が地続きであることが証明できれば、両者を比較するなかで、人智学の思想的根幹が抽出可能になる。

本論で詳述するが、ここにおいて両者の比較に際し、転回期の思想が極めて重要な役割を果たす。思想的過渡期に位置する転回期の思想は、思想研究者時代と霊的指導者時代の連続を読み解く上で貴重である。シュタイナーは一日にして霊的指導者へと変貌したのではない。精神的危機状況たる転回期を経て、徐々に変容を遂げた。思想研究者でありながら、その道を超え出ようとし、かついまだ霊的思想を積極的には語らない「はざま」の時期。この時期の思想は彼の思想全体の通奏低音となる。

ではそうした思想的変遷はいかなる方法で辿られるべきか。

ここにおいて「第一の操作」が加味される。それぞれの時期区分において、シュタイナーはゲーテ、シラー、あるいはニーチェをいかに読み解いたか。その変遷を読み解いてゆくことで、シュタイナーの思想的成熟を辿ることが可能となる。すなわち、三期の思想を三思想家との関係の変遷を追う中で検討する。そして、「第一の操作」と「第二の操作」を連動させることで、シュタイナー思想を一貫して支え続けていた基本構図を抽出することが可能になるのである。

以上二つの方法が、本研究を特色付ける方法論となる。次節ではまず「第一の操作」についてより詳細に見ていくことにする。

四　第一の操作――本研究の問題圏（試金石としてのゲーテ・シラー・ニーチェ）

「第一の操作」を支えるのは、先に示した通り、シュタイナーが自らの思想を形成してゆく上で甚大なる影

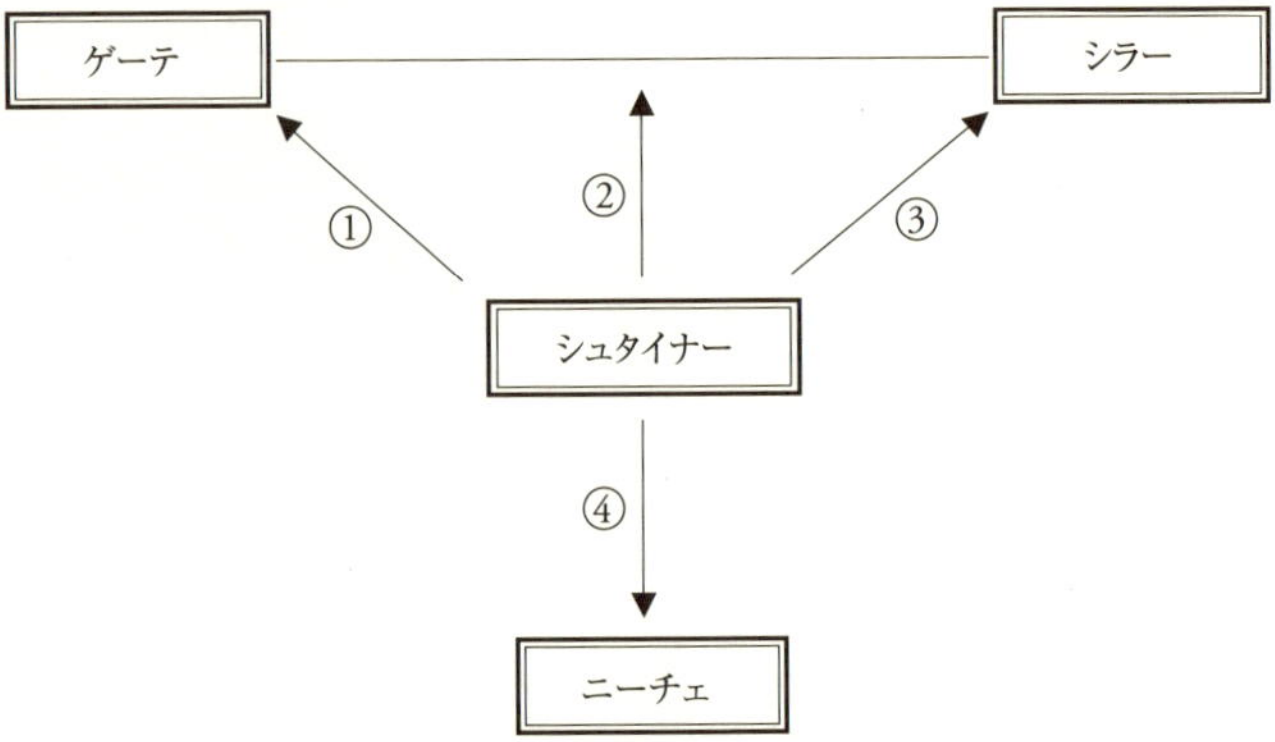

図2

響を受けた三人の思想家、すなわちゲーテ（Johann Wolfgang von Goethe 1749–1832）、シラー（Friedrich von Schiller 1759–1805）及びニーチェ（Friedrich Wilhelm Nietzsche 1844–1900）である。

世紀転換期に霊的指導者へと転回する以前、思想研究者時代のシュタイナーは、ゲーテ、シラー、ニーチェについて堅実な研究を行っており、それらの思想圏の内に自身の思想と同質の傾向性を見出した。そして先に述べた通り、彼らの思想を読み解く中で、自らの根本理念を間接的に語っていた。（本研究全体を通じて明らかにするが）初期シュタイナーの思想は、後期思想に至るまで一貫して、彼の思想的地盤となっていた。そして生涯にわたって繰り返し三思想家に言及し、その重要性を説いた。

本研究の問題圏を図示したのが、図2である。そして本研究が問題にするのは図の四つのベクトルである。つまり、シュタイナーが三思想家をいかに読み解いたか、そのことを精緻に分析することが課題となる。そして四つのベクトルはすべて、シュタイナーの側に折り返される。三思想家との関わりを読み解くことで、シュタイナー自身の思想的傾向性を逆照射するのである。課題は以下の四点である。

A. ①のベクトルをめぐって

第一に、ゲーテ自然科学研究を試金石にする方法。

シュタイナーは、ゲーテ自然科学研究者として、思想家としての第一歩を踏み出し、生涯にわたってそれを顧慮し続けた。初期シュタイナーのゲーテ研究は、シュタイナー自身が強調しているように、後期思想（人智学）と決して矛盾するものではなく、むしろ、彼に認識論的地盤をあたえるものであった。

こうした事実により、人智学を根底で支える基盤を、シュタイナーのゲーテ自然科学研究の検討を通じて解明する方法が提起される。

なぜシュタイナーにとってゲーテ自然科学が必要だったのか。ゲーテ自然科学を出発点とすることの意味とは何か。とりわけ、ゲーテ自然科学はシュタイナー人間形成論の最重要課題である「自由」獲得の問題といかなる関連を有するのか。①のベクトルを吟味する中で、こうした問題を明らかにする。

B. ②のベクトルをめぐって

第二に、『メールヒェン』論ならびに『ファウスト』論を試金石にする方法。

『メールヒェン』論において、シュタイナーはゲーテの文学作品『メールヒェン』とシラー美的教育論の内容的一致を訴え、シラー哲学を用いて、ゲーテ文学の核心的問題を抽出している。具体（文学）―抽象（哲学）とその表現方法は違えど、ゲーテとシラーの内に同一の思想内容を読み取ったのである。

『メールヒェン』論を媒介とすることで、シュタイナーとゲーテ＝シラーの思想的関係が浮き彫りになる。また、シュタイナーの『メールヒェン』論を読み解くことで、シュタイナー思想は、ゲーテ文学を経由し、シラー哲学の概念で語り直されることとなる。これにより、シュタイナーとシラーの思想的結節点がゲーテ文学の躍動的世界観に肉付けされる形で、生き生きと浮かび上がる。シュタイナーは、ゲーテ文学とシラー美的教育論、両者を常に複眼的に睨んだのであり、こうした視点こそがシュタイナーの思想的核心となった。

本論において詳述するが、『メールヒェン』と共に、シュタイナーは、ゲーテの『ファウスト』についても、人智学的世界観を具現化したテクストとして読み解いている。彼はファウストの辿るプロセスの内に、人智学的人間形成のプロトタイプを見出したのである。そして、彼は『ファウスト』解釈の際にも、（明示的にではないものの）シラー的構図を用いてこれを読み解いている。

②のベクトルを検討することで、シュタイナーにとってシラー的構図が常にゲーテ理解のための補助線となっていたことを示し、さらにはこうしたゲーテ＝シラー的構図がシュタイナー人間形成論を一貫して支える基本図式となっていたことを明らかにする。

C. ③のベクトルをめぐって

第三に、シラー論を試金石にする方法。

Cの問題は、Bの問題と極めて密接に関連している。シュタイナーはゲーテ自然科学、ならびにゲーテ文学を読み解く際、常にシラー哲学の構図を理解のための補助線としていた。絶えずゲーテ文学の具体的イメージへと還流させながら、「生ける形態」としてのシラー哲学を自身の思想的根底に据えていたのである。シュタイナー人間形成論の理論的支柱をなすと思われるシラー哲学の構図を浮き彫りにさせること、このことが課題となる。

また、シュタイナーにおける「自由」の哲学はシラー哲学のそれと極めて親和的であるように思われる。シラー哲学との比較検討を通じて、シュタイナーの「自由」の哲学を支える基本図式を抽出する。

D. ④のベクトルをめぐって

第四に、ニーチェ論を試金石にする方法。

一見するところ、超感覚的世界の実在を認め、その重要性を説いたシュタイナーと、あらゆる超感性的原理を否定したニーチェの間に思想的接点を見出すことは、困難と受け取られるかもしれない。しかしながら、シュタイナーはニーチェ思想に最大限の賛辞をおくり、生涯を通じて繰り返しその思想に言及し続けた。

では、シュタイナーはニーチェ思想のいかなる側面に共鳴したのであろうか。両者の思想的類縁性はどこに求められるか。

こうした問題を明らかにすべく、シュタイナーのニーチェ論を分析する。ニーチェ論を読み解く中で、シュタイナーの「自由」の理念とニーチェの「超人」思想が多分に親和的であることが明らかとなる。そして、ニーチェ論の背景にゲーテ的自然観が潜在しているという点を浮き彫りにさせる。こうした作業を通じて、シュタイナーをニーチェへの傾倒へと向かわせた要因と考えられるゲーテ自然科学の存在を顕在化させたい。

また、シュタイナーはある箇所で、哲学的主著『自由の哲学』において、ニーチェ思想の補完を試みたと告白している。こうした指摘に基づき、ニーチェ論を分析することで『自由の哲学』の思想的背景が浮き彫りになる。

E. シラーを軸とした考察

さて、①から④のベクトルの内実を概観した上で、強調すべきことがある。

シュタイナーが自身の思想を形成してゆく過程で影響を受けた三思想家の内、本研究で最重要人物として取り上げるのが、シラーである。本研究は特に（これまでシュタイナーとの思想的連関がほとんど指摘されてこなかった）シラーの存在に着目する。

なぜ、特にシラーに目を向ける必要があるのかと言えば、シラー哲学の基本構図はシュタイナーにとって、絶えずそこへと還ってゆくべき確固たる基盤をあたえるものだったからである。シュタイナーは、ゲーテ的自然認識を人間の自己認識の場面に応用する際、シラー哲学を拠り所とした。つまり、自然認識の場面ではゲーテ自然科学が、自己認識の場面ではシラー哲学がシュタイナーの思想的基盤となっていた。[105]「自由」の問題圏へと移行するに当たって、シュタイナーは自然認識から自己認識へと舞台を移したのだが、その展開をシラー哲学が支えていたと考えられるのである。

とりわけ、シュタイナーに根本構図をあたえたのが、シラーの『美的書簡』であった。シュタイナーは、『自伝』などを通じて『美的書簡』が自身の思想形成に多大なる影響をあたえたことを告白しており、その内容を至るところで絶賛している。そして生涯にわたってさまざまな場面で繰り返し『美的書簡』に言及した（詳しくは第Ⅰ部参照）。それらの記述から、『美的書簡』で展開されたシラーの美的教育論が「シュタイナー教育」に思想的基盤をあたえていたことが予測される。また、『美的書簡』の構図は特に、シュタイナーが「自由」の問題に言及する際に、常に理論的支柱となっている。彼の「自由」の哲学は『美的書簡』に肉付けする形で展開されているとさえ思われるのだ。

以上の問題を検討することにより、ゲーテ、シラー、ニーチェ、三思想が形成する思想的磁場の上で、人智学の思想的性質・傾向性を明らかにする。その磁場の中でシュタイナー思想を立体的に捉えることにより、人智学を支える思想的基盤の諸相が把捉可能となる。

五　第二の操作――本研究の舞台（時期区分）

「第二の操作」、シュタイナーの思想的遍歴の時期区分について。本節では、先に予告した通り、本研究の舞台設定を行うべく、予め思想家シュタイナーのライフヒストリーを大きく三つの場面に時期区分する（思想研究者時代、転回期、霊的指導者時代）。カルルグレンは、より詳細に、シュタイナーの遍歴を七期に区分している。つまり、一八六一年から一八八九年を第一生活期、一八九〇年から一八九六年を第二生活期、一八九七年から一九〇二年を第三生活期、一九〇二年から一九〇九年を人智学第一発展期、一九一〇年から一九一六年を人智学第二発展期、一九一七年から一九二三年を人智学第三発展期、一九二三年から一九二五年を人智学第四発展期としている。

本研究において、シュタイナーの遍歴の時期区分は伝記的整理のためになされるのではない。すなわち、思想研究者時代と霊的指導者時代がいかなる連関を有するか、そしてその過渡期の思想がいかに両者を橋渡ししたのかが問題であるため、本研究における区分は単に伝記的関心からなされるのではない。よって、カルルグレンに代表されるような伝記的興味から遂行された時期区分を、本研究は踏襲しない。

本研究では、その時期区分自体が一つの方法論となる（カルルグレンの区分においては区分自体の意味付け、区分によって何が明らかになるかが不明瞭である。その区分は単なる伝記的整理として機能しているにすぎない）。時期区分によって、思想研究者時代と霊的指導者時代の連続と非連続（特に連続）を明らかにしたいのであり、区分はそのために戦略的に必要なのである。

また本研究では、右記のカルルグレンの七区分では埋没してしまっている一八九七年から一九〇二年を「転回期」として焦点化する。（第Ⅰ部で詳述することとなるが）この「転回期」の内にシュタイナー思想の思想的核心を読み取ろうとする点に本研究の独自性がある。

では、いかなるメルクマールをもって彼の遍歴の区分が可能となるのであろうか。本書では、一八九七年と一九〇二年を転換点と見定める。

シュタイナーは、ゲーテ自然科学研究者として、思想家としての第一歩を踏み出した。一八八三年、ヨーゼフ・キュルシュナーによって、『ドイツ国民文学叢書』中のゲーテ自然科学論文の編纂を依頼されたことが、思想研究者時代の幕開けとなる。一八八六年に処女作『ゲーテ的世界観の認識論要綱』を出版したシュタイナーは、精力的に思想研究を行い、一八九二年に学位論文『真理と学問』、一八九四年に後に彼の四大主著の一つに数えられる『自由の哲学』、一八九五年に『ニーチェ』を出版する。一八九七年にはゲーテ自然科学研究の集大成とも言える『ゲーテの世界観』を世に送り出した。

さて、一八八九年、ワイマール・ゲーテ大全集（ゾフィー版）の出版への協力を依頼されたシュタイナーは、これに伴い一八九〇年にワイマールに移住し、ゲーテ全集の校訂に従事した。そうしたワイマールにおけるゲーテ文庫での編集校訂作業が一八九六年に終了する。そして一八九七年『文芸雑誌』の編集責任者の職を得たシュタイナーは、ワイマールからベルリンに移住した。

このベルリンへの移住が一つ目のターニングポイントとなる。カルルグレンも指摘している通り、一八九七年から一九〇〇年までの三年間はシュタイナーが「きわめて集中的な霊的試練」を克服した時期であった[106]。その伝記的内容について詳しくは第Ⅰ部において言及するが、彼はこの時期に《魂の試練》を体験したと言うのである[107]。

一九〇〇年、シュタイナーは、『文芸雑誌』の編集を辞任した。そしてちょうどその時期（一九〇〇年九月）、シュタイナーはベルリンのブロックドルフ伯爵（ドイツにおける神智学運動の中心人物）の邸宅において、ニーチェについて講演するよう依頼を受ける。その二週間前（八月二五日）にニーチェは死去したばかりであった。さらに、講演の一週間後、再度講演を依頼されたシュタイナーは「ゲーテの黙示」（ゲーテ『メールヒェン』の解釈）と題する講演を行った。ここにおいてシュタイナーは彼の人生においてはじめて、秘教的な問題を講じたのであった。

大部分の聴衆は神智学協会の会員であったのだが、結果、シュタイナーの講演は大反響を呼んだ。そして、その後の彼は一気に霊的指導者としての色合いを強めていく。一九〇〇年から一九〇一年にかけて彼は二七回にわたり、「近代の精神生活の始まりにおける神秘主義とその現代の世界観への関係(108)」と題する連続二七回の講演を行うことになる。さらには一九〇一年一〇月から一九〇二年三月までの間、連続二十五回の講演「神秘的事実としてのキリスト教と古代の秘儀(109)」を行った。

そしてついに一九〇二年神智学協会ドイツ支部が設立される際、シュタイナーはその支部長に任命されることとなる。霊的指導者シュタイナーの幕開けである。これが彼の思想的遍歴における二つ目のターニングポイントとなる。これ以後、シュタイナーは本格的に霊的指導者としての道を歩んでいくこととなる。なお、ヘムレーベンは、シュタイナーがベルリンで過ごした一八九七年から一九〇〇年を「転回点」として時期区分しているのであるが(110)、本研究では一九〇二年の神智学協会ドイツ支部長任命を「転回期」の終焉とみなし、一九〇二年までを「転回期」と見定める。

以上、一八九七年と一九〇二年をターニングポイントとし、シュタイナーの遍歴を三期に区分した。シュタイナーのライフヒストリーを解説した先行研究で彼の思想的遍歴が記される際にも、一八九七年と一九〇二年は特に注目される。

さて、この三区分はそのまま、本研究全体の構成に反映される。第Ⅰ部は転回期、第Ⅱ部は思想研究者時代、第Ⅲ部は霊的指導者時代のシュタイナーが検討対象となる（本書の構成を、シュタイナーの経歴どおり時系列に沿って（思想研究者時代→転回期→霊的指導者時代）章立てしない理由については次節で示す）。

六　本研究の構成

本論に入ってゆく前に、本節では、本研究全体の構成を予め見通しておく。本書全体の流れは、前節において設定した時期区分に倣って、以下のように進行する。

第Ⅰ部　転回期のシュタイナー思想
第Ⅱ部　思想研究者時代のシュタイナー思想
第Ⅲ部　霊的指導者時代のシュタイナー思想

時系列に沿って思想研究者時代の考察から検討を始めず、転回期シュタイナーの思想から吟味する理由について。転回期シュタイナーの思想は、第Ⅰ部で詳述する通り、シュタイナー思想全体を貫く基本構図をあたえるものである。思想研究者時代から霊的指導者時代への移行期にあって、シュタイナーは、自身の思想的基盤をシラー的構図（より正確にはゲーテ＝シラー的構図）の内に見出した。そして、シラー的構図はその後の彼の思想を常に根底で支え続けてゆくのであった。シュタイナーは、ゲーテ『メールヒェン』を読み解く中で、この作品の内にゲーテとシラーに共通の問題が取り上げられていることを読み取り、その理念圏をシュタイナー

図3

自身の理論的支柱としたのである。第Ⅰ部では、シュタイナーが彼自身の教育理論の構築に際し、絶えず顧慮し続けたシラーの美的教育論を考察の主たる対象と見定め、シュタイナーとシラーの関係を読み解く中で、人智学を支える基本構図を析出したい。

思想研究者時代と霊的指導者時代の「はざま」に位置づく転回期の思想が、シュタイナー思想全体を貫流する通奏低音となる。思想研究者時代の思想と霊的指導者時代の思想、両思想の「橋渡し」の瞬間を捉えることで、彼の思想を一貫して支え続けた基本構図が抽出可能となる。

シュタイナー人間形成論を支える基本構図を出発点（第Ⅰ部）において掴んでおくことで本書全体の見通しを立てるべく、第Ⅰ部では転回期の思想に光を当てる。

そして、第Ⅱ部では時間を遡り、思想研究者時代のシュタイナーに焦点を当てる。シュタイナーはゲーテ自然科学研究者として思想家への第一歩を踏み出し、数多くの重要な研究を残し、その後、ニーチェ研究にも従事するようになった。こうした思想的遍歴を踏まえ、第Ⅱ部最初の検討対象としてシュタイナーのゲーテ自然科学研究を取り上げる。シュタイナーは自身の著作の中で繰り返し、ゲーテ自然科学が人智学の思想的基盤であると述べている。では、いかなる意味において、ゲーテ自然科学は人智学に基盤を提供するものとなっているのだろうか。また、シュタイナー人間形成論における最重要課題である「自由」の獲得の問題とゲーテ自然科学の問題圏はいかなる連関を有するのであろうか。こうした問題を検討する。

次にシュタイナーとニーチェの関係を吟味する。彼岸の破壊者ニーチェと超感覚的世界の認識の必要性を説いたシュタイナー。両者のあいだには一見するところ、思想的に架橋不可能と思われるような断絶が存するようにも思われる。だが、シュタイナーはニーチェ思想に傾倒し、そこに自身の「自由」の理念との通底を見てとった。では、彼はニーチェ思想のいかなる点に共鳴したのであろうか。

ここにおいて両者を媒介する存在として、再びゲーテの存在が浮かび上がってくる。すなわち、ゲーテ自然科学研究を背景に据えることによってはじめて、シュタイナーはニーチェへと思想的に接近可能となったのではないか。こうした仮説の下、シュタイナーの「ニーチェ論」を詳細に分析する。そして、第Ⅱ部の最後に、シュタイナーの四大主著の一つ『自由の哲学』がいかなる思想的背景から生み出されたか、その思想的出自を解明する。

第Ⅲ部では、場面を世紀転換期以後へと移し、霊的指導者時代のシュタイナー思想を検討する。先に述べた通り、シュタイナーは、ゲーテ自然科学を人智学の基盤と位置づけ、これを高く評価した。彼は「自然認識」の際に不可欠の態度をゲーテ自然科学から学んだのである。そしてその後、この認識論的基盤の上に立ち、霊的指導者時代のシュタイナーは、「自由」獲得と密接に関連する、人間の「自己認識」の問題を論じてゆくこととなる。シュタイナーはそうした「自己認識」の問題が、ゲーテの文学作品に示されていると考えた。ゲーテ自然科学研究からゲーテ文学研究への移行。すなわち、ゲーテの自然科学研究には見出すことのできなかった「自己認識」の問題を、シュタイナーはゲーテ文学の内に見てとったのである。

シュタイナーはゲーテ文学、とりわけ『メールヒェン』と『ファウスト』の解読を通じて、そこに人智学と同一の思想を読み取った。第Ⅲ部ではシュタイナーのゲーテ文学論を検討し、「自由」獲得を目指す人智学的人間形成論の構図を浮き彫りにする。

さて、本研究を遂行するに当たって、シュタイナーの約四〇冊の著作と五〇〇〇回を超える講演のうち、特に彼の著作を中心に検討を進めてゆく。つまり、講演録ではなく、著作を主たる検討対象に据える。シュタイナーは『自伝』において次のように語っている。「現代人の意識の前に人智学を提示するための格闘と労苦を追っていこうとする者は、一般に公開された本を手にしなければならない［傍点筆者］」[111]。

シュタイナーが講演録ではなく、できるだけ著作を手に取ってほしいと願う、その理由は明白である。「少し考えてみさえすれば、講義録にはどうしても誤りが生じ、細かな点で記述に食いちがいがあるものだということが分かる。まず第一に、速記者の速記能力はさまざまであり、その講演のテーマに対する理解度もいろいろである。第二に、速記を元の文章に直しただけで講演者の手が加わっていない場合誤謬は正されないまま」[112]となっている。シュタイナーにとって「口頭で語られた言葉は、口頭で語られたままにしておくのが、……一番好ましい」のであったが、「会員［神智学（後に人智学）協会会員　註：筆者］は講演の印刷を希望し、講演は私的に印刷された」[113]。

講演録の中には、多忙のためシュタイナーが校正できなかったものも存在する[114]。したがって、シュタイナーは「私が目を通していないものには誤りがある、ということは納得してもらわねばならない」[115]と強調している。

よって、本研究ではこうした事情に鑑み、シュタイナーの著作を中心に検討してゆく。だが、彼の著作の内に十分に示されていない事柄については適宜講義録を参照することとする。

七　「自由への教育」の内実

以上が本書の見取り図となる。第Ⅰ部から第Ⅲ部にかけて、シュタイナーの三つのステージを横断する中で、人智学を支える根本的構図を浮き彫りにさせる。そしてこの作業を通じて「自由」の問題を基盤に据えたシュタイナーの思想的核心部が描き出されるだろう。何度も強調しておくが、「自由への教育 Erziehung zur Freiheit」を謳うシュタイナー教育にとって、「自由」の獲得は人間形成における最重要課題である。シュタイナーの目指す「自由」の内実とはいかなるものであろうか。また、それはいかに獲得されるのか。「自由への」教育というからには、初期段階においてわれわれは「自由」たりえないことが前提とされている。事実、シュタイナーは「人間は元来自由か、それとも不自由か」という問いを不当とみなし、「不自由な状態に置かれた人間がいかに自由を獲得するか」こそを問うべきだと考えた。[116]

シュタイナー教育は、時に「自由奔放」な教育と誤解されるが、シュタイナーが目指した「自由」とは、自己本位的に振る舞うこととはおよそ異質である。彼の掲げる自由とは「自己認識」を前提としたものであり、人智学的「自由」は人間の内に潜む「高次の人間」を直観的に認識し、それを引き受けてゆくことではじめて達成される。[117] 感覚的世界と超感覚的世界を架橋することではじめて実現される人智学的「自由」の内実について、本研究では先の「二つの操作」を施すことで、その核心に迫る。

註

（1）同書、一二一―一三頁。

(2) たとえば、小野が指摘している通り、シュタイナーの思想（人智学）が「教育哲学研究」の文脈で取り上げられることは、皆無に等しいのが現状である。（『教育哲学研究』において）「その宗教・超越思想を正面から扱う研究はまだない」。［小野 二〇〇九、二五三頁］
(3) Lindenberg 1997.
(4) Carlgren 1975.
(5) Hemleben 1975＝二〇〇一。
(6) Bock 2008 & Bock 2009.
(7) Easton 1980.
(8) Shepherd 1983＝一九九八。
(9) Emmichoven 1961＝一九八〇。
(10) Edmunds 1990＝二〇〇五。
(11) Lachman 2007.
(12) Seddon 2005.
(13) 吉田 二〇〇八。
(14) Kugler 1987.
(15) Willkinson 2001.
(16) Martin 1998.
(17) McDermott 2007.
(18) Seddon 1984.
(19) Welburn 2004.
(20) 高橋 一九八〇、他多数。
(21) 西川 一九八七、西川 一九九五、他多数。

(22) 広瀬 一九八八。
(23) Witzenmann 1988.
(24) Dietz 1994.
(25) Selg 2007.
(26) Palmer 1975.
(27) Swassjan 1996.
(28) Wehr 1977.
(29) Querido 1982＝一九九〇。
(30) 本書ではイギリスにおけるシュタイナー教育の実践について詳細な解説がなされている。第一学年から第十二学年までのカリキュラムが網羅的に紹介され、同時にそうしたカリキュラムを支える理論についても配視されている。[Childs 1991＝一九九七]
(31) Harwood 1967.
(32) Wilkinson 1993.
(33) Carlgren 1977＝一九九二。
(34) Clouder&Rawson 1998＝二〇〇八。
(35) Rist & Schneider 1979.
(36) Freien Pädagogischen Vereinigung Bern 1976＝一九八〇。
(37) 高橋 一九八四、高橋 一九八七、高橋 二〇〇九ほか多数。
(38) Heydebrand 1992.
(39) 本書は、キャンプヒル・ムーヴメントの発展に寄与した著者による幼児教育のテクストである。キャンプヒル共同体(Camphill Community 一九四〇年、スコットランドに設立)は人智学の理念に基づき、健常者と障害者の共同生活を営むものであり、現在この活動は世界約二〇カ国に広がっている。[König 1958＝一九九八]

(40) Grunelius 1987.
(41) 本書では、シュタイナーの幼児教育におけるファンタジーに満ち溢れたさまざまな遊びを紹介している。[Kutik 1990＝一九九六]
(42) Raichle 2009.
(43) 堀内 二〇〇〇。
(44) Schneider 1993.
(45) König 1999.
(46) Jafke 1973＝一九八九。
(47) Neuschutz 1999.
(48) 吉良 二〇〇一。
(49) Koepke 1999 及び、Koepke 2003.
(50) ステイリーは、シュタイナーの教育論を模範として、気質論などの観点から、思春期（一〇代）の子どもが直面する問題について考察を試みている。[Staley 1988＝一九九六]
(51) Eller 2005.
(52) Kutzli 1987＝一九九七、一九九八。
(53) Niederhäuser 1989.
(54) Kranich, Jünemann, Buhler, Schuberth 1992＝一九九四。
(55) 高橋巖監修 一九八六。
(56) 高橋弘子編 一九九八。
(57) 秦 二〇〇一。
(58) Koch&Wagner 1990＝一九九八。
(59) 本書では、シュタイナー学校における芸術教育（とりわけ絵画教育）に関して、十二年生までの各学年ごとの課題ならびにその内容が詳細に分析されている。また、その絵画教育を支えるシュタイナーの色彩論についても言及がある。[Jünemann &Weitmann 1976＝一九八八]
(60) Straus 1998.
(61) Muche 2002.
(62) ドイツのシュタイナー学校連盟によって発行されている「人間理解と教育」シリーズの内の一冊に当たる本書では、シュタイナー学校の音楽の授業について、各学年ごとの音楽的課題が詳細に検討されている。[Wünsch 1995＝二〇〇七]
(63) Ulin 1987＝一九九五。
(64) 本書ではシュタイナー学校における算数のエポックの内実について紹介がなされている。とりわけ「気質に応じた計算」をめぐる箇所にはシュタイナー学校特有の考え方が示されている。[Schubert 1993＝一九九五]
(65) 高橋 一九八九a。
(66) Weihs 1993.
(67) 河津 一九八七。
(68) Wehr 1972, SS. 13–14＝一九八二、一八—一九頁。
(69) Steiner 2005d, S. 13＝一九九八、一六頁。
(70) Wehr 1972, S. 14＝一九八二、一九頁。
(71) Roszak 1976, p. 149＝一九九五、一九六頁。
(72) 深澤 二〇〇一、三一〇頁。
(73) Wehr 1972, S. 19＝一九八二、二七頁。
(74) *Ibid.*, S. 20＝同書、二八—二九頁。
(75) Ellenberger 1970, p. 686＝一九八〇、三二〇頁。
(76) *Ibid.*, pp. 686–687＝同書、三二〇—三二一頁。

(77)［高橋 一九八九b、一八二―二一一頁］また、この他にも高橋は、雑誌『リーリエ』において、ユングとシュタイナーの比較を行っている。［高橋 一九八四／八五］

(78) 西平 一九九七。

(79) 深澤 二〇〇一、三一三頁。

(80) 柴山 二〇〇五a。

(81) 柴山 二〇〇八。

(82) 柴山 二〇〇五b。

(83) ここで挙げたものの他にも、ペスタロッチとシュタイナーの教育思想を比較した長尾の研究［長尾 一九八二］、ペスタロッチ及びブーバーの教育思想とシュタイナーのそれを並べて吟味したダンナーらの研究［Danner, Müller, Müller-Wieland, Wehr 1985］、フレーベルとシュタイナーの社会変革思想を比較した酒井の研究［酒井 二〇〇三］、シュタイナーの幼児教育思想と倉橋惣三のそれを比較した今井の研究［今井 一九九六］などがある。

(84) 今井 一九九八。

(85) 西平 二〇〇三。

(86) シュタイナーを思想史的に位置づけて考察し、それを一般化してゆく試みについて筆者は共同研究を行っている。その詳細については吉田敦彦他（二〇〇九）を参照されたい。

(87)「私はカントの本を一頁毎に切り離し、それを授業中、眼の前に置いてある歴史の教科書の中にはさみ、講壇から歴史が「教えられている」間にカントを読んだ」。［Steiner 2000, S. 39 = 一九八二、三九―四〇頁］

(88) *Ibid.*, SS. 40–41 = 同書、四一頁。

(89) *Ibid.*, S. 41 = 同書。

(90) Wilson 2005, p. 34 = 一九九四、四九頁。

(91) Steiner 2000, S. 51 = 一九八二、五一頁。

(92) *Ibid.*, S. 52 = 同書、五二頁。

(93) 小杉 二〇〇〇、三八頁。

(94) Emmichoven 1961, S. 146＝一九八〇、二〇三頁。

(95) Steiner 1980, S. 9.

(96) Carlgren 1975, S. 13＝一九九二、五四頁。

(97) Hemleben 1975, p. 63＝二〇〇一、七二頁。

(98) Sijmons 2008, S. 28.

(99) Welburn 2004, p. 245.

(100) 実際、先に分類した先行研究の四類型のうち、第一類型にカテゴライズした研究、すなわちシュタイナー初期のテクスト『自由の哲学』を理論研究として哲学的に吟味する試みはいずれも思想研究として手堅いものとなっている。それらの研究では、オカルティストとしてのシュタイナーではなく、思想研究者としての彼の姿が描き出されている。

(101) 西村 一九九九、一三八頁。

(102) Steiner 1983, S. 35.

(103) 長倉 二〇〇三、一一頁。

(104) Steiner 1999b, S. 11.

(105) もっとも、本論で明らかにする通り、シュタイナーにとってシラー哲学は、常にゲーテ思想を対置させることではじめて真の意義を発揮するものであった。つまり、ゲーテ＝シラーの思想圏が、シュタイナー人間形成論の理論的基盤となっていたと考えられる。

(106) Carlgren 1975, S. 18＝一九九二、六四頁。

(107) *Ibid.*, S. 17＝同書、六一頁。

(108) Steiner 1960.

(109) Steiner 1989a＝二〇〇三。

(110) Hemleben 1975＝二〇〇一。
(111) Steiner 2000, S. 443＝二〇〇九、一六五頁。
(112) Shepherd 1983, S. 211＝一九九八、二九四頁。
(113) Steiner 2000, S. 443＝二〇〇九、一六五頁。
(114) *Ibid.*, SS. 442-443＝同書、一六五頁。
(115) *Ibid.*, S. 445＝同書、一六六頁。
(116) *Ibid.*, S. 333.
(117) こうした点について、シュタイナーは次のように語っている。「人間とは何かを知るためには、人間の究極の目標を知らねばなりません。たしかに人間の本性の一部分は遺伝されて存在していますが、人間はその体的本性が備えていない別の本性をも、自分自身のなかから生じさせることができるのです。自分の内部にまどろんでいる人間を目覚めさせることによってです。ですから「人間は自由か」ではなく「内的発展を通して、私は自由な存在になることができるのか」と問うべきなのです。人間が自由になりうるのは、自分のなかにまどろんでいるもの、目覚めさせて自由にすることのできるものを、自分のなかに育て上げたときなのです。言い換えれば、人間にとっての自由は、生まれたときから与えられているものではありません。それは自分のなかから目覚めさせることによって可能となるものなのです」。〔Steiner 1981a, S. 122＝二〇〇九、一〇八頁〕本書ではここで述べられているような「自己認識」に基づく人智学的自由の内実を解き明かしてゆく。

第Ⅰ部

通奏低音としてのシラー『美的書簡』

――転回期の思想

私がその中［『美的書簡』註：筆者］に吐露してある告白は、余計なものがはいっているとは思われません。あなたと私が用いている道具が、如何に異なっていても、また、私達が取っている攻勢と防御の武器が如何に違うものであっても私たちは同一の重点を目的としていることを私は信じています。[i]

「ゲーテ—シラー往復書簡」より

---

i　Goethe 1950a, S.33= 一九四三、一二五頁

1章　転回期——瀬戸際に立つシュタイナー

一　転回期からの出発

第I部では、序論で予告した通り、転回期のシュタイナーの思想を検討する。すなわち思想研究者から霊的指導者への過渡期において、シュタイナーがいかなる思想を展開していたかを探ることが第I部の課題となる。

本書全体を通じて見たとき、この第I部が論文全体の通奏低音となる。より具体的には、（後述の通り）シラー哲学の構図が、シュタイナー人間形成論に基本図式をあたえ、その構図が、シュタイナーの全時期区分（思想研究者時代、転回期、霊的指導者時代）を貫流することとなる。本書の構成に際し、シュタイナーの思想的遍歴を時系列に沿って配置せず、転回期から考察を始める理由は、この時期の思想が、シュタイナー思想全体を貫く地盤となるからである。

さて、転回期（一八九七年—一九〇二年）のシュタイナーは、思想研究者から霊的指導者への過渡期にあって、自身の進むべき道を模索し、精神的葛藤の内に存している。

世紀転換期以前の初期シュタイナーは、堅実な思想研究者として、ゲーテ研究、あるいはニーチェ研究に従事していた。第Ⅱ部で詳述することとなるが、この時期のシュタイナーの著作は全くと言って良いほど神秘主義的傾向を有していない。そして、思想研究者時代のシュタイナー思想は（後に彼自身振り返っているように）人智学の基盤として位置づけられるべきものとなる。

すなわち、思想研究者時代のシュタイナーは、決して、人智学の中核を形成するような霊的思想内容について積極的に議論を展開することはなかった。初期シュタイナーの著作を紐解くと、この時期の彼は、ゲーテもしくはニーチェについて論ずる中で、それらを隠れ蓑とすることによって間接的に自身の問題を論じ、慎重に機が熟すのを待っているように見受けられる。したがって、その思想はオカルト的内容を明示的に含むものではなく、思想研究という枠内の内に抑制されており、霊的思想内容の本格的叙述には至っていない。

対して、霊的指導者時代のテクストは、周知の通り人智学的諸理念に貫かれており、秘教的色合いが極めて強い。通常、シュタイナーの名を聞いて思い起こされるのは、この時期の彼のオカルト的世界観であろう。

転回期はまさに両者（思想研究者時代と霊的指導者時代）の中間に位置している。厳密な意味での思想研究者でもなければ、本格的に霊的指導者への道を歩み始めてもいないという「あわい」の時期。

転回期は、両者が混在した過渡期に当たるのである。そして、以下に見ていく通り、この時期の彼のテクストから人智学を基礎付ける基本図式が抽出可能となる。すなわち、彼の思想の骨組みを最も鮮明に浮かび上がらせ、かつ、人智学を一貫して支え続けた、シラー哲学の構図が顕在化する。

無論、転回期の思想を分析することで、彼の後期思想（人智学）の内容を包括的に把握しうるわけではない。転回期シュタイナーは、いまだ十全に霊的問題を語ってはいない。当然ではあるが、転回期においてシュタイナーの本領は発揮されていないのである。

だが、彼の思想研究を旨とするわれわれにとって、この転回期こそがシュタイナー思想へと接近する上での恰好の足場をあたえるものとなる。

転回期の思想は、霊的指導者となる直前ということもあって、その叙述はいまだ秘教的色合いを強めていない。思想研究者時代の研究にはあきたらず、そこを超え出ようとする一方で、ひと息に神秘的問題へと跳躍するわけでもなく、あくまで慎重さを保っている。この「瀬戸際に立つ」シュタイナーがあたえる枠組みは貴重である。

以下、まずは、序論における時期区分に沿って、予め、転回期シュタイナーの伝記的背景を振り返っておく。彼にとって伝記的背景と思想内容は不可分であり、両者は密接に関連している。したがって、シュタイナーの思想が、彼のいかなる状況下で形成されたかを抑えておくことは、シュタイナー思想そのものの理解にとって必要である。

二　伝記的背景

転回期の伝記的背景を概観するに当たって、まずは思想研究者時代から転回期への転換のメルクマールとなる出来事について触れておきたい。

一八九七年、シュタイナーにある決定的な変化が生じる。自伝の叙述はその変化を劇的に物語っている。(1)

「以前にはなかった、感覚的に知覚できるものへの注意深さが私のなかに目覚めた。個々の詳細が大事になった。感覚世界には、感覚世界のみがあらわにできるものがあるという感情を私は持った。自分の思考や他人の思考を通して自分の内面に現れる心魂内容を感覚世界に持ち込まずに、感覚世界が語るもののみを通して感覚世界を知るのが理想だ、と私は考えた[2]」。

感覚世界が語るものを通して感覚世界を知ること。これは換言するならば、感覚世界の内に常に既に作用している霊的現実に、感覚世界への沈潜によって至りうるということである。つまり、霊的現実に出会うために、感覚世界を脱却する必要がないということ。その重大な気づきは、シュタイナーの遍歴において決定的な体験となった。シェパードが指摘しているように、「ゲーテ自然科学論文の研究がこの新たな経験の覚醒に大いに貢献したということは、ほとんど疑いようがない[3]」。思想研究者時代のゲーテ自然科学研究がこの経験を準備していたと言うのだ。彼は続けて次のように述べる。

「ゲーテは自然現象に対する徹底的な沈思だけで、自然のうちに存在する霊的現実の直観的知覚に至った。ゲーテ自然科学論文の研究において、シュタイナーは、ついに彼自身のより広大な霊的知覚能力が同じ道を歩み、さらに深くそれを追い求めることができるまで、感覚的世界に対するゲーテの霊的・科学的取り組みに随行した[4]」。

霊的現実を認識するために感覚的世界を超え出る必要がないということ。感覚的世界に留まる中で霊的現実を把握する仕方を、シュタイナーはゲーテ自然科学に学んだ。この点についてワシントンは次のように述べている。「シュタイナーにとってゲーテの魅力がどこにあったかと言えば、ゲーテが漠然とした神秘主義や主観を拒否し、五感ではとらえられない現象を明晰に思考し客観的に研究しようとした点だった。……科学は精神の発展を妨げるものではなく、発展させるために大いに役立つものとしてシュタイナーが認識できるようになったのは、ゲーテのおかげだった」[5]。

そして、一〇年間に及ぶゲーテ自然科学研究への従事を経て、いまや彼の内にゲーテ的自然観が確固たるものとして実感を伴って体得されたのである。

シュタイナー自身が告白しているように、若き日の彼にとって精神世界で体験できるものは常に自明のことであった。彼は「霊界にいるときのほうがくつろぐことができ、感覚的経験の世界の物質的現実に集中することは比較的難しいと常日頃感じていた」[6]のである。

霊的世界がリアリティを持って体験される一方、若きシュタイナーにとって感覚世界の知覚的把握は極めて困難だった[7]。「私は心魂の体験を感覚器官のなかに注ぐことができず、感覚器官が体験するものを完全に心魂と結びつけられないようであった」[8]。『自伝』にも記されている通り、シュタイナーにとって霊的世界の存在は自明でリアリティを有していたが、そのことが現実世界の把握を困難にしてしまっていたのである。

だが、一八九七年に起きた経験により、シュタイナーは、(カルルグレンの表現を借りるならば)「両方の世界(霊界と同じく感覚界でも)で、完全な市民権を得た」[9]。感覚的世界の認識と超感覚的世界の認識が表裏をなしているということ。両者が矛盾しないこと、それどころか互いを基礎付け合っているということ。感覚的世界への沈潜により、超感覚的世界への認識が拓かれ、それが翻って感覚的世界のより豊かな体験を導くということ。真にゲーテ的認識をわがものとしたこの決定的契機は、シュタイナーの思想的変遷において極めて重大な転換点である。

ところが、時を同じくしてこの時期、シュタイナーは自身の思想と同時代のそれとの間の、架橋不可能とも思われる隔たりを痛感することとなる。ゲーテ自然科学研究に従事している著名な物理学者と対話した際のこと。彼はシュタイナーに「色彩についてのゲーテの表象は、物理学には扱いようがないものだ[10]」と述べた。

この言葉を前に、シュタイナーはひたすら沈黙するしかなかった。『ゲーテ的世界観の認識論要綱』において主題的に語られている通り、彼はゲーテ的認識を、自然認識のための（ひいては自己認識のための）不可欠の方法と考えていた。シュタイナーにとってゲーテ的自然認識は、彼の思想を根底で支える必須の枠組みをあたえるものであった。

だが、彼にとって真実であるものが、時代の思想にとっては「始末におえないもの[11]」でしかないという事実を突きつけられたのである。高橋も指摘しているように、「ゲーテの自然科学は、いまでこそ量子力学者やニューサイエンスの旗手たちによって高く評価されるようになってはきたものの、永いこと多くの科学者の侮蔑の対象だった[12]」。「自然のすがたを記述する科学などというものはおよそ「科学的」ではない、それは「主観的・相対的現象」にすぎない、経験に依拠しているということ自体が主観的な感性に縛られていることを示すものなのだ、と[13]」。シュタイナーはゲーテ自然科学へのそうした「侮蔑的状況」を前に孤立を余儀なくされたのである。

この体験は彼の中に「沈黙しなければならないのか？」という切実な問いを呼び起こし[14]、深刻な葛藤をもたらした。

しかしながら、結局のところ彼は「沈黙」を選択しなかった。「語れるだけのことは語りたかった[15]」。かくして、シュタイナーは生涯の中でも「最も苦難に満ちた時期[16]」を迎えることになる。

『文芸雑誌』の編集者を経て、シュタイナーに転機が訪れる。ドイツ神智学協会の中心人物の一人、ブロックドルフ伯爵（ドイツにおける神智学運動の中心人物）に講師として招かれたのである。彼は、まず、ニーチェについて講演を行った。彼はその時、聴衆の中に霊界に深い関心を持った人々が存在することに気づいたという。彼は再び講演を依頼され、一週間後、「ゲーテの黙示 *Goethes geheime Offenbarung*」と題する講演を行った。聴衆の多くは神智学協会の会員であり、結果、講演は大反響を呼んだ。[17] コリン・ウィルソンも指摘している通り、これは「歴史的出来事」であった。「というのも、シュタイナーは初めて自らの『霊的研究』についておおっぴらに語ることができたからである[18]」。

そうした反響により、続いて、同じサークルにて一九〇〇年から一九〇一年にかけて「近代の精神生活の始まりにおける神秘主義とその現代の世界観への関係 Die Mystik im Aufgange des neuzeitlichen Gesitelebens und ihr Verhältnis zur modernen Weltanschauung」と題する連続二七回の講演を行うことになる。さらには一九〇一年一〇月から一九〇二年三月までの間、連続二五回の講演「神秘的事実としてのキリスト教と古代秘儀 Das Christentum als mystische Tatsache und die Mysterien des Altertums」を行った。

そして、一九〇二年一〇月八日、シュタイナーは、ジョルダーノ・ブルーノ同盟の会員を前にして行った講演において、「自然科学を基盤とした新しい霊の認識方法をみいだす」という彼の課題を、はじめて明示した。同時に、そうした自らの傾向性を「神智学的 theosophisch」と呼んだ。[19]

こうして、一九〇二年一〇月二〇日、神智学協会ドイツ支部が設立された際、シュタイナーはその支部長に任命されることとなる。一九〇〇年から一九〇二年にかけて、シュタイナーは自身の霊的見解を積極的に受容する聴衆に出会い、ついに霊的指導者として本格的に歩んでいくこととなった。シュタイナーの霊的指導者時代の幕開けである（霊的指導者時代の思想については第Ⅲ部の課題）。

以上、転回期におけるシュタイナーの状況を概観した。本節で見てきたような精神的葛藤状態の中で、シュタイナーはぎりぎりの地点から自身の思想を紡ぎ出した。では、その思想内容とはいかなるものであったか。

次節以降、「開き直り」と「慎重さ」のはざまで揺れ動くシュタイナーの思想を追ってゆくことにする。

三　ゲーテ研究の転回

さて、転回期は、シュタイナーがそれ以前に依拠してきた思想からの脱皮を図る時期でもある。思想研究者から霊的指導者へと歩を進める過程での決定的事柄として、ゲーテ研究（ゲーテ自然科学研究）の問い直しという問題が挙げられる。契機となったのは、彼のゲーテ『メールヒェン』研究である。この『メールヒェン』がシュタイナーのゲーテ研究を次なる段階へと導く重大な役割を担う。この点について、ゼルクは次のように述べている。「『メールヒェン』の扱いに成功した経験は、ルドルフ・シュタイナーのゲーテの秘められた作品についての―あるいはゲーテの活動の秘められた背景についての―イメージを拡張し、決定付けた[20]」。

ドイツ・ロマン派における創作メルヘンの祖といわれるこの作品は、謎に満ち溢れており、多様な解釈を許すがゆえに、多くの解釈者を悩まし続けてきた難テクストである。シュタイナーが『メールヒェン』をはじめて手にしたのは、二一歳の誕生日であった。恩師シュレーアーが、これを彼に贈ったのである。シュタイナーはそれを幾度も通読した。にもかかわらず、その内容を一切理解できなかったという[21]。

「この『メールヒェン』のイメージに働きかけられて、これは謎だ！といわない人がいるであろうか。初めのうち我々は、この『メールヒェン』の中で生きているものを、ほんの少しだけしか感じません[22]」。

二一歳のシュタイナーにとって、『メールヒェン』は未知のテクストであった。『メールヒェン』と出会った翌年（一八八三年）、シュタイナーは、シュレーアーの推薦によって『ドイツ国民文学叢書』中のゲーテ自然科学論文集の編纂と序文の執筆を依頼される（この経緯については第Ⅱ部で詳述）。これは、彼にとって転機となった。ゲーテ自然科学論文の研究に従事する中で、シュタイナーはゲーテから、有機的存在を把握するに適した思考のあり方を学んだのである。そして、ゲーテ自然科学論文の研究に没頭する過程で、謎のテクスト『メールヒェン』は、次第にその内実を彼の目前に現わすこととなる。シュタイナーによれば、「ゲーテの『メールヒェン』の核心が私と一致したのは、前世紀、八〇年代後半のことだった[23]」という。それはまさに、シュタイナーが彼の最初の著作『ゲーテ的世界観の認識論要綱』を発表した頃と同時期であった。シュタイナーは友人シュペヒト宛の書簡において、確信に満ちた調子で「『メールヒェン』にはゲーテの信仰告白のすべてが含まれている[24]」と語っている。

こうした体験を経て、シュタイナーは一八九一年、ウィーンのゲーテ協会において、『メールヒェン』についての講演を行うことになる。聴衆に対して十分納得のいく働きかけができたにもかかわらず、長い期間、彼はその解釈を論文として発表することを自制し続けた。解釈の正確さについて確信を得るための、醸成期間が必要だったのである。シュタイナーはおよそ八年もの間、解釈の堅固さを追求し続け、一八九九年、ようやく「ゲーテの黙示」（『文芸雑誌 *Magazin für Literatur*』に発表）として活字化するに至った。そしてその翌年（一九〇〇年）、先に述べた通り、シュタイナーは、ブロックドルフ伯爵夫妻（ドイツにおける神智学運動の中心人物）が主催するサークルで「ゲーテの黙示」の内容に関する講演を行うこととなる。彼はそれを自身の思想を語った最初の場、出発点と位置づけている[25]。その後も彼は、自身の『メールヒェン』解釈について繰り返し講演を行っており（その解釈の変遷については第Ⅲ部において検討する）、アレンが指摘しているように、『メールヒェン』は、シュタイナーにとって、人智学の基盤として位置づくものである[26]。

かくして、ゲーテ自然科学論文の研究に従事していたシュタイナーにとって、『メールヒェン』は、彼を次なる課題・段階へと導くものとなった。彼は『自伝』において当時を次のように回顧している。

「私にとって重要だったのは解釈ではなく、この『メールヒェン』の研究の及ぼす心霊体験への刺激であった。この刺激は私のこれ以降の精神生活にも影響を与え続け、後に私が創作した神秘劇にまで及んでいる。しかしながら、私が取り組んでいたゲーテ研究にとっては、この童話から多くを得ることはできなかった。それというのも、ゲーテはこの作品を書く時、半ば無意識のうち、心的生活の内的な衝動に駆りたてられて、彼の世界観を自ら超え出てしまったかのように見受けられるからである。私は大きな困難に直面した。すなわち、私はキュルシュナーの『ドイツ国民文学叢書』中のゲーテ解釈を、私が最初に着手したままのスタイルで続けざるをえなかったが、しかしそれでは私自身が満足できなくなったのである[27]」。

シュタイナーは、『メールヒェン』分析を通じて、それまでのゲーテ（自然科学）研究の領域を超え出る問題に直面した。この作品は、ゲーテ自然科学研究の枠内では把捉することが困難な事態を提示していると感じられたのである。

その問題とは、人間の「自己認識」の問題（「自由」の問題）であった。そもそも、ゲーテは彼の諸々の自然科学論文において、有機体の認識（自然認識）については分析を行ったが、人間の「自己認識」の問題について積極的に議論を展開しなかった。しかしながら、ゲーテは論理的形式で論ずることはなかったものの、そうした問題については彼の文学（『メールヒェン』）の内に記されているとシュタイナーは考えた。彼は『自伝』において、以下のように述懐している。

「八十年代以降、この『メールヒェン』と結びついたイメージが、私の心を捉えていた。外部の自然の観察から人間の心の内部へと到る方法を、ゲーテは概念によってではなく、イメージによって表現していた。私は『メールヒェン』の中に、こうしたゲーテの方法が書き込まれていることに気付いた[28]」。

『メールヒェン』の内に人間の「自己認識」をめぐる諸問題を見出したシュタイナーは、一八九九年に『メールヒェン』論を世に送り出す。『メールヒェン』論は、ゲーテ自然科学研究を通じて獲得した視座をもとに、ゲーテの文学分析を試みた極めて重要なテクストである。ここにおいてシュタイナーは、ゲーテ解釈を通じて、人間の「自己認識」の問題（「自由」の問題）の核心を論じたのである。強調すべきは、ここで論じられた思想が、ゲーテの文学解釈という体裁をとりつつも、それがまさにシュタイナー自身の「自由」の哲学を論じたものであったという点である。

四　シュタイナーとシラー

さて、転回期のシュタイナーは「自然認識」から「自己認識」へとゲーテ研究を発展させたわけだが、そうした彼の移行を思想的に支えたのが、フリードリッヒ・シラーである。以下で詳述する通り、シラーのあたえる構図がシュタイナーの人間形成論の理論的支柱となり、その基本図式が以降の彼の思想を根底において規定し続けてゆくこととなる。すなわち、シラー哲学の内には、シュタイナー思想の基本構図を導き出すための枠組みが潜在していると考えられるのである。より限定するならば、シラーの『美的書簡』が、シュタイナー思想を読み解く上で鍵を握る。

このことを論証すべく、第Ⅰ部では、シュタイナーとシラーの関係、ならびに、シラーとゲーテの緊張関係への彼の思想的態度に光を当てる。

ここで特に留意すべきは、シュタイナーにとって、シラー哲学は常にゲーテ理解のための「補助線」をあたえるものであったという点である。シュタイナーはゲーテ研究者として第一歩を踏み出し、ゲーテの内に自身の思想を支える根本的地盤を見出したわけであるが、そこでゲーテの世界観を把捉するために必要とされたのが、シラー的枠組みであった。

すなわち、シュタイナーはシラー的構図を通してゲーテを理解していた。シュタイナーがゲーテの内に自身と同一の思想的傾向性を見出したという事実の背景には、シラー哲学が介在していたのである。『ゲーテ的世界観の認識論要綱』において、シュタイナーは、「ゲーテの精神性の偉大さをシラーほどはっきり見抜いた人はいない[29]」として、次のように述べる[30]。

「私たちは、ゲーテの学問的思索を、シラーが模範を示してくれた方法によって観察したい。ゲーテが見ているのは自然であり人生である。その際ゲーテが従っている観察方法こそが私たちのこの論述の内容となる。シラーが見ているのはゲーテの精神である。そしてその際シラーが従っている観察方法こそが、私たちの方法の規範である[31]」。

シュタイナーは、「ゲーテが従っている観察方法」がゲーテ自身によって解き明かされることはなかったという。ではその方法自体はいかに論じうるのであろうか。ここでシュタイナーにとって模範となったのがシラーであった。

シラーを範としてゲーテを読み解くというシュタイナーの方法は、彼のゲーテ自然科学研究に限ったものではない。「自然認識」の問題のみならず、人間の「自己認識」の問題に際しても、シュタイナーはシラーの基本構図でもってゲーテを読み解き、それを自身の思想的基盤に据えていたのである。より具体的には、その根本構図とは、シラーの美学的主著『美的書簡』から導き出されたものであった。エミヒョーベンによれば、『美的書簡』は「ゲーテの植物変態論が生きた自然に対して有する意義を、人間の問題にあてはめて継承したもの」[32]だという。

もっとも、シュタイナーにとって『美的書簡』は、「ゲーテ理解のための補助線」という副次的意味のみを有していたわけではない。『美的書簡』は、自身の思想を構築してゆく過程において、絶えず還ってゆくべき彼の思想的基盤だったのである。シュタイナーは初期著作から後期著作に至るまで繰り返し『美的書簡』に言及しており、その重要性を強調し続けた。そして『美的書簡』の構図と人智学のそれとの構造的一致を、ある時は明示的に、ある時は暗示的に訴えている。

すなわち、『美的書簡』は、人智学の通奏低音ともいえるものであった。このことは特に彼の教育論において顕著であり、シュタイナー人間形成論の根幹には、一貫して『美的書簡』の構図が潜在している。そして、『美的書簡』は、特にゲーテとの緊張関係において、甚大なる意義を発揮するのであった。

だが、これまで先行研究において、シラーとシュタイナーの関係が焦点化されることはなかった。ゲーテ研究者、もしくはニーチェ研究者としてのシュタイナーが伝記的事実として取り上げられることはあっても、シラー哲学とシュタイナー思想との連関に着眼した研究は管見の限り見当たらない。シュタイナーの思想形成において「忘れられた存在」とも言えるシラーに焦点を当て、シラー哲学の構図を基盤に据えて人智学を捉えなおすこと、このことが本書全体の目指すところとなる。

第Ⅰ部の今後の流れをまとめておこう。次節においてまず、シュタイナーとシラー『美的書簡』の関係を確認する。そして、シュタイナーの『美的書簡』解釈の特徴を明らかにするための予備的作業として第二章では、『美的書簡』をめぐる問題とその内容を考察する。

その後、第三章においてシュタイナーの『美的書簡』解釈を読み解いていく。意外なことに、シュタイナーの『美的書簡』解釈が最も顕著に表れ出ているのは、先に言及した彼の『メ・ー・ル・ヒ・ェ・ン・』論においてであった。シュタイナーは、『美的書簡』の思想圏の内に、ゲーテ文学（『メールヒェン』）のそれとの一致を看取している。シュタイナーにとって『美的書簡』と『メールヒェン』は不可分とされたのである。

第四章では、ゲーテの具体的表象とシラーの抽象概念を「合わせ鏡」とすることではじめて、シュタイナー思想に貫流する世界像が浮き彫りになることを示す。そして、第Ⅰ部の考察全体を通じて、『美的書簡』が人智学的人間形成論の思想的根幹に位置づくものであることを導き出したい。

五　『美的書簡』をめぐって

シュタイナーは、『自伝』などを通じて『美的書簡』が自身の思想に多大なる影響をあたえたことを告白しており、その内容を至るところで絶賛している（「私はこの書簡のことを繰り返し取り上げてきました。なぜならそれは私たちが現代文化の中に全面的に取り入れるべき内容を含んでいるからです[33]」）。

ある箇所では『美的書簡』を「ドイツの精神生活における至宝[34]」と讃え、この著作が哲学書として扱われない現況を嘆き、その内容は、「専門的な哲学によって成し遂げられていることよりずっと重大だ[35]」と述べる。

また、美学を論じた箇所では、体系的な美学者たちからは、十分な学問的評価を受けていないが、『美的書簡』は、「美学史上の最も重要な成果の一つ」[36]であると指摘している。

教育について論じた別の場面では、「『美的書簡』が教育にほんの少ししか影響を及ぼさない」現状に遺憾の意を表し、「もしこの本の影響がもっと大きかったら、教育及び授業実践における芸術の位置づけに関して数多くの重要な事柄が明らかになっていたに違いない」[37]と述べている。[38]彼は、教育にとって実り多い見解が『美的書簡』の内に含まれていることを繰り返し強調し、真に健全な教授法を探し求める際に立ち戻るべきテクストとして『美的書簡』の名を挙げている。[39]

そして、『自伝』の叙述が示している通り、『美的書簡』は、シュタイナーにとって、自らの思想的基盤を確立する上で、確固たる足場をあたえるものであった。

「私は、シラーの『人間の美的教育に関する書簡』から強烈な刺激を受けた。人間の意識はさまざまな状態の間を、いわばあてどなく揺れ動いている、というシラーの指摘は、私が人間の魂の内的な作用と活動に関して作り上げていたイメージと一脈通じ合う点があった。……私はシラーのこうした考え方に魅了された」[40]。

では、シュタイナーが最大限の賛辞を送り、最初期の著作から、後期著作に至るまで繰り返し取り上げ、彼自身の思想形成に甚大なる影響をあたえたシラー美的教育論とはいかなるテクストであったか。シュタイナーの『美的書簡』解釈を参照する前に、その予備的考察として、『美的書簡』の成立事情、ならびに『美的書簡』をめぐる状況を確認しておくことにする。

註

（1）本書では今後、シュタイナーの『自伝』を何度も参照する。彼の『自伝』は、単に、彼の伝記的背景の理解を助けるものとなるだけではない。そこにはシュタイナーが諸々の著作を著す際、いかなる問題に直面し、それをいかに乗り越えたかが詳細に記されているのであり、『自伝』は、彼の遍歴を辿るための書であるのみならず、彼の主要著作の解説書としても位置づけられるべきものである。

（2）Steiner 2000, SS. 316–317＝二〇〇九、六七頁、一部改訳。

（3）Shepherd 1983, p. 53.

（4）*Ibid.*

（5）ワシントン 一九九九、二〇八頁。

（6）Shepherd 1983, p. 52＝一九九八、六八頁。

（7）Steiner 2000, S. 316＝二〇〇九、六七頁。

（8）*Ibid.*＝同書。

（9）Carlgren 1975, S. 15.

（10）Steiner 2000, S. 338＝二〇〇九、八三頁。

（11）*Ibid.*＝同書。

（12）高橋 一九八八、一三頁。

（13）同書、一三—一四頁。

（14）Steiner 2000, S. 339＝二〇〇九、八四頁。

（15）*Ibid.*＝同書。

（16）Carlgren 1975, S. 16.

（17）*Ibid.*, SS. 19–20.

（18）Wilson 2005, p. 99＝一九九四、一五二頁。

(19) Carlgren 1975, SS. 20–21＝一九九二、六九頁。
(20) Selg 2007, S. 60.
(21) Allen, P. M. & Allen, J. D. 1995, p. 35.
(22) Steiner 1999a, S. 226.
(23) Allen, P. M. & Allen, J. D. 1995, p. 35.
(24) Steiner 1987, S. 37.
(25) Allen, P. M. & Allen, J. D. 1995, p. 37.
(26) *Ibid.*, p. 55.
(27) Steiner 2000, S. 182＝一九八二、一八四頁。
(28) *Ibid*, S. 391＝一九八三、一七九頁。
(29) Steiner 1999b, S. 23＝一九九一、二六頁。
(30) 別の箇所でも、シュタイナーは次のように述べる。「ゲーテがどのようにして彼の精神的諸力の調和に達したかをシラーは一番よく観察することができた」。[Steiner 1982a, S. 148]
(31) Steiner 1999b, S. 24＝一九九一、二六頁。
(32) Emmichoven 1961, S. 76＝一九八〇、一〇六頁。
(33) Steiner 2005e, S. 131＝一九八五、一二二頁、一部改訳。
(34) Steiner 1985a, S. 403.
(35) *Ibid.*, S. 404.
(36) Steiner 1982b, S. 37＝二〇〇四、三二頁。
(37) Steiner 1977, SS. 20–21＝一九八六、二五頁、一部改訳。
(38) また、教育を論じた別の場面でもシュタイナーは同様の主張をしている。「いつも非常に残念に思っているのは、教育学上のもっとも重要な著述の一つが、教育の分野の中でまったく知られていないか、あるいは少なくともなんの実りももたらさぬままに終わっていることです。すなわちシラーはゲーテの素朴な自己教育的態度に接して、優れた教育観を身につけ、この教育観を『人間の美的教育に関する書簡』の中に注ぎこみました。このシラーの著述の中には、非常に多くの実り豊かな教育思想が含まれています。ただ読者はそこから考えをさらに推し進め、その中に含まれているものを首尾一貫して、更に考えぬかなければなりません」。[Steiner 2005e, S. 131 = 一九八五、一二一頁]

(39) さらに別の箇所では「シラーの『美的書簡』は美の本質を自由の理念の内に見ようとし、それが自由という原理によってくまなく満たされているがゆえに、全く気高い著作」であるとし、『美的書簡』を評価している。[Steiner 1999b, S. 117 = 一九九一、一一五頁、一部改訳] また、人間が書いたものの中で、『美的書簡』は最も洗練されたものに属するとも述べている。[Steiner 二〇〇八、五〇頁]

(40) Steiner 2000, SS. 69–70 = 一九八二、六八—六九頁。

2章　シラー美的教育論をめぐる諸論

一　『美的書簡』への賛辞と批判

フリードリッヒ・シラーが自らの美的教育論を展開した『人間の美的教育についての書簡 *Über die ästhetishe Erziehung des Menschen*』(一七九五)は、教育学の古典的テクストとして不動の地位を築いており、遊びと人間形成について論じられた数ある論考の嚆矢をなすものとして高く評価されてきた。

ベートーヴェンの第九交響曲第四楽章「歓喜に寄す」の作詩者として、また、『群盗』、『ヴァレンシュタイン』など数々の傑作悲劇を生み出した劇作家として知られるシラーは、一七九二年から一七九六年までの五年間、美学論文の執筆に専念した。(1) カントの『判断力批判』(一七九〇)に深い感銘を受け、本格的な美学研究へと導かれたシラーは、この間、詩作、劇作を休止し、『カリアス書簡』(一七九三)、『優美と品位について』(一七九三)、『美的書簡』(一七九五)、『素朴文学と情感文学について』(一七九五―一七九六)など数々の美学論文を世に送り出している。シラーはこの短期の美学研究期間の後、作家としての活動を再開(一七九六年、悲劇

『ヴァレンシュタイン』の創作開始)し、その後一切、美学論文執筆を行っていない。

諸々の美学論文のうち、とりわけ頻繁に言及され、彼の美学論文中最も有名な『美的書簡』は、シラー自身の極めて個人的な体験を動機として生み出された。一七九一年、病弱であったシラーが長期にわたる療養生活により窮乏に陥っていた頃(シラー死亡説が流れるほどの大患に見舞われる)、彼のもとにシラー協会の会員であったデンマーク王子、アウグステンブルク公から、向こう三年間、年額千ターラーの年金を贈る旨の救援の手紙が寄せられる。シラーはこれにいたく感激し、その返礼として書かれたのが『美的書簡』の原型たる「アウグステンブルク公宛書簡」(一七九三)であった。これは後にシラー思想の発展と共に内容も充填され、一七九五年、雑誌『ホーレン』に、名を『人間の美的教育について』にあらためて発表される。(2) シラーの諸論文のうち、唯一「教育」の名を冠する『美的書簡』は、その発表以降、教育学において遊びと人間形成について論じられる際には、常に引き合いに出されてきた。シラーは、近代人が文明そのもののために陥っている人間性の分裂状態から、真に完成された道徳的状態への移行を可能にする、第三の中間状態が必要だと考え、この中間状態(=美的状態)の実現こそ美的教育の課題であると主張した。このようなシラー思想誕生の歴史的背景には、フランス革命に凝縮されたあらゆる価値の大変革の進行があった。(3) この革命が目指した自由国家を実現するには、国家の構成単位である個人を美的教育によって自由へと導く必要があることを、シラーは『美的書簡』をもって訴えたのである。

そうした『美的書簡』の理念は極めて多くの思想家、芸術家、作家等によって受容され、さまざまな文脈での引用・解釈がなされている。具体的には、ゲーテを始め、カント、フィヒテ、フンボルト、(4) ヘーゲル、ヘルダーリン、(5) ノヴァーリス、シェリング、(6) ディルタイ、(7) ニーチェ、(8) ヴィンデルバント、デューイ、(9) ベルクソン、(10) ミード、(11) カッシーラー、(12) ユング、シュプランガー、ルカーチ、ハイデガー、(13) リード、(14) マルクーゼ、(15) ノール、(16) ガダマー、エリクソン[17]、アドルノ[18]、ハーバーマス[19]、ボイス[20]、エンデ、イーグルトン、シュスターマン、ロロ・メイ[21]、ド・マンといった著名な論者がこのテクストに言及し[22]、各々の文脈で『美的書簡』を引用・解釈している[23]。

『美的書簡』への賞賛の数例を挙げるならば、カントはシラー宛の書簡（一七九五年三月三〇日）にて「『人間の美的教育に関する書簡』はまことにすばらしい」、「いつかそれについての所見を申し述べるために、それを研究したいと思っています[24]」と書き送り[25]、ヘーゲルは一七九五年四月一六日付のシェリング宛の書簡で、シラーの美的教育論は傑作であると記している[26]。また、ノヴァーリスは、シラーを「来るべき世紀の教育者」と評し[27]、ユングは、「今日の心理学で今ちょうど評価され始めている視点を磨き上げて提供している[28]」として、『美的書簡』を高く評価する。さらに、作家ミヒャエル・エンデは『美的書簡』について、「それまでもそのあとも、このテーマに関してこれ以上知恵のあることは書かれていない」とし、「この問題にかかわる人たちがこの作品を真剣に学ぶ努力をすれば、現代の芸術や文学がおかれた状況はもっとよくなっていた[29]」だろうと述べ、これを絶賛している。その他現代芸術において高名な芸術家であるヨーゼフ・ボイスも『美的書簡』を高く評価している[30]。

だが、数多くの思想家、芸術家から高く評価される『美的書簡』に対しては、賛辞と同様（かそれ以上）、多くの批判も浴びせられてきた。最大限の賛辞を受ける一方、他方ではこの上ない批判を浴びており、『美的書簡』への評価は両極的である。

シュプランガーは『美的書簡』はシラー哲学の中で最も難解なものであり、ドイツ哲学の中でも最も難解なものの一つであるという指摘と共に[31]、シラー哲学は、誰もが認めざるをえないような矛盾にみちていると述べ[32]、シラーの哲学的著作における思想的不一致や矛盾を検証することは、きりのない作業であると言う[33]。事実、後述の通り、『美的書簡』の内には読者を混乱へと導く多くの矛盾・分裂が内在しており、その難解さと内容の矛盾に対し、発表当時から[34]現代に至るまで『美的書簡』批判は繰り返しなされ、枚挙に暇がない。すなわち、『美的書簡』は教育学の古典としての地位に君臨しながらも、解釈の統一がなされているとはおよそ言いがたいテクストなのである。

『美的書簡』の難解さを示す象徴的なエピソードは、シュタイナー自身によっても示されている。以下の引用は、彼の師シュレーアーが、シュタイナーに語ったものである。シュレーアーは中学校部門の教育委員として、新任の教師のための試験をしなければならなかったが、その準備ができていなかった。そこで彼は『美的書簡』について質問したのだが、結果、次のような事態を招いてしまったという。

「若い教師たちは他のいろいろな問いには十分に答えることができました。プラトンについてもよく知っていました。けれどもシュレーアーがシラーの美的書簡について尋ねはじめますと、受験者たちは反抗しました。そしてその噂がウィーン中に広まり、シュレーアーは教師の試験のときにシラーの美的書簡について尋ねようとした、しかしこの書簡を理解できる人など一人もいない、と彼らがいったというのです。シラーの美的書簡は誰にも理解できない書物だというのです[35]」。

この小さなエピソードの内に見てとれるように、シュタイナー自身も『美的書簡』の難解さを痛感していた。けれども、彼は『美的書簡』を極めて高く評価し、その内に自身と同質の思想的傾向性を読み取ったのである。

二　『美的書簡』解釈はなぜ困難か

さて、『美的書簡』の読解を困難ならしめている要因はいくつか考えられるが、第一に、このテクストがシラー特有の詩的表現と極度の抽象的表現の融合により、[36]文学研究者にとってはあまりに哲学的で思弁的であり、逆に哲学研究者にとってはあまりに詩的すぎることがその要因として挙げられる。[37]『美的書簡』が純粋な哲学ではなく、そこに詩的要素が多分に流入していることで、文学、哲学双方の手に余るテクストとなっているのだ。また、長倉はシラーの諸々の美学論文において、論文ごとに新たな術語が使用されることがシラー哲学の全体像の把握を困難にすると指摘するが、[38]「論文ごと」のみならず、『美的書簡』という単一の論文の内でさえ、突如前出の術語が新たな術語によって言い換えられること（これにより読者は不断の概念の変転に混乱を余儀なくされる）もテクストの難解さを助長していると思われる。[39]この点に関し、シュタイガーは「数多くの曖昧な言葉や、断言的で、しかし必ずしも信頼しえない数々の結論ゆえに、すでにそれだけで無数の注釈者がまったくの絶望に陥っている[40]」と述べ、「「自由」とか、「形式」とか、「自然」とかいう言葉で何を理解すべきかは、そのつど繰り返し、初めから確定してかからなければならない[41]」と指摘する。

最大限の賛辞を受ける一方、他方ではこの上ない批判が浴びせられており、『美的書簡』への評価は両極的である。その内容分析に関しても、解釈は多様である。『美的書簡』をめぐる現状に鑑み、西村は以下のように述べる。

「一義的な解釈を容易に許さないテクスト故に、いくつかの論点に関して非常に多様な、ほとんど一八〇度異なったものを含む読解がなされてきた。それらに関して、どれが「本当の」シラー解釈なのか、シラーの「真意」は何か、といった問いを立てるとしたら、それはもはや素朴に過ぎるであろう[42]。

さて、本章では、シュタイナーの『美的書簡』解釈を見ていくための基礎的な作業として、予め『美的書簡』に対する多種多様な批判を類型化する。この作業を通じて、シュタイナーの『美的書簡』理解の特質も明らかとなるはずである。すなわち、『美的書簡』への批判内容を確認することで、このテクストに内在する問題を暴き出し、後章にてシュタイナーのシラー理解の特徴を鮮明に浮かび上がらせるための予備作業としたい。

『美的書簡』批判の整理は既に長谷川哲哉によってなされてはいる[43]。しかしながら、そこで提示されている思想家の数は少数であり、またそれは思想家ごとの『美的書簡』批判を列挙し、羅列したものにすぎない。これに対し本研究では、多様な『美的書簡』批判のうち、同一傾向を有する批判を批判の内容ごとに類別することを試みる。すなわち、『美的書簡』批判を四つの範疇（①『美的書簡』矛盾説、②『美的書簡』分裂説、③『美的書簡』現実遊離説、④『美的書簡』未完説）に類型化し、それぞれの観点からの『美的書簡』批判を概観する。したがってこの分類法の下では、ある思想家が『美的書簡』に対し、矛盾説、現実遊離説を共に主張している場合があれば、この思想家は、矛盾説、現実遊離説、双方の項に登場することになる。こうした分類法により、『美的書簡』への批判的見解はあまた存在するものの、それらは互いに空集合ではなく、大別すれば四カテゴリーに類型化可能であることが示される。まずは『美的書簡』批判の第一カテゴリー、『美的書簡』矛盾説から見ていくことにしよう。

三　『美的書簡』批判の四類型

(一)　『美的書簡』矛盾説 ―― 『美的書簡』批判の第一類型

『美的書簡』批判の第一類型は、『美的書簡』の矛盾を指摘する、『美的書簡』矛盾説である。『美的書簡』の矛盾点の指摘はしばしばなされるが、代表的な指摘はガダマーによるものである。

ガダマーは、『美的書簡』では「美」が一方で「手段」として位置づけられ、他方で「美」それ自体が「目的」とされる点に論旨の屈折を見出し、『美的書簡』では「芸術による教育は芸術への教育となり、芸術によって用意されるべき真の道徳的で政治的な自由に代わって、〈美的国家〉の形成、芸術に関心を抱く教養社会の形成という考えが現れ[44]」るとし、ここに『美的書簡』の矛盾を見てとる。

イーグルトンは、同様の点に関し「シラーの作品は、知らず知らずのうちに、一方では道徳律を美的なものよりも上におき、また一方では美的なものを道徳律よりも上において、分裂しているように見えてしまう[45]」とし、「シラーのテクストの終わりにいたると、美的なものは、理性のしもべとしての慎ましい地位を乗り越えようとしているのではないかという兆しを見せる。本来ならば美的なものを補佐役としてしたがえるべき道徳律が、ひとつの際立った点において、美的なものよりも劣っているように見えてしまう[46]」と述べ、ガダマー同様、「美」が「道徳的状態」に至るための「手段」として論じられつつも、終盤では「道徳的状態」の上位に位置づけられてしまう点に矛盾を見出している。

この点に関して、ヤンツは『美的書簡』では、「美」が中間段階か最終段階かは特定できず、二面性が存在すると述べる[47]。中間段階として見るならば、「美」は、道徳的には何ら決定されていない状態であり、「美」自体は道徳的ではなく、道徳的行為を可能にするだけである。シラーが「美」を中間段階とみなすところでは、理性のみが道徳的行為の基礎付けを可能にするというカントの主張と重なる。しかしながら、「美」を主観性の完成とするならば、カント倫理学の主張とは相反する。こうしてヤンツは『美的書簡』には、相矛盾する二つの目標が掲げられていると述べる。周知の通り、シラーはカントの『判断力批判』に深く感銘を受けて美学研究へと導かれた。『美的書簡』、第一書簡でシラー自身、「これから述べます私の主張の大部分が、カントの諸原理に基づいていることを、……隠すつもりはありません[48]」と告白しているように、『美的書簡』の根底にはカント哲学の枠組みが内在している。しかしながら、『美的書簡』の内には、カント哲学を超え出る要素が含まれており、そうした要素がカント哲学に依拠した部分と齟齬をきたしているのである。この三者に限らず、「美」は「手段」か、それとも「目的」か、という問題は多くの論者によって繰り返し取り上げられ、『美的書簡』解釈上の難題とされてきた。(同様の批判は、レーマン[49]、ヘンリッヒ[50]、五郎丸[51]らによってもなされる。)

さて、他の観点から、西村は『美的書簡』の重要概念たる仮象概念が孕む矛盾を指摘する。西村は、『美的書簡』の終盤で登場する「美しい仮象の国」概念に関して、「「美しい仮象の国」が「現実的」なものであるとするならば─それは「自然的国家」や「道徳的国家」と同次元において関係せざるを得[52]」ず、そうだとすれば、それは「仮象」と「実在」とを峻別すべしという主張と矛盾することになると述べ、シラーの議論は仮象の世界の存在論的な規定と美的教育の構想との間で、われわれにアポリアを突きつけると言う。つまり、仮象の世界を持つことにより「自然的状態」から「道徳的状態」への媒介が可能となるならば、仮象の世界は、何らかの意味で実在性と関係せざるを得ないはずである。他方、仮象と実在を峻別するという前提に立てば、「美しい仮象の国」は自然的国家や道徳的国家とは別次元の存在となり、同一次元での媒介機能を断念して、それ自体が固有の価値を持つものとして志向される他はない[53]。西村はこうした点に『美的書簡』の仮象概念の孕む矛盾を見てとる。

(二)『美的書簡』分裂説――『美的書簡』批判の第二類型

『美的書簡』批判の第二カテゴリーは『美的書簡』分裂説である。矛盾説において指摘された、「道徳的状態」への移行「手段」としての「美」と「道徳的状態」よりも上位に置かれた、それ自体を「目的」とする「美」との間の矛盾・動揺の問題に関し、分裂説の論者たちはこれをテクストの成立における構造上の問題と見る。

『美的書簡』はそもそも「アウグステンブルク王子宛の書簡(以下、「王子宛書簡」)」(一七九三)をもとにした書簡体論文であった。「王子宛書簡」は一七九一年、病に苦しみ、経済的窮地に立たされていたシラーを、年金授与によって救出したデンマーク王子(アウグステンブルク公)に対し、返礼として書かれた。『美的書簡』のもととなるこの「王子宛書簡」は、しかしながら、一七九四年二月二六日に生じたコペンハーゲン王城の火災の際に焼失してしまう。王子はシラーに対しその復元を要請し、シラーも手許にあった写しをもとにして新たに書き直すことを約束したのであるが、結局この約束は果たされなかった。他の作品の計画や健康上の理由のため仕事が渉らなかった上に、ゲーテ、フンボルト、フィヒテ等との交遊を経て、「王子宛書簡」にあきたらなくなったためである。[54] かくして「王子宛書簡」に修正が加えられ、[55] 内容も学問的な体裁に整えられて、この書簡は『人間の美的教育についての書簡』として翌年ホーレン誌に発表された。「王子宛書簡」では「美」は専ら「手段」として位置づけられ、完結した論を展開していたのであるが、『美的書簡』においては新たに「目的」としての「美」が加わり、ここに分裂が生じることとなるのである。

『美的書簡』成立におけるこのような事実をもとに『美的書簡』分裂説が打ち出された。その代表はルッツである。[56]

ルッツは『美的書簡』には第一に「三段階理論」の層（層Ⅰ）が存在し、この層Ⅰでは、文化及び人間の状態が三段階に分類されると言う。このうち最も低い段階が「自然」であり、到達することが望まれる最高の段階が「理性」の段階である。そして、「自然」から「理性」に至る手段として、両者の中間段階に「美」が位置づけられる。したがって、層Ⅰにおける「自由」とは、カント的意味における超感性的自由を意味する。対して、層Ⅱ（この層をルッツは「統一理論」の層と呼ぶ）では、「美」は「自然」と「理性」の統一として、両者の上位に位置する。層Ⅱでは「美」は到達目標とされる。ルッツは層Ⅰと層Ⅱの分布を示し、この分布を「王子宛書簡」との比較により説明する。先に言及した通り、『美的書簡』は、シラーの思想的進展に伴い、「王子宛書簡」を内容的に発展・充実させたものであったが、「三段階理論」は「王子宛書簡」の中心理論であった。つまり、層Ⅰが見られない部分が『美的書簡』において付け加えられた箇所なのである。『美的書簡』執筆に際し、シラーは自らの理論を「統一理論」をもとに新たに書き下ろすことはせず、「王子宛書簡」の大部分を残した。ルッツは、こうして『美的書簡』では両層の動揺が見られることとなったと述べ、その結果『美的書簡』は構造上分裂するに至ったと言う[57]。

そうしたルッツの指摘は『美的書簡』の内容的分裂の原因をその成立事情に即して構造的に暴き出しており、このテクストがその出自において先天的に論理的矛盾を孕まざるをえなかったことを説得的に論証している。（『美的書簡』分裂説の論者としてはルッツの他にデュジング[58]が挙げられる。）

さて、一部の論者は『美的書簡』における美の動揺の解決を試みる。ヴィンデルバントは美の二つの側面（手段としての美、目的としての美）が既にシラーの詩「芸術家 Die Künstler」（一七八九）の中に含まれていた（すなわち二つの見解の対立はシラーが一方ではカントに、他方ではゲーテに依存するに至る以前に既に彼の中に内在していた）と述べ、『美的書簡』において、ただ理論的なまとめ方が変わっただけであると主張する。『美的書簡』は美の両側面を掘り下げて論じたと見るべきであり、これを分裂や動揺と見てはならないというのである。[59] また、前田は『美的書簡』の分裂をテクストにおける動揺とは捉えず、美は手段であると同時に目的でもあると論じ、「両者は別々の二つのものではなくて、一つのものの両側面」[60]だと述べる。前田は美と芸術には二つの意義、課題、任務があたえられているとし[61]、第一に感性の奴隷となっている人間を道徳的に意欲するように教育するには美的生活が最も有効な手段を供するが、美には第二に、道徳的、知的文化に最高の完成をあたえるという、より高い課題があたえられていると論ずる。同様の結論は利光においても導かれる。「前後の書簡に照らしてみれば、道徳的状態は緊張の状態であり、形式あるいは法則の支配する状態である。人間性の完成の理念の上からは明らかに美的状態が理想であるから、美的状態は移行の段階であると同時に最終段階であると解すべきであろう。すなわち、一旦、道徳的状態まで進むことがあるにしても、再び美的状態へ回帰するものと考えたい。あるいは二つの歩みの難易度が格段に違うことからすれば、美的状態に達したことはほぼ道徳的状態に達したも同然と解した方がよいかも知れない[62]」。

『美的書簡』の矛盾・分裂を唱える説に対して、このような反論が得られるものの、その抜本的な解決には至っていないというのが現状である。美が「手段」であり「目的」でもあるということの決定的な論拠は示されてはいないのである。

(三) 『美的書簡』現実遊離説 ――『美的書簡』批判の第三類型

『美的書簡』で描かれる内容は、現実と切り離されたユートピアにすぎないと主張するのが、『美的書簡』批判の第三類型、『美的書簡』現実遊離説の論者たちである。『美的書簡』の非現実性を指摘する議論は数多く見られるが、この論陣を張るガダマーは、以下のように述べる。

「なるほど、感覚の世界と道徳の世界というカントの二元論は、美的遊びの自由と芸術作品の調和という考えに見られるような形で克服されはしたが、克服されたこの二元論は、それとともに新たな対立関係の枠にはめ込まれることになった。つまり、理想と生とを芸術によって融和するといっても部分的な融和にすぎず、美と芸術は現実に対して単に美化するだけの束の間のほのかな光を与えるものでしかなくなったのである」[63]。

ガダマーは、シラーにおける自由は、美的国家においてのみ可能な自由でしかなく、現実における自由ではないと批判し、『美的書簡』で示された「美的国家」とは芸術に関心を抱く教養社会の形成を意味するにすぎないと言う。

ルカーチもマルクス主義的視座から『美的書簡』の非現実性を以下のように指摘する。シラーは「市民的社会を、革命の危険なしに、内部から基礎づけるのに適当な手段を、美学において発見しよう」としたものの、「思想的に明晰にスケッチしたユートピアを提出することさえも」できていないとし、『美的書簡』の結末部において、断念的結論（「美的仮象の国はどこに存在するか」、「これは少数の選り抜きのサークルのなかにだけ見つけられるかもしれない」）に至ると言う[64]。さらに、「美的国家」概念は、シラーの社会現実に対する深いペシミズムを示していると述べ、シラーの構想が内面的なものにとどまっていることを批判し、「存在を意識から、土台を上部構造から、原因を結果からなどと、演繹しようと試みている」[65]として、シラーの美的教育論を批判する。

また、シュスターマンは『美的書簡』について論じる中で、美的に洗練されたナチスの将校が、ベートーヴェンの音楽に涙して人間の情動をあらわにしていた一方で、無垢な子どもの大量虐殺を指揮する非人間的な人物であったことを引き合いに出し、美的な体験による現実逃避は醜い現実を正当化してしまうとし、これを批判している[66]。

さらに、イーグルトンは、『美的書簡』に隠されたイデオロギー的機能について論じている。彼は、「美的なものが遂行しているのは、本質的に予備的な役割であり、感覚的生活という未加工の素材を、理性の手による最終的な征服のために加工し、緩和[67]」すると述べ、さらにシラーの描く美的状態に関し、あらゆる規定から解放されているという状態は「ブルジョワ社会そのものがいだいている絶対的な自由という夢[68]」であるにすぎないとした。このように『美的書簡』は、感性を理性のイデオロギーに巧みに奉仕させる美学の好例とみなされるのであった[69]。(『美的書簡』現実遊離説の論者としては、この他にヤンツ[70]が挙げられる。)

(四) 『美的書簡』未完説 ── 『美的書簡』批判の第四類型

『美的書簡』批判の第四類型は、『美的書簡』未完説である。『美的書簡』を未完の書とする説もまた、数多く見受けられる。では、いかなる意味において『美的書簡』は未完だとされるのか。

シュプランガーは、「崇高による美的教育」について論じられていないがゆえに、『美的書簡』は未完の書であると述べる[71]。『美的書簡』には「崇高に関する章」が欠けているという見解は未完説の論者たちの共通見解である。これは、『美的書簡』の内容の内に示唆されていることである。西村は、『美的書簡』において「融解的な美 schmelzende Schönheit」と「緊張的な美 energische Schönheit[72]」という対概念が提示されるものの、実際には後者に関する議論は予告のみに終わっている点を未完の論拠とする[73]。

『美的書簡』の雑誌掲載当時のタイトルからも未完であることは示される。シラーは、第十七書簡以降、第二十七書簡までを「ホーレン」誌に掲載したとき、その全体のタイトルを「融解的な美」として、「ホーレン」誌上では「緊張的な美(=「崇高」)」については触れることなく『美的書簡』を閉じている[74]。この点に関し、平山は『美的書簡』では、「崇高」に相当する「緊張的な美」について論じられていないと指摘し、「崇高」を扱った他の論文、とりわけ『美的書簡』と執筆時期が近いとされる『崇高について *Über das Erhabene*』が『美的書簡』を内容的に補うと主張し、[75] シラー思想の全体像を把握する上で重要な意味を有すると述べる。[76]『崇高について』が『美的書簡』を補完することは『崇高について』におけるシラー自身の次の記述から根拠付けられる。

「美的教育が完全な全体になるためには、そして我々の使命の全範囲に、そしてかくして感性界を超えて人間の心の知覚能力を拡大するために、崇高が美に加わらなければならない[77]」。

「崇高」が「美的教育」を完成させるというシラーの記述は、『美的書簡』における美的教育論がいまだ不完全であったことを暗示している。

未完説の論者たちは、『美的書簡』の記述から、「崇高」に関する議論の欠如を見てとり、さらには『美的書簡』と同時期に執筆された論文『崇高について』がこれを補完すると主張する。彼らは、『美的書簡』が未完であることを示す箇所を指摘し、加えてシラー哲学の全体像を把握する上での「崇高論」の重要性を強調するのであった（『美的書簡』未完説の論者としては、他にシャープ、[78] 金田、[79] 浜田、[80] 内藤、[81] 五郎丸が挙げられる[82]）。『美的書簡』では「崇高」という術語自体がほとんど見受けられなかった。それゆえ、「崇高」概念を視野に入れることは、『美的書簡』では論じられなかった美的教育論の側面を明らかにする上でも、さらには、シラー美的教育論の全体像を把握する上でも不可欠である。『美的書簡』を未完とみなす論者たちは、この点を強調する。

以上、『美的書簡』批判をその批判内容に応じて四カテゴリーに類型化し、それぞれの主張を概観した。本章の主眼は『美的書簡』批判を網羅的に概観することにではなく、批判の諸傾向の大まかな分類により、繰り返し指摘される『美的書簡』の問題点を明確化することにあった。あまた存在する『美的書簡』批判のすべてがこれら四類型に分類できるわけではなく、これに回収されない議論も存在しよう。しかしながら、同一傾向の批判をカテゴライズすることによって、『美的書簡』批判のある種の傾向性を確認することができたかと思われる。

本章で類型化した諸批判に対し、シュタイナー自身の立場からはいかなる回答が得られるか、その点に関しては、次章において彼の『美的書簡』解釈を参照した後、代理回答を行うことにしたい。この作業により、シュタイナーの『美的書簡』解釈の独自性が浮き彫りにされるであろう。

次章ではいよいよシュタイナー自身の『美的書簡』解釈を読み解いていくことにする。

註

（1）Sharpe 1995, p. 1.

（2）『美的書簡』は全二十七書簡から成り、三回に分けて（第一—第九書簡、第十—十六書簡、第十七—二十七書簡）雑誌「ホーレン」に発表された。

（3）内藤 一九八八、九五頁。

（4）フンボルトは論文「男性形式と女性形式について」で、美について論ずる中で、読者に『美的書簡』における美の概念の想起を促している。［Humboldts 1968, S. 352］

（5）シラーから絶大な影響を受けたヘルダーリンは、一七九六年の書簡にて、当時執筆中の論文に関し、「『人間の美的教育についての新書簡』と命名するつもりでいます」と述べ、「この書簡において、哲学から文学および宗教にまで論及することになりましょう」と予告している。［Hölderlin 1970, S. 690＝一九六九、二四二頁］

（6）シェリングの『先験的観念論の体系』は、その成立に際し、シラーの『美的書簡』から多大な影響を受けたといわれている。［勝田 一九三六、一四八頁］

（7）ディルタイは彼のシラー論において『美的書簡』とゲーテ『ファウスト』の思想的類縁性を指摘している。［Dilthey 2006, S. 591］

（8）ニーチェは自伝集にて一八歳の時に、『美的書簡』を読み始めたことを記している。［Nietzsche 1934, S. 100］また、自伝にはシラーを称える箇所が多く見受けられる。

（9）『美的書簡』に関し、デューイは以下のように述べる。「遊戯説に含まれる思想の最も明白な哲学的叙述はシラーの『人間の美的教育に関する書簡』の中に見られる。……シラーは遊戯と芸術が必然的な現象と先験的な自由との二領域の間の中間の過渡的な場所を占めると説き、併せてわれわれをして自由の責務を認めさせ、またこれを果たさせるように教えたのである。彼の見地はカント哲学の枠内にとどまってはいたが、カントの厳格な二元論を脱却しようとして、芸術家として果敢な試みをした」。［Dewey 1934, p. 281＝一九六九、三一一頁］

（10）ベルクソンは美学に関する講義の中で、『美的書簡』に言及。［ベルクソン 二〇〇〇、四七三頁］

（11）ミードも著作の中で『美的書簡』に触れる。［Mead 1936, p. 66］

（12）カッシーラーは『自由と形式』において『美的書簡』に言及。［Cassirer 1961］

（13）「カント美学を結晶している『判断力批判』は、これまでただ、重なる誤解にもとづいてのみ影響を及ぼしてきたと言える。哲学史のひとつの皮肉な事実である。ただひとりシラーだけが、美と芸術についてのカントの論に関して、その本質的なものを把握していた。だがシラーの認識も、十九世紀の美学によって流され捨てられてしまったのである」。［Heidegger 1961, S. 127＝一九八六、一三三頁］

（14）ハーバート・リードは『芸術による教育』において、「倫理と審美学に対して同一の基礎を見出だせる可能性について、シラーは肯定的に論じ、これに反しキルケゴールは否定的に論じている」と述べ、シラー的肯定論に加担することを宣言し、読者に『美的書簡』の参照を呼びかけている。［Read 1945, pp. 263–264＝一九五三、三〇三―三〇四頁］

（15）『エロス的文明』においてマルクーゼは『美的書簡』を引き合いに出し、これに自らの解釈を与える。［Marucuse 1956］

(16) ヘルマン・ノールもゲッティンゲン大学の講義において、『美的書簡』に言及。[Nohl 1970＝一九九七]

(17) エリクソンは遊びについて論じる中で、『美的書簡』の一文(「人は遊んでいる時のみ、完全に人間的である」)を引用する。[Erikson 1950, p. 212]

(18) アドルノは『美の理論』において『美的書簡』に言及。[Adorno 1972, S. 470]

(19) ハーバーマスは、『近代の哲学的ディスクルスⅠ』の付論にて、『美的書簡』に言及。[Habermas 1985]

(20) シラーとボイスの関係については、[平山 一九九九]を参照。

(21) ロロ・メイは「私を含めて多くの人びとがそう思っているのですが、現代の西欧文化のなかで、美についての最も偉大で最も豊かな理論は……フリードリッヒ・フォン・シラーによって書かれたもの」だと述べ、さらに『美的書簡』には「美の意味についての、おどろくほどに深い洞察が書かれて」いると言う。[メイ 一九九二、三〇頁]

(22) チンマーマンはフレーベルの『人間の教育』(レクラム版)の註で、『美的書簡』を引き合いに出し、またホフマン編の『人間の教育』の註にも『美的書簡』は登場する。第三恩物の使用法(一八四四年)の中で、シラーの詩句を引用していることなどから、フレーベルもシラー作品を読んでいたことが推察される。[前田 一九七九、一三八頁]

(23) また、この他にもシラー哲学から影響を受けた者としてサルトル、スペンサー、ヘルバルト、ユゴー、トーマス・マン、ロマン・ロランなどの名を挙げることができる。

(24) Kant 1913, S. 66＝一九七七、三二二頁。

(25) これに先駆けて一七九五年三月一日、シラーからカントへ『美的書簡』についての次のような書簡が送られる。「私としましては特に……『人間の美的教育に関する書簡』、この著者が私であることをあなたには告白いたす次第ですが、これがあなたの吟味に値するものでありたいと願っております。これこそは、あなたのご著作を学んだ私に結実した成果です。もしもあなたの哲学のこの応用をご覧になって、そこにその精神が失われていないと思っていただけると望みうるならば、私にとってはどれほどの励ましとなるでしょうか」。書簡の末尾には「あなたの最も誠実な崇拝者 aufrichtigster Verehrer シラーより」と書き添えてある。[Kant 1923, S. 261＝二〇〇五、二六四頁]

(26) Hegel 1952, S. 25.

(27) Emmichoven 1961, S. 64 = 一九八〇、九〇頁。

(28) これに続けてユングは以下のようにも論ずる。「私は、おそらく今までに現れたことのないシラーの理念をタイプの区別という視点からきわめて包括的に説明し評価したいと思うが、それは彼の論文が深い思想、主題の鋭い心理学的な見方、葛藤の心理学的な解決可能性への広い視野を持っているからである。実際我々の心理学に対するシラーの貢献は……決して小さいものではない」。[Jung 1967, S. 70 = 一九八七、七六頁]

(29) エンデ 一九九八、二一頁。

(30) 平山はシラーとボイスの関係について以下のように論じている。「シラーとボイスとは、むしろ互いに相容れない対極者であるように人は思うかも知れない。シラーは近代における伝統的な芸術概念の立て役者であり、一方ボイスといえばその伝統的な芸術概念の破壊者であるように見えるからである。しかしこの両者について一歩踏み込んで考察してみれば、そこには極めて注目すべき重要な共通点が存在すること、そしてまさにシラーの思想と活動の伝統の中にはじめてボイスという芸術家が現代において誕生したことを人は理解するに違いない」。[平山 一九九九、一四頁]

(31) Spranger 1972, S. 232.

(32) *Ibid.*, S. 186.

(33) シラー哲学について内藤は次のように論じる。「諸概念の不確定さの中に、アンチテーゼの弁証法的緊張と常にあらたに試みられるジンテーゼの中に、一つの内面性が現れているのであって、あの強い対立や決して終る事のことのない運動は、この内面性の本質の一部なのである。シラーの精神的特質は、静止的、直感的類型によって輪郭づけることはできないのである」。[内藤 一九九九、一七八頁]

(34) 発表当時、フリードリッヒ・ニコライやフィヒテが『美的書簡』の表現の難解さを批判した。[同書、一七八頁]

(35) Steiner 2005e, S. 132 = 一九八五、一二四頁。

(36) シラーは、ゲーテに宛てた書簡の中で「哲学すべき場合に詩人が私をせきたて、詩作したいと思うときには哲学的精神が私を責めるというのが通例です」と告白する。[Goethe 1950, S. 20]

(37) 長倉 二〇〇三、一一頁。
(38) 同書、一一頁。
(39) 一例を挙げよう。シラーは人間のあり方を、青年時代の論文(一七八〇年)では人間の「動物的な性質」と「精神的な性質」という術語で論じ、「優美と品位について」(一七九三年)では人間の「感性的な部分」と「理性的な部分」、あるいは「感性的な性質」と「理性的な性質」という言葉を用いて論じている。さらにこれらを『美的書簡』では「感性的衝動」と「形式衝動」、もしくは「質料衝動」と「形式衝動」(雑誌「ホーレン」に掲載したときには「物質衝動」と「形式衝動」)という術語で表している。[前田 一九七九、一四五頁]
(40) Staiger 1967, S. 67 = 一九八九、七〇頁、一部改訳。
(41) *Ibid.* = 同書。
(42) 西村 一九九九、一三八頁。
(43) 長谷川 二〇〇一。
(44) Gadamer 1975, S. 78 = 一九八六、一一七―一一八頁。
(45) Eagleton 1990, p. 112 = 一九九六、一六二頁。
(46) *Ibid.*, p. 110 = 同書、一六〇頁。
(47) Janz 1998, S. 623.
(48) Schiller 1961, S. 16 = 一九八二、一三一頁。
(49) レーマンも美が一方で目標であり、他方で手段であるというシラー美的教育論における美の二面性について論じ、両者の動揺が見られると主張する。[Lehmann 1921, S. 231]
(50) 同じくヘンリッヒは、『美的書簡』の矛盾について、シラーにとって、「理想とは一方ではカントと共にすべての感性的なものの彼方にある目標であり、他方この模範像は、まさにその中に直接性(感性)と彼岸性との総合が考えられていると述べ」、ここに矛盾を見てとる。[Henrich 1957, S. 546 = 一九八一、一三四頁]
(51) 五郎丸も『美的書簡』の内部には、道徳の完成を目指すカント的な目的論と人間学的全体を頂点とする座標軸とが並存しているといい、前者では道徳的で理性的な人間及び文化へと至ることが人間の使命とされ、道徳的国家の建設が座標の最高点となり、後者では、人間における自然と理性、感性と道徳性、受動性と能動性との調和的統一が理念とされ、美的国家が最高の社会形態とされていると言う。五郎丸は、シラーが明らかに矛盾し合った道徳的目的論と人間学的座標の間を揺れ動くため、『美的書簡』において、一方では美が道徳に奉仕し、他方では道徳に対し優越すると指摘し、この点に『美的書簡』の矛盾を見出す。［五郎丸 二〇〇四、九六―九七頁］

（52）西村 二〇〇三、二九一頁。

（53）同書、二九一―二九二頁。

（54）岩切 一九七六、一二五頁。

（55）たとえば「王子宛書簡」には見られない「仮象」概念に関する論及が『美的書簡』において、新たに付け加えられている。

（56）Lutz 1967, SS. 221–224.

（57）ルッツの『美的書簡』分析に関しては、［山下 一九八八］にて詳細な紹介がなされている。

（58）『美的書簡』の分裂に関し、デュジングは、第二書簡から第八書簡は「自分自身の時代との対決」を扱い、第一一書簡から一五書簡は「思弁的哲学」について論じ、第十七書簡から第二十二書簡は「美の理論」に言及していると言う。そのうち「思弁的哲学」と「美の理論」の部分は「王子宛書簡」とは関係がなく、第二十三書簡からは、内容的に「王子宛書簡」の問題に関連すると指摘する。［Düsing 1981, S. 140］

（59）Windelband 1921, SS. 507–508 = 一九三三、一八三―一八六頁。

（60）前田 一九六六、一六三頁。

（61）同書、一六〇頁。

（62）これに続けて利光は以下のように述べる。「美は人間性への手段であるから、「美による教育」が考えられる。しかしそれに止まらず人間性の理想は美的状態であるから、端的には美をもたらすことが美の作用であり、「美への教育」が考えられねばならない。つまり美が手段であると同時に目的でもある教育が、シラーの美的教育の理念で

あるとしてよい」。［利光 一九八三、二四九頁］

（63） Gadamer 1975, SS. 78–79＝一九八六、一一八頁。

（64） Lukács 1956, S. 39＝一九六九、一六七頁。

（65） *Ibid.*, S. 30＝同書、一五二—一五三頁。

（66） 彼はこのような批判に続けて以下のように述べる。「このパラドクスは、これほど極端ではないにせよ、絶えず繰り返されている。そこに描かれた社会の犠牲者に関心を持つよう情緒的に書かれた芝居を見終わり外に出て、現実の乞食の側を慌ただしく通り過ぎていくようなものだ。……芸術という仮象は、シラーがそうに違いないと示したほど無垢でもないし、道徳的効果のあるものでもない。仮象としての美や想像力の遊戯としての芸術は、美的なものを、現実からの逃避として、区画の中に閉じこめるよう促すのだ。これは醜い現実という非美的世界の血なまぐささを正当化するのに手を貸すのである」。［Shusterman 1992, pp. 155–156＝一九九九、八〇頁］

（67） Eagleton 1990, p. 105＝一九九六、一五三頁。

（68） *Ibid.*, p. 109＝同書、一五八頁。

（69） こうした批判への批判として、五郎丸は美学にこのような傾向があることは否定しないが、それは理性のイデオロギーを侵食する傾向も併せ持つと述べる。美学は唱える者の意図を超え出ていくものであり、感性的なものを理性に仕えさせようとして逆に支配権を渡してしまう場合と、感性的なものにより理性を批判しようとして逆に理性の支配権を強化してしまう場合があると述べる。したがって、カントの場合と同様、シラーの本意が美を理性のために利用することだったとしても、その意図を超えた人間学的契機を論じることが可能であると論ずる。［五郎丸 二〇〇四、一五〇頁］

（70） ヤンツは、芸術が個人と社会に対して持つ和解の可能性は、政治的条件のもとではその無力さが判明すると言う。彼は「美しい仮象の国」（「ごくわずかの選ばれたサークル」）でだけ実在する「美的国家」は、政治的自由を提供しはしないと述べ、『美的書簡』では上流階級の交際形式が賞賛されるが、それによって貴族の美的習慣のみ復権されるのか、もしくは洗練されていない市民がそれを真似るべきなのかは決定できないと述べる。［Janz 1998, S.

624]

(71) Spranger 1972, SS. 237–239.

(72) 西村 二〇〇三、三〇一頁。

(73) 西村は、この他にも「美しい仮象の必然的な限界について、後にあらためて論じます」と述べながら、それに相当する議論が見当らない」点にも『美的書簡』の不完全性を見出している。[同書、三〇一頁]

(74) 内藤 一九九九、二一九頁。

(75) 『崇高について』の成立に関しては、その厳密な時期は明らかにされていないが、一七九四年から九六年の間に書かれたものとされ、一八〇一年の五月に出版された『散文著作集』の第三巻の中に、『人間の美的教育について』の論文と共に収められている。『崇高について』は、『美的書簡』や『素朴文学と情念の文学について』と平行して書かれた。[浜田 一九八二、三五一—三六頁] また、シャープは『崇高について』の成立を一七九四年から一七九五年の間と見ている。[Sharpe 1995, p. 1]

(76) 平山 一九八八、一〇頁。

(77) Schiller 1980a, SS. 806–807.

(78) Sharpe 1995, pp. 4–5.

(79) 金田も『美的書簡』においてシラーは単に融解的な美の作用についてのみ語ったと述べ、それゆえに粗野な自然人間を美によって醇化し、感性的なものから理性的なものへの方向を与えることの論証が、この書簡の主要課題であったと言う。「精力的な美の作用がこの書簡の表面に現れなかったという点において、『美的教育書簡』は、未だ完全には彼の美学理論をつくしたものとはいえない」。[金田 一九六八、一五九頁]

(80) 浜田も同様の点を指摘する。『美的書簡』では、「融和の美」と「力の美」という二つの狭義の美のうちの主として『融和の美』の方だけの説明がなされていて、「力の美」についての説明が欠けているが、その「力の美」についての説明が『崇高について』の論文の中で述べられている」。[浜田 一九八二、三五—三六頁]

(81) 内藤も「崇高論」が『美的書簡』を補完すると述べる。「崇高論が加わらなければ、美的教育論は完結しないと言うところに、シラーの理性的感性的人間観の特質は明瞭に現れている。……美と崇高とは、シラーの考える人間性にとって、いわば車の両輪のようなものであった」。［内藤 一九九九、二四九頁］

（82） 五郎丸も『美的書簡』の不完全性を指摘する。「『美的教育』という書物は「トルソー」であり、構造上の屈折や主張の揺らぎ、不統一が甚だしい。トルソーだという批判は、約束を半分しか果たさないこの書物の悪癖を指しており、なかでも最も大きな欠落が力動的な美についての説明である。美的教育のプログラム全体の見取り図を手に入れようとするなら、崇高論にも配視しなければならない理由はそこにある」。［五郎丸 二〇〇四、九六頁］

3章　シュタイナーの基本構図

一　ゲーテ＝シラーの思想圏

さまざまな批判に晒される『美的書簡』をシュタイナーはいかに読み解いたか。彼は、『美的書簡』の難解さを指摘することはあっても、その矛盾点や問題点を列挙することはない。先に見た通り、彼は『美的書簡』を教育学にとって顧みられるべき、重要テクストとして位置づけ、最大限の賛辞を送っている。

彼は、人智学的観点からこのテクストを解釈し、次のように述べる。

「シラーはそもそも何をしようとしただろうか。彼はどの人間のうちにも高次の人間が生きており、それに比して、日常の意識が抱いているものは低次のものだということを指し示そうとした。自らの衝動を精神にまで引き上げ、精神を衝動にまで連れてくる人を、シラーは高次の人間として告知しようとした。精神的必然性と感覚的必然性を結びつけることで、人間は自らを新しい方法で理解し、シラー自身が述べているように、人間の中に高次の人間が姿を現わす[1]」。

精神的必然性と感覚的必然性を一致させることによって高次の存在へと至ること、このことが『美的書簡』の課題だというのである。そして「人間意識の自己了解」は、シラーにとって最大の精神的課題だった[2]。シュタイナーは、そうした『美的書簡』の問題圏と自身の思想的核心を重ね合わせ、徹底的に自らの問題として『美的書簡』に言及している。

『美的書簡』で論じられていた「美的状態」（＝遊戯衝動の作動状態）は、シュタイナーの人間形成論で目指されるべき「高次の生活」と同一視され[3]、「美的状態」は、「高次の意識状態」として読み解かれる（「実際、『美的書簡』では、日常の意識状態とは別の意識状態への道を示そうとする努力が行き渡っているのである[4]」）。「美的状態」に至ることによってはじめて、われわれは世界に対して真に開かれることとなる。「美的状態」への変容を経ずして、われわれが世界と真に関係を築き上げることは不可能である。すなわち、「世界の諸現象に対して人間の本性に合致する関係を築くために、人間は第一に意識をある一定の状態に置かねばならない[5]」。したがって、「諸々の事物と事実がその本性を打ち明けるような世界との関係を可能にする意識状態を、我々は第一に究明せねばならない[6]」のである。

ゆえに、『美的書簡』を論理的次元においてのみ理解することは、シュタイナーにとってほとんど意味をなさない。つまり、『美的書簡』を、われわれに自己変容をもたらすものと位置づけ、シラーの提起した問題を実存的次元で引き受けねばならないというのである[7]。

では、シュタイナーが『美的書簡』の内に読み取った「高次の意識状態」への自己変容の過程とはいかなるものか。彼は、『美的書簡』の背後には、ゲーテ的世界観が潜在していると考え、『美的書簡』とゲーテ文学を対置させている。そして、端的に『美的書簡』を「ゲーテの心理学 Goethe-Psychologie」とみなした。「自然的強制の障壁からも論理的必然性の障壁からも解放された人間性の福音書であるシラーの『美的書簡』の中で我々はゲーテの倫理的でありかつ宗教的な容貌を読む。これらの書簡は各方面の個人的な観察によって創造されたゲーテの心理学と呼んでもよい(8)」。

シラーの『美的書簡』の内に「ゲーテの心理学」が描き出されているのだという。このことを一歩推し進め、シュタイナーは、シラーが「哲学」によって語ったこととゲーテが「文学」において表現した事態が同一であることを示そうとした。より具体的には、ゲーテ『メールヒェン』と『美的書簡』を重ね合わせて捉えたのである。

二 『美的書簡』とゲーテ『メールヒェン』

シュタイナーの『美的書簡』解釈が最も顕著に現われているのは、意外なことに、転回期の彼にとって極めて重要な意味を有していた、あのゲーテ『メールヒェン』論においてである。

先に述べた通り、シュタイナーの最初期の『メールヒェン』論(「ゲーテの黙示」)は、彼が思想研究者から霊的指導者へと歩みを転換する、その転回の直前(一八九九年)に発表された。彼は、その中でゲーテの文学作品、『メールヒェン』について独自の解釈を試みており、そこに自身の思想の根底に位置づけるべき理念を読み取った。

その際に、彼は『メールヒェン』をシラーの『美的書簡』と関連付けて解読し、ゲーテ思想の根底に潜在する枠組みを、シラー的枠組みを用いて抽出した。

シュタイナーは『メールヒェン』読解において、これをシラー哲学の概念を用いて説き明かしたのである。したがって「ゲーテの黙示」では、シュタイナー思想の根本テーゼ、枠組みが、ゲーテの具体的形象を通じて、また同時に、シラーの哲学的理念によって語り直されているのである。

そうした「ゲーテの黙示」の内には、（原文でわずか十数頁の小論にもかかわらず）ゲーテ、シラー、シュタイナー、三者に通底する思想的地盤が潜在している。「ゲーテの黙示」分析を通じて、三者が共有する地盤を顕在化させ、ゲーテ、シラーとの連関において、シュタイナー思想を構造的に把捉すること、このことが本章の課題となる。

付言しておくが、彼は「ゲーテの黙示」を加筆・修正し、一九一八年に「『緑の蛇と百合姫のメールヒェン』に開示されたゲーテの精神様式 *Goethes Geistesart in ihrer Offenbarung durch sein《Märchen von der grünen Schlange und der Lilie》*」として世に送り出した。一九一八年版の論文は基本的に「ゲーテの黙示」の解読方法と内容を踏襲しているが、その記述は大幅に変更されている。ここでは、主に「ゲーテの黙示」を分析対象とするが、適宜一九一八年版の論文も参照することとする。

ところで、ゲーテ『メールヒェン』には、百合姫、蛇、巨人など、伝承された童話にしばしば現われる形象が登場する。その内容に関しては、発表直後からさまざまな論議がなされ、無数の解釈が提示されてきた。

芳原によれば、従来の解釈群は、『メールヒェン』を単なる想像力の戯れとみなし、学問的・理性的解釈を不可能とする消極的立場と、そこに重要な寓意・象徴が存在するとみなし、積極的に意義付ける立場に大別できるという。[9]『メールヒェン』は謎に満ち溢れ、「何も想起させず、すべてを想起させる」[10]作品であるがゆえ、その読解において、解釈者は各々の立場からこれを分析し、しばしば『メールヒェン』に自らの思想を投影している。当のゲーテは、『メールヒェン』が特定の解釈に固定されることを嫌い、読者が個々の想像力を働かせて、自由に解釈を行うことを望んだという。そのため、ゲーテ自身は内容について問われても、決して解釈の手がかりをあたえようとはしなかった（自分自身の解釈は「九十九人の先駆者が私の前に解釈するのを見た後でなければ、公にしない」[11]）。そして、ついにその真意が明かされることはなかった。

　では、シュタイナーは『メールヒェン』をいかに読み解いたか。「ゲーテの黙示」において、シュタイナーは『メールヒェン』と『美的書簡』を次のように関連付ける。

「自分が真に人間たるに相応しい存在であることを自覚できるために、彼［ゲーテ　註：筆者］が生きようと願っていたその生き方が、シラーの『美的書簡』の中に語り出されているのを、ゲーテは発見したのだ。それゆえに、彼の魂の中にもさまざまな思想が活発に呼びおこされ、それらを彼がシラーの魂と同じ方向で彼なりのやり方で形成しようと努力したということは理解し得ることである。これらの思想から一つの作品が生まれ出た。……例の謎の童話がそれである[12]」。

　そして、シュタイナーは『美的書簡』の理念圏には、ゲーテとシラーの議論が結晶していると述べる。

「シラーはゲーテとの交友が始まった頃、『人間の美的教育に関する書簡』の中でその表現を既に発見していた諸理念に従事していた。彼はこのもともとはアウグステンブルク公爵に宛てた書簡を、一七九四年に『ホーレン』のために書き直した。ゲーテとシラーとが当時口頭で論じ合ったり、お互いに文通しあった事柄は、その思想の方向に従って、再三再四この書簡の理念圏に付け加わったのである[13]」。

シュタイナーは、『美的書簡』においてゲーテ自身の生き方が描かれていることを示し、さらには、ゲーテの作品、とりわけ『メールヒェン』に『美的書簡』の思想が多分に流入していることを確信している。また、一九〇八年の講演において、シュタイナーは、『美的書簡』と『メールヒェン』の表現形式に関して、「シラーが抽象的に『美的書簡』において言ったことと、ゲーテがずっと包括的に言ったこと、まさに絵姿と人物において表すという表し方で言い表さなければならなかったことは同じこと」[14]であるとし、「メールヒェンはこよなく深い意味におけるゲーテの心理学」[15]であると述べている。具体―抽象とそれぞれの表現方法は違えど、ゲーテ、シラーは、共に同じ事態を描き出そうとしている。

三　「ゲーテ―シラー往復書簡」におけるシラーの告白

『美的書簡』と『メールヒェン』が同一の理念圏を描き出したものであるというシュタイナーの指摘は、決して彼独自の奇抜な発想ではなく、「ゲーテ―シラー往復書簡」より着想を得たものである。

一七九四年一〇月二〇日にシラーがゲーテに書き送った書簡には、シラー自身の言葉で『美的書簡』の真意の在処が記されているのだ。

「あなたはこの『書簡』の中で、あなた御自身の肖像を発見なさることでありましょう。もし私が頭のいい読者の感情に先回りすることをいとわないならば、この肖像画にあなたのお名前を書き込んでおいた事でしょう。あなたのために価値ある程の判断を有している者は、一人としてこれをあなたの肖像であることを見誤らないのです。というのは、私はあなたを十分よくつかみ十分よく描き得たと信じていますから[16]」。

『美的書簡』が「ゲーテ自身の肖像画」であることをシラーは告白する。ゲーテはシラーからの書簡に対し一〇月二十八日早速返事を送る。

「ここにあなたの『美的教育の書簡』を、感謝をもってお返しいたします。はじめ私は観察者として拝見し、そして多くの殆ど全部といってもいい程あなたの考え方との一致を発見しました。二度目に私は実践者のこころで拝見しました。そして実践者としての自分がこの道から逸れるものがあるかどうかを厳密に観察してみました。然し又その時にも、只管に元気づけられ励まされていることがわかりました。それで私たち二人の心のこの調和を自由な信頼を持って喜びたいと願っています[17]」。

『美的書簡』を読んだゲーテは、その内容を分析的視点、経験的視点の双方において受容していたことがこの書簡から窺える。さらにゲーテは別の書簡において、「高貴な、我々の天性に適った飲料は、心地よく咽喉を落ちて行き、神経に微妙な感じを与えて健康に良い効果を舌の上に残すように、この『美的教育の書簡』もまた、只々愉快な心地いいものでありました。そうしてこれは外ならず私が以前から正当だと認識していたこと、私が一部は称賛し、一部は称賛しようと望んだことが、系統立った高貴な方法で講述されているのを見たからであります[18]」と述べ、『美的書簡』に対し、自らの思想との一致を示している。

ゲーテとシラーはそれぞれ具体—抽象と表現方法を異にするが同一の事態を描き出すことを目指した。このことをシラーはゲーテに書簡で訴える。「私がその中［『美的書簡』註：筆者］に吐露してある告白は、余計なものがはいっているとは思われません。あなたと私が用いている道具が、如何に異なっていても、また、私達が取っている攻勢と防御の武器が如何に違うものであっても私たちは同一の重点を目的としていることを私は信じています[19]」。

さて、往復書簡におけるシラーの告白（『美的書簡』は「ゲーテの肖像画」である）は、シラーにこの言葉を言わしめる伏線、前段階が存在する。シラーが雑誌「ホーレン」のためアウグステンブルク公に宛てた書簡をもとに『美的書簡』の執筆に取り組んだのは一七九四年九月であった。これに先立ち七月半ばには、芸術および芸術理論に関するゲーテとの詳細な対話があり、シラーが友人ケルナー宛の書簡で述べているように、この対話においてシラーとゲーテの間に意見の一致が見られたのである。「この一致は非常に相違する見地から出てきたものであるだけに一層興味あることであった。めいめいが相手に不足しているものを与え、その代りに自分の方に不足しているものを受け取ることができた。この時から、これらの散漫になっていたイデーは、しっかりとゲーテの心に根を据えたのである。そして彼は現在、これまで唯ひとりで励ます人もなく歩んできた道を、私と一緒になってつづけてゆく必要を感じている[20]」。さらにシラーは九月に二週間にわたってゲーテ家に滞在する。この滞在での対話に関し、シラーは次のように述べる。「あなたが私の心にかきたててくれたすべてのイデーを整えるには、相当の時日が要ることでしょう。が、その一つも失いたくないと思っています[21]」。これに答えてゲーテは、「私達は今二週間の談合から、二人が原理の上で一致していること、二人の感覚・思索・仕事の範囲はある部分は一致しある部分は接近していることを知りました[22]」と応答する。往復書簡におけるシラーの告白（『美的書簡』はゲーテの肖像画である）の一ヶ月前にゲーテ、シラーは二週間の談合により、既に互いの理念の一致を見出しているのである。

また、「『美的書簡』はゲーテの肖像である」というシラーの告白の正当性は、彼の美学論文の内容の変遷からも裏付けが可能である。一七九四年、イェーナの自然科学会でゲーテと出会う以前、一七九三年にシラーが発表した美学論文『優美と品位について *Über Anmut und Würde*』とゲーテとの交流を経て発表された『美的書簡』の間にはシラーの根本的思想に変化が見られる。[23]『優美と品位について』では見られない、もしくはこれに矛盾する思想が『美的書簡』において見られるのである。[24]

『美的書簡』への賛辞とは対照的に、ゲーテは『優美と品位について』の内容に不満を抱いている。ゲーテは、シラーが『優美と品位について』の中で天才を構成美との類似において捉えたことについて、それが自分に向けられた非難だ（それは結局ゲーテの誤解にすぎなかったのだが）と思い込む。とりわけ『優美と品位について』の以下の一節はゲーテを憤激させた。

「構成美と同じく、天才もまた単なる自然の産物であって、手本どおりに模倣できぬもの、努力しても獲得できぬものを最も高く評価する人々の誤った考え方によれば、魅力よりはむしろ美が、後天的な精神力よりはむしろ天才が賛美される。これら自然の寵児はいずれもその無作法さ……にもかかわらず、一種の世襲貴族、閥族とみなされている」[25]。

この「自然の寵児」をシラーが「一種の世襲貴族」と呼んだことが、[26]ゲーテを憤慨させたのである。[27]小論「シラーとの出会い」においてゲーテは、『優美と品位について』に関し、次のように述べる。「『優美と品位について』というシラーの論文も、私の心をなごませる手段とはならなかった。……シラーは自由と自律の最高の感情にとらわれて、彼をなんら継子扱いにしていない偉大な母なる自然に対して忘恩的であった。……論文のいくつかの手厳しい個所は、直接私にむけられているように思われた。それらの個所は、私の信条に見当違いの照明を当てていた。こんな場合私は、それが私に関係なく言われた言葉であるとすればなおさら質が悪い、と感じた。というのも、われわれの考え方を隔てている巨大な亀裂が、それだけいっそう決定的に口を開けることになるからにほかならない」[28]。『優美と品位について』（一七九三）の時点では、ゲーテとシラーの思想の間には相容れることなき根本的不一致が見られるのであった。

しかしながら、シラーは『優美と品位について』では軽蔑に近い調子で繰り返し「単なる自然」という言葉を用いているのであるが、ゲーテとの交友の後に執筆された『美的書簡』では自然に対する肯定的見解が随所に見られ、この理念がテクスト全体を貫いている。ここにおいて自然概念に対するシラーの見解が大きく転回したのである。シラーの態度のこうした変転をゲーテは、自分への友愛の情として解釈する。「彼［シラー　註：筆者］は自由の福音を説き、私は自然の諸権利を制限されたくないと考えていた。おそらく彼自身の確信からというよりも、むしろ私［ゲーテ　註：筆者］にたいする友愛の気持から、彼は例の『美的書簡』のなかでよき母なる自然を以前の厳しい調子では扱わなかったものであろう。『優美と品位について』の論文に見られた表現はかねがね私の嫌っていたところだからである」[29]。『優美と品位について』と『美的書簡』の間では、ゲーテの影響により、シラー思想の質的転換が生じているのである[30]。

『優美と品位について』から『美的書簡』へのシラーの思想的変遷を詳述することが本研究の課題ではないので、ここでは、シラーがゲーテとの交流によって彼の美学思想を修正したこと、ゲーテへの歩み寄りをみせたことを指摘するに留める。

議論を本題へと戻そう。先に述べた通り、シュタイナーは、ゲーテ『メールヒェン』と『美的書簡』、両者の間に鏡像関係を見出し、両者を同一の思想構造をなすものと捉えた。以下、具体的にその分析を見ていくことにするが、その前に、次節において、そもそもゲーテ『メールヒェン』とはいかなる物語であったか、その内容を簡単に振り返っておくことにする。また第五節では、『メールヒェン』解読の上で重要となる、『美的書簡』の鍵概念、「遊戯衝動」の内実を概観しておく。この二つの予備作業を経て、第四章以降、具体的にシュタイナーの『メールヒェン』論を読み解いていくことにする。

四　ゲーテ『メールヒェン』とは

『メールヒェン』は、フランス革命の煽りを受けてラインの右岸に避難したドイツ人一家が、物話を語りついでゆくという形式をとった『ドイツ避難民たちの談話集』(成立一七九四―五年『美的書簡』成立と同時期)中の最後の一話である。[31]『メールヒェン』の粗筋は以下の通りである。[32]

『メールヒェン』は、渡し守の小屋(小屋は皆の憧れの対象である美しい百合姫の住む国にある)に、ある晩、二人の鬼火が現われ、河渡しを請う場面から始まる。向こう岸についた彼らは、百合姫の宮殿が河の反対側(すなわち自分たちがもといた場所)にあることを聞かされる。しかし渡し守には逆方向に人を渡すことが許されていない。再び河を越し、百合姫の住む国に行くには、真昼に緑色の蛇(物語のはじめ、蛇は百合姫の住む国とは河を挟んで反対側に住んでいる)が架ける橋を渡るか、夕方、巨人の影に乗って渡るかしか方法はない。

渡し守は、渡し賃として、大地からとれた野菜だけを請求するため、鬼火が渡し賃として出した金貨を嫌い、岩間に投げ捨ててしまった(『メールヒェン』において、鬼火は至るところで金貨を撒き散らす)。偶然そこに居合わせた緑色の蛇は、その金貨を飲み込んでしまう。すると体が内部から心地よく輝き、蛇は金を消化すると高揚感に満たされた。

蛇は金を消化すると、体の輝きを明かりとして、地下聖堂の内部を探ることを思いつく。蛇は地下聖堂の内部で、四人の王の鋳像(それらは、金、銀、銅、そしてこれら三種の金属を混合した金属でできている)に出会い、彼らと会話を交わす。対話の後、一人の老人が現われ、蛇がある秘密を彼に耳打ちすると、老人は大声で「時が来た」と叫んだ。その後、老人は帰宅し、「救いの時が近づいたこと」を百合姫に知らせに行くよう、妻に命ずる。

さて、百合姫は死せるものを生き返らせることはできるものの、すべての生き物は彼女にふれると命を奪われる。一人の若者が彼女に触れて死んでしまう。蛇、百合姫、鬼火らは若者の復活のために働く。蛇は自分の尾をくわえて輪になり若者の死体をとりまく。さらに、蛇は皆を向こう岸に渡すと再び死体の傍らで輪を作った。百合姫が蛇と若者の死体に同時に触れると、若者は息をふきかえし、その途端、蛇は数多くの宝石に変身し、この上なく美しい橋となった。河の上に神殿が建てられ、その中で若者と百合姫との結婚が成就する。最後に、多くの人馬が橋の上を絶え間なく往来している光景が描かれ、『メールヒェン』は幕を閉じる。

五　「遊戯衝動」とは何か——感性的衝動と形式衝動の統合としての「遊戯衝動」

本節では、『メールヒェン』論を読み解く上で、理解しておくべき『美的書簡』の重要概念、「遊戯衝動」について概観したい。

『美的書簡』においてシラーは、人間の根本的衝動たる二衝動、「感性的衝動 der sinnliche Trieb」と「形式衝動 der Formtrieb」を提示する。[33]「感性的衝動」と「形式衝動」、両衝動の性質は対極的である。シラー自身、「これ以上相対立するものもない」[34]と述べ、差異を際立たせるべく、両者を対比的に論じている。[35]第一の相違は両衝動の向かう対象の相違である。「感性的衝動」と「形式衝動」は、それぞれ認識においては、前者は事物の現実性に、後者はその必然性に関係し、行為においては、前者は生命の維持に、後者は尊厳の維持に向かうという。

両衝動の相違は第二に時間軸の観点で示される。「感性的衝動」については、「人間の身体的存在、すなわちその感性的本性に発し、人間を時間の枠のなかへ置き、質量とするはたらき[36]」をすると述べられ、「ここでは質量は変化ないし時間をみたす実在性[37]」にほかならず、この衝動は変化が存在し、時間が内容を持つことを要求する。一方、「形式衝動」は、「現在決定するとおなじように永久にわたっても決定するのであり、永久にわたって命じるものを現在命じ[38]」、時間の全系列を包含し、「時間を廃棄し、変化を廃棄する[39]」という。両者はそれぞれ前者が変化（時間）、後者が不変（無時間）の世界に属するのである[40]。

第三の相違は両者の作動領域の相違である。各々の活動領域を示す箇所を見てみよう。

「感性的衝動は、上昇を目ざす精神を、断ちきりがたい絆で感性の世界に縛りつけ、無限の世界へきわめて自由にさすらう抽象作用を、現在の限界のなかへ呼び戻します[41]」。

ここでは「感性的衝動」の活動領域を感性界と呼ぶことにする。一方、「形式衝動」についてシラーは、次のように述べる。

「形式衝動が支配しているところでは、また純粋な客観が私たちの中で行動するときには、そこには存在の最高の拡張があり、そのときはすべての限界が消え、乏しい感性が彼を限定していた一つの大きさの統一体から、現象のすべての国を眼下にとらえる理念の統一体へと、人は高められているのです[42]」。

「形式衝動」は、「現象のすべての国」、すなわち感性界を「眼下に捉える」ものである。つまり、感性界とは異なる領域で作動するのが「形式衝動」である。「感性的衝動」と「形式衝動」は互いに別領域で作動するものであり、同一の領域で矛盾するものではない。ここでは感性界と異なる原理に基づくもう一つの世界を叡智界と置くことにする。（シラーは感性界とは相反する原理に基づく世界を「道徳界 moralische Welt」、「叡智界 inteligibele Welt」、「理念界 Ideenwelt」などと呼び、呼び名を統一させていない。ここでは、用語を統一させ、「形式衝動」の作動する世界を叡智界としたい。）

さらに、『美的書簡』、第九書簡における「形式」に関するシラーの記述は、シラーの言う「形式」が「デモーニッシュ dämonisch」な側面を有することを窺わせる。

「彼［芸術家　註：筆者］は、質料は現代から取るでしょうが、形式は……あらゆる時代の彼方、自己の本質の絶対不易の統一から取ってくるでしょう。美の泉は彼のデモーニッシュな本性の純粋エーテルから流れ出るのであって、底に濁って渦巻く人類や時代の腐敗には感染していません。その質料は気紛れなままに敬われたり、辱められたりするでしょうが、純粋な形式はそんな変転を免れています(43)」。

『美的書簡』において想定されている「形式」は絶対不変であると同時に「デモーニッシュ」な要素を含み持ち、エーテル状のものとされるのだ。シラーはカント的意味での「形式」（すなわち道徳律）のみに留まらず、これに「衝動」を加味し、「形式衝動」とすることにより、独自の意味を付与したのである。

「道徳律はたんに禁止する声であり、人間の感性的な自己愛の利益に反対する声でありますから、その自己愛は外面的なものであり理性の声が自分の真の自己であると見なす境地にまで、人間が達しないかぎりは、道徳律も人間にとっては、何か外面的なものに見えざるをえません。ですから人間はただ理性が彼に与える束縛のみを感じて、彼に与えてくれる無限の解放を感じないのです[44]」。道徳律はわれわれに禁止的に働くが、これに対し「形式衝動」は、われわれに無限の解放感をあたえるものなのである。

さて、「感性的衝動」と「形式衝動」は、この上なく相対立するため、論理的に考えて両者の統合などおよそ不可能であるかに思われるが、シラーは両衝動の融合状態を認め、これを「遊戯衝動 Spieltrieb」と名付ける[45]。「遊戯衝動」は、「時を時のなかで廃棄し、生成を絶対的存在に、変化を同一性に結びつけるようにむけられるもの[46]」とされ、一切の偶然性を廃棄し、また一切の強制を廃棄し、人間を自然的にも道徳的にも自由にするという。そうした「遊戯衝動」の作動状態は「美的状態 ästhetischer Zustand」、「中間状態 mittlerer Zustand」とも換言され、シラーはそうした状態を理想状態として描き出す。また、「遊戯衝動」の対象については以下のように論じられる。

「感性的衝動の対象は、……最も広い意味の生命と言われるものです。すなわち、すべての素材的な存在と、感覚におけるすべての直接的現在を意味する概念であります。形式衝動の対象は、……形態と言われるものです。この概念は事物のすべての形式的な性質と、その思考力にたいするすべての関係を含んでいます。遊戯衝動の対象を一般的な図式で表現すれば、それ故に生ける形態と言うことができるでしょう[47]」。

感性的衝動の対象（＝ Leben）と形式衝動の対象（＝ Gestalt）との融合が、生ける形態（lebende Gestalt）であり、それこそが遊戯衝動の対象だというのだ。

なお、シラー哲学におけるこうした対立と統合の図式は、既にシラー二十一歳の時の論文「人間の道徳的自然と精神的自然との関連についての試論」(一七八〇)において、萌芽として打ち出されている。この論文で彼は、肉体を精神の牢獄とし、そこからの解放を訴えるストア的道徳主義と快楽を善とするエピクール派の双方を拒絶し、両教説の間に平衡を保つことを称揚する。(48) ここでシラーは肉体的なものと精神的なものとが、二つの衝動として互いに触れ合うことで、そこに人間の動物的自然と精神的自然との混合が生じると論じ、人間の動物性と精神性との交互作用の内に高次の心的状態が成立すると主張している。さらに、こうした思想は、一七八四年(シラー二五歳)の論文「道徳的機関として観たる劇場」において、人間に内在する相矛盾した両極性を結合する「中間状態」の概念へと発展した。(49) こうした思想はシラーの美学論文『優美と品位について』(一七九三)にも引き継がれている。この論文においてシラーは「優美が美しき魂の表現であるごとく、尊厳は崇高な志操の表現である」(50) と述べ、「人間には、その二つの天性の間に緊密な一致を作り出すこと、常に調和した統体であること、そして諧音的な人間性を以って行動すること、という使命が課されて(51)」いると言う。しかしながら、そこでは感性的、肉体的なものが否定的なニュアンスで論じられており、また、そうした統合は単なる理念であり、決して到達することができないとされる。『美的書簡』ではこの点に思想的発展が見られるものの、根底に潜在する、感性界、叡智界の二項対立は、シラーの初期の論文から一貫して見てとることができるのである。

こうして導き出されたシラーの「遊戯衝動」は通常「遊戯」という語から連想されるイメージからすれば異質である。シラー自身、「遊戯」に関する言及の中で「もちろん我々はここで現実の生活でおこなわれ、通常はなはだ質料的な対象にだけ向けられている「遊戯」のことを考えてはなりません(52)」と述べているように、質料へと向かう「遊戯」はシラーにおいてはあくまでも感性界での「遊戯」とされるのである。

また、シラーは「美的状態」(「中間状態」)は、現実において完全には到達できないとも述べている。経験的

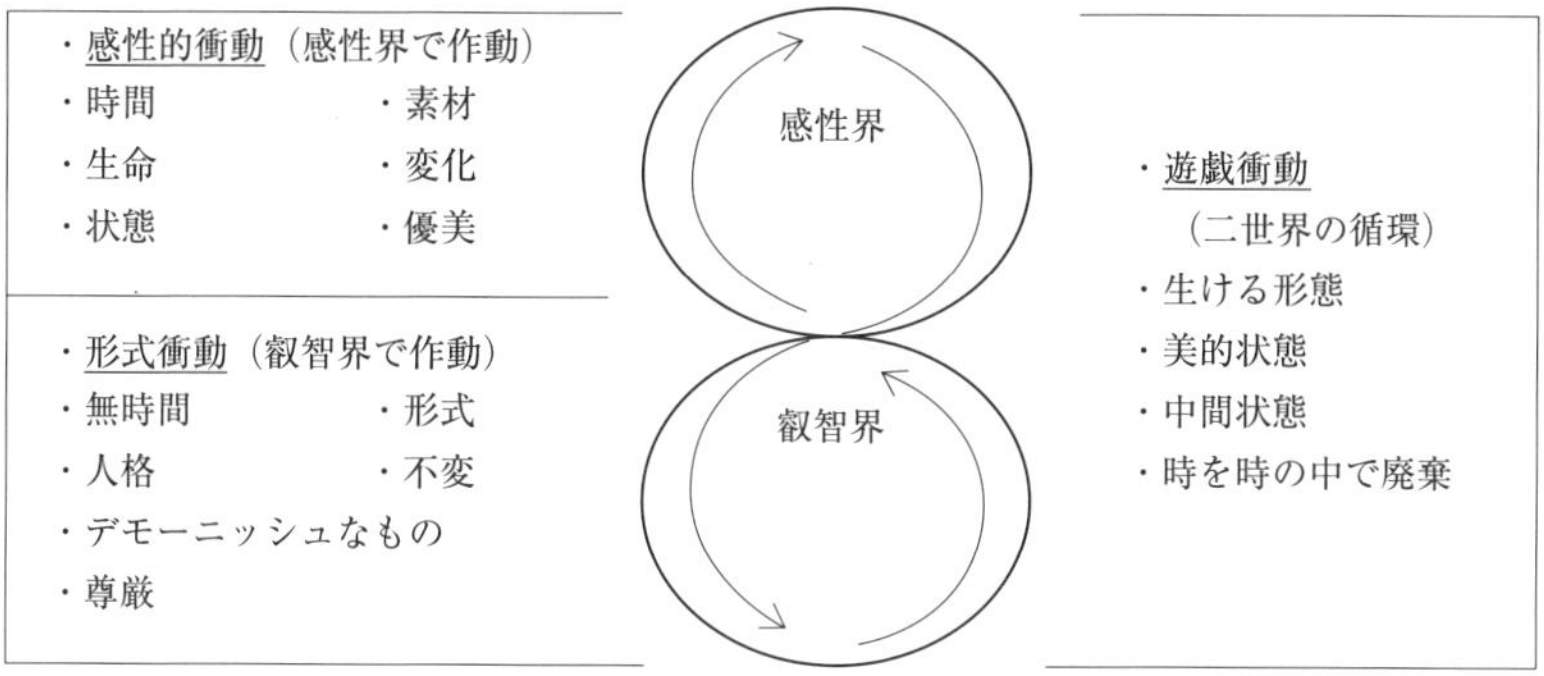

図1　『美的書簡』衝動論の関係図式（二元循環図式）

世界では「いつも、一つの要素が他の要素に優越する状態[53]」が続くとし、「現実が優勢のときもあれば形式が優勢のときもある[54]」と言う。すなわち、「あちら側かこちら側に行きすぎること[55]」があるのだ。現実性と形式との完全なる結合と均衡は理念の中でのみ描かれるものであり、現実的には常にどちらかの要素が優勢なのである。

六　シラーの「二元循環的構図」

さて、図1は、『美的書簡』の衝動論における、三衝動の関係を図式化したものである。これをもって、シラーの根源的枠組みを把捉するための補助線を引くこととしたい。

図式において、上の円は感性界、下の円は叡智界を示している。両世界はそれぞれ独立した世界であり、感性界で「感性的衝動」が、叡智界で「形式衝動」が作動する。そして、「遊戯衝動」の作動状態は、以下の図式では、二つの円の相互を行き来する矢印で示す。ここでは「遊戯衝動」の矛盾状況（感性界に留まりつつ感性界から飛翔する）を視覚化するため、この状況を二世界を循環する矢印で示した。「遊戯衝動」の作動状態、すなわち「生ける形態」の具体例として、シラーはルドヴィシの女神像ユーノー（Juno）を引き合いに出すが、そこでは「遊戯衝動」の孕む矛盾状態が具体的に記されている。

「ルドヴィシの女神像ユーノーのすばらしい表情が私たちに語りかけるものは、優美でもなければ尊厳でもなく、それは同時にそのいずれでもある故に、そのいずれか一つのものではありません。この女性の神は、私たちに礼拝することを要求しながら、この神に等しい女性は、私たちの愛の火を燃えあがらせます。しかし私たちが、この天上の優雅さに心溶けて身をゆだねようとするときに、この天上の自己充足性は、私たちをたじろがせます。一つの完結した創造であるこの形態のすべては、自分自身のなかに安らぎ住んで、譲歩もしなければ抗うこともせず、まるで空間の彼方に存在するかのようです。……その優美さに抗いがたくとらえられて引きよせられ、尊厳によって遠くにとどめられて、私たちは最高の静けさの状態にあるとともに、最高の運動の状態にもあるのです[56]」。

ルドヴィシの女神像ユーノーは、われわれを優美かつ崇高な状態へと誘う。われわれは女神像を前にしたとき、その優美さに引きつけられるが、同時にその崇高さによって突き放される。引き寄せられながらも突き放され、突き放されながらも引き寄せられる。ここに優美と尊厳の交互作用が生じるのである。シラーにおいて、感性界と叡智界は相対立するものとして厳密に区別されつつも、「遊戯衝動」の作動において両世界の往来が達成されるのである。

こうした状態を図式的に描き出すべく、ここでは二円を行き来する矢印で「遊戯衝動」の作動状態を図示した[57]。感性界に留まりつつ叡智界へと飛翔するという意味で、「遊戯衝動」の作動状態は、論理的に考えるならば矛盾した状態といえるが、それをあえて図示するならば、図式中の矢印が示すような矛盾を孕んだダイナミックな動きとして示しうるのである。

この図式は、シュタイナー人間形成論を理解する上での基本構図となる。本書を通じて繰り返し登場するこの図式を、「二元循環図式」と名付けることにする。『美的書簡』によって得られたこうした枠組みでもって「遊戯衝動」の内実を捉えた上で、次章以降、シュタイナーの『メールヒェン』解釈を読み解いていくことにする。

註

(1) Steiner 1993, SS. 89–90.
(2) Steiner 2000, S. 179.
(3) 「シラーは日常生活に対して高次の生活を表現している。そしてシラーによって「美的状態」と名づけられたものを偏見なく解釈するならば、そこにあの高次の直感の第一段階を認識することができる」。[Steiner 1965a, S. 49]
(4) *Ibid.*
(5) Steiner 2000, SS. 70–71.
(6) *Ibid.*, S. 71.
(7) 「『美的書簡』がただ読まれ、読書において学ばれるだけでなく、それが瞑想の本のように、完全なる読書を通じて人間を導く時にのみ、シラーがなろうとしたようなものになるだろう」。[Steiner 1985a, SS. 406–407]
(8) Steiner 1982a, S. 148.
(9) 芳原 二〇〇三、一五八頁。
(10) 同書。
(11) Goethe 1979、四九二頁。
(12) Steiner 1999c, S. 67＝一九八三、五五頁、一部改訳。
(13) Steiner 1999d, S. 53.

(14) Steiner 1999a, S. 229＝二〇〇三、一六頁。
(15) *Ibid.*＝同書。
(16) Goethe 1950, S. 33＝一九四三、一二五頁。
(17) Schiller 1964, S. 80＝一九四三、一三二頁。
(18) *Ibid.*, S. 78＝同書、一二六—一二七頁。
(19) Goethe 1950, S. 33＝一九四三、一二五頁。
(20) Schiller 2002a, S. 710 訳はハイネマン、K 一九五八：(大野俊一訳)『ゲーテ伝(三)』、岩波書店、九三頁より大野訳を参照した。
(21) Goethe 1950, S. 26＝一九四三、一一三頁。
(22) *Ibid.*, S. 27＝同書、一一五頁。
(23) 三浦はシラー哲学における『優美と品位について』から『美的書簡』への展開に関し、前者では人間性、人間美が個人を前提とした人間の問題であったのに対し、後者ではそれは理想的国家の建設という目的のもとでの人間の教育の問題として、文化的、社会的な広がりと文化の歴史的展開という歴史的位相の中で、よりいっそう富化して捉えられることになったと述べる。[三浦 一九八七、五二頁]
(24) 『優美と品位について』から『美的書簡』に至るシラーのゲーテに対する態度の変化に対してシュタインは次のように述べる。「原理の展開は『書簡[『美的書簡』註：筆者]』をとおして、幅と充実さ、経験の豊かさと観照性とを得て来ていることを示している。『優美と品位について』の頃にはシラーは、ゲーテに対して防衛の言葉を言わねばならぬように信じていたが、今の彼はゲーテの全てをも己のうちに採り入れているかのようでさえある」。[Stein 19–?, S. 49＝一九四二、八〇頁]
(25) Schiller 1980b, S. 457＝一九四一、一四二—一四三頁、一部改訳。
(26) この点に関しシュタイガーはシラーの心情を以下のように推測する。「結局のところここには、自分が自然の寵児ではないことを感じながら、病める肉体にむちうち、運命にあらがって文章を書き綴らねばならなかった者の複雑に屈折した感情が働いているように思われる。だが、すべての言葉が自分への当てこすりであると解したゲーテは、もちろん不快を禁じ得なかった」。[Staiger 1956, S. 197＝一九八一、一六六頁]
(27) 金田 一九六八、一八一―一九頁。
(28) Goethe 1949a, S. 621＝一九八〇、二八頁。
(29) Hecker&Petersen 1909, S. 20 訳は［シュタイガー、E 一九八九：(神代尚志他訳)『フリードリヒ・シラー』、白水社、一三頁］より神代訳を参照した。
(30) シュタイガーはこの点に関して「シラーはその和解的な世界像を大変なエネルギーをこめて描いた」とし、「それはさながら、ゲーテだけでなく、むしろ自分自身の強固な頭脳を無理にもこの新しい理論になじませようといった風情である」と述べる。[Staiger 1967, SS. 15-16＝一九八九、一三頁]
(31) 『メールヒェン』は非常に短期間のうちに書き上げられ、ゲーテは後に『メールヒェン』について「二度目にはおそらく成功しないであろう芸当」と述べている。『メールヒェン』は多年に渡って考え抜かれた作品ではなく、短い時間の中で書き上げられた「芸当」なのであり、熟考した思想を意図的に組み込んだものではない。[川村 二〇〇四、一〇三頁]
(32) Goethe 2006.
(33) 第十三書簡においてシラー自身も認めているように、『美的書簡』における衝動論の内にはフィヒテ哲学からの甚大な影響が見受けられる。[本田 二〇〇四]
(34) Schiller 1961, S. 76＝一九七七、一三八頁。
(35) 『美的書簡』において形式衝動はときに道徳的衝動、理性的衝動と言い換えられる。それらは呼び方を変えただけのものだが、その呼び名によって印象はかなり異なる。シラー哲学を難解ならしめている要因の一つには、彼の理論に登場する術語の不断の変転が挙げられる。『美的書簡』において感性的衝動は、あるときには素材衝動とその名を替え、形式衝動は、道徳的衝動、理性的衝動などと呼ばれる。シラーによれば、人間の根本衝動は二種類しか存在しないため、感性的衝動、素材衝動が共に同じ状態を指し、形式衝動、道徳的衝動、理性的衝動もまた、それぞれ同様の状態を指すことは間違いない。このような呼び名の変転に関し、これをシラーのテクスト解釈の困難性というネガティヴな問題にのみ帰着させるならば、それはあまりにも惜しい。分析的哲学者ならば決してするはずもないこのような呼び名の変転（しかもシラーは何の断りもなく突如としてそれらの呼び名を替える）は、それを肯定的に捉えるならば、概念の内容を流動したままに保ち、概念自体を立体化するというポジティヴな効果を生み出すことに寄与すると思われる。シラーがそのような概念の立体化を目指して、あえて呼び名を変えたとは思われないが、哲学的詩人たるシラーの詩人的側面は概念の固着を回避する方向にも働いている。

(36) Schiller 1961, S. 71＝一九七七、一三三―一三四頁。

(37) *Ibid.*＝一九七七、一三四頁。

(38) *Ibid.*, S. 73＝一九七七、一三六頁。

(39) *Ibid.*＝同書。

(40) 両衝動についてポール・ド・マンは以下のように解説する。「感覚的な欲動とは、瞬間の直接的な魅惑に身を任せることであり、したがってそれ以外のすべてのものを締め出してしまうという、瞬間に固有の性質をもっています。それにたいして形式への欲望、形式への欲動とは、普遍性、すなわち絶対的なもの、法則を切望することであり、できるかぎり広い範囲を包括しようとするような時間的構造をもっています」。［マン　一九九七、五一頁］

(41) Schiller 1961, S. 72＝一九八二、一七一頁。

(42) *Ibid.*, SS. 74-75＝一九八二、一七三頁、一部改訳。

(43) *Ibid.*, S. 54＝一九七七、一一八頁。

(44) *Ibid.*, S. 145＝一九七七、一一八頁。

(45) シラーの衝動論にはシラー自身も述べているように、フィヒテからの影響が見てとれるが、シラーの衝動論における概念規定はフィヒテのそれとは完全に異なる。シラーはフィヒテのように「美的衝動」という第三の独立した衝動を想定しなかった。シラーにおいて遊戯衝動は二つの根本衝動の融合であり、独立した第三の衝動ではない。［内藤　一九八八、一〇二頁］

(46) Schiller 1961, S. 85＝一九七七、一四六頁。
(47) *Ibid.*, S. 88＝一九八二、一八二―一八三頁。
(48) Schiller 1980c, SS. 290–291＝一九四一、三―四頁。
(49) 金田 一九六八、三六―四〇頁。
(50) Schiller 1980b, S. 470＝一九四一、一五九頁。
(51) *Ibid.*＝同書。
(52) Schiller 1961, S. 92＝一九七七、一五二頁。
(53) *Ibid.*, S. 96＝一九八二、一八八―一八九頁。
(54) *Ibid.*＝同書、一八九頁。
(55) *Ibid.*＝同書。
(56) *Ibid.*, S. 94＝一九七七、一八八頁。
(57) 図式において上の円に感性界、下の円に叡智界を置いた理由について一言述べたい。シラーは第六書簡において理想としてのギリシア国家は「各個人がみな独立した生活を楽しみ、必要な際には全体となることができた」とし、それはポリプ的性格を有すると言う。ポリプとはヒドラなどの腔腸動物を指し、本体から枝のように各部が分かれているのであるが、部分と全体がそれぞれ独立した生活をしながら、有機的につながっている。シラーの念頭にはこのようなポリプ的イメージがあったことから、個の満足の追求を目指す感性界を上に、個を脱却した普遍的原理の支配的な叡智界を下に置くことにした。

4章 シュタイナーの『美的書簡』解釈

一 『メールヒェン』に潜在する構図――二世界の架橋

シュタイナーは、『メールヒェン』における「百合姫の国」とその対岸の国とを『美的書簡』に関連させて以下のように読み解く。

「一面的に理性衝動が活動している国、すなわち純粋に精神的な国は、百合姫の国である。一面的に感性が活動している国は、対岸にある(1)」。

「百合姫の国」が形式衝動の働く世界すなわち、叡智界であり、その対岸にある国が感性界（感性的衝動の働く世界）だというのである。両国の間を流れる河がそれらを分離している。「渡し守は、すべての人をこちら側へ運ぶことができるが、あちら側へは誰一人運ぶことができない(2)」。人間は皆、自分で関与することなく、理性の国から生まれてくるというのである。われわれは感性界において「因果法則に従って生きてゆかねばならない[3]」のであり、そうした因果の法則は、「人間を超感覚的なものから切り離してしまう[4]」。

人は百合姫の支配する領域に対して、最も深い憧憬を持っているにもかかわらず、ただ一定の時刻にだけしか、その領域に至ることができない[5]。「百合姫の国への内なる資格を所有することなく、この国の君主に、すなわち美しい百合姫に接近する人は、致命的に生命を害する危険性がある[6]」。

シュタイナーは、ゲーテの『散文格言集』中の一節（「我々自身が自制心を確立することができないうちに、我々の精神を解放するものは、すべて有害である Alles, was unsern Geist befreit, ohne uns die Herrschaft über uns selbst zu geben, ist verderblich」）を引用し、「自分自身に対する自制心を持つことなしに、自由を力ずくでわがものとする人にとっては、物事は、百合姫との接触を通して麻痺されてしまう若者のようになる[7]」と述べる。したがって、「超感覚的なものに触れようと欲する者は、自由においてのみ把握され得るこの超感覚的なものに向けて、まず自己の内奥を生の経験を通じて十分に準備し、鍛え上げて[8]」おかねばならないのである。

さらに、シュタイナーは『メールヒェン』に幾度も表れる「金」の意味について、「『メールヒェン』の中で金が出現するところではいつも、金を知恵（Weisheit）、すなわち認識の象徴とみなさなければならない[9]」と言う。たとえば、鬼火たちは、「金 Gold」をあらゆるところで、手軽な方法で手に入れるすべを心得ており、それを自ら進んで、浪費的に、高慢に投げる。一方、蛇は「金」を困難な方法で手に入れ、「それを自分の中に有機物として取り込み、体内でそれを消化し、自分の中に完全に行き渡らせる[10]」。鬼火たちの中に、あらゆる面から知恵を拾い集め、十分にしみわたらせてしまうことなく、それを誇らしげに、軽率に振りまく人物の象徴的な描写を見てとることができるのだと言う。未消化な知識を撒き散らしている鬼火たちは、非生産的な精神を表しており（シュタイナーは、鬼火たちの内に、偽預言者もしくはソフィストを見ている）、これに対して蛇は、「人間が認識の道を誠実にゆったりと前進する堅実な努力を表している[11]」。

ゲーテによれば、教えることは、知識を分配するために習得することへと容易に通じてしまう。ただ蛇のような状態にある人だけが、本当に無欲に物事に没頭するようになり、真の人間性に仕えるようになると言う。「物事に完全に没頭し、そして蛇において具体的に示されている無欲の認識だけが、ただ無欲の献身によってのみ、最高のものが達成されうるという洞察に至ることができる」[12]のである。自己の内にある理想的な人間を目覚めさせるために、彼の日常の人格を死滅させる人間は、この最高のものに到達する。シュタイナーは、ヤコブ・ベーメ（Jakob Böhme 1575–1624）が「死はすべての生の根源である」という言葉で表現した事態を、ゲーテは自己を捧げる蛇でもって表現したのだと言う。

「小さな自我を放棄することができず、自分の中のより高次の自我を形成することができない者は、ゲーテの見解によれば、完成に到達することはできない。より高次の人格として復活するために、人は個人として死滅しなければならない」[13]。

その時はじめて、この新しい生は、最も人間らしいものとなり、（シラー流に言えば）理性からも感性からも強制を感じることがない状態となる。シュタイナーはゲーテの『西東詩集 *West-östlicher Divan*』中の一節に言及する。「死して成れよ！　お前がこの言葉を持たない限りは、お前は暗い大地の上で、ただの陰鬱な客である」。そして、さらにゲーテの『散文格言集』中の格言を引用する。「人は存在するために彼の存在を放棄しなければならない」。蛇は、感性の国と理性の国を架橋するために自身の存在を放棄する。無数の色に輝いている聖堂は、蛇が自己の低次の本性の死によって獲得した、より高次の生である。シュタイナーによれば、犠牲にされるためではなく、進んで一身を捧げたいという蛇の言葉は、次のヤコブ・ベーメの命題の言い換えにすぎない。「彼が死ぬ前に死ぬことのない者は、彼が死ぬときに破滅する Wer nicht stirbt, bevor er stirbt, der verdirbt wenn er stirbt」[14]。つまり、「自らの中にある低次の本性を殺すことなしに漫然と日を過ごす人は、自らの内にある理想的な人間を予感することなしに、最後には死滅する」[15]のである。

かくして、シュタイナーは『メールヒェン』の最終シーンにおいて、二つの世界の統合状態が描かれていると解釈する。「若者と美しい百合姫との結婚が成就する聖堂が、河の上に建てられる」[16]。若者と百合姫は聖堂の中で結ばれ、また、蛇の自己犠牲によって誕生した橋によって、いまや感性界と叡智界は自由に往来可能となる。感性の国と理性の国の交流が達成されるのである。シュタイナーは『メールヒェン』の結末において描かれる次の場面を引用する。

「橋が建設される。すべての民衆が絶え間なく、橋を往来している。今日に至るまで、橋は旅行者で混み合い、この聖堂は世界中で最も参詣する人の多いところとなっている」[17]。

ここには人間の「自由」の獲得状態が描かれているのだという。

「諸々の力が普通の状態に比し変革された秩序を獲得している人間の魂の中では、超感覚的なものとの結婚、即ち、自由な人格の実現が可能なのである。魂が生の経験として獲得してきたものが十分に成熟した結果、この生の経験に向けられていた力は、もはや人間を感覚世界の中へ組み入れて行くだけの仕事で自己を使い尽くすということがなくなり、超感覚的なものの領域から人間の内奥へ流入し得るものの内容自体に変化するのである［傍点筆者］[18]」。

「超感覚的なものとの結婚」が、「自由な人格の実現」と言い換えられる。そして、二世界の架橋、二世界を絶え間なく往来する状態の内に、シュタイナーは「自由」の実現を見てとった。これはまさに『美的書簡』か

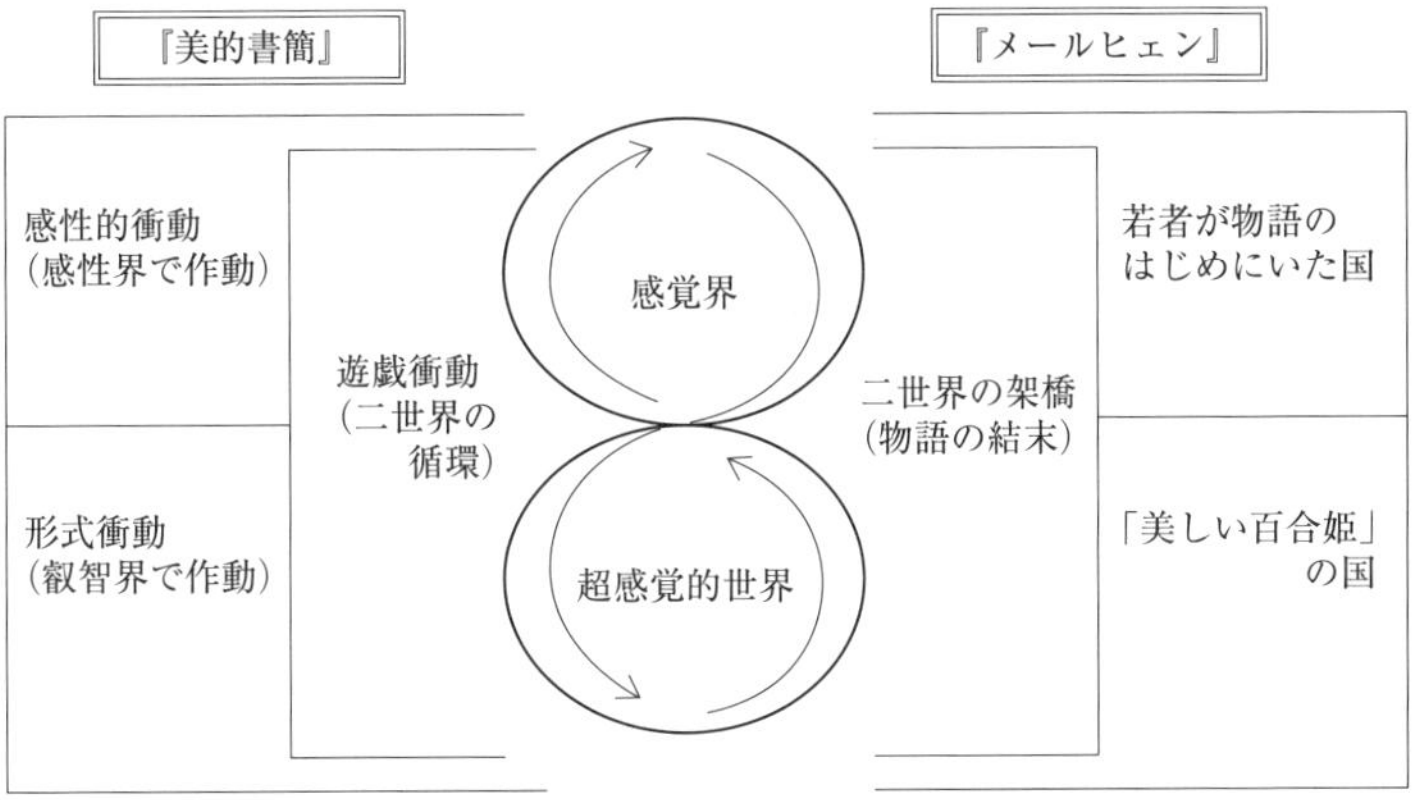

図２　『美的書簡』と『メールヒェン』の関係図式

ら抽出されたあの二元循環的構図そのものである。

　シュタイナーは、「自由」獲得へのそうした一連の経過を時系列に沿って総括し、ゲーテが『メールヒェン』において描き出したのは、「人間の魂の発達」の実相であると述べる。「それは、超感覚的なものを自分と異質なものと感じる段階から始まり感覚的世界における生を極限まで昇りつめ、自己を超感覚的な精神世界（Geistwelt）によって浸透させ、両者を一つのものと化した意識の高みにまで達している」[19]。シュタイナーは、『メールヒェン』において語られる、以上のようなモチーフについて、シラーに関連付け、「日常的現実の人間から理想的人間に向かって橋が架けられるべきなのである」[20]と述べ、『メールヒェン』の結末と『美的書簡』の目指す状態が同一の事態であることを導く。すなわち、『メールヒェン』における両国の架橋はシラーにおける「遊戯衝動」の作動状態と同一の事態を描いたものだというのである。

　以上がシュタイナーによる『メールヒェン』分析の内容となる。「ゲーテの黙示」におけるシュタイナーの分析を、前章・第五節で示した図式（二元循環図式）を補助線として整理したのが上記モデルである。

　『美的書簡』における「美的状態」（＝「遊戯衝動」の作動状態）

と『メールヒェン』における「二世界の架橋」が同一の事態であること、『メールヒェン』における二世界の絶えざる往還と『美的書簡』の「遊戯衝動」が示す二世界の循環が一致していることをシュタイナーは訴えた。そして彼は、そうしたゲーテ＝シラー的思想圏こそが、自身の思想的基盤になると考えたのである。

シュタイナーは、一九一八年論文の結論部において、「この解説では、いわばゲーテの想像力がこの『童話』をその中で織りなして行った領域の中へ入って行く道が、単に暗示されただけである」[21]と述べる。「ゲーテの黙示」以降、シュタイナーは、第Ⅰ部で明らかにした基本構図を携えて、霊的指導者としての道を歩み、超感覚的領域へと至る方法を積極的に語ってゆくのである（霊的指導者時代の『メールヒェン』論については第Ⅲ部にて検討する）。

二　『美的書簡』批判への回答

以上、ゲーテ文学との連関のもと、シュタイナーの『美的書簡』解釈を読み解いたが、そうしたシュタイナーの視点から、第二章で類型化した諸々の『美的書簡』批判に対して、どのように応答が可能であろうか。『美的書簡』批判に対し、シュタイナーの立場からの回答を通じて、シュタイナー自身の『美的書簡』解釈の傾向性を浮き彫りにすることが可能となる。

また、シュタイナーの『美的書簡』解釈が一応の妥当性を有することについて、補論一及び補論二において証明を試みる。

(一) 「美的状態」は「目的」である

まずは、『美的書簡』のアポリアについて（「矛盾説」、「分裂説」）。先に見た通り、シュタイナーは、感覚的世界と超感覚的世界、両世界の架橋（「遊戯衝動」の作動状態）を目指すべき理想と考えた。時系列に沿った場合、感覚界から超感覚的世界を経て、再び感覚界へと戻ってくる（「死して成れよ」）というプロセスで、『美的書簡』が読み解かれていた。目指されるべきは、超感覚的世界への移行ではなく、あくまで二世界の架橋、二世界の「自由」な往来なのであった。

すなわち、シュタイナーは、「美は手段か目的か」というあのアポリアに対し、「美的状態」を「目的」と捉えていたということになる。シュタイナーの解釈に依拠するならば、感覚的状態を脱却した道徳的状態へと至ることは最終目的たりえない。ゲーテとの緊張関係のもとで『美的書簡』を読み解いたシュタイナーにとって、感覚的世界は脱却すべきものではありえなかった。あくまで「美的状態」こそが目指されるべきものとされたのである。感覚的世界と超感覚的世界の絶えざる往来の内に「自由」の実現を見てとったシュタイナーにとって「美的状態」が理想状態と位置づけられていたのであり、その実現こそが目的と考えられていたのだ。

こうした解釈の妥当性については補論一で論じることにする。補論一では、シラー自身のテクスト『崇高について *Über das Erhabene*』によって補完することで、『美的書簡』の再検討を行う。すなわち、第二章における『美的書簡』批判の四類型のうち、「未完説」に依拠することにより、シラー美的教育論の再構築を試みる。

『美的書簡』はシラーの美的教育論を完全に論じつくしたものではなく、それは彼の「崇高論」によって補完されるのではあるまいか。シラーの美的教育論は彼の「崇高論」を基に、その本来の姿を取り戻さなければならない。「崇高論」をもとに『美的書簡』を再構築したとき、「美」をめぐるアポリアは解消へと向かうように思われる。

(二)「美的状態」は現実から遊離した理想郷ではない

「現実遊離説」をめぐって。「美的状態」は「現実」から「遊離」した単なる理想郷にすぎないのか。「ゲーテの黙示」においては、ゲーテとシラー、両者に通底する思想的地盤が示されていた。シュタイナーが彼らと共有したのは、本論で示した、あの二世界の交流図式であった。シュタイナーは、超感覚的世界の重要性を説き、超感覚的世界の認識を人間の重大な課題とみなした。

しかしながら、彼はそうした主張により、決して感性界を否定したわけではなかった。感性界からの脱却は、感性界とより深く関わるための一時的離反にすぎない。それは超感覚的世界との交流を果たすために必要な離反なのである。現実を正しく把握するために、シュタイナーはあくまで、二世界を同時に視野に入れる必要性を説いたのである。

したがって「美的状態」を目的と考えるシュタイナーにとって、その状態は、現実からかけ離れた空理空論であるはずがなかった。シュタイナーは、超感覚的世界の認識を経て、感覚的世界と出会い直すことこそを重視したのであり、感覚的世界に存するわれわれが、この世界においていかに「自由」を獲得するか、その問題を『美的書簡』の思想圏を通じて語ったのである。第Ⅱ部で言及する通り、シュタイナーは、ゲーテ自然科学を通じて現象界の内で精神的なるものの現われを見てとるすべを学んだ。シュタイナーは、超感覚的世界について論ずることで、現実を軽視したのではない。「美的状態」は感覚的世界に深く根ざしているのである。

つまり、シュタイナーの『美的書簡』解釈によるならば、「美的状態」は現実から遊離した理想郷であるという結論には至り得ないのである。シュタイナーによって読み解かれたシラーの「美的状態」は、感覚界にあって実現可能な状態と考えられていた。

この点をめぐって、「美的状態」(=「遊戯衝動」の作動状態)が決して特殊・例外的な事態ではなく、われわれの日常において十分に実現しうるものであること、そのことを補論二において具体的事例に基づいて示すことにしたい。すなわち、「美的状態」を具体的場面において描き出すことによって、「美的状態」の実現を現実生活の中で示すこと、このことが補論二の課題となる。そこでは、シュタイナーが分析対象に据えた『メールヒェン』とは異なる作品（ゲーテの牧歌的叙事詩『ヘルマンとドロテーア』）を『美的書簡』に対置させ、「遊戯衝動」の作動状態の具体的姿を描き出す。

さて、右記課題の具体的考察は補論を待つことにし、本題へと議論を戻そう。次節ではゲーテ＝シラーを「合わせ鏡」として捉えるシュタイナー独自の見解に言及する。こうしたシュタイナーの見解は、第Ⅰ部の結論となるのみならず、本書全体を貫く最重要問題となる。

三 『美的書簡』とゲーテ文学を合わせ鏡にする必要性

本章で考察した通り、シュタイナーは、『メールヒェン』の内に『美的書簡』と同一の思想構造を見出したわけだが、ここで留意すべきは、彼が『美的書簡』に対し、最大限の賛辞を送りつつも、その叙述に満足していたわけではなかったという点である。

というのも、シュタイナーにとって「シラーの考えは、才能の豊かさを感じさせはするが、本当の心的生活を理解するためには、あまりにも単純[22]」であった。「抽象的な概念は、程度の差こそあれ、比較的長く存続するものとだけ結合できる[23]」のであり、ゲーテはこのことを己の感性を通して察知していた。「心の諸力の活動と作用を描くためには、概念はあまりにも貧弱で生気を欠いていると、ゲーテには思われた」[24]のである。

ゲーテにとって哲学的思考は、生命の充溢を捉え損なう「貧弱」な枠組みをあたえるにすぎず、それは（彼を十分に満足させた）『美的書簡』でさえも、例外ではなかった。

「シラーによって把握された魂の謎を哲学的概念によって扱おうとすると、人間は自己の本性を探求する過程で、却って貧しくなってしまう。だから自分は心的体験の豊穣さを保ったまま謎に接近しよう―これがゲーテの考えであった」[25]。

シュタイナーが、一方でシラー的枠組みを高く評価しつつも、他方で「あまりにも単純」だと厳達する所以はそこにある。高橋義人も指摘しているように、ゲーテとシラーがいかに精神的に大きく歩み寄ったとしても、両者のあいだには、概念的思惟と直観的思惟という決して超えられない間隙があった。[26]高橋は、カッシーラーを援用し、彼の普遍性をめぐる二類型、すなわち、「抽象的普遍 abstrakte Allgemeinheit」（種の区別を一切無視する）と「具体的普遍 konkrete Allgemeinheit」（すべての種の特殊態を内に含み、ある規則に則って特殊を展開する）のうち、ゲーテが目指したのは、後者であったことを強調している。[27]すなわち、山田も指摘している通り、ゲーテは徹頭徹尾、力学的に思考するのであるが、だからといって、恒常的なものを放棄しているわけではないという点には留意すべきである。ゲーテにとっての恒常的なものとは、生成において現われ、生成によってあらわにされる恒常的なものにほかならない。[28]

抽象概念（カッシーラーの「抽象的普遍」）によっては、高度に多様な生の諸相を捉えることは不可能であり、生の躍動に迫ることは困難と思われたのである。ゲーテは、人間形成をめぐる諸問題を概念ではなく、文学において、具体的形象を用いて示した。『ファウスト』や『ヴィルヘルム・マイスター』などを通じて表現される多様で豊かなイメージは、人生のさまざまな問題を鮮やかに描き出すものであり、そうした性質により、彼の思想は先天的に抽象化を拒むものとなる。[29] 詩人として、人生の矛盾を描き出し、生のリアリティへと迫るゲーテと、同じリアリティを体系的叙述でもって構造化しようとしたシラー。シュタイナーはゲーテに肩入れし、次のように述べる。

「「なぜゲーテは、自分の最大の秘密をこのようなメルヘンのなかに書いたのか」という問いが出てくるかもしれません。彼はそのような問いについて、イメージでのみ意見を述べることができる、と言いました。そうすることで、彼は人類の偉大な導師たちと同じことを行ったのです。人類の導師たちは抽象的な言葉で教えようとせず、非常に高度の問いをイメージによって象徴的に述べようとしました[30]」。

抽象概念によっては、真の意味で人生の秘密を解き明かすことはできず、そこにイメージを介在させることで、導師たちは自らの思想を語った。したがって、『メールヒェン』の象徴性は、秘教的な問題を扱うためには、不可欠の表現方法だったということになる。

かくして、シュタイナーにとって、ゲーテ文学は、彼の思想を具象的かつ躍動的に言い表す最上のものと言えるのであり、したがって、それは決して抽象的議論の下位に置かれるものではなく、それをはるかに凌駕するものである。つまり、象徴性に満ちたゲーテ的方法によってこそ、人智学的思想内容は十全に示しうると考えられていたのである。シュタイナー自身、「横溢するファンタジーを、悟性の説明によって雲散霧消させてしまうのは私の性に合わなかった[31]」とし、ゲーテ的象徴性を高く評価している。

では、シラー的図式は不要だったのであろうか。それは否であろう。シラー的枠組みを用いてはじめてゲーテ的（人智学的）世界観は、シュタイナーにとって構造的に理解可能なものとなりえた。ゲーテにとって「理念」

とは決して単なる抽象ではなく、絶えず現象化するものである。このような理念と現象との関係は、同時に「普遍」と「特殊」の関係でもあり、ゲーテ自身、「普遍」と「特殊」は一致し、「特殊」はさまざまな条件のもとに現われる「普遍」であるとしている。

しかしながら、大石が指摘する通り、「特殊な「感覚」的現象の「多様性」のなかに普遍的な理念を見いだすことは容易ではなく、「理念」と呼ばれるものが「空想」や「妄想」とほとんど見分けがつかない[32]」という危険性も常に孕んでいる。

そうした危険を回避するための方途が、ゲーテ＝シラーを複眼的に捉えるという視点である。ゲーテ的具体は、多様な解釈を許すがゆえに、解釈の果てのない増殖を招いてしまう。全く同様に（裏返しに）、シラー的概念もまた、それがあまりに抽象的であるがゆえに、無限の解釈を引き起こしてしまう。だが、両者を「合わせ鏡」とし、それらを複眼的に捉えることにより、先の「具体的普遍」が可視化される。ゲーテとシラーの関係は、喩えるなら、まさに、個々の具体的な植物と「原植物」の関係に比せられるのであり、ゲーテ文学の内には、常に、『美的書簡』の構図が生きて活動している。同様に、『美的書簡』の内にも、ゲーテの生命は躍動している。この事態が両者を同時に見据えることによって鮮明に理解可能となるのである。

シュタイナーにとって批判の対象となったのは、ゲーテ的な力動的世界観を対置させず、単なる抽象概念として把握されたシラー哲学である。個々の具体的な場面から切り離され、観念的次元で論ずることは、『美的書簡』の「亡骸」を相手にしていることに等しい。『美的書簡』は、ゲーテの具象的・躍動的世界観へと還流させせられることではじめてその内実をあらわにするものとみなされていたのである。

先に示した通り、シュタイナーにとって、シラーはゲーテの精神性を誰よりも見抜いた存在であり、ゲーテ理解のための模範であり続けた。シラーの描き出した美的人間形成論を手がかりとすることで、シュタイナーのゲーテ理解が格段に深化したことを、彼の遺した多くの記述は証明している。

したがって、シュタイナーの思想理解の上で、『美的書簡』と『メールヒェン』、両者は常に並置されるべきということになる。ゲーテ的象徴性において、個々の具体的場面に配視しつつ、絶えずシラー的構図へと戻っていくこと。また、シラー哲学をゲーテの具体的イメージへと戻してゆくという、逆の作業を常に見据えること。両ベクトルが表裏をなし、循環的に作動し続けることをシュタイナーは是としたのである。すなわち、具象（『メールヒェン』）と抽象（『美的書簡』）は両者を常に同時に睨むべきものであり、不可分のものとなる。個物の内に永遠性が不断に立ち現われていることを、ゲーテは最後まで具体に留まって描き出した。同じ事態を、シラーは多様性を切り捨て、抽象次元に凝固させた。

四　シュタイナー思想を支える『美的書簡』の構図

かくして、シュタイナーがシラーについて単独で語る際も、その裏側には、絶えずゲーテの世界観が潜在していることに留意すべきである。逆に、ゲーテについて論じる際にも、その裏側にはシラー的構図が生きている。このことは、シュタイナーの『ファウスト』論の内に最も顕著に表れている（この問題については第Ⅲ部において検討する）。

以上、本研究では、特にシラーとシュタイナーの関係、及び、ゲーテ、シラーに共通する理念圏に対峙したシュタイナーの思想的態度に焦点を当て、分析を試みた。

シュタイナーは、ゲーテとシラーの両者を睨み、両者の交互作用の内に自身の思想的基盤を見出した。これにより、生の躍動を保存し、かつそれを体系的に叙述するという方途を発見したのであった。

ゲーテが見ていたのは個別具体的な現実である。対して、シラーが定式化したのは、その具体的現実の内に絶えず作動している根本原理であった。前者は後者を含み、後者は前者を含む。互いに入れ子状になったこうした特殊な関係の内に、シュタイナーは生のリアリティを見出し、この関係を顧慮し続けた。実際、彼は、自身の『メールヒェン』解釈について繰り返し講演を行っており、生涯にわたってゲーテ＝シラー的思想圏の重要性を説き続けた。そして、アレンが指摘しているように、『メールヒェン』は、シュタイナーにとって、人智学の基盤として位置づくものとなった。(33)

さて、シュタイナー思想の構造的解明に主眼を置いた場合、ゲーテ理解の「補助線」として、あくまでゲーテ解釈の模範を示すという副次的立場に甘んじていたシラーは、その消極的位置づけを脱することとなる。つまり、シュタイナー理解のための補助線としては、ゲーテ以上にシラー的構図は有効である。先に言及した通り、シラー哲学の構図はシュタイナーにとって「本当の心的生活を理解するためには、あまりにも単純」に映った。だが、そのことを自覚し、ゲーテの豊穣な象徴的イメージを常に対置しながら、「生ける形態」として『美的書簡』の思想を把捉するならば、その構図は、シュタイナー思想の根本構造を捉えるための最上の理論的支柱となるだろう。つまり、この意味においては、シラー的構図の「単純さ」は、むしろ積極的に評価されるべきものとなる。

これまで人智学はそのあまりの特異さゆえに、思想研究において敬遠され続けてきたのであるが、シラー的枠組みを経由することにより、その思想的核心部が、単純かつ明瞭な結晶体（二元循環的構図）として析出可能となる。かくして、シュタイナー人間形成論（自己変容の人智学的過程）を支える基本構図（骨子）が、シラーの美的教育論を通じて明示されるに至った。

また、シラーを思想的足場とし、これにゲーテ的世界観を肉付けする形で吟味する方法、両者を複眼的に捉える「合わせ鏡」の視点は、「具体的普遍」の可視化を実現した稀有な事例と言えるのであり、生の諸相を生け捕りにするための重要な視座をあたえるに違いない。

第Ⅰ部で得られたこのシラー的構図（二元循環的構図）は、本書全体の通奏低音として、論文全体を貫流することとなる。この基本枠組みをもって、以下、第Ⅱ部・第Ⅲ部へと論を進めていきたい。

第Ⅰ部では、転回期のシュタイナーに着目し、分析を試みてきた。思想研究者から霊的指導者への転換点に立つシュタイナーは、ゲーテ＝シラーを隠れ蓑とすることにより、霊的思想内容についての本格的叙述に至ることはなかった。本書の今後の展開は、序論でも予告した通り、以下の過程を辿ることになる。考察対象に据えるのは二つの場面。すなわち、思想研究者時代の思想（第Ⅱ部）と霊的指導者時代の思想（第Ⅲ部）である。

まずは第Ⅱ部において、転回点から一度時間軸を手前に引き戻し、思想研究者時代のシュタイナー思想を、彼のゲーテ研究及びニーチェ研究を参照しつつ検討したい。

註

（1） Steiner 1999d, S. 60.

（2） *Ibid.*, S. 61.

（3） Steiner 1999c, S. 78＝一九八三、六九頁。

（4） *Ibid.*＝同書。

（5） シュタイナーは『メールヒェン』の解釈に当たり、この時点で超感覚的世界へと至る経路が二つだけ存在すると解釈するが、これらはいずれも人間の意志に関係なく生じるものである。その一つが「超感覚的な体験の反映である創造的な想像作用」、すなわち芸術である。『メールヒェン』ではこのことが正午になると蛇が一時的に作り出す橋に象徴されていると言う。二つ目が、「人間の魂―マクロコスモスの似姿である人間の中の巨人―の意識状態が鈍くされる時であり、意識的な認識が曇らされ、麻痺させられ、その結果、この認識が迷信や、幻影や、霊媒作用として生きる時である」と言う。［*Ibid.*, S. 76 = 一九八三b、六六頁］

（6）Steiner 1999d, S. 60.
（7）*Ibid.*
（8）Steiner 1999c, S. 75 = 一九八三、六五頁。
（9）Steiner 1999d, S. 58.
（10）*Ibid.*
（11）*Ibid.*
（12）*Ibid.*, S. 59.
（13）*Ibid.*
（14）*Ibid.*, SS. 59–60.
（15）*Ibid.*, S. 60.
（16）*Ibid.*, S. 63.
（17）*Ibid.*
（18）Steiner 1999c, SS. 78–79 = 一九八三、六九―七〇頁、一部改訳。
（19）*Ibid.*, S. 79 = 同書、七〇頁、一部改訳。
（20）Steiner 1999d, S. 53.
（21）Steiner 1999c, S. 79 = 一九八三、七一頁。
（22）Steiner 2000, S. 392 = 一九八三、一八〇頁。
（23）*Ibid.* = 同書。
（24）*Ibid.*, S. 391 = 同書、一七九頁。

(25) *Ibid.*, S. 181 = 一九八二、一八三頁。
(26) 高橋 一九八八、一四三頁。
(27) 同書。
(28) 山田 一九九七、八二頁。
(29) この点について、シュタイナーは『ゲーテの世界観』において次のように述べている。「はっきりと、明確に記された文章で彼［ゲーテ 註：筆者］の本質の核心を表現しようとすることは、彼の本性の中にはなかった。そのような文章は現実を正しく映しだすよりも、むしろ歪めるもののように彼には思われた。生き生きしたもの、現実的なものをはっきりとした思想として固定したものにすることに対して、彼はある種のためらいを感じた。彼の内的な生、および外界との彼の関係、事物と事象に関する彼の観察が、余りにも豊かであり、繊細な要素と、きわめて個人的な要素で満たされていたので、それらのものが彼自身によって単純な公式として表されることはなかった」。［Steiner 1999f, S. 14 = 一九九五、九頁］
(30) Steiner 1999e, S. 155 = 二〇〇九、四二―四三頁。
(31) Steiner 2000, S. 179 = 一九八二、一八一頁。
(32) 大石 一九九七、九七―九八頁。
(33) Allen, P. M. & Allen, J. D. 1995, p. 55.

補論1 シュタイナーによる『美的書簡』解釈の妥当性について
――『崇高論』によるシラー美的教育論再考

一 『美的書簡』未完説を手がかりに

シュタイナーは、『美的書簡』解釈に際し、「美的状態（＝「遊戯衝動」の作動状態）」こそを、人間の目指すべき境地として定位していた。本論で見た通り、彼は『美的書簡』の内に矛盾・分裂を見てとることはなかったのであった。

補論1では、そうした解釈の妥当性を、『美的書簡』未完説を手がかりとして考察したい。つまり、シラーの美的教育論を彼の『崇高論』を基に読み解くことを試みる。すなわち、補論一では、『美的書簡』で展開されたシラー美的教育論の内実を明らかにするための地盤の構築を目指す。この試みを成就させるべく、本研究は『美的書簡』を『崇高について *Über das Erhabene*（以下、『崇高論』と略記）』によって補完されるべきテクストと位置づけ、この前提に依拠して遂行される。

もっとも、本論の前提となるこの仮説（『美的書簡』は「未完の書」である）は、第二章で見た通り、これまで数多くの論者によって提唱されてきたことである。
『美的書簡』の未完を標榜する論者たちは、いずれも『美的書簡』には「崇高に関する章」が欠けていると し、これを未完の論拠としていた。「崇高」概念を視野に入れることは、『美的書簡』では論じられなかった美 的教育論の側面を明らかにする上でも、さらには、シラー美的教育論の全体像を把握する上でも不可欠である。 『美的書簡』未完説の論者たちはこの点を強調する。しかしながら、彼らはあくまでも『崇高論』を『美的書簡』 の補完、「補い」としてしかみていない。

対してここでは、『崇高論』を単に『美的書簡』の内容を補塡し、自身の美的教育論を完成させたものと位 置づけるに留めない。すなわち、『崇高論』を『美的書簡』の矛盾・分裂を認容した上で、なおかつ、シラー 美的教育論に貫流する思想を読み解くための方途を提示するものと位置づける。『美的書簡』、『崇高論』の両 論文はほぼ同時期に成立しているとされ(1)、『崇高論』の内にはシラー美的教育論を読み解く上での論拠が内在 していると考えられる。『崇高論』ではシラー哲学の重要命題が極めて明瞭に記されており、『美的書簡』の内 にも確かに潜在する根本原理をここに見出すことが可能なのだ。『美的書簡』では浮動し、未確定であったシ ラー哲学のテーゼが『崇高論』では、簡潔かつ明確に論じられているのである。『崇高論』分析により、『美的 書簡』で展開されたシラー美的教育論の内実を再構築することが可能となるのではあるまいか(そうした意図 のもとで『崇高論』を読み解く試みは、管見の限り見当たらない。のみならず、長倉が指摘しているように、従来、シ ラーの美学・哲学論文が取り上げられる場合、専ら『美的書簡』に偏っており、『崇高論』を中心的に取り上げたもの は「皆無に等しい(2)」のが現状である)。

無論、『崇高論』を『美的書簡』のみに関係付けようとする読み方は、シラーの意図に反するという主張は 存在する。長倉は『美的書簡』では、「美」を「融解的な美」と「緊張的な美」とに分けていたが、この「緊張的な美」が、『美的書簡』の論述基盤を引き継いで『崇高論』で展開されたと見ることは不可能であると述べる。『崇高論』では、「美」と「崇高」とが、それぞれ固有の領域を割り当てられたことから、「美」と「崇高」を独立の領野に分け、異なる領域における「自由の表現」と捉えた点に『崇高論』の特徴があると言うのである。(3) しかしながら、以下の分析において明らかとなるが、『崇高論』に現存する枠組みは同様に『美的書簡』にも(それは明示されず、潜在的にではあるが)見てとることができる。

ここでは『崇高論』を精緻に分析することにより、シラー哲学の根本原理を明らかにし、『美的書簡』の諸概念を読み解くための、揺るぎない地盤を構築する。この場合、形式面から考えても『崇高論』を分析する利点は大きい。『崇高論』は統一的意図の下で書き下された「論文」であり、その内容の矛盾、分裂が指摘されることはない。対して『美的書簡』はあくまでも「書簡」形式の論文であり、そもそも秩序立てて書き下ろされたものではない。その形式から考えて、動揺、矛盾が端々に見られるのもある意味では当然と言えるのである。

ところで、シラーの崇高論を論ずるに当たっては、シラーが甚大なる影響を受けたカントの崇高論との比較検討が不可欠の課題である。しかしながら、この課題の検討は、本研究のテーマの本筋からあまりに逸脱してしまう。よって、その問題は、フェガー(4)、平山(5)、長倉(6)らの先行研究にゆだねることとする。ここでは、あくまで『美的書簡』を読み解くための地盤形成という、この一点にのみ焦点を絞り、『崇高論』分析を試みる。

『崇高論』はその題名が示す通り、「崇高」概念について論じられたものであるが、プリースは、「崇高」概念一般について、それが「本来何を意味していたのかほとんど誰も知らない」(7) にもかかわらず、現代において「その概念が突然に、しかもますます頻繁に、再び姿を見せている」(8) と述べる。(9) そうした「崇高」概念に関し、プリースは「崇高とはそもそも何か」という問いに答えることは、予想以上に困難であると言う。「崇高」概念は、その実に多様な、それどころか互いに対立するような意味形成やコノテーションのゆえに、厳密に規定することが難しいからである。時代の流れと共に、同じ「崇高」という言葉のもとで、全く別のことがらが意味されるのだ。[10]「崇高」概念は、プリースの叙述が示しているように、多様な意味内容を含みもち、われわれが通常その語を聞いて思い浮かべる「気高さ」、「偉大さ」といった意味を大きく超え出る要素を持っている。

それは、シラーにおける「崇高」概念についても同様である。以下では、まずシラーの広大無辺な「崇高」概念の内実を、『崇高論』の解読に基づいて明らかにしたい。

二 「美（優美）」と「崇高」、両者の質的相違

『崇高論』はレッシングの『賢者ナータン』からの引用文で始まる。

Kein Mensch muss müssen.[11]

（人間はせねばならないことは何もない）

シラーによれば、人間は意志を持つという点において、人間以外の万物から区別される。

Alle andere Dinge müssen; der Mensch ist das Wesen, welches will.[12]

（他のものはすべて強制されているが、人間は意志する存在である）

人間以外の万物はすべて自然必然性から「せねばならない」存在であり、意志は持たない。シラーは「全自

然は理性的に振る舞う[13]」と述べるのであるが、[14] 人間が他の自然と異なる点は、人間が「意識して、そして意志をもって理性的に振る舞う[15]」という点である。

ところが、人間には冒頭の人間性の定義に抵触すること、すなわち「せねばならない」ことが唯一つ存在する。それは「死」である。シラーは、しかしながら、死をすら自ら希求することによって、[16] 人間性の定義の破綻は回避可能であると述べる（このような次元は人間における道徳的文化と呼ばれる[17]）。これにより「意志する存在」たる人間性の定義は死を前にしてさえ保たれるのだ。死の無効化を可能にするのは人間の内にある「崇高」なものであり、シラーの「崇高」概念はこうした文脈において現出することとなる。

ここでシラー哲学における「美」の用法について一言触れておく。『崇高論』では「崇高」概念は「美」との対で論じられるのだが、シラー哲学における「美」は、広義においては「崇高」をも含む概念である。『崇高論』で「美」という場合、狭義の「美（優美）」を意味するため、ここでは狭義の「美」と広義の「美」を区別するため、狭義の「美」を「美（優美）」と置くことにする。

さて、哲学的詩人たるシラーは「美（優美）」と対比させつつ、詩的表現[18]によって「崇高」を論ずる。彼は、自然は人生の同伴者として、われわれに二人の守護神をあたえたとし、[19] 第一の守護神において「美（優美）」の感情が、第二の守護神において「崇高」の感情が認識されると言う。第一の守護神（＝「美（優美）」）は感性界を住処とし、「社交的で優しく、陽気な戯れによって[20]」われわれを導く。対して第二の守護神（＝崇高）はわれわれを感性界から解き放ち、肉体的な影響からわれわれを解放する。後者により感性界の原理からの脱却が可能となるのだ。[21] こうした詩的説明を端緒とし、続いてシラーは「美（優美）」と「崇高」を「自由」との関連で示し、両者の差異を論ずる。[22]

「美に際して、我々は自由を感じる。なぜなら、感性的衝動が理性の法則と調和するからである。崇高に際して、我々は自由を感じる。なぜなら、感性的衝動は理性の立法に対して何ら影響をもたない（精神はこの場合、自分自身の法則以外の法則には従わないかのように振る舞う）からである[23]」

人間は、自然必然性との調和状態において自由を感じ、そのような状態は「美（優美）」と呼ばれる。そして、このような「美（優美）」における自由とは性質を異にするのが「崇高」における自由である。「崇高」の支配する世界では、われわれはもはや感性界において支配的な原理を脱却する。先に述べた通り、シラーはこのような感性界とは別原理に基づく世界を「理念界 Ideenwelt」、「叡智界 inteligibele Welt」、「道徳界 moralische Welt」などと呼び、呼び名を統一させていない。ここでは混乱を避けるため、用語を統一し、叡智界と呼ぶことにする。われわれは「崇高」において自然必然性＝因果律から解き放たれる。

三　「崇高」における「混合感情」――「崇高」の具体的事例

叡智界の存在証明のために、シラーは「混合感情 gemischtes Gefühl」という、テクストにおける鍵概念を提示する。「崇高」の感情とは、悲しみと喜び、戦慄と恍惚の「混合感情」であり、「美（優美）」の世界とは異なり、「崇高」の世界では感性的衝動と理性（因果律を超えた法）は調和しないが、その矛盾の中にこそ「崇高」の魅力がある。「崇高」の感情は「本来的に喜びではないけれども、繊細な魂によってすべての楽しみよりも、はるかに好まれている喜びの合成物[24]」なのである。この、人間における「混合感情」の存在は、われわれの道徳的自立を証明しているという。「同じ対象が我々にとって二つの相反する関係にあることは絶対的にありえないので、このことから、我々自身がその対象にとって二つの異なった関係にある」[25]と考えられるのである。これにより、感性的衝動から独立した原理がわれわれの内に見出されることとなるのである。われわれはこうして、精神の状態が必ずしも感覚の状態に従わないこと、また、われわれはわれわれの内にすべての感覚的感動から独立している自立した原理を持っていることを崇高の感情を通じて経験する。[26]たとえば「我々は衝動が嫌悪することを意欲することができ、衝動が欲することをはねつけることができる」[27]のであり、これは、われわれが感性界における因果律とは別の原理、すなわち叡智界を内面に持つことを示しているという。

このことを具体的に説明するために、シラーは、すべての徳を持った架空の人物を想定する。彼は正義、慈善、節制、毅然そして誠実の中に喜びを見出すとする。シラーは感性的衝動と理性の指示の美的調和の内にあるこの人物が、実際に徳が高いかどうかはこの時点では判別できないと言う。なぜなら、いま想定されている、この人物が感性的衝動に駆られて理性的な行動をとっているとすれば、感性界の領域の中で彼の徳の全現象が説明できてしまうからである。すなわち彼の行いは、感性界で尊ばれる原理に則った行い（「美（優美）」）として解釈しうる。

しかしながら、ここでこの男に転機が訪れる。彼は突然大きな不運に陥り、彼のもとに、およそ考えられうる限りの不幸が襲いかかる。シラーはこのような状況下でもなお、この男の振る舞いが以前と変わらなかった場合、われわれはこの男の振る舞いを因果律で説明することが不可能な状況に陥ると述べる。自然概念に従えば、結果が原因に基づくことは必然的であるゆえ、「原因が正反対に変わっても、結果が同じままであることよりも矛盾することはないので、そのときにはもはや自然概念からの説明では十分ではない」[28]。

かくして、われわれはすべての因果律からの説明を断念しなければならない。「態度を状況から導き出すということをまったく断念しなければならない[29]」。結果を原因から導き出すことのできない分裂状況を説明するには、その説明の根拠を、自然的世界秩序の内にではなく、「悟性は自らの概念で捉えることができない他の世界秩序[30]」の内に見出すほかない。つまり、叡智界へとその足場を移さなければならないのである。「崇高」によってわれわれがあたえられる感動は、「美（優美）」によるそれとは質的に異なり、それは、悲哀感を伴ったものとなるのである。「崇高」によって、われわれは感性界への依存状態から、解き放たれるのである。「崇高」は、「衝撃によって、洗練された感覚が巻きとっている網から精神をもぎとって自立させる[31]」。

この感性界への依存状態からわれわれを引き剥がすものとして[32]の「崇高」の具体的事例をシラーは文学作品の一場面をもって提示する[33]。「美は、女神カリュプソーの姿でユリシーズの勇敢な息子を夢中にさせる。そして彼女はその魅力によって長い間、彼を島に引き留めた。長い間、彼は不滅の神に仕えていると信じていたが、しかし、彼はただ快楽の腕に横たわっていただけだったので、崇高な印象がメントールの姿で突然彼を捉えた。彼は彼のより善い使命を思い出し、我が身を波の中に投げ出し、そして自由になった[34]」。「美（優美）」はここにおいてわれわれを快楽へと誘う側面が強調され、危険性が示されることとなる。

以上、「美（優美）」と「崇高」の対比により、シラー哲学の根源的二項対立を明らかにした。「美（優美）」と「崇高」は対極的性質を有し、それぞれ感性界、叡智界に属するものであった。続いて、『崇高論』後半部で登場し、「崇高」概念をより立体的に把握するためにも不可欠の要素である「パテーティッシュなもの Das Pathetische」、「デモーニッシュなもの Das Dämonische」についてみていくことにする。

四　「パテーティッシュなもの」としての「崇高」あるいは「デモーニッシュなもの」としての「崇高」

本節では、まずシラーの「崇高」概念の核心部を描き出すために、われわれを「崇高」な状態へと導くとされる「パテーティッシュなもの Das Pathetische」について言及する。シラーによる「パテーティッシュなもの」の定義を参照しよう。

「パテーティッシュなものは人工の不幸である。そして現実の不幸のようにそれは我々を我々の胸中で支配している精神の法則との直接的な交流の中に置く。しかしながら現実の不幸は、その人間とその時間を常にうまく選ぶとは限らない。すなわち現実の不幸はしばしば、無防備な我々を襲う。そしてさらにより悪いことには、現実の不幸は我々をしばしば無防備にする。パテーティッシュなものの人工の不幸はこれに反して我々を完全武装の中に見出す。そしてそれは単に想像されているだけなので、我々の心情の中の自立した原理はその絶対的独立を主張する余地を勝ち取る[35]」。

右に引用した「パテーティッシュなもの」の定義は、一見謎に満ちている。「パテーティッシュ」には、そもそも辞書的意味において、「崇高」に加えて、「激情」、「荘重」、「悲壮」などの意味があるが、「パテーティッシュなものは人工の不幸である」というシラーの定義にこれらの意味をあてはめても、どれも適訳とは思われない[36]。では、「パテーティッシュなもの」とは何を意味するのであろうか。ここでは、「パテーティッシュなもの」を、右の辞書的要素を全て含みつつ、同時にそのどれでもない「悲劇」（とりわけ、世界史において運命の不条理に翻弄されたさまざまな人物を描いた悲劇）として読み解くことにする。[37] 右の引用における「パテーティッシュなもの」を「悲劇」に置換してみれば、以下の内容となる。「悲劇」は、「人工の不幸」であり、「現実の不幸」が「しばしば、無防備な我々を襲う」のに対して、「悲劇」は「我々を完全武装の中に見出す」。そしてそれは「単に想像されているだけなので、我々の心情の中の自立した原理はその絶対的独立を主張する余地を勝ち取る」。

この「パテーティッシュなもの」（＝「悲劇」）は、われわれに何をもたらすのであろうか。[38] シラーは、これにより、「想像された人工の不幸から現実の不幸になるときもまた、人工的な不幸として真剣な不幸を取り扱うことができる[39]」ようになると言う。「人工的な不幸」、すなわち「悲劇」という、現実のわれわれには実際、何ら苦痛をあたえない架空の体験は、われわれが現実において、不幸に見舞われた場合の「崇高」なる態度の育成に役立つと言うのである。したがって、「パテーティッシュなものは、……不可避的な運命の予防接種[40]」とみなされるのである。予防接種としての「パテーティッシュなもの」（＝悲劇）の作用によって、現実においてわれわれが不幸に陥ったとしても、先にシラーが仮定的に提示した男のごとく、「崇高」な状態へと飛翔することができると言うのである。

かくして、「パテーティッシュなもの」は、「崇高」を論ずる上でシラーが具体像としての「悲劇」を念頭に置いていたことを示す重要な要素として位置づけられる。「崇高」を論ずることは悲劇作家としてのシラーにとって、何ら突飛なことではなく、自らの創造行為を概念的に語り直すための不可欠の枠組みだったのである。

シラーにおける「崇高」概念は「パテーティッシュなもの」を経由して「悲劇」をも内包することが明らかとなったわけであるが、「崇高」概念の多義性はこれに留まらず、さらに「デモーニッシュ」な要素をも含み持つ。このことを論じるために、シラーは自然の内にある悟性では把握できない破壊的、盲目的側面、すなわち自然における「混沌」的側面を引き合いに出す。[41] この混沌としての自然（シラーはその例としてヴェスヴィオ火山、スコットランドの野性的な奔流や霧深い山々などを挙げている）をわれわれは因果的法則性でもって捉えることはできない。

「人間は単に自然必然性の奴隷であり、欲求の狭い領分からまだ出口が見つけられず、そして高い、デモーニッシュな自由を彼の胸の中でまだ予感しない限り、不可解な自然がひたすら彼に彼の表象能力の制限を思い出させ、破壊的な自然がひたすら彼に彼の無力を思い出させる」[42]。

しかしながら、このような混沌としての自然をシラーは否定的には捉えない。確かにそのような自然の存在は、悟性にとっては脅威であるが、因果律からの脱却を可能とする理性にとっては、極めて魅力的なものとなるのである。悟性では把捉できない自然の持つ相対的な偉大さは、人間がその中に自分自身の内にある絶対的な偉大さを認める鏡であり、[43] 自然におけるそのような偉大さは人間の内にも備わっているという。すなわち、混沌としての自然は叡智界に対応し、ここにおいて「崇高」における「デモーニッシュ」な側面が現出するのである。悟性によって捉えることの不可能な事態、「デモーニッシュなもの」の存在をわれわれが受け入れた場合、われわれの心情は「現象の世界を超えでて、理念の世界に、制限されたものから無制限のものに駆り立てられる」[44]。こうして、「崇高」は「デモーニッシュなもの」までも内包するに至るのである。[45]

シラーは「崇高を感じる能力は人間性の最もすばらしい素質の一つである」といい、「美［優美　註：筆者］は単に人間に貢献するだけである。崇高は彼の中の純粋なデーモン（Dämon）に貢献する」[46]と述べ、[47]「崇高」は最終的に、「悪霊」、「超自然的力」、「守護霊」といった要素を同時に内在する、「デーモン」との交わりにまで到達する。[48] シラー哲学における「崇高」は、文字通りの「崇高」であると同時に「喜悦」、「激情」、「悲壮」、「悲劇」、そして「デモーニッシュなもの」までも同時に含み持つのである。[49]
なお、「デモーニッシュ」概念については、晩年のゲーテ[50]もその著書においてしばしば言及しているが[51]、ゲーテにおける「デモーニッシュなもの」の定義がシラーの定義とどの程度重なるかは検討すべき課題である。[52]

五　「美（優美）」と「崇高」の統合――「美（優美）」と「崇高」の関係図式

『崇高論』結論部においてシラーは、「崇高」と「美（優美）」が合体したときにのみ、われわれは、自然の奴隷であることなしに、さらには叡智界における市民権を失うことなしに、「自然の完全な市民である」[53]と述べる。こうした「美（優美）」と「崇高」の統合状態へと至るためのプロセスは、シラーによって以下のように説明される。われわれは第一に「美（優美）」に対する感受能力を発達させる。「美（優美）」はわれわれの子ども時代における保母であり、そしてその上われわれを生の自然状態から洗練された状態へと導く。「美（優美）」に対するわれわれの感受性が第一に発展するのだが、これはゆっくりと成熟へと至る。なぜならば、真理と倫理がわれわれに植え付けられる前に趣味（「美（優美）」）が完全な成熟に到達するならば、われわれは感性界の内に永遠に留まったままとなるからである。自然の仕組みにおいて、「美（優美）」に対する感受能力が成熟に至るまで、「十分に頭に概念の富を胸には原理の宝を植え付けるための、そしてまた、特にとりわけ偉大さと崇高に対する感受性を理性から発展させるための期間が獲得される」[54]。つまり、人間の発達において第一に趣味（「美（優美）」）への感受能力が発達するが、「崇高」への感受能力の発達をまって、最後に趣味（「美（優美）」）の成熟が得られると言うのだ。すなわちわれわれは「美（優美）」を出発点とし、「崇高」を経由して、再び「美

（優美）」へと舞い戻るのである。[55] こうして「美（優美）」と「崇高」の統合をこそ目指すべきであるとし、『崇高論』は閉じられる。

「われわれが得ようとして努力する最も高い理想は、われわれの品位を決定する道徳的世界との関係を断つことを強要されることなしに、我々の至福の守護神としての自然的世界と良き和合を保つことである[56]」。

われわれの内なる叡智界の存在を、われわれは感性界に安住する限り決して知りえない。また、感性界を捨てねばならない契機に直面した際、なおも感性界に固執するならば、われわれは「崇高」に至ることはできない。しかしながら、幸福原理である「美（優美）」を脱却し、叡智界に留まることは、それ自体はこの上ない魅力を見るものにあたえるが、シラーはこれを理想像としては描かない。「美（優美）と崇高の統合」こそ、シラーの目指した状態なのである。『崇高論』を読み解く中で、『美的書簡』の段階ではいまだ不明瞭であった、シラー哲学における根本的対立が鮮明なものとなって立ち現われてきた。図1はこの二項対立を図式化したものである。これをもって、シラーの根源的枠組みを把捉するための補助線を引くこととしたい。

この図式では感性界と叡智界、それぞれの性質を図示した。われわれは「美（優美）」の状態においては、感性界（上の円）にのみ留まるのに対して、「崇高」の状態においては、感性界の原理（因果律）を脱却し、叡智界（下の円）へと移行する。また、シラーは叡智界に留まることを最終目標とはしない。シラーの目指す状態はあくまでも両者の原理が同時に満たされた状態なのである。そうした状態を、図1では、二つの円の相互を行き来する矢印で示す。[57] これは感性界に留まりつつ叡智界へと飛翔するという意味で論理的に考えるならば矛盾した状態といえるが、「美（優美）と崇高の統合」を図示するならば、図の矢印が示すような矛盾を孕んだダイナミックな動きとして示しうるのである。

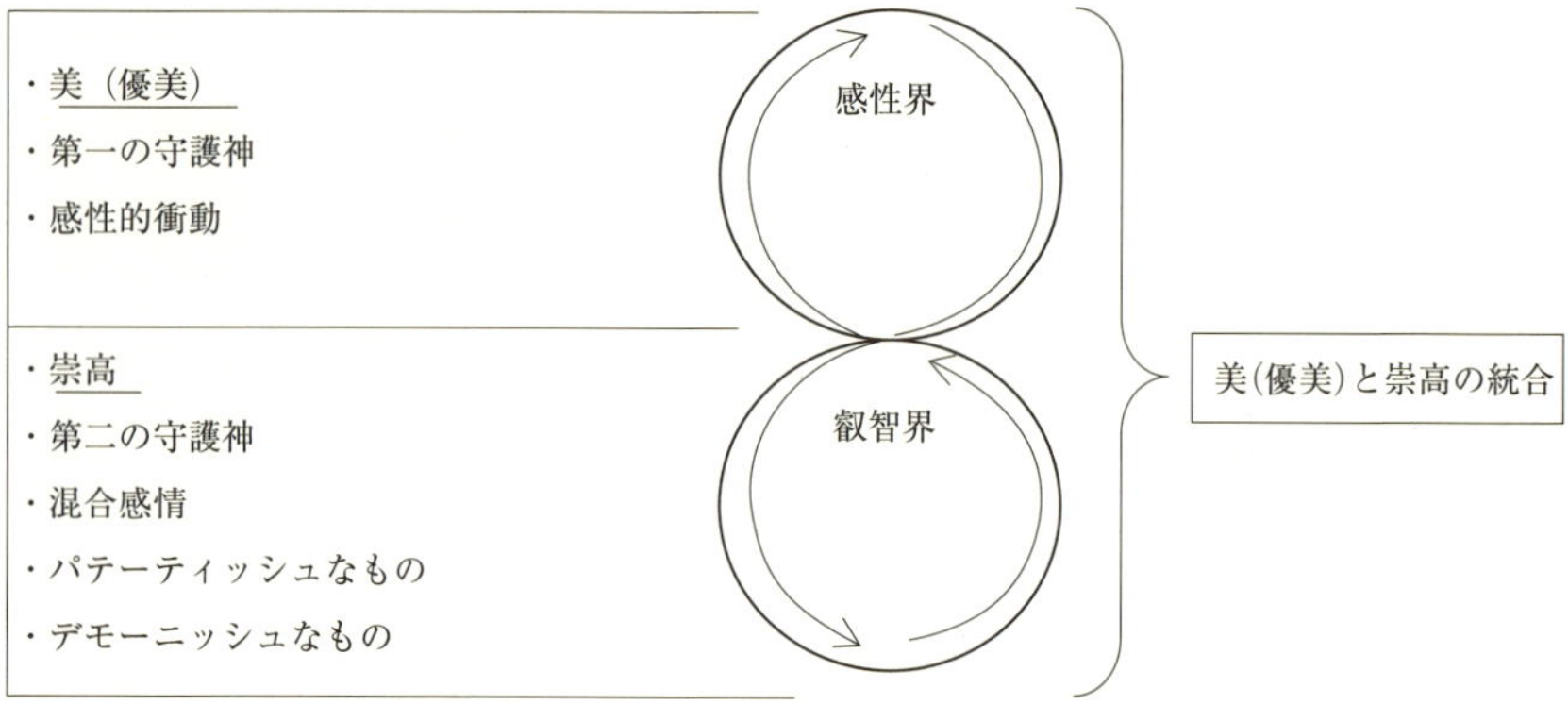

図1　「美（優美）」と「崇高」の関係図式

ところで、そうした「美（優美）と崇高の統合」状態は、第三章で分析した「遊戯衝動」を思い起こさせるものである。『美的書簡』においてシラーは、相反する性質を持った根本衝動、「感性的衝動」、「形式衝動」の統合を「遊戯衝動」として描き出した。「遊戯衝動」の定義は極めて抽象的であるゆえ、それらの定義をもとに思い描くイメージは解釈者によって微妙に、ときに大きく異なる。そうした齟齬は、「感性的衝動」と「形式衝動」、両衝動の作動領域の不確定により生じているように思われる。『美的書簡』ではシラー哲学の根源的二項対立たる「美（優美）」と「崇高」の対概念が不明瞭であったため、「感性的衝動」と「形式衝動」の対極性が把持できても、両衝動の活動領域を特定することは困難であった。しかしながら、『崇高論』分析を経たことにより、「遊戯衝動」の対象、換言するならば「生ける形態（＝lebende Gestalt）」—感性的衝動の対象（＝Leben）と形式衝動の対象（＝Gestalt）との融合が、「生ける形態（＝lebende Gestalt）」である—は、その内実が「美（優美）と崇高の統合」状態と同一であることが明らかとなるのである。先に示した通り、この「生ける形態」の具体例として、シラーはルドヴィシの女神像ユーノーを引き合いに出していた。以下に今一度『美的書簡』から該当箇所を引用する。そこでは「生ける形態」が「優美」、「尊厳」の観点から説明されていた。

「ルドヴィシの女神像ユーノーのすばらしい表情が私たちに語りかけるものは、優美でもなければ尊厳でもなく、それは同時にそのいずれでもあるゆえに、そのいずれか一つのものではありません。この女性の神は、私たちに礼拝することを要求しながら、この神に等しい女性は、私たちの愛の火を燃えあがらせます。しかし私たちが、この天上の優雅さに心溶けて身をゆだねようとするときに、この天上の自己充足性は、私たちをたじろがせます。一つの完結した創造であるこの形態のすべては、自分自身のなかに安らぎ住んで、譲歩もしなければ抗うこともせず、まるで空間の彼方に存在するかのようです。……その優美さに抗いがたくとらえられて引きよせられ、尊厳によって遠くにとどめられて、私たちは最高の静けさの状態にあるとともに、最高の運動の状態にもあるのです[58]」。

ここにおいて、ルドヴィシの女神像ユーノーは「美（優美）と崇高の統合」として描き出されている。ここで明らかとなるのは、「遊戯衝動」の対象たる「生ける形態」は、『崇高論』においてわれわれの最終目標として提示された「美（優美）と崇高の統合」と同一であるということだ。『崇高論』分析を経たいま、「遊戯衝動」の対象たる「生ける形態」の内実は、「美（優美）と崇高の統合」状態として再解釈が可能となるのである。かくして、『崇高論』に現存する中心的地盤は、同様に『美的書簡』にも潜在していると考えられるのである。

以上、『崇高論』分析を通じて、シラー哲学の根底に内在する二項対立、「美（優美）」と「崇高」のそれぞれの性質と両者の関係を浮き彫りにし、さらには「美（優美）と崇高の統合」をシラー哲学において目指されるべき状態として位置づけ、それらの関係を図式的に整理した。

六　『崇高論』に基づく『美的書簡』再解釈の可能性
――「融解的な美」と「緊張的な美」について

補論一の考察を通じて、『崇高論』を分析したことで、シラー哲学に内在する根源的二項対立（「美」と「崇高」）の内実と両者の関係を明らかにした。この作業によって、シラー美的教育論の全体像の再構築に向けた確たる地盤を構築した。『崇高論』分析を通じて、『美的書簡』では背景に退き、潜在的枠組みとして沈潜していた地盤を顕在化することができたのである。とりわけ、第四節で明らかにした「崇高」の二側面、「パテーティッシュなもの」、「デモーニッシュなもの」は、シラーの想定する「叡智界」の多義性を読み解く上で不可欠の要素となるものである。『美的書簡』では詳細に論じられることのなかった「崇高」の軸を打ち立て、「美（優美）」と「崇高」の両概念を射程に入れることで、シラー美的教育論の再構築、『美的書簡』の諸々の理念の再解釈の可能性が開かれたように思われる。

たとえば、第二章で類別した『美的書簡』批判の四類型のうち、『美的書簡』未完説において、何人かの論者は『美的書簡』では、「融解的な美 schmerzende Schönheit」と「緊張的な美 energische Schönheit」のうち、「融解的な美」のみの説明がなされ、「緊張的な美」に関する説明がなされなかったと指摘し、『美的書簡』は未完の書であるという結論に至っていた。しかしながら、このような指摘は果たして妥当であろうか。

というのも、この「融解的な美」と「緊張的な美」は、『美的書簡』の原型たる「アウグステンブルク書簡」では「美」と「崇高」となっていたものである。(59) つまり、「融解的な美」と「緊張的な美」はそれぞれ前者が狭義の美、すなわち「美（優美）」に対応し（シラー哲学において広義の美は「崇高」をも内包する）、後者が「崇高」に対応することになる。未完説の論者たちの主張を換言するならば、『美的書簡』では「美（優美）」への言及はなされたが、「崇高」に関する説明はなされなかった、ということになろう。確かに『美的書簡』では、「崇高」という術語は見られるものの、この概念に関する詳細な論及はない。したがってこの点に関し、『崇高論』において『美的書簡』の補完がなされたという指摘は妥当であろう。問題は「融解的な美（＝美（優美））」の方である。『美的書簡』では未完説の論者たちが主張するように、専ら「美（優美）」に関する説明がなされたのであろうか。雑誌『ホーレン』に掲載された当時、『美的書簡』に付されていた註はこの問いへの回答をあたえてくれる。

「『美学の原理』（一七九一）というすぐれた著書は、美の中で優美と力との二つの原理を区別し、この両者の最も完全な統一のなかに美を置いています。このことはここでなされた私の説明と完全に一致しています。この著者の定義のなかでもすでに、優美さが優勢である融合の美と、力が優勢であるエネルギー［力］の美とに、美を区分する根拠があるのです[60]」。

「美（優美）」が優勢であるのが「融解的な美」だということがここに示される。「融解的な美」は「美（優美）」と同義なのである。ここでは広義の美が融合の美（＝「美（優美）」）と力の美（＝「崇高」）に分けられることが記され、それらの統合こそ、完全な統一としての「美」であるとされる。同様の主張は『美的書簡』第一六書簡にも見られる。

「私は融合の美の作用を緊張した人間において、力の美を力の弛んだ人間において吟味し、あの二つに対立した人間性を理想的な人間の統一のなかで解消させたように、最後には二つの対立した美の種類を、理想的な美の統一のなかで解消させようと思います」[61]。

『崇高論』で明らかにしたシラー哲学における理想状態、「美（優美）と崇高の統合」は『美的書簡』においても確固たるものとして内在している。「経験のなかには二重の美があり、それぞれでは美の特別の種類しか証明できないものを、この二つの部分は協力して美の全体を主張している」[62]。「美（優美）」と「崇高」の性質は異なり、互いの性質は相矛盾するのだが、それらの同時成立により、美の全体が示されるのである。こうした状態は『美的書簡』では具体的には先に示したルドヴィシの女神像ユーノーの内に示されている。

したがって、『美的書簡』では「融解的な美」にのみ言及があったとする未完説の論者たちの主張は『崇高論』分析を経て、『美的書簡』を読み解くならば誤りであるといえる。「融解的な美」はあくまでも狭義の美（「美（優美）」）を意味するのであり、『美的書簡』の鍵概念たる遊戯衝動が「美（優美）と崇高の統合」状態である以上、『美的書簡』では、狭義の美について論じられたというよりはむしろ、広義の美（「美（優美）と崇高の統合」）についての詳細な説明がなされたと見るべきである。『崇高論』では、「美（優美）」と共に広義の美を形成する「崇高」に関し、より詳細な説明がなされたのだといえよう。

七 『美的書簡』のアポリアをめぐって

以上の考察を経て、補論一の冒頭で予告した通り、『美的書簡』におけるアポリア（「美」は「手段」か「目的」か）への回答の可能性が得られる。先に述べたように、『美的書簡』においてシラーは、一方で「美」を「道徳的状態」への移行「手段」として位置づけ、他方で「美」を「道徳的状態」よりも上位に置き、それ自体を「目的」とした。この難題について、『崇高論』読解によって獲得した視座から一つの回答を試みたい。

すなわち、シラーが『崇高論』で、目指すべき状態を、「美（優美）」と「崇高」の統合状態としている事実を前提とするならば、『美的書簡』のアポリアに対し、回答が可能となる。『崇高論』を論拠とするならば、「美（＝広義の「美」、「崇高」を含む）」はそれ自体が「目的」である。

『崇高論』では、「道徳的状態」は感性界の原理を脱した状態として論じられていた。しかしながら、このような「道徳的状態」は目指すべき究極目的ではなかった。『崇高論』の結論部を今一度思い起こしてほしい。シラーはそこで、道徳的世界との関係を断つことなしに、自然的世界（＝感性界）と和合することこそを最高の理想として描き出したのである。「美（優美）」と「崇高」、両者の統合状態において、道徳的要素は欠落しない。その内に既に道徳的要素を含み持っているのである。「道徳的状態」があくまでも感性界を離れたものである以上、『崇高論』を前提とするならば、これは目指すべき状態とは言えない。『崇高論』を論拠としてシラー美的教育論を読み解くならば、「道徳的状態」が最終目標だという結論にはなりえないのである。「美的状態」こそ目指される状態だといえるのである。

確かに『美的書簡』には、「美的状態」を「道徳的状態」に至るための「手段」として位置づけていると読み取れる箇所がある。それをテクストの矛盾と見るか、構造上の分裂と見るかはもはや問題ではない。『崇高論』によって補完するならば、目指すべき状態は「美（優美）と崇高の統合」であると結論付けられるのである。

かくして、『崇高論』に依拠した場合、シュタイナーの『美的書簡』理解も、当を得ていたことが明らかになる。シュタイナーは、あくまで、感覚界の内にあって、いかに超感覚的世界との交流を果たすかを自身の問題としていた。そして、その点が、まさに彼の「自由」の理念と密接に関連するのであった。

シュタイナーはシラーの言う「美的状態」を人間の「自由」の獲得状態と見ていたのであり、「美的状態」へと至ることを（「手段」ではなく）「目的」と考えていたのである。

「美は手段か目的か」というあのアポリアをめぐって、ここで『崇高論』分析を試みたことにより、シュタイナーの『美的書簡』解釈（美を「目的」とみなす）が十分な妥当性を有することが示された。

註

（1）『崇高論』の成立時期についてシュタイガーは次のように述べる。「この論文をさらに数年後のものと考える必要があるとする説も、たしかに繰り返し立てられてきた。……そのような時期設定の文献学的根拠は、しかし存在しない。むしろ、シラーが十九世紀に入っていまいちどこのテーマに戻ったとか、あるいはそもそも哲学論文に立ち返ったなどという説に対しては、反証があるのみである」。[Staiger 1967, S. 27 = 一九八九、二六頁]

（2）長倉 二〇〇三、一〇頁。

（3）同書、三〇三―三〇四頁。

（4）フェガー 二〇〇二。

（5）平山 一九八八。

（6）長倉 二〇〇三。

（7）Pries 1989, S. 1 なお、引用したプリースの著作（*Das Erhabene*）の邦訳は富山大学人間発達科学部の野平慎二先生の未発表の翻訳を参照させていただいた。

（8）*Ibid.*, S. 2.

（9）シャープも、「美に与えられた注意と比較して、崇高に関するテーマは何十年間もないがしろにされ、付け足しとしてしばしば不正に取り扱われ、また不正に紹介された」と言う。[Sharpe 1995, p. 70]

（10）Pries 1989, S. 3.

(11) Schiller 1980a, S. 792.
(12) *Ibid.*
(13) *Ibid.*
(14) シラーはゲーテと交友を開始する以前の論文、『優美と品位について』(一七九三)では、自然に対して(ゲーテの言葉を借りるならば)「忘恩的」であったのだが、ゲーテとの出会いを経ることにより、自然に対し肯定的態度を示すに至った。
(15) Schiller 1980a, S. 792.
(16) こうした記述の内には、シラーの悲劇『マリア・シュトゥアート』においてマリアが自身の潔白にもかかわらず、処刑台へと進んで向かう姿を思い起こさせる。マリアは「そなた達はなにを嘆くのです。何故泣くのです。ようやくわたしの悩みも終りに近づき、私の縛めは解かれ、牢獄の扉もあいて、朗らかな魂が天使の翼にのって、永遠の自由の空へ天翔けるのを、そなた達は私と一緒に喜んでくれてもいいはずです。……死が、厳かな友が、慈悲と救いとをもたらして私に近づいてきた。その黒い翼は、私の恥辱をおおい隠してくれる。―最後の運命は、人間を、奈落の淵に沈んでいるものを、気高くしてくれます」と述べ、さらに以下のように言う。「神は、この不当な死によって、私のむかしの重い殺人罪を贖わせて下さる思召なのです」。[Schiller 1983, S. 142, S. 150 = 一九五七、一八〇頁及び一九〇頁]
(17) [moralisch] という言葉は、シラーのテクストを読む上で厄介な用語である。長倉はシラーのテクストにおいて [moralisch] という言葉のかなりが、「精神的」という意味で使われていると言う。[長倉 二〇〇三、三〇三―三〇四頁]
(18) 『崇高論』のこの箇所とほとんど同一といってもよい内容でシラーは、「人生の案内者」という詩を創作している。この引用箇所が詩的であることは、その原型が詩であったことから当然のことと言える。「人生を通してきみを導くのは/二つの守護神/それらが力を合わせて助けつつきみの脇を歩むなら、きみは幸せだ!/晴れやかな遊戯をもって一方はきみの旅を楽しくし/その腕によって運命も義務も軽くなる。/諧謔と対話のうちに、それは、はかない命の者が永遠の海を前にして／おののきつつ立ちすくむ断崖のふちまできみの道連れとなる。／ここできみを、決然と厳粛に沈黙のまま、もう一方が抱き取って／巨大な腕で深みを越えて運んで行く。／決して一方の守護神のみをたのみとしてはならぬ、前者に／きみの尊厳を、後者にきみの幸福をゆだねてはならぬ」。［訳は［内藤 一九九九、一三三頁］を参照］

（19） Schiller 1980a, SS. 795–796.

（20） *Ibid.*, S. 796.

（21） シラーは哲学詩「理想と人生」（一七九五）において「崇高」における感性界からの脱却を訴える。「ただこの肉体だけは、／暗い運命にからみついた、かの力にふさわしい、／しかし、全ての時の暴力から自由になるならば、／至福の自然の幼なじみは、／光の野の上を高くさまよい、／神々のもとで神々しく、姿をあらわす。／もしおまえがその翼にのって高く飛ぼうと思うならば、／現世的な憂苦を投げすてよ。／この狭く、重苦しい生から逃れよ、／理想の国へと！」。［訳は［三浦 一九八七、六〇頁］を参照］

（22） シラーの最後の美学論文『素朴文学と情感文学について』の中でも「美（優美）」と「崇高」、それぞれの自由について対比的に論じられている。「美しい性格にはすべての偉大さがすでにふくまれており、それがその本性から強いられることもなく、やすやすと流れ出る。彼は能力的にはその軌道のあらゆる点において無限なるものである。一方、崇高な性格は偉大なものにむかって緊張し、自己を高めることができる。彼は自分の意志の力によって、どんな制限の状態からでも脱却することができる。したがって、彼は少しずつ、しかも努力することによってのみ自由になれるのだが、他方、美しい性格はやすやすと、しかもつねに自由なのである」。［Schiller 1980d, SS. 724–725＝一九七七、二七〇頁］

（23） Schiller 1980a, S. 796.

（24） *Ibid.*

（25） *Ibid.*

（26） *Ibid.*

(27) *Ibid.*, S. 797.
(28) *Ibid.*, S. 799.
(29) *Ibid.*
(30) *Ibid.*
(31) *Ibid.*
(32) シラーの悲劇『マリア・シュトゥアート』には感性界からの脱却が徐々にではなく、衝撃として、生じることが描かれる。「人間は次第次第にこの世の生活から離れてゆくものではありません。突如として、急激に、瞬時に、儚いこの世と、とこしえなるあの世との交換が行われねばならぬものです」。[Schiller 1983, S. 137 = 一九五七、一七四頁]
(33) ここではフランスの聖職者フェヌロンの小説『テレマックの冒険』が想定されている。ユリシーズは、難破してニンフのカリュプソーの住む孤島に救われる。メントールはユリシーズの親友であり、神がメントールの姿をかりて、快楽に溺れるテレマックを助け出す。
(34) Schiller 1980a, S. 800.
(35) *Ibid.*, S. 805.
(36) 長倉は、「パテーティッシュなもの das Pathetische」とは「崇高なもの」と同義であり、苦悩を意味するパトスと同義ではないと言う。さらに苦悩とパテーティッシュなものとの関係が「この苦悩は、我々の心性を高め、パテーティッシュに崇高なものになる」と語られていることから「激情的」も適訳とは言えないと述べる。[長倉 二〇〇三、五五―五六頁]
(37) カントは「崇高」と「美」の関係を、それぞれ「悲劇」と「喜劇」との関連で論じている。「悲劇と喜劇との相違は、主として前者においては崇高に対する感情性が、後者においては美に対するそれが動かされる点にある。悲劇においては、他人の幸福のための広量な犠牲、危険の際における勇敢な決意、試練に堪えた真実などが現れる」。[Kant 192-, S. 8 = 一九八二、一五頁]

（38）シラーは『パテーティッシュなもの（激情的）について』冒頭で悲劇の目的を以下のように述べる。「苦難を描写することは決して芸術の目的ではない。しかし芸術の目的に至る手段として極めて重要である。芸術の究極の目的は超感性的なものを描出することにあり、とりわけ悲劇芸術がこれを遂行する。つまり悲劇芸術は、我々が自然の法則から倫理的に独立していることを激情の状態において具象化する」。［Schiller 1980e, S. 512＝一九四一、一八七頁、一部改訳］

（39）Schiller 1980a, S. 805.

（40）*Ibid.*, SS. 805–806.

（41）五郎丸はシラーのこの世界観（道徳的秩序がなく因果的法則性で捉えきれない矛盾に満ちた世界）が初期ニーチェに近づいていることを指摘し、「シラー自身ディオニュソス的世界を洞察していた」と述べる。［五郎丸 二〇〇四、一三六頁］

（42）Schiller 1980a, SS. 800–801.

（43）*Ibid.*, S. 801.

（44）*Ibid.*, S. 804.

（45）われわれは「生きたい、幸福になりたい、という欲求以上のものをなお持っているし、また、自分の周囲の諸現象を理解する以外の別の使命も持っている」とシラーは言う。［*Ibid.*, S. 802］

（46）*Ibid.*, S. 806.

（47）シラーの「美的形式の使用における必然的限界について」の論文においても「デモーニッシュ」なものへの言及がある。「不幸な人は、彼が同時に有徳な人であるならば、法則の神々しき尊厳と直接まじわるという崇高な特権を享受する。また彼の徳は何ら好みの助けを受けないから、彼は鬼神の［デモーニッシュな　註：筆者］自由を人間の身をもって示すという崇高な特権を享受する」。ここにおける「デモーニッシュなもの」も『崇高論』と同様の用法において用いられている。［Schiller 1980f, S. 693＝一九五五、一七四頁］

（48）シラーにおける「デモーニッシュなもの」についてシュタイガーは以下のように論じている。「シラーの神は隠された神であると言ってもさしつかえない。人間の意志のなかに取り入れられた、隠された神―これこそ、真の自由の絶対的な意味であることがはっきりわかる。すなわちシラーは、予感だけはしているが、しかし、神の意志のなかに蔵されている無限の可能性を意識しつつ、一切のものに対処し、かつあらゆる力と栄光を包んでいる、この無限の、知られざる神に近づくという使命を承認するのである」。[Staiger 1967, S. 92 = 一九八九、九八―九九頁]

(49) プリースは「崇高」概念が必然的にパラドックスを生む理由について「どのような意味内容のものであれ、崇高という概念を用いて試みられるのは、何か不可能なこと(つまり、名付けえないものを名付けようとすること)だからである。カント的に言えば、表現しえないもの(イデア)を表現しようとすることだからである」と述べている。[Pries 1989, S. 6]

(50) 土橋はゲーテにおける「デモーニッシュなもの」を以下のように整理する。「この概念の意味は、整理すれば、四通りになる。まず第一は、外から働きかける見えざる力、測り難い導きの手である。第二は、無意識の詩作に働く創造の原動力である。第三は、恋愛の不可解な力である。第四は神に反逆した天使ルチファーの後裔である人間の、神の秩序への背反的自我拡張、個我貫徹である。……ゲーテはよくデモーニッシュなものを音楽家や政治家に認め、悟性や理性では解き明かせないと、エッカーマンに語った」。[土橋 一九九六、七三頁]

(51) ゲーテはエッカーマンとの対話において、「デモーニッシュなもの」について、次のように語っている。「人間は、高級であればあるほど……ますますデーモンの影響を受ける。だから、自分の主体的な意志が横道にそれないように、たえず気をつけなければいけない。私とシラーが知り合ったというのも、じつはまったく、こういうデモーニッシュなもののなせる業だったよ。われわれは、それ以前でも、それ以降でも、知り合いになろうと思えばなることができた。しかし、ちょうど私がイタリア旅行を終え、シラーが哲学的思弁に倦みはじめたちょうどその時期に、二人が知己となったということは、意味深長であり、二人にとってなにより大きなみのりをもたらしてくれたのだ」。[Eckermann 1948, SS. 330–331 = 一九六八、八四頁]

(52) ここで詳しく言及することはできないが、ゲーテ、シラーの「デモーニッシュ」概念は、ツヴァイクの「デモーニッシュ」概念とかなりの程度、重なるように思われる。ツヴァイクは「デモーニッシュなもの」について次のように論じる。「私は根源的かつ本来的にあらゆる人間が生れながらにもつ動揺をデモーニッシュなものと呼ぶ。この動揺によって人間は、自分自身を抜け出し、自分自身を超え出て、無限なものへ、基底的なものへと駆り立てられる。いわば自然が、そのかつてのカオスのうち手放すことのできない活動的部分を、あらゆる個々人の魂のなかに残しておいたかのように、駆り立てられるのである。―この部分は、緊張と激情をともなって、人間を超え感性を超えた基底に帰りたがっているのである。デーモンは、われわれのうちで発酵素に、つまり、溢れ出、苦悩し、張り詰める酵素になる。この酵素は、ふだんは安らかな存在をあらゆる危険なもの、過度なもの、恍惚、自己放棄、自己破滅へと追い立てるのである」。[Zweig 1929, S. 9 = 一九七三、一〇―一一頁]

(53) Schiller 1980a, S. 807.

(54) *Ibid*., S. 800.

(55) 『美的書簡』ではこのことが他の表現で示される。「かくして彼は人為的な方法でその成年において幼年時代を取戻し、経験には与えられていないが、自分の理性の規定によって必然的に定められる理念の中に一種の自然状態を作り、この理想的な状態において実際の自然状態では知らない究極目的と、当時はまだ不可能であった選択を自分に与え、そしていまや、あたかも最初からはじめて、明晰な識見と自由な決断によって独立の状態を束縛の状態と交換して得たかのように振る舞います」。[Schiller 1961, SS. 22–23 = 一九七七、九一頁]

(56) Schiller 1980a, SS. 804–805.

(57) 本図式では、「美(優美)」と「崇高」の差異を際立たせ、シラー哲学に潜在する構図を抽出することに重点を置いたため、「パテーティッシュなもの」、「デモーニッシュなもの」を、「崇高」をめぐる諸側面として、同カテゴリーの内に並列的に整理した。しかしながら、「パテーティッシュなもの」、「デモーニッシュなもの」と「崇高」の関係については、それ自体、精緻に分析せねばならぬ重要な問題である。この問題に関しては今後の課題としたい。

(58) Schiller 1961, S. 94 = 一九七七、一八八頁。

(59) 利光 一九八三、二四六頁。

(60) 浜田 一九八二、二七三頁。

（61） Schiller 1961, SS. 99–100 = 一九八二、一九一頁。
（62） *Ibid.*, S. 99 = 同書、一九一頁。

補論2

「遊戯衝動」の具象化
――ゲーテ『ヘルマンとドロテーア』における「遊戯衝動」の顕現

わたしはなにかを命じられた記憶がありません。わたしにはなにも律法の形で現れたものはありません。わたしを導き、いつも正しい道を歩ませてくれるのは、即ち衝動なのです。わたしは自由にわたしの考えに従い、制約も後悔も感じたことはありません。(1)

ゲーテ「美しき魂の告白」より

補論2では、ゲーテの文学作品の内に、『美的書簡』の重要概念である「美的状態」を還流させ、その具象化を図る。『美的書簡』はこれを抽象的次元に留めた場合、（このテクストが多くの矛盾、分裂を孕み読解困難であるがゆえになおさら）無限の解釈を許すこととなる。「美的状態」（＝「遊戯衝動」の作動状態）の把握は『美的書簡』を理解する上で不可欠であるものの、抽象度の高さゆえに、論者によってその理解は微妙に、ときに大きく異なる。

だが、シラーの言う「美的状態」を具体像の内に描き出すことができるならば、その内実は明瞭に理解可能になるはずである（換言するならば、具体（ゲーテ文学）によって、抽象（『美的書簡』）レベルでの解釈の浮動を凝固させることを目論む)。先に引用した「ゲーテ―シラー往復書簡」を今一度引用しよう。シラーはゲーテに次のように語りかける。「あなたと私が用いている道具が、如何に異なっていても、また、私達が取っている攻勢と防御の武器が如何に違うものであっても私たちは同一の重点を目的としていることを私は信じています[2]」。哲学―文学とその表現方法は異なるが、二人は同一のものを目指していたというのである。

そして、こうしたシラーの告白を拠り所に、「美的状態」を具体的場面(ゲーテ文学)において描き出すことが補論二の課題となる。この作業を通じて、「美的状態」を具体像の内に描き出すことで、この状態が決して現実から遊離した理想郷ではないことを示したい。つまり、『美的書簡』批判四類型の一つ、『美的書簡』現実遊離説に対して応答を試みる。

もっとも、『美的書簡』とゲーテ文学、両者の連関は、既にディルタイのシラー論において示唆されている。彼は『美的書簡』と『ファウスト』の思想的類縁性について[3]、次のように論ずる。「感性的人間を理性的とする唯一の方法は、この人間をまず美的人間にすることである」という『美的書簡』の一節に関し、ディルタイは、「ゲーテは、これらの観念によって、ファウストに統一的関連をあたえ、補遺的にファウストを発展せしめ、かくしてファウストを人間、否人類そのものの代表たらしめるための手段とした」とし、「『ファウスト』のもつ力と底知れぬ深奥さの一部は、まさしく特殊な状態を表現するファウストの諸断片が、この普遍的、人間的なるものと結びついている点にある」と言う。さらに「いまやヘレナとの結婚は、ファウストの発展における必然的な一段階となった。彼は、この段階から出発して、普遍的なもののための実践的活動を始めるのである。彼に内在する無限の努力は、この最高段階において成就される」と述べ、シラーは「この同じ観念から出発して、人間社会における芸術家の機能の意義を認めたが、それは彼が最初であった」と指摘する[4]。そしてディルタイは以下の結論を導く。

「こうして、芸術家の自覚は、無限に昂揚した。人間性にとって、ゲーテの詩とシラーの思惟は、分離しがたい一全体となった。世界は、いまや始めて芸術が世界自身にとっていかなる意義を有するかを知った[5]」。

ディルタイは『ファウスト』と『美的書簡』に通底する思想を読み取り、両者を「分離しがたい一全体」と関係付けたのである。しかしながら、ディルタイの分析(及び註に記したユングの分析)はあくまでも観念的次元にとどまるものであり(そうした分析が『美的書簡』の抽象概念を具象化することを意図したわけではないがゆえに当然ではあるが)、『美的書簡』の思想を具体像の内に描き出すという本研究の課題に応えるには至っていない。

そこで本研究では、彼の代表的叙事詩『ヘルマンとドロテーア *Hermann und Dorothea*』をもって「美的状態」の具象化を試みる。数あるゲーテ作品のうち、ここにおいて『ヘルマンとドロテーア』を分析対象とする理由としては、第一に『ヘルマンとドロテーア』の成立が『美的書簡』と同時期であること(『美的書簡』発表の翌々年(一七九七)に発表された)、第二にシラー自身が『ヘルマンとドロテーア』をゲーテの頂点とみなしていること[6]、第三に『ヘルマンとドロテーア』が小品であるため、構図の抽出が大作に比して容易であるということ、第四に『ヘルマンとドロテーア』の内に描かれる世界が、小市民的生活であること(これは「美的状態」がわれわれの日常において見てとれる状態であり、限られた人間の内にのみ見られる特殊な状態ではないことを示すことに寄与する)が挙げられる。こうした理由により、『ヘルマンとドロテーア』は、「美的状態」の具体的顕現を見てとるには条件的に恵まれたものと言えるのである。また、『ヘルマンとドロテーア』に対してはゲーテ自身、深い愛情を示しており、エッカーマンに「比較的大きい詩の中で、いまだに私に気にいっているほとんど唯一のもの[7]」と語り、「読むたびに、心から共感を覚える[8]」と述べる[9]。ゲーテ自身愛し、シラーをして「ゲーテの頂点」と言わしめた『ヘルマンとドロテーア』の中に、以下、「美的状態」の顕現を見出したい。なお、『ヘルマンとドロテーア』本文からの引用の多くは物語の骨格を強調するため、註にまわすことにした。したがって物語におけるゲーテの具体的描写は註で示している。適宜参照されたい。

『ヘルマンとドロテーア』は、平和な小都会の近くを、革命の動乱を逃れて移動する哀れな避難民の群れが通過し、これに同情した町のある富裕な夫婦が、息子に避難民への施しを持たせて遣いにやる場面から幕が上がる。夫妻が家の戸口で牧師や薬屋と話をしているところへ、避難民に衣類や食料を届けに行った息子のヘルマンが馬車で戻ってくる。彼は避難民の中にドロテーアという怜悧そうな娘を見て、持物の一切の分配を彼女に任せてきたのである。

『ヘルマンとドロテーア』はその構造の内に二つの相反する世界を内在させている。一方が果実や穀物の稔り豊かに起伏する絵画的な町、そこで営まれる平和で秩序ある生活であり、もう一方がその町の傍らを敵兵に追われ、痛々しい姿で通過して行く避難民の群れの混乱の生活である。前者ではヘルマンが、後者ではドロテーアがそれぞれ対比的な立場において描かれる。自然の恵みを受け、調和的な生活を送るヘルマンは、避難民の群れに施しをあたえに行った際、住む家もなく流浪しつつも、その困難な状況下で毅然たる態度を保ち、皆のためにかいがいしく働くドロテーアに出会う。この出会いはヘルマンにとって決定的なものとなり、彼は一瞬にして彼女の魅力に捉えられる。家に戻ったヘルマンはドロテーアへの思いを胸に秘めつつ、結婚に対する願望を家族に打ち明ける。ところが父は彼に資産家の娘との結婚を強要したため、ヘルマンはこれに猛烈に反発し、家を飛び出してしまう。母がヘルマンの身を案じて後を追うと、彼は町を背にして小山の上の梨の大木の下に腰掛け、遠方を眺めていた(10)。

この梨の木が物語においては、ヘルマンの住む調和的な市民生活とドロテーアの属する苦難と激動の避難生

（挿絵 1）

活とを分つ境界であると考えられる。ドロテーアとの出会いによって、調和的世界の住人であったヘルマンは激動的世界へと駆り立てられる。ヘルマンはいまや市民生活に背を向け、激動の避難生活においてもなお、毅然たる態度で立ち向かうドロテーアに思いを馳せる（挿絵 1）[11]。すなわち、調和的生活と避難生活の狭間に梨の木は立っているのである。

ヘルマンを追ってやってきた母に対し、彼は、ドロテーアへの思いを告白することもできず、軍隊に入り、国を守りたいと告げる[12]。国のために身を捧げることを宣言するそのようなヘルマンの言動に対し、ヘルマンの母は瞬時に彼の本心を見抜く[13]。本心を言い当てられたヘルマンは母にドロテーアへの思いを打ち明ける[14]。

さてここまでで、『美的書簡』と『ヘルマンとドロテーア』の構造的類似を示そうと思う。二元循環図式をここでも思い起こしてほしい。図式において、梨の木は二つの円の交点に位置する。

二元循環図式に『ヘルマンとドロテーア』の構図を重ねあわせるならば、ヘルマンの住む調和的世界が「感性界」、ドロテーアの属する避難民の激動の世界が「叡智界」ということにな

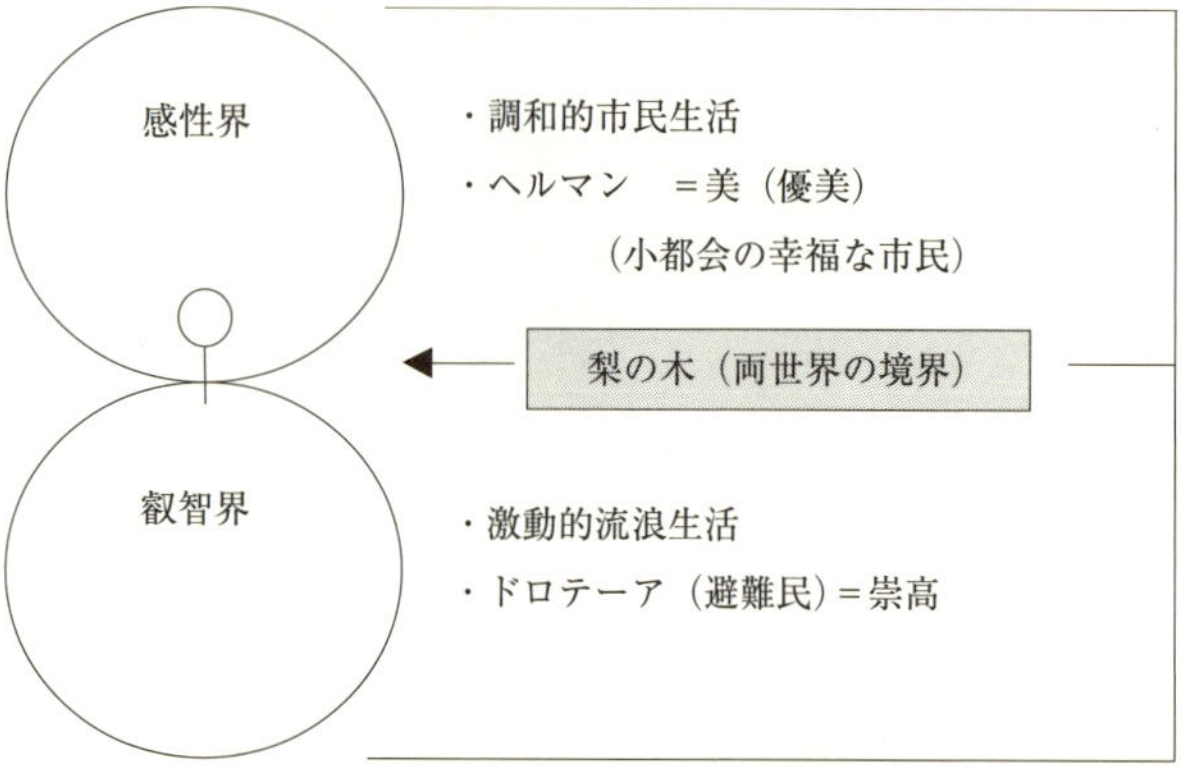

『ヘルマンとドロテーア』関係図式

る。避難民を率いる長老（物語の中盤で登場する）に、ゲーテはヨシュア、モーセの姿を見ており、[15] 困難な状況に毅然として立ち向かう姿の内に「感性界」における幸福原理を脱した姿が描かれ、現象界からの飛翔を見てとることができる。調和的世界を捨て、国のために入隊しようとするヘルマンの心は、いまや「叡智界」へと向かう。いかなる状況にも屈することなきドロテーアの振る舞いの内には、『美的書簡』における「形式衝動」が描かれる。ヘルマンはドロテーアによって駆り立てられた「形式衝動」によって「感性界」を捨て、「叡智界」へと身を投じようとする。

ヘルマンとその母は丘をおりて父と再び話をし、友人である薬屋の提案で牧師と一緒に娘の身の上を探ることになる。こうしてヘルマン、牧師、薬屋の三名が馬車で避難民の群れを追うこととなる。牧師、薬屋は避難民の群れが滞在する村で避難民を率いる長老と話をし、そこで偶然ドロテーアの勇姿が長老の口から語られる。ドロテーアは敗走兵の一味に襲われた際、これに果敢に立ち向かい、刀で斬りつけて撃退し、彼女と共にいた少女たちを守ったというのである。[16] ここでは、長老の言葉によって、ドロテーアの内に現れる「形式衝動」の「デモーニッシュ」な側面が強調される。[17] 一方、牧師、薬屋と別れたヘルマンは、偶然、水を汲みに来ていたドロテーアと泉で再会する。二人

（挿絵2）

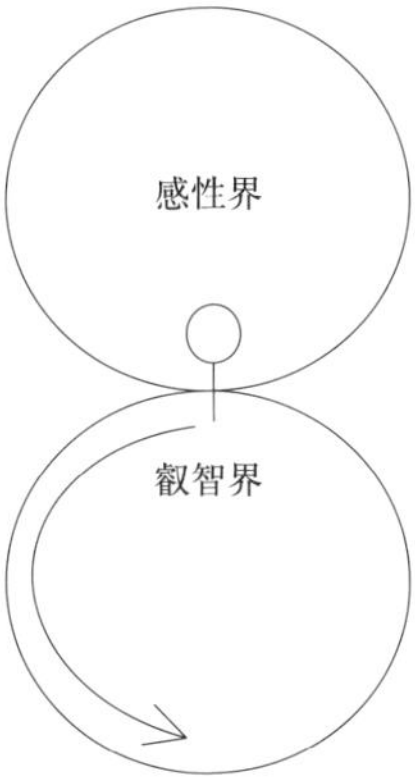

は泉を水鏡として、水面で顔を見合わす[18]（挿絵2）。

ここにおいて、「感性界」のヘルマンと「叡智界」のドロテーアの融合の可能性が開かれるのである。[19] こうして、相通じ合った二人は、共にヘルマンの家に向かう。[20] そして帰る道すがら、再び「梨の木」の下に辿りつく[21]（挿絵3）。図式においては、「叡智界」から再び「感性界」へと向かうベクトルである。

家に辿り着き、ドロテーアはヘルマンの父親に認められ、二人はようやく結ばれることとなる。結末部において、「感性界」と「叡智界」の融合、「感性的衝動」と「形式衝動」の結合としての「遊戯衝動」がヘルマンの内に描かれる。

「お前はわたしのものだ。これでわたしの物は一層わたしの物になった。心痛とともにそれを守り、心労とともに受用するのをわたしはやめて、勇気と力とで当ろうとおもう。今度であれ、将来であれ、外患のある時は、このわたしに武装させ、得物を持たせてくれるがいい。家のことや慈愛ふかい二親のお世話を引き受けるお前という者があると思えば、この胸は安心して敵に向かうよ。そして誰もがわたしのように考えるならば、威力に威力が立ち向かい、吾々みんなは太平を楽しむことができる

（挿絵 3）

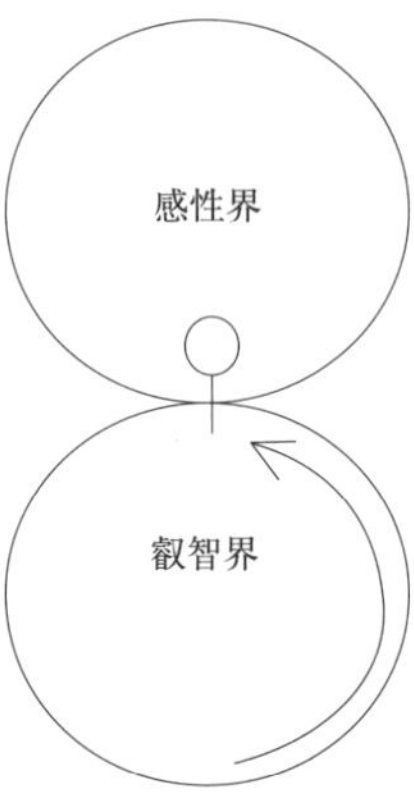

だろう[22]」。

結末におけるこのヘルマンの姿の内に「遊戯衝動」の作動が描き出されていることは『ヘルマンとドロテーア』の前年に発表されたゲーテの悲歌「アレクシスとドーラ *Alexis und Dora*」の一場面と比較するとより鮮烈に、対比的に示される。悲歌「アレクシスとドーラ」には互いに思いつつも、結ばれぬ男女の姿が描かれている。以下の引用はアレクシスとドーラの別れの場面である。

「お前の胸を僕の胸に感じた。素晴らしいうなじ。それを腕に抱き、ぼくは数限りなく首筋に口づけをした。お前の頭はぼくの肩にもたれかかり、お前の愛らしい両の腕もいま、幸せなぼくを抱きしめていた。ぼくはアモルの手を感じた。アモルの強い力に導かれぼくらは抱き合った。晴れわたった大空から雷鳴が三度轟いた。ぼくの目から、涙が何度もこぼれた。お前は泣いた。ぼくも泣いた。悲しみと幸せのために世界は消え失せるかに思えた。船人たちの呼び声はますます大きくなった。だが足は動かなかった。「ドーラ、お前はぼくのものだ」とぼくは叫んだ。「永遠に」とお前は小声で言った。するとぼくらの涙は神の霊気に触れてやさしく吹き払われたかのようだった[23]」。

ここにおいて二人には「感性界」における幸福原理の捨象が課される。別離の場面においてこの上ない悲しみを甘んじて受け入れる二人は現象界を離れ「叡智界」へと向かうことになる。[24]『ヘルマンとドロテーア』ではこれに対し、「感性界」が犠牲となることはない。感性的幸福も満たされ（感性的衝動の作動）、かつそれに囚われることなき（形式衝動の作動）、両者の統合状態、すなわち、「遊戯衝動」の作動（「美的状態」）が最後の場面でのヘルマンの姿の内に描かれるのである。

以上見てきたように、『ヘルマンとドロテーア』では、シラー哲学における根源的二項対立、「感性界」と「叡智界」が梨の木を境に、相対立する世界の中で現われていた。そして、物語の結末において、「感性界」（＝ヘルマン）と「叡智界」（＝ドロテーア）は融合を果たす。この融合はヘルマンとドロテーアの結婚に象徴されていた。[25]

時系列に沿って言及するならば、「感性界」の住人ヘルマンはドロテーアにより「叡智界」へと導かれ、これを経て再び「感性界」へと舞い戻る。ヘルマンにとって「叡智界」を経た後の「感性界」は、それを経る以前の「感性界」と同じ世界ではない。彼の最後の台詞にも見られるように、ここには「感性界」に対する執着は見られない。しかしながら、それは「感性界」の否定、「感性界」からの脱却を意味しはしないのである。「遊戯衝動」は「感性界」に居ながらにして、「形式」を内在した衝動である（遊戯衝動は論理的に考えるならば、この意味で矛盾を孕む）といえるが、先に挙げた最終場面でのヘルマンの状態の内には、まさにそうした状態があらわれているのであった。

以上、補論二では、『美的書簡』の重要概念たる「美的状態」を具体像（ゲーテ『ヘルマンとドロテーア』）の内に描き出すことを試みた。論理的には矛盾として現れる「遊戯衝動」（「美的状態」）も、具体像の内に描き出すことでその内実が鮮明に理解可能となるのである。二元循環図式における「遊戯衝動」の作動状態（「美的状態」）は、『ヘルマンとドロテーア』において、二つの相反する世界の統合として、物語クライマックスのヘルマンの姿に見てとることができた。『美的書簡』と『ヘルマンとドロテーア』はそれぞれ、抽象（『美的書簡』）―具体（『ヘルマンとドロテーア』）と姿を異にするものの、そこから同一の構図（二元循環図式）の抽出が可能なのである。補論二における考察を通じて、『美的書簡』と『ヘルマンとドロテーア』の構造的類似が示され、「美的状態」の具現化という課題は一応の達成をみたのであった。

こうして見るならば、「美的状態」を、現実から遊離した単なる理想状態を描いたものとして断罪する批判（＝『美的書簡』現実遊離説）の妥当性はあらためて吟味される必要があろう。牧歌的叙事詩『ヘルマンとドロテーア』の内に見出された「美的状態」は、決して聖人君子のみが到達しうる理想郷ではなかった。そこで描き出されていたのは、われわれが人生の中で何度も体験しうる状態といえる。

「美的状態」（真に「自由」な状態）は、人間形成の過程で、幾度もわれわれのもとに訪れる。こうしたシュタイナーの「自由」の思想は、第Ⅲ部において彼の『ファウスト』解釈を検討する際に再び示されるであろう。

註

（1）Goethe 1981, S. 483＝二〇〇〇、三七一頁、一部改訳。
（2）Goethe 1950a, S. 33＝一九四三、一二五頁。
（3）また、同じくユングも『タイプ論』において『美的書簡』と『ファウスト』の思想的類縁性について示唆している。［Jung 1967, S. 132＝一九八七、一三三頁］こうした諸々の分析はいずれも『美的書簡』に対して、ゲーテの具体的な文学作品を対置させ、両者の思想的類似を示している。
（4）『ファウスト』と『美的書簡』の関連については小野村が以下のような指摘をしている。「特にシラーの美学がゲーテのファウストに及ぼせる影響は大きいものがあり、シラーが『人間の美的教育に関する書簡』の中でのべた審美的自由の思想は彼の『優美と品位に就て』という論文と共にファウストの中で重要なモティーフとなっている。即ちシラーが後者において述べた説はファウストの中に自然に浸透している」。[小野村 一九六四、一―二頁]

（5） Dilthey 2006, S. 591＝一九四七、五一―五二頁、一部改訳。

（6） ゲーテ『ヘルマンとドロテーア』の内にシラーから見たゲーテ像が結晶している可能性があることを、シラーがハインリッヒ・マイヤーに宛てた書簡が示唆している。「ゲーテの叙事詩［『ヘルマンとドロテーア』註：筆者］をお読みになった由、あれがゲーテの、そしてわが現代芸術全体の頂点であることをお認めになるでしょう」。[Schiller 2002b, S. 300 訳はビルショフスキ、A 一九九六：（高橋義孝・佐藤正樹訳）『ゲーテ―その生涯と作品』、岩波書店、七四六頁より、高橋・佐藤訳を参照した。] ここにはシラーの『ヘルマンとドロテーア』に対する最大の評価が見てとれる。

（7） Eckermann 1948, S. 141＝一九六八、一七八頁。

（8） *Ibid.*, S. 141＝同書、一七八頁。

（9） シュタインは『ヘルマンとドロテーア』は、「大きな価値あるもの、古典的芸術作品として、世間に受け入れられた」とし、「シラー、フンボルト、その他のこの二人よりは後になって読んだ者達、皆がこの詩作のなかに或る完成されたもの、芸術の一つの頂点を見出した」と述べ、作品を評価している。[シュタイン 一九四二、五四頁]

（10） 「畝みちを踏んで畑の間を通ってゆけば、梨の大木が目に映る。小山の上に立っていて、わが家の畑の境の目じるしとなっている。誰が植えたのかは判らぬが、この界隈ではどこからも見えて、評判の実をむすぶ木である。……母の予想は果してたがわず、ヘルマンはそこに息んでいた。母の来る方に背中を向け、頬杖をついて、山列寄りの遥か彼方を眺めているような様子であった」。[Goethe 1976, SS. 48–49＝一九三二、六二―六三頁]

（11） ここで使用する三枚の挿絵は、いずれも岩波文庫版『ヘルマンとドロテーア』（一九三二）より転載したものである。

（12） 「母さん、わたしは心の底から決心したのです、正しい道理と思う事をすぐさま実行に移します。長思案が必ずしも最上の分別ではありますまい。それで、わたしはもう二度と家へは帰りません！」[Goethe 1976, S. 50＝一九三

二、六六頁〕

（13）「母さんが当ててみようか。心に何か思いこんで、いつもより涙もろくなっておいでなのは、きっとこれぞと思う女がお前にできたのだろう。あからさまに言ってごらん、わたしには見当がついていますよ。今日さすらって来たあの娘さんではないのかい、お前が嫁に見立てたのは？」〔*Ibid.*, S. 54＝同書、七三頁〕

（14）「お母さん、そうです。その娘なのです！　今日中に婚約して連れてこないと、どこかへ行ってしまいます。戦争の乱れのなかを、ここかしこ悲しい旅をつづけるうちに、永久に逢えなくなるかもしれません。母さん、そうなれば、眼の前の財産がいくら殖えても、なんの張り合いがありましょう。この先いくら豊年に逢っても、なんの嬉しいことがありましょう」。〔*Ibid.*, SS. 54–55＝同書、七三頁〕

（15）後の場面で牧師が、避難民を率いる長老に次のように語りかける。「わたくしにはあなた様が、遠い遠い大昔に、迷路を辿り砂漠を越えて、流浪の民を導いた士師がたの、そのお一人のように思われてなりません。どうやらヨシュアかモーセとお話している心もちです」。〔*Ibid.*, S. 67＝同書、九四頁〕

（16）長老はドロテーアの振る舞いについて次のように語る。ここにおけるドロテーアの行動の内には「デモーニッシュなもの」をも見てとることができる。「娘は、中のひとりの腰の刀をやにわに引き抜き、力をこめて斬りつけると、其奴は娘の足もとに血煙立てて倒れました。それから雄々しく渡り合い、目覚ましくも少女たちを救い出し、なおも四人に斬りつけたので、其奴らは命からがら逃げ出しました」。〔*Ibid.*, S. 75＝同書、一〇七頁〕

（17）しかしながら、この箇所に関しては、かのフンボルトが不満を示したという。それに対し、ゲーテは以下のように述べる。「まったく、君、みんな友人という奴には悩まされたものだよ！─フンボルトさえ私のドロテーアを非難したんだからね。兵隊の襲撃にあって武器を取って、打って出たのがいけない、と言う始末だ。しかし、そういう特徴を出しておかない日には、ああいった時代に、ああいった状況のもとでは、ああいったことをするのが正しかった娘の性格は、たちまちどこかへなくなってしまい、月並みな娘と何ら変わらなくなってしまうわけさ」。〔Eckermann, 1948, S. 330＝一九六八b、八三頁〕

（18）「そして二人は井戸端に腰をおろした。娘が水を汲もうと体をかがめると、ヘルマンも別の水甕を取りあげて身をかがめる。すると、水に映る紺碧の空に二人の影のゆらめくのを見て、頷きあって親しげに水鏡の中で挨拶を交わすのであった」。[Goethe 1976, S. 88 = 一九三二、一二七—一二八頁]

(19)『美的書簡』第九書簡において「形式」が「美の泉」として比喩的に表現されている箇所があったが、これとヘルマンとドロテーアの再会場所としての泉が同一であることは単なる偶然であろうか。

(20)『ヘルマンとドロテーア』においては形式衝動のみならず、感性的衝動の満たされた「美(優美)」も描かれる。二人がヘルマン宅に向かう途中のこと。「ヘルマンは気をつけて、自分の上の段を降りてくる娘を支えてきたけれど、小道や粗い石段の勝手を知らぬ娘のこととて、とうとう足を踏みはずし、くるぶしを違えて倒れかかった。沈着なヘルマンは急いで振向き、腕を伸ばし、いとしい娘を支えとめた。女は軽く男の肩に倒れかかる。胸と胸と、頬と頬とがあい触れる。男はさはれ強い意志に制せられて、娘を引き寄せて抱き締めることもせず、さながら大理石の像の姿で、もたれかかる重みをしっかりと支えていた。そして彼は、このみごとな重荷、心臓の温み、唇に掛かってくる気息の匂いを感じながら、毅然たる心で、大きい立派な女の体を支えていた」。[Goethe 1976, S. 100 = 一九三二、一四九頁]

(21)「ふたりはちょうど梨の木の下へやって来た。満月が皓々と下界を照らし、夜の幕が垂れこめて、夕日の余光は残りなく蔽われてしまっていた。真昼のような明るさと、暗い夜の闇の蔭とが、大きな塊であい対して、ふたりの眼前に横たわった。ヘルマンには懐かしいこの場所の、この立派な木の下で、やさしい問いを受けるのが嬉しかった。追われゆくドロテーアのためつい今日涙を流したのも、此処である」。[*Ibid.*, S. 99 = 同書、一四六—一四七頁]

(22)*Ibid.*, SS. 116–117 = 同書、一七六—一七七頁。

(23)[Goethe 1950b, S. 185 = 一八九—一九〇頁] 訳は [シュタイガー、E 一九五六(小松原千里他訳)『ゲーテ(中)』、より小松原訳を参照した。]

(24)『ヘルマンとドロテーア』においても、ドロテーアが前夫と別れる際、「アレクシスとドーラ」と同様の場面が描かれる。以下はドロテーアの回想場面の引用であるが、ドロテーアの前夫は彼女と別れ、革命軍に身を投ずる際に、次のような言葉を残しており、ここには「崇高」が描かれる。「僕はお前を残して往く。いつかお前とまた遭うとき、――いやそんな事を誰が知ろう？　ひょっとしたらこれが互いの話のしおさめかもしれぬ。……お前の心が変わらずにいて、二人がいつかこの廃虚の上で巡り合うことがあったなら、その時こそお互いは、すでに造り直されて、運命に左右されぬ、自由な、生れ変った人間と成っていよう、こういう時世を通り過ぎた者は、もう何にも縛られることがあるまいから。そうは言うものの、この危険を運よく逃れて、いつか二人が心嬉しく抱き合う日に巡り合えようとは思われない。どうぞわたしの面影を胸に秘め、劣らぬ勇気で仕合せにも不仕合せにも当る覚悟をしておくれ」。ここには、感性界を捨て自らの身を犠牲にする「形式衝動」の作動が描かれている。［Goethe 1976, S. 115＝一九三二、一七三―一七四頁］

(25)　ここで特筆すべきは、「結婚」というモチーフが、『メールヒェン』においても若者と百合姫の婚姻として描き出されている点である。『ヘルマンとドロテーア』と『メールヒェン』は共に、相反する二つの原理の統合が、理想状態として「結婚」の内に描き出されているという意味において、構造的に通底する側面を有すると考えられる。

第Ⅱ部

「ゲーテ自然科学」あるいは『ツァラトゥストラ』との対峙

――思想研究者時代の思想

ああ、なんと美しいことだろう、たぎり落ちる水の流れから生れ出た彩り華やかな虹の橋よ、流転のなかの永遠よ。

おまえは鮮やかな姿をあらわしたかと思えば空中に消えてゆき、あたりにかぐわしい涼しい霧を撒き散らす。

虹こそは人間の努力を映し出す鏡だ。

虹に思いを馳せればもっとよくわかるだろう。

人生は彩られた映像としてだけ掴めるのだ。[i]

ゲーテ『ファウスト』第二部、四七二一–四七二七行より

i　Goethe 1958, S. 6 ＝一九八二、一〇三頁。

5章　思想研究者シュタイナーのゲーテ自然科学研究

一　思想研究者時代のシュタイナー

第Ⅱ部では、第Ⅰ部における転回期から時代を遡り、思想研究者時代のシュタイナーに言及する。世紀転換期以前、三〇代までのシュタイナーは、堅実なる思想研究者として諸々の研究活動に従事しており、数多くの重要な著作を残している。この点についてコリン・ウィルソンは驚きをもって以下のように述べている。

「いささか驚いたことにはシュタイナーは並々ならぬ冴えをもった哲学者、文化史家だったのである。これらの著作にはいかさまめいたところは微塵もなく、それどころか、思想史に完全に魅了され、自分の思想をできるだけ簡潔明瞭に語ろうとしている人という印象さえ受けた(1)」。

その時期のシュタイナーは、諸々の思想家（ゲーテやニーチェ）について論ずる中で、間接的に自身の問題について言及していた。たとえば、浅田が指摘している通り、初期の著作『ゲーテ的世界観の認識論要綱――

特にシラーを顧慮して *Grundlinien einer Erkenntnistheorie der Goetheschen Weltanschauung mit besonderer Rücksicht auf Schiller*』（一八八六年　以下、『ゲーテの認識論』と略記）で、シュタイナーはゲーテの認識論と哲学を叙述するという体裁をとっているが、「そこで展開されているのは紛れもなくシュタイナーの認識論と哲学である」(2)。シュタイナーは、ゲーテやニーチェの内に自身と同質の思想的傾向性を見出した。そして彼は、自身の思想をゲーテもしくはニーチェに投影し、彼らの思想を読み解く中で、自らの根本理念を間接的に語っていたのである。再びコリン・ウィルソンの著作から引用しよう。彼はその点に関し、次のように述べる。

「シュタイナーはルドルフ・シュタイナー自身の口で語っているのではなく、いわばゲーテの代弁者として語っているのである。ニーチェについての著書の中でもシュタイナーはニーチェの代弁者として語っている。三〇代半ばというこの時点において、シュタイナーはまだ自分の声で自らの確信を語る勇気を持ちあわせていなかったのである」(3)。

したがって、この時期のシュタイナーを分析することにより、ゲーテ、ニーチェとの思想的接点を導き出すことが可能となる。ここで特筆すべきは、シュタイナーの初期の思想研究が、決して霊的指導者となって以降の思想と矛盾するものではないという点である。彼は思想研究者時代のテクストについて、それを人智学の基礎として位置づけられるべきものとみなしている（一例として、彼の思想研究者時代の著作『自由の哲学』を挙げよう。『自由の哲学』、「新版のためのまえがき」において、シュタイナーは、『自由の哲学』の著述と霊的指導者となって以降のそれとは「この上なく密接な関係を持っている」(4)と述べている）。したがって、そこには既に霊的指導者シュタイナーの独自の思想へと受け継がれる理念が萌芽として内在していると予想されるのである。

そこで、第Ⅱ部では、シュタイナーが思想研究者時代に取り組んだ二人の思想家、ゲーテ及びニーチェに焦点を当てて検討を試みたい。シュタイナーは思想研究者時代に、両者について体系的に論じ、極めて重要な研究を残している。ゲーテあるいはニーチェとの緊張関係を読み解くことにより、シュタイナーがいかなる思想的土壌から自身の思想を構築したかが明らかになる。なお、決して明示的にではないが、シラー哲学のあの構図（二元循環図式）は、思想研究者シュタイナーの思想を深く規定している。そのことはシュタイナーの哲学的主著『自由の哲学』への言及の際に浮き彫りにされるであろう。

まずは、ゲーテとの関係から検討する。

二　シュタイナーとゲーテ自然科学

シュタイナーのゲーテ自然科学研究を検討する前に、シュタイナーがそもそもいかなる経緯でゲーテ自然科学研究に従事するに至ったか、その伝記的背景を押さえておくことにしよう。

一八七九年、ウィーン工科大学に進学したシュタイナーは、著名なゲーテ学者であるシュレーアーと出会う。その出会いは思想家としてのシュタイナーの歩みを方向付ける決定的な出来事となった。

「私は、当時カール・ユリウス・シュレーアーが、ウィーン工科大学で行っていたドイツ文学の講義から非常に大きな感銘を受けた。私が大学に入学した年には彼は、「ゲーテ以降のドイツ文学」と「シラーの生涯と作品」を講じた。彼の最初の講義の時、既に私は彼に魅了された」(5)。

シュレーアーへの敬愛は『書簡』においても熱狂的に描かれている。一八八一年一月十三日付の書簡において、シュタイナーは次のように述べている。

「ここウィーンで、ある男と知り合いになれたことは、神の思し召しである。……私は、教師として、学者として、詩人として、人間として、彼を高く評価し、尊敬している。その人の名は、カール・ユリウス・シュレーアーである(6)」。

シュレーアーのゲーテ観がシュタイナーに多大なる影響をあたえたことは疑いえない。シュレーアーは、「ある局面ではゲーテを偉大な詩人として見、他の局面では自然科学者として見るのではなく、芸術と科学に同等の努力を費やし、双方を高次の綜合にまで高めた人間として(7)」ゲーテを捉えていた。こうしたシュレーアーのゲーテ観は、シュタイナーのゲーテ理解の基本姿勢に深く影響を及ぼし、彼はシュタイナーに「ゲーテの著作と思想の手ほどき(8)」をしたのであった。

一八八三年、シュレーアーの推薦により、シュタイナーはキュルシュナー版『ドイツ国民文学叢書』中のゲーテ自然科学論文の編集の仕事を依頼された。ゲーテ自然科学論文の編纂に際し、当時まだ二二歳で無名の若者であったシュタイナーに、このような大仕事が舞い込んだという事実には驚かされるが、その裏には歴とした理由があった。

コリン・ウィルソンが指摘する通り、「ゲーテの自然科学論文の校訂は、まず誰も進んでやりたがらないような仕事だった(9)」。

当時の時代状況において(10)、「ゲーテの自然科学論文は一人の天才詩人の笑止千万な奇作だというのが通説だったのだ。有り体に言って、シュタイナーは彼以外の誰も手を出したがらないような屑をあてがわれたのである(11)」。

だが、シュタイナーにとってこの仕事への従事は、それ以降の思想的遍歴の端緒を開く決定的に重大な作業となった。[12] ゲーテ自然科学論文の編纂というこの大仕事を経て、シュタイナーはゲーテ自然科学研究の内に自身の認識論的基盤を見出すに至ったのである。以降、ゲーテはシュタイナーにとって絶えず顧みられるべき伴走者となった。

シュタイナーは一八八六年に処女作『ゲーテの認識論』を出版し、一八九七年には初期のゲーテ研究の集大成ともいえる『ゲーテの世界観』を世に送り出した。彼はそうした過程で、ゲーテの内に自身と同一の思想的傾向性を見出し、ゲーテ思想への深い傾倒と共鳴の下、諸々の論文を執筆した。

初期シュタイナーのゲーテ自然科学研究は、彼自身が強調しているように、後期思想（人智学）と決して矛盾するものではなく、それどころか、その地盤として位置づくものである。処女作『ゲーテの認識論』が再版されるに当たって、一九二三年に付された「新版の序」において、彼自らこの著作を評し、それは彼が「のちに語り、出版してきたすべてのことの認識論的基礎付けであり、弁明である[13]」とさえ述べている。

では、いかなる意味においてゲーテ自然科学は人智学の基盤といえるのだろうか。とりわけ、シュタイナーにおける「自由」の問題とゲーテ自然科学はいかに関連するのであろうか。シュタイナー人間形成論において「自由」の獲得は達成すべき最重要課題である。このことはシュタイナー教育が「自由への教育」を標榜している事実に直結する。そうした「自由」の問題にとってゲーテ自然科学はどのように位置づくのであろうか。この問題を解き明かすことが第五章の中心課題となる。

さて、（第Ⅲ部において詳述するが）シュタイナーがゲーテ文学解釈を行う際、そこでは常に「自由」に至る道程の第一段階として、自然科学の問題が取り上げられていた。その際に指示されている自然科学の内実は、無論ニュートン的な近代自然科学のことではない。「緑の自然科学」とも評されるゲーテ自然科学のことである。[14]

予め留意すべきは、シュタイナーにとってゲーテ自然科学研究の学説的妥当性が重要だったわけではないという点である。ゲーテの自然に対する態度、彼の自然観察の方法こそがシュタイナーにとって問題となった（「ゲーテが到った個々の事実は、それ自体が重要なのではなく、彼の世界観全体を裏付けるために重要だったのです[15]」）。この点について、エミヒョーベンはシュタイナーにとって、ゲーテの成し遂げた諸々の発見自体は問題でなく、ゲーテの方法が問題であったと述べている。[16] では、ゲーテの自然観に特有の方法とはいかなるものか。シュタイナーは、ゲーテ的自然観の対極にニュートン的な近代的自然観を位置づけ、『自伝』において次のように述べている。

「私［シュタイナー　註：筆者］の成長してきた時代の思考様式は、生命のない自然についての理念を作り上げることにしか適していないと思われた。知力によって生きた自然に接近しようとする、こうした思考方法は無力である。有機的なものの認識を抱摂し得るような理念を獲得するためには、非有機的自然の認識にとってのみ有効な悟性概念に、まず生命を吹き込むことが必要である。というのも、こうした悟性概念は死物と化しており、死んだものを把握することにしか役立たないからである[17]」。

近代的自然観は、彼にとって「死せる自然」の把握にすぎないと思われた。そうした近代の自然観と対比させて、シュタイナーはゲーテ的自然観を高く評価した。

「私は現代の理念の世界の貧しさについて語り、それに対置させて、ゲーテの理念の世界の豊かさとその充実を示してきた。ゲーテの思想の中には、現代の自然科学が熟成させなければならない萌芽がある。ゲーテの思想は、現代の自然科学にとって手本となる筈である。現代の自然科学は、ゲーテよりもはるかに多くの観察の材料をもっている。しかし、これらの材料に、現代の自然科学は貧しい不十分な理念の内容しか盛り込むことができていない」[18]。

生ける自然を捉えるには、ゲーテ的自然観が必要であること、現代の自然科学は、ゲーテを基礎としつつ発展させてゆくべきであることを、シュタイナーは訴え続けた(「人間は通常の意識状態においては、自己を囲繞する世界の真の本性から疎遠のままにとどまっている」[19])。

特筆すべきは、人智学が思想研究の場で黙殺されている状況が続く中、意外なことにシュタイナーのゲーテ自然科学研究は、ゲーテ研究として相当の評価を受けているという事実である。たとえば高橋義人は、シュタイナーのゲーテ解釈、すなわち、ゲーテから導き出した「有機体の生きたすがたは、形象的概念を生き生きと眼前に彷彿とさせることのできる精神によってのみ捉えることができる」という命題は、「決して的外れではない」とし、シュタイナーのゲーテ理解を評価した[20]。また、中村雄二郎は、ゲーテ自然科学との結びつきが密接な前期シュタイナーの仕事は、それ自体としてゲーテ自然科学研究の発展のために推し進められるべきとし[21]、シュタイナーのゲーテ研究の重要性を訴えている。さらにキンダーマンは、シュタイナーのゲーテ研究は、ほとんど無視されているが、二〇世紀におけるゲーテ解釈の中でも最も重要なパイオニア的業績に属すると指摘している[22]。

だが、そうした評価にもかかわらず、先行研究において、両者の思想的連関が吟味されることは稀であった。シュタイナー教育とゲーテ自然科学との連関について、ヘルナーが『ヴァルドルフ教育学と自然哲学 *Waldorfpädagogik und Naturphilosophie*』において詳細な分析を試みている。だがそこでは本論文の課題である、ゲーテ自然科学と人智学的「自由」がいかに関連するかという問題について検討がなされていない[23]。同様に、『ゲーテ、シラーと人智学 *Goethe, Schiller und die Anthroposophie*』を著したケプケも、ゲーテとシラーの思想的連関の解明に重きを置いており、本研究の課題を満足させるものではない[24]。

これまで両者の関係が伝記的事実として取り上げられることはあっても、本研究と同様の視点（ゲーテ自然科学と「自由」の問題はいかに関連するか）から、シュタイナーのゲーテ自然科学研究を吟味するものは見当たらない。

さて、ゲーテ自然科学研究に従事する中で、シュタイナーはわれわれが感覚界を正しく認識すれば、それが常に精神の現れであることが見出されることを発見した[25]。「ゲーテは自然現象に対する徹底的な沈思だけで、自然の内に存在する霊的現実の直観的知覚に至った[26]」。そしてそうした自然認識こそが、後述の通り、シュタイナーの思い描く「自由」獲得へと通ずる。以下、まずはシュタイナーがゲーテの自然観をいかに読み解いたか、その内容を分析したい。第一に本章において考察対象に据えるのが、シュタイナー最初期の著作、『ゲーテの認識論』（一八八六年）である。

シュタイナーは「ゲーテの認識方法には認識論がない」と考え[27]、内的な必要性から『ゲーテの認識論』を執筆するに至った。「シュタイナーが自分の課題としたのは、ゲーテにしてみれば自明の体験であったものを科学的哲学的に基礎づけられた認識論へ仕上げることであった[28]」。

つまり、ゲーテによって語られなかった問題をシュタイナーが明文化したというのである[29]。この点についてシュタイナーは「書簡」においてフリードリッヒ・テオドール・フィッシャーに対し、次のように語っている。

「もしこの本〔『ゲーテの認識論』註：筆者〕がゲーテにつながるのだとしても、私はまず第一に、認識論に貢献したかったのであり、決してゲーテ研究に貢献したかったのではないということを打ち明けます。ゲーテの世界観のうち、私にとって、具体的な構成が重要だったのではなく、世界観察の方法の傾向性が重要だったのです。ゲーテやシラーの科学的解説は、私にとって、始まりと終りを探究せねばならない中間点だといえます。始まりとは、すなわち我々がこの世界観に支えられて考えねばならない根本的基礎を叙述することです。終りとは、すなわちこの観察方法が、世界と人生について示している帰結を説明することです[30]」。

右記「書簡」に記されている通り、『ゲーテの認識論』の中で、ゲーテ的認識を論ずることにより、シュタイナーは自身の認識論の「根本的基礎」(=「始まり」)を示している。そして、この「原理的基礎」に基づき、その後、ゲーテ的認識論によって導かれる世界像(=「終り」)について、人智学の中で探究していくことになる。シュタイナー思想の中核に位置づく「自由」の問題も、この「根本的基礎」の上に打ち立てられてゆくこととなる。

シュタイナーは、人間の自由を論ずるための前提として、無機的自然と有機的自然の認識を論じ、最終的に、精神科学の問題(人間の自己認識の問題)へと至る。自然認識についての叙述は、自己認識の問題を扱うための前段階となる。以下では、まず『ゲーテの認識論』におけるシュタイナーの論理を、順を追って検討することにしたい。

三　「経験 Erfahrung」と「思考 Denken」――「思考」の特権性

シュタイナーは、ゲーテの認識論を論ずるに当たって、まずは、「経験」と「思考」の二つの領域を明確に区別する必要性を訴える。まずは「経験」について見ていこう。

シュタイナーの「経験」についての論述は、特に「純粋経験 reine Erfahrung」の叙述から始められる。では「純粋経験」とは何か。「私たちが自己を全く放棄して現実に向かうとき、現実が私たちに現われてくるそのありようが純粋経験である」[31]。ここでいわれる「純粋経験」の内実とは、「空間内に事物がただ隣り合って並んでいること、時間の中で前後して事物が現われること」にすぎず、それは「全く脈絡のない部分部分の集合体」[32]を示す。「純粋経験」は、認識以前を指すのであり、ここでは、経験的世界のすべてが均質であり、ある部分が他の部分よりも重要であると主張することはできない。つまり、この観察段階においては、世界は全く均一な平面である。その平面のある部分が他の部分より抜きん出ているということはない。

シュタイナーによれば、こうした全く関連のない経験の「混沌 Chaos」の中で、われわれをこの無関連さから抜け出させてくれる要素が、「思考」である。彼は「思考は経験の中のより高次の経験である Das Denken als höhere Erfahrung in der Erfahrung」[33]とし、「思考」を特権的な位置に据える。

「世界を観察するまず第一の段階においては、現実の総体は関連のない集合体として私たちに現われてくる。思考はこのカオスの一部である。この多様性の中を歩きつくしてみると、ある部分が発見される。その部分は、すでにその最初の登場の形式において、その他の部分が後に獲得するべき特性を持っている。この部分とは思考である」[34]。

こうして、シュタイナーは、「思考」が経験の中で例外的な位置を占めているると述べるのであるが、この点は極めて重要である。つまり、「思考」は感覚が提供する以上のものを観察する課題を担っているのであり、単なる感覚存在が決して経験しない現実の一面が、思考によって把握できるのである[35]（「感覚性を反芻するために思考があるのではない。むしろ感覚性には隠されているものを把握するためにある。感覚による知覚は現実の一つの面だけを提供する。もう一つの別の面は、世界の思考による把握によって与えられる」[36]）。

そして、「思考」以外の経験では、われわれは、外皮を打ち破ってはじめて核に迫ることができるのであるが、思考の場合には、外皮と核とは分かたれておらず、一体である[37]。このことは特に次のように言い換えられる。

「感覚に現れる現象と思考とが、経験においては対峙している。前者は自身の本質については沈黙している。後者は自らの本質だけでなく、前者即ち感覚に現れる現象の本質も私たちに教えてくれる」[38]。

感覚に現れる現象の本質へと到達するためには、「思考」が不可欠であるということ（「人間は二つの世界に向かい合っていて、この両者の関連は人間自らがつくり上げなければならない。一方は経験で、それが現実の半面にすぎないことを人間は知っている。もう一方は内的に完結した思考である」[39]）。つまり、われわれは「思考」を通じてはじめて完全なる現実を認識することが可能となる。われわれが現実の本質に至るためには、現実の内に作用している諸法則の認識が必要となるのだが、その法則性への到達は「思考」によってもたらされるのである（「私たちが本当の法則性、理念的な確実性を知るのは思考の中だけである」[40]）。

四　無機的自然の認識、有機的自然の認識

(一)　無機的自然（unorganische Natur）の場合

こうした「思考」の働きは、シュタイナーにとって、ゲーテ的自然認識を特徴付ける必須要素となった。「思考」は無機的自然と有機的自然、双方の認識において必須のものである。「思考」の働きなくして、われわれは、真の自然認識へと至ることができない。

だが、無機的自然の認識と有機的自然の認識、それぞれにおいて「思考」の働きの内実は異なる。すなわち、前者は「証明的思考」、後者は「直観的思考」として特徴付けられ、両者は厳密に区別される。(41) まずは無機的自然の認識に際して。

無機的自然を対象とする場合は、その内に作用している自然法則を明らかにすることが問題である。この場合の自然法則は、ゲーテにならって、「根源現象 Urphänomen」と換言される。「根源現象」は客観的な自然法則と同一であるとされ、(42)「証明的思考」によって、経験の中のより高次の経験たる「根源現象」へと至ることが可能となる。どの自然法則も「もしこの事実とあの事実が一緒に働くとき、このような現象が起きる」(43) という形式を有する（たとえば、「温度の異なる二つの物体が接しているとき、両者の温度が等しくなるまで温かい物体から冷たい物体へと熱がながれていく」など）のだが、現象の単なる描写でないものは、すべて「根源現象」にほかならないという。こうした「根源現象」の発見を可能にするのが実験である。われわれの通常の経験は現実の半分しか捉えていない。現実のもう半面は、実験を通じて「根源現象」を明らかにする形で示されねばならない。

そして、この「根源現象」を認識することができなければ、われわれは真に世界に出会うことができない。「もし満足できるような世界観をつくろうと思うなら、外的な経験による現実はこの思考の中に流れ込まなければならない。もしも世界の中に感覚的存在だけが住んでいるとすれば、世界の本質（世界の理念内容）は常に隠されたままだろう。法則は世界のプロセスを支配しているとしても、それ自身が現われることはない[44]」。「証明的思考」によらなければわれわれは「根源現象」に至ることができないというのである。

さて、ゲーテ的な自然観察の方法において、われわれは現象の内にとどまりつつ、必然的なもの（自然法則）を見出すのであるが[45]、ゲーテ、シラーはこのような方法を「合理的経験論 rationeller Empirismus」と呼んでいた。この合理的経験論は、ゲーテによる学問方法の三類型の内に位置づけられる。第一は「素朴経験論 gemeiner Empirismus」。これは感覚にあたえられる現象にとどまるものである。第二は「合理論 Rationalismus」。これは不十分な観察によって思考システムを築き上げるものである。すなわち、事物を本質に即して分類するのではなく、恣意的に関連を作り出し、その後、それを現実世界の中に読み込むものである。第三は合理的経験論。これは素朴な経験にとどまるのでなく、経験が本質を開示するような条件を作り上げるものである[46]。合理的経験論においては、「感覚的出来事を思考によってのみ捉えられる関連性においてみる[47]」。

(二) 有機的自然（organische Natur）の場合

先述の通り、シュタイナーは、ゲーテ的自然認識について論ずるに際し、無機的自然の認識と有機的自然のそれとを厳然と区別し、両者を対比的に論じた。無機的自然についての叙述は、有機的自然を論ずるための、いわば布石だったといえる。ゲーテ的自然認識の本領が発揮されるのは、有機的自然の認識の場面においてである。

「無機的自然の場合の問題は、ある感覚的な事実が、種々の自然法則に従ってある特定の仕方でしか起こり得ないことを示すことであった。事実と法則とは個別の要素であって、私たちがある事実を見るとき必要な精神的作業とは、そこで規定的である法則を思い出すことだけである。生命現象においては事情は異なっている。ここでは、先ず原型を把握する必要があり、そこから経験に現れる個々の形態を導き出すことである。この場合の精神的プロセスは本質的に異質なものである。原型を自然法則のように完結したものとして個々の現象に対置することはできない」[48]。

無機的自然の把握に際しては、「根源現象（自然法則）」へと迫ることが本務となるのであるが、有機的自然の場合、状況は全く異なる。有機的自然の認識において、第一に顧慮されるべきは、「原型」である。ゲーテはあらゆる有機体の構造が根源的に同一であることを確信し、これを「原型 Typus」（すなわち「原植物 Urpflanze」と「原動物 Urtier」）として把握した。「原型」は動植物の典型的な姿に近く、しかも現実界に見られる多様な動植物の姿を内包し、それらの姿に変容する可能性を含んでいる。「原型」はあらゆる動植物に共通して見られる内的中核であり、現実界の多種多様な生物は、その外的な示現である[49]。

ゲーテは、有機体の認識に際し、常に現象の内に「原型（永遠なるもの）」の作用を見てとった。イェーナの自然科学研究協会の会合の後で交わされたシラーとの有名な対話はこのことを如実に物語っている。ゲーテは、あらゆる個々の植物の内にあって常に生き続けている本質たる象徴的な植物、原植物を描いて見せた。これを見たシラーは、「それは経験ではなく、一つの理念だ」と答え、ゲーテを不快にさせた。ゲーテにとって理念は、事物の中で絶えず生きて作動しているのであり、それは一定の条件のもとで自らを具現化すると考えられていた。

かくして、有機的自然における「原型」に対し、無機的自然における「根源現象（自然法則）」が対応することになる。「原型が有機的世界で果たす役割は、無機的世界における自然法則の役割と同じである。自然法則が個々の出来事を全体の一部として認識する可能性をあたえるのと同様に、原型によって、個々の有機体を原形態の特殊形態として認めることが可能になる」[50]。

「原型」を中心に据える有機的自然認識においては、無機的自然において用いられる論証的思考は完全に無効となる。

「有機科学においては、この証明していく方法は役に立たない。原型は、ある特定の条件の下にある特定の現象が起きることを決定しないのである。原型は異質で外的に対立している部分相互の関係について何も決定しない。原型は自ら自身の各部の法則性だけを決定する。自然法則と異なり、原型は自分以外のものは指し示さない。ゆえに特殊な有機体形態は、一般的な原型の形態からのみ発展させられ得る。そして経験として登場する有機体は、原型のこの派生形態の一つと一致するはずである。ここでは証明する方法の代わりに、発展させる方法が必要となる」[51]。

「原型」が発展して形態を形作るのだという有機的自然についての理解は、ゲーテの重要ターム、「メタモルフォーゼ」の内に結実している。ゲーテは同一の基本構造を持つ植物や動物の全体が、同一の部分（葉や椎骨など）の多様な「メタモルフォーゼ Metamorphose」によって作られていると考えた。ゲーテは、形態の形成と変形を意味するメタモルフォーゼ（変態）をすべての生物に認め、この概念を生物学の中心に据えることにより、生命現象を動的に捉えたのである。

では、そうしたゲーテ的自然認識の中枢をなす「原型」はいかに把握されるのであろうか。ここにおいて、ゲーテ的自然認識の最大の特徴の一つ、「直観」が鍵概念として浮かび上がる（シュタイナーはこれを「直観的思考 *intuitives* Denken」と呼んだ[52]）。「直観 Intuition」は自然を単に漠然と眺める（sehen）のではなく、注視を意味しているのであるが、「直観的思考」によって注意深く見つめれば、自然はおのずからその秘密を開示する。

そしてこの「直観的思考」こそ、有機体の普遍的全体性としての「原型」や、色彩の全体性としての色彩環に関する理論を生み出したものにほかならない。こうした自然は、分析によっては到底捉えうるものではなく、「直観的思考」を通じてはじめて捉えられるものである。

「直観的思考」の特徴は、証明によらずに、直接的確信によって思考的規定を行う点にある。「直観的思考」による認識は、能動的な活動であり、こうした認識は、芸術的行為において最も顕著に現われ出る。だが、学問の世界で「直観的思考」は蔑視され、これによって学問的真理を得ようとした点こそがまさにゲーテの欠陥だとみなされた[53]。「直観的思考」自体が学問の一原理でありうることは否定され、それが学問的価値を有するのは、科学的に証明された場合に限るとされてきたのである。しかし、そうした批判に真っ向から対立し、ゲーテは「直観的思考」こそ正しい認識方法であると考えた。そして「直観という道程を通って得られた見解は、証明された見解と同様に学問的である[54]」とみなしたのである。

かくして、「原型」は学問的形式として根源現象より豊かな形式とみなされ、「根源現象よりも原型においては、より集中的な精神の営みが必要[55]」となる。

ここで無機的自然と有機的自然への態度の根本的相違をまとめるならば、有機界における原型が無機界における「自然法則 Naturgesetz（根源現象 Urphänomen）」に対応し、「直観 Intuition（観照的判断力 anschauende Urteilskraft）」が「証明的 die beweisende（思索的 reflektierende）判断力（Urteilskraft）」に対応するということになる[56]。有機的自然を特徴付ける「原型」と無機的自然を特徴付ける「根源現象」は区別されるべきであり、前者には直観的思考が、後者には証明的思考が必須とされる。従来の自然科学研究において、しかしながら、無機的自然の把握においてのみ妥当な証明的方法が、有機界の説明に際しても用いられた。「低次の認識段階で規範的であった法則が有機界にも適用できると人は信じていたし、また同一の方法が両者に妥当すると考えられていたのである。これはともに誤謬である」[57]。有機的自然の把握と無機的自然把握を区別せず、後者をそのまま前者へと適用したことが、近代自然科学の誤謬とみなされるのである（「無機的自然科学の方法を有機界にも適用しようとする要求を、ゲーテほど断固として退けた者もいない」[58]）。

五 「直観的思考 intuitives Denken」の能動性

さて、ここにおいて留意すべき最も重要な点は、無機的自然において、現象が「根源現象（自然法則）」に還元されるのに対して、有機的自然では、原型から形態を発展させるという点である。

「無機界においてある現象が法則に還元されるのに対して、有機界では原型から特殊形態が発展させられる。一般と特殊を外的に対置することによってではなく、一般から特殊を発展し出すことによって有機科学は成立する。力学が自然法則の体系であるのに対し、有機科学は典型の発展形態の系列である。前者の場合私たちは個々の法則を総合して一つの全体へと秩序づける。後者の場合には、個々の形態を生き生きと順次発生させていかねばならない」[59]。

「原型」を直観的に認識し、それを生き生きと発展させていくということ。これは、現象を法則に還元する無機的自然の場合と本質的に異なる。ここにシュタイナーが認識を能動的活動と捉える所以が存する。「認識することは、単に受け身的な性格のものであるとよく思われているが、私たちの認識論はこの性格を払拭し、認識を人間精神の能動的な活動であると捉えた[60]」。シュタイナーにとって認識とは、徹頭徹尾、能動的活動となる。そしてこの意味において、とりわけ、有機的自然認識は、芸術的創造活動に比せられることとなる（「私たちは、認識を芸術的創造の領域に近づけた。芸術的創造もまた人間の活動的生産なのだから[61]」）。芸術家であるゲーテがなぜ自然科学的研究に従事したか、その所以はここにある[62]。自然認識の際に必要とされる認識は、芸術的創造においても必須のものとされるのである[63]。

「原型」を直観し、その生成に能動的に関与すること。対象に即して有機体を認識する「対象的思惟gegenständliches Denken」によって、自然に寄り添いつつ、対象を認識する方法。こうしたゲーテ的自然認識は、まさに芸術的創造行為に等しい。「認識行為と芸術的行為の共通の基盤とは、造られたものとしての現実に対して人間が自己自身を製造者の位置に引き上げることである。そこで人間は創造されたものから創造へと、偶然性から必然性へと昇っていく[64]」。

このようなゲーテの根本的態度は、シラーによって的確に見抜かれる。一七九四年八月二十三日のゲーテ宛書簡において、シラーは次のように述べる。

「あなたは個々のものに光を当てるために、全自然を統合します。あなたは自然の様々な現象の全体の中に、個体の解明の根拠を探しています。あなたは、最終的に万物の中で最も複雑な存在である人間を、発生学的に、全自然構造の素材から構築するために、素朴な有機体から徐々に、より複雑なものへと昇っていきます。あなたは自然の中で、自然をいわば追創造する（nacherschaffen）ことによって、自然の隠された技法に精通しようと努力されています[65]」。

シュタイナーも指摘している通り、この「追創造 nacherschaffen」というタームこそが、ゲーテ的世界観の要諦をなしている。「直観的思考」を通じて、自然の創造行為に能動的に関わることが求められるのである。

六　自然認識（Naturerkenntnis）から自己認識（Selbsterkenntnis）へ

さて、右のシラー書簡では、自然認識と「自由」の問題の関係を導くに際して、注目すべき事柄が記されている。すなわち、単純な有機体の構造を解明することから出発し、最終的には人間を「自然という構造全体から再構築」するという観点である。まさしくこの言葉の内に、自然認識が人間の自己認識へと通ずることの理由が示唆されている。「人間は事物に対立する時、自由でないと感じ、自然の合目的性を自らがどうしても従わざるをえない硬直した必然性として感じる。自然の力とは、人間自身の中にも活動しているのと同じ精神の形式以外の何物でもないということに気づく時にはじめて、自らが自由に参与しているのだという理解が人間の中に芽生える。自然の法則性は、それがよそよそしい力として見なされるかぎりにおいてのみ、強制として感じられる。自然の本質の中に入り込んで生きる場合には、自らの内面においてもまた活動する力としてそれを感じとり、また事物の生成と本質の中でともに生産的に活動する要素として自分自身を感じる[66]」。

すなわち、自然の内に作用している必然性は、人間の内にも例外なく作用している。ここにおいて、われわれの内に存するそうした必然性を直観すること＝自己認識の問題へと移行することになる。シュタイナー初期の論文「自然と我々の理想 Die Natur und unsere Ideale」ではそのことが詩的に語られている。

「我々は自由だと自惚れてはいても、実際は、自然の鉄の必然性に従属している。我々の抱懐する最も崇高な思想といえども、我々の内部を盲目のままに支配している自然の産物にすぎないのだ―このように反論を加える人もいよう。しかし、自己自身を認識する存在は不自由ではありえない、という事実を我々はやはり認めるべきであろう！　確かに、法則の網の目が事物を覆っている。そして、それが必然性を産み出している。しかし我々は、認識活動によって、事物から自然の法則性を抽出する能力を所有している。これでもなお、我々は自然法則に意気地なく従うだけの奴隷にすぎないのか？」(67)。

かくして、シュタイナーにとって、無機的自然を論じ、有機的自然の認識へと論を進めるという叙述の過程は、自然科学から精神科学の問題へと移行するための下準備だったということになる。有機体の認識を論ずることは、人間の自己認識の問題に言及する上での前提なのである。

以下、自然認識から自己認識への移行の問題を論ずる際に、シュタイナーのゲーテ理解に甚大なる影響をあたえたシラーの存在を顕在化させたい。

七　模範としてのシラー

第I部において言及した通り、シュタイナーは常にシラー哲学を補助線にしてゲーテを読み解いていた。『ゲーテの認識論』から今一度、そのことを示す箇所を引用しておこう。シュタイナーは、「ゲーテの精神性の偉大さをシラーほどはっきり見抜いた人はいない[68]」として、次のように述べる[69]。

「私たちは、ゲーテの学問的思索を、シラーが模範を示してくれた方法によって観察したい。ゲーテが見ているのは自然であり人生である。その際ゲーテが従っている観察方法こそが私たちのこの論述の内容となる。シラーが見ているのはゲーテの精神である。そしてその際シラーが従っている観察方法こそが、私たちの方法の規範である[70]」。

「ゲーテが従っている観察方法」そのものがゲーテ自身によって解き明かされることはなかったのであり、ここでゲーテ的方法を解き明かすことが、シュタイナー自身の課題として掲げられている。その際に、シュタイナーにとって模範となったのがシラーであった[71]。

シラーを範としてゲーテを読み解くというシュタイナーの方法は、第Ⅰ部で論じた通り、彼のゲーテ自然科学研究に限定されることではない。自然認識の問題を人間の自己認識の問題へと応用するに際して、シュタイナーはシラーの基本構図（『美的書簡』の構図）を用いたのである。ゲーテ自然科学を精神科学の問題へと応用する際、ゲーテ的世界観を背景として「自由」を論じたシラーの構図は不可欠であった。

こうして、シュタイナーにとって、ゲーテ的認識は、単に自然認識にとってのみならず、人間の自己認識、ひいては「自由」獲得のために必須のものとなる。「ゲーテの自然考察は、非有機物から有機物へと自然の生成を段階的に辿ることによって、自然科学を徐々に精神科学へと移行させる性質を有している[72]」。

かくして、シラー的美的人間形成論を思想的背景に据え、シュタイナーは、ゲーテ自然科学から抽出した「直観的思考」を人間の自己認識の場面に応用した[73]。自然科学の方法が忠実に保持されるならば、精神領域の認識へと導かれると考えたのである（「自然に迫るゲーテ独特の方法を心魂のいとなみに転用すると、精神科学に到るのを人々は感じます」(74)。だが、ゲーテ自身はそうした問題を論ずることはなかった。「ゲーテは自己認識に対して忌避する気持ちをもっていたために、彼は自由の直観にまで到達することがなかった。もしそうでなかったならば、自由な、自己自身に根拠を置く人格としての人間の認識が彼の世界観の頂点になったであろう」(75)。

さて、人間の自己認識に関する問題(=「自由」の問題)は、シュタイナー思想においては「道徳」の問題と密接な連関を有する。そのため精神科学の問題を論じなかったゲーテから、シュタイナーは「自由」の問題のみならず、「道徳」の問題も導き出すことができなかった。この点について、マクダーモットは次のように述べている。「シュタイナーの道徳性に対するアプローチは、彼がゲーテと共有した科学や芸術に対するアプローチと類似したものである。だが、道徳性については、ゲーテから影響を受けなかった。シュタイナーの道徳哲学は、ゲーテが取り上げなかった段階に基礎を据えている。……シュタイナーは道徳的生活に超感覚的知覚を応用するなかで、ゲーテを超えたのである」(76)。

ゲーテ自然科学研究の意義は、それを精神科学の問題へと移行させることではじめて、人智学的問題となる。「自然の領域についてのゲーテの理念は、現にそれが体験されるならば、私によって述べられた人智学的な認識に必然的につながっていくということ、しかも、ゲーテ自身は実際にはやらなかったことであるが、自然の領域の体験を精神の領域の体験に移行させていくことによってそれが可能であるということ」(77)。そしてその応用可能性を示したのが、他ならぬシラーだったのである。

八　ゲーテ自然科学からゲーテ文学へ

自然認識から自己認識へ。これは、ゲーテ自然科学からゲーテ文学へという過程とパラレルである。ゲーテは彼の諸々の自然科学論文において、有機体の認識については分析を行ったが、人間の自己認識の問題について積極的に議論を展開しなかった。しかしながら、ゲーテは論理的形式では示さなかったものの、そうした問題については彼の文学の内に記されている。そしてシュタイナーは、ゲーテ自然科学の十全なる理解なくして、（人間の自己認識の問題を扱った）ゲーテ文学を理解することはできないと考えた。

「ゲーテの文学の完全な内容を理解しようとするならば、彼が自然の現象から受け取っていた印象を知らなければならない。彼が創造の本質と生成から聞き取っていた秘密は彼の芸術的な創作の中にも生きており、それは、詩人が自然について語っていることに耳を傾ける者にのみ明らかになる。ゲーテの自然観察に無知な者には、ゲーテの芸術の深みに深く入り込んでいくことはできない[78]」。

そうしたテーゼは、自然認識なくして自己認識（「自由」獲得）へと至ることは不可能とする人智学的人間形成の問題と正確に一致する。

そもそも、人間は誕生以来、認識活動によって世界と対立するようになる。人間はまず最初に、感覚的見方に到達する。しかしそうした感覚的な見方は認識作用の前哨地にすぎない。世界は本性を秘めているのであるが、人間は、差し当たってはこの本性に到達できない[79]。

したがって、われわれはゲーテ的認識により、世界認識のあり方を変容させなければならない。その変容なくして、ひいては「自由」の獲得も不可能となる。「人間にあっては、自己の真の存在、すなわち真の自己意識はあらかじめ与えられているのではなく、意識が自己を理解した時に初めて獲得される。人間における最高の価値、すなわち自由は、それに相応しい準備を終えた後に初めて理解される」[80]。自己認識のための準備として、われわれはゲーテ的認識の獲得＝自己の変容が求められるのである。

かくして、シュタイナーはゲーテ自然科学から析出された認識論によって、われわれは必然的に自己認識の問題に導かれると考えた。そして、人間が自己を認識し、「自由」へと至る道を示すことが『自由の哲学』の主要問題となった[81]。そしてこうした事情から、シュタイナーは『自由の哲学』の扉に「自然科学の方法による心の観察結果」という副題を掲げたのである。というのも「もし自然科学の方法が、霊的領域に対して誠実に適用されるなら、この方法は霊的領域を認識するのにも有効だからである」[82]。

そして、シュタイナーは、初期ゲーテ研究の集大成とも言える『ゲーテの世界観』（一八九七）を世に送り出した。だが、『自伝』において、彼はその中で精神世界に関する問題には一切触れなかったと告白している[83]。第Ⅲ部において詳述するが、シュタイナーは、ゲーテが自然科学研究を通じて明示しなかった諸問題（人間の自己認識の問題など）は、ゲーテ文学において示されていると考えた。『ゲーテの世界観』の新版に付された「あとがき」において、彼はゲーテ文学を読み解く中で、人智学的世界観がより十全に明らかになると述べている[84]。

第Ⅰ部で詳述した通り、思想研究者から霊的指導者へと転回するその転換期において、シュタイナーはゲーテ文学の内に、自身のさらなる問題を追求するための足がかりを見出した。人間の自己認識をめぐる問題圏は、ゲーテによって論理的形式で示されることはなかったものの、彼の文学（とりわけ『メールヒェン』及び『ファウスト』）の内に示されていることを見出し、そこに彼は霊的指導者として歩んでいく上での一つの指針を得ることとなる。

かくして、ゲーテ自然科学研究者から人智学者への移行は、思想研究者から霊的指導者へのシュタイナーの転回と正確に重なる。一九〇〇年に神智学協会の会員に向けてゲーテ文学の秘教的意味について講演したことが彼の転機となり、その講演が大反響を呼んだことで、以後、シュタイナーは本格的に霊的指導者への道を歩んでいくことになる。

以上、第五章では自然認識と「自由」獲得の問題をめぐって、両者がいかなる連関を有するか、その解明を試みた。人智学的人間形成論において「自由」獲得の必須要件である自己認識は、ゲーテ的自然認識を基盤として可能となるのであった。したがって、われわれは第一に通常の認識から、（有機体の内に常に現われ出ている「原型」を直観的に把握する）ゲーテ的自然認識へと至らねばならない。この変容なくして、自己認識の道は拓かれない。この意味でゲーテ的認識の獲得は、「自由」獲得の前段階ということになる。[85]

ゲーテが感覚界に常に超感覚的なものの現れを認識していたこと、両者を不可分のものと捉えたこと、こうした視座がシュタイナーにとって依拠すべき認識論的基盤となった。「直観的思考」を通じて、感覚界に常に既に現われ出ている超感覚的世界の作用を認識することがなければ、われわれは真に世界と関わることができない。[86]さらには、ゲーテ的自然観を地盤とするならば、自然の一部である人間もまた超感覚的なるものの現れとなる。人間は、自然必然性に無自覚に支配されている他の存在とは異なるのであり、自己認識により自然必然性への盲目的追従状況を脱し、「自由」へと至ることができると考えられたのである。

そして、ゲーテ自然科学を思想的基盤とする人智学において、目指されるべきは決して現実逃避・厭世主義ではない。自然認識から出発することで、われわれは感覚的世界から離反する必要がないのである。「ゲーテは世界の事物のなかに精神を探求しました。別世界のなかに精神を探求することを、彼は拒みます。精神に到るためにはこの世界から出ていなくてはならないという感情がすでに精神を欠いたものだ、と彼は感じました」[87]。この点についてヴェーアは次のように述べている。「シュタイナーが、ゲーテに依拠して明らかにしたように、霊的な契機は、現象の「背後」に求める必要はなく、認識主体に対しては、むしろ現象の内に明示されているのである」[88]。

自然現象に対する徹底的な沈思だけで、自然の内に存在する精神的なるものの直観的知覚に至ることができると考えられたのである。

註

(1) Wilson 2005, p. 13＝一九九四、一六頁。
(2) 浅田 一九九一、一八五頁。
(3) Wilson 2005, p. 89＝一九九四、一三七頁。
(4) Steiner 2005a, S. 9＝二〇〇二、一二頁。
(5) Steiner 2000, S. 54＝一九八二、五四頁。
(6) Steiner 1985d, S. 15.
(7) Emmichoven 1961, S. 24＝一九八〇、二九頁。
(8) Shepherd 1983＝一九九八、四九頁。
(9) Wilson 2005, p. 49＝一九九四、七三頁。
(10) しかしながら現在、ニュートン以来の近代科学を乗り越えるものとして、ゲーテ自然科学への再評価がなされている。たとえばノーベル物理学賞受賞者である著名な科学者ハイゼンベルクはゲーテ自然科学研究の重要性を指摘している。彼は次のように述べる。「ゲーテにとって、すべての自然科学と自然理解は、感覚への直接の印象で始まります。言いかえると、実験器具によって精錬され、言ってみれば自然から暴力によって抜きとられた個々の現象で始まるのではなくて、私たちの感覚に対して開かれた直接の自由な自然の出来ごとで始まるのであります」。［ハイゼンベルク　一九六七、一三頁］

（11）Wilson 2005, p. 49＝一九九四、七三頁。

（12）この点について、ヘムレーベンは次のように述べている。「若きルドルフ・シュタイナーは、この「忘れられたゲーテ」、つまり、ゲーテの業績のうち、ほとんど人に知られていなかった部分を掘り起こし、時代の要請に応えた」。［Hemleben 1975, p. 39＝二〇〇一、四五頁］

（13）Steiner 1999b, S. 11.

（14）高橋　一九八八、八頁。

（15）Steiner 1993, S. 79＝二〇〇九、一六頁。

（16）Emmichoven 1961, S. 161 ＝一九八〇、二二五頁。

（17）Steiner 2000, S. 112＝一九八二、一一一頁。

（18）Steiner 1999f, S. 13＝一九九五、八頁。

（19）Steiner 2000, S. 151＝一九八二、一五二頁。

（20）高橋　一九八八、九頁。

（21）中村　一九九〇、一四頁。

（22）Kindermann 1952, S. 68.

（23）Hörner 1995.

（24）Koepke 2002.

（25）Steiner 1999b, S. 9.

（26）Shepherd 1983, p. 53.

（27）Steiner 2000, S. 117＝二〇〇八、八八頁。

（28）Emmichoven 1961, S. 160＝一九八〇、二二四頁。

(29) この点についてシェパードは次のように述べている。「シュタイナーはゲーテの世界観を説明しているときに、自分が解読しているのは、ゲーテの著作に内在しているのだが、ゲーテ自身は完全には気がついていなかった事柄であることを知った。直接に霊界を知覚する自らの能力に基づいた独自の認識理論を生み出すことにより、ゲーテが得た真理をさらに発展させることがシュタイナーの役目となった」。[Shepherd 1983, p. 47 = 一九九八、六〇―六一頁]

(30) Steiner 1985d, S. 141.

(31) Steiner 1999b, S. 28 = 一九九一、三二頁。

(32) *Ibid.*, S. 30 = 同書、三四頁。

(33) *Ibid.*, S. 43 = 同書、四七頁。

(34) *Ibid.*, S. 47 = 同書、五〇―五一頁。

(35) *Ibid.*, S. 63 = 同書、六六頁。

(36) *Ibid.* = 同書。

(37) *Ibid.* SS, 43–44 = 同書、四八頁。

(38) *Ibid.*, S. 48 = 同書、五一頁。

(39) *Ibid.*, S. 77 = 同書、七七頁。

(40) *Ibid.*, S. 48 = 同書、五一頁。

(41) 『ゲーテの認識論』において、シュタイナーは「直観的思考」を単に「直観」と呼ぶ場合が多い。だが、無機的自然における「証明的思考」との区別を明確にするため、以下、「直観的思考」に呼称を統一して論を進めることにする。

(42) Steiner 1999b, S. 91 = 一九九一、九二頁。

(43) *Ibid.*, S. 93 = 同書、九三頁。

(44) *Ibid.*, S. 77 = 同書、七七頁。

(45) *Ibid.*, SS. 92–93 = 同書、九二頁。
(46) *Ibid.*, SS. 134–135 = 同書、一三三―一三四頁。
(47) *Ibid.*, S. 94 = 同書、九四頁。
(48) *Ibid.*, S. 105 = 同書、一〇三頁、一部改訳。
(49) 高橋 一九八二、viii頁。
(50) Steiner 1999b, SS. 104–105 = 一九九一、一〇二頁、一部改訳。
(51) *Ibid.*, S. 108 = 同書、一〇五頁、一部改訳。
(52) *Ibid.*, S. 109.
(53) この点についてシェパードは次のように述べている。「ゲーテは理論には満足せず、繰り返し自然へ戻って、その事実をより深くより詳しく洞察した。自然に関する中心的な観念は抽象的な論理によって得られたのではなく、集中して観察している際に、観念が表象として現れたのだった。シュタイナーによれば、これらの観念は実は、自然の背後にある霊的実在の像であるのだが、ゲーテは抽象化することに我を忘れてしまわないよう、それ以上追求しようとしなかったという。むしろ、繰り返し自然へ戻り、豊かな知覚能力でその現象を観察したのだという」。[Shepherd 1983, p. 47 = 一九九八、六〇頁]
(54) Steiner 1999b, S. 113 = 一九九一、一〇九頁。
(55) *Ibid.*, S. 109 = 同書、一〇五頁、一部改訳。
(56) *Ibid.*, S. 110 = 同書、一〇七頁、一部改訳。
(57) *Ibid.*, SS. 110–111 = 同書。
(58) *Ibid.*, S. 109 = 同書、一〇五頁。
(59) *Ibid.*, S. 107 = 同書、一〇四頁、一部改訳。
(60) *Ibid.*, S. 131 = 同書、一二九頁。
(61) *Ibid.* = 同書。

(62) 思想研究者時代の一八八八年、シュタイナーはウィーンのゲーテ協会において、「新しい美学の父ゲーテ Goethe als Vater einer neuen Ästhetik」というテーマで講演を行っている。そこで示されていたのは、まさに自然認識と芸術的創造が地続きであるということであった。[Steiner 1982b]

(63) シュタイナーはこの点をめぐり『ゲーテの世界観』において次のように述べている。「ゲーテが自然の認識を得るための活動は、本質的には芸術的な活動と何ら異なるところがない。二つの活動は互いに混じりあい、互いに理解しあう。ゲーテの見解によれば、「芸術家が自らの才能に加えて、ひとかどの植物学者となり、根から始まって、植物の繁茂、成長を促す様々の部分の互いの影響に至るまでそれらの部分が規定しあい、相互に作用しあう様を認識し、葉、花、受精、実、および新しい芽が順次成長してくる様を調べ、それについてよく考えを巡らすならば」、芸術家はより成長し、確固たる信念をもつに至るに違いない。「そのような場合には、彼は現象の中から適当なものを選択することによって自らの趣味を示すのみならず、現象のもつ特性を的確に描き出すことによって、同時に我々を驚嘆させ、教えるところがあるに違いない」。したがって、芸術的な作品において、自然の造化の中に含まれているのと同じ合法則性を表現にもたらすことが多くあればあるほど、その作品は完璧であり、それは自然の創造に対応している。あるのは真理の統一的な王国のみであり、それは芸術と自然を包括している。それ故に、芸術的な創造の能力もまた、自然を認識する能力と本質的には何ら区別されるところがない」。[Steiner 1999f, S. 49 = 一九九五、四七―四八頁]

(64) Steiner 1999b, S. 131 = 一九九一、一二九頁。

(65) Schiller & Goethe 2005, S. 34.

(66) Steiner 1999f, S. 84 = 一九九五、八八頁。

(67) Steiner 2000, S. 131 = 一九八二、一三一頁。

(68) Steiner 1999b, S. 23.

(69) 別の箇所でも、シュタイナーは「ゲーテがどのようにして彼の精神的諸力の調和に達したかをシラーは一番よく観察することができた」と述べる。[Steiner 1982, S. 148]

（70）Steiner 1999b, S. 24＝一九九一、二六頁。

（71）小泉はこの点について次のように述べる。「ゲーテがなによりも存在の享受者であったのに対して、シュタイナーはシラーのように観念的であり、教育者、人智学者として理念の世界の住人であったと言えるだろう。しかしシラーが詩人としてのゲーテのもっとも優れた解説者であったのと同じ意味で、シュタイナーも自然科学者としてのゲーテの解説者にうってつけの人物だったのである」。［小泉 一九八一、七〇頁］

（72）Steiner 2000, S. 116＝一九八二、一一五頁。

（73）この点について、シュタイナーは主著の一つ『自由の哲学』において次のように述べる。「直観によって道徳理念を獲得できない限りは、どうしてもそれを他者から受け取らざるを得なくなり、道徳原理を外から受け取る限りは、どうしても自由であることはできなくなる」。［Steiner 2005a, S. 148＝二〇〇二、一九七頁］

（74）Steiner 1993, S. 100＝二〇〇九、三七頁。

（75）Steiner 1999f, S. 94＝一九九五、一〇二頁。

（76）McDermott 2007, p. 41.

（77）Steiner 1999f, S. 213＝一九九五、二三〇頁。

（78）*Ibid.*, S. 10＝同書、四頁。

（79）Steiner 2000, SS. 163–164 ＝一九八二、一六五―一六六頁。

（80）*Ibid.*, S. 178＝同書、一八〇頁。

（81）「『自由の哲学』執筆中に私が常に心を配ったのは、私の思想を叙述するにあたって、内面の体験をこの思想の中核にまで持ち込み、生きたまま保ち続けるということであった。このことは思考に内面的な見方をとる神秘主義的性格を賦与するが、しかしまた一方で、この見方を外面的で感覚的な世界の見方と似たものにする。このような内的体験にまで踏み込めば、自然認識と霊認識の間の差異はもはや感じられない。後者はただ前者が変形されて継承されたものにすぎないことが明白になるからである」。［*Ibid.*, SS. 178–179 ＝同書］

（82）*Ibid.*, S. 179＝同書、一八一頁。

(83) *Ibid*., S. 259.

(84)「とりわけ精神科学的な見地から、ゲーテについて言われるべき多くのことは、『ゲーテのファウストと緑の蛇の童話』に関する私の著書の中に見出される」。[Steiner 1999f, S. 214]

(85) 本書で明らかにした事柄を前提とし、この文脈から「フォルメン線描」、「ぬらし絵」といった、ゲーテ自然科学(形態学、色彩論)を思想的背景に据えたシュタイナー教育の諸実践を再吟味するならば、これらの実践は、「自由」獲得のための準備段階として位置づけられるように思われる。自然認識が自己認識の前提であることに鑑みれば、その実践が「自由」な人間の形成にとって不可欠であることも理解できる。シュタイナーは、教育と授業は、真の人間認識に基礎を置く、一つの芸術になるべきだと考えていたのであるが、自己認識の前提としての自然認識を促す実践として、シュタイナー教育の諸実践を再定位することもできるだろう。

(86) こうしたシュタイナーの思想的傾向性は、霊的指導者時代に至っても一切損なわれることなく保持されている。たとえば、主著の一つ『いかにして超感覚的世界の認識を獲得するか』においてシュタイナーは次のように述べている。「感覚的に把握しうる世界の本当の価値が、修行以前よりも、もっと深く認識でき、評価できるということは、霊界に参入した者の体験内容のもっとも重要な部分である。この認識と評価は、超感覚的世界の洞察を通して、彼のものになる。このような洞察ではなく、予感だけを通して、超感覚的領域が無限に価値多い世界であることを信じようとする人は、感覚世界の意味を過小に評価してしまいがちになる。しかし可視的な現実の中で必要な体験を獲得することができなければ、不可視な世界の中でも、必要な洞察力を持ち得ない。不可視の世界の中に生きるつもりなら、そのために必要な能力や手段を可視的な世界の中に求めねばならない。不可視の世界を意識化しうるための霊的洞察力、「高次の」世界のための視力は、「低次の」世界での諸体験を通してこそ、次第に形成されていく」。[Steiner 2005c, S. 171＝二〇〇一、二四三頁]

(87) Steiner 1993, SS. 74–75＝二〇〇九、一三頁。

(88) Wehr 1972, S. 98＝一九八二、一六五頁。ここに記されている通り、ゲーテ的な認識論的基盤は霊的指導者時代に至っても揺らぐことはないのである。

6章　思想研究者シュタイナーのニーチェ研究

一　シュタイナーとニーチェ

第五章では、シュタイナーとゲーテ自然科学、両者の思想的連関を明らかにし、ゲーテ的自然観がいかなる意味において人智学に基盤をあたえるものとなったのか、その内実を解明した。第六章では、シュタイナーがその思想的草創期に従事した諸々の研究のうち、彼のニーチェ研究を取り上げる。

一見するところ、超感覚的世界の実在を認め、その認識の必要性を説いたシュタイナーと、背面世界を破壊し、あらゆる超感覚的原理を唾棄したニーチェの間には、思想的に架橋不可能とも思える断絶が存するように思われる。コリン・ウィルソンはこの点について「シュタイナーとニーチェほど共通点のない二人の思想家は他に例がない(1)」とさえ述べている。

しかしながら、かかる一般的見解とは裏腹に、シュタイナーのニーチェへの傾倒ぶりには瞠目させられるものがある。実際、シュタイナーは、ニーチェ思想を高く評価し、それが自身の思想と多分に親和的であることを随所で指摘している。そして、高橋巖が述べているように、シュタイナーは基本的にニーチェを全面肯定していた[2]。

また、重要な伝記的事実として、シュタイナーとニーチェの歴史的接点が挙げられる。シュタイナーはニーチェの妹エリーザベト（Therese Elisabeth Alexandra Förster-Nietzsche 1846–1935）の依頼を受けて[3]、ニーチェ蔵書目録を作成し、さらには、ニーチェ思想についてエリーザベトに個人的教授を行った[4]。そうした縁もあり、エリーザベトの許しを得て、シュタイナーは、一八九六年一月二十二日、病床のニーチェと対面している。彼の『自伝』には、その時の様子が克明に記されている。印象的な場面のため、少し長くなるが、該当箇所を引用する。

「その部屋の中で狂えるニーチェは、芸術家であり同時に思想家である驚くほど美しい額を顕して、休憩用ソファーに横たわっていた。午後も早い頃のことである。正気が消え失せていながら、なお魂がこもっていると感じられる彼の両眼は、彼の魂の中に入り込むことができないでいる周囲の像を、それでもなお映していた。人がそこに立っていても、ニーチェにはそのことがまったく分からなかった。しかしそれでも人は彼の理知的な顔立ちを見ていると、それは午前中ずっと思索を営んでいた人の、今暫時休憩せんとしている表情にも思えるのだった。私の心が受けた内的衝動は、この天才に対する理解へと変じていくかのように思われた。彼の眼差しは私に向かっているものの、私を見てはいなかった。このじっと動かぬ視線の表す受動性は、己れの眼差しに対する理解を人に呼び覚まし、その眼差しにぶつからずとも眼が有する心の力を及ぼすことができるのだった。……私はかつてニーチェの書いたものに感嘆した。しかし今私は現実の感嘆の対象として、明るい光を放つ一つの姿に見入っているのだった[5]」。

シュタイナーはニーチェとの対面を深い感動を持って回顧している。彼はニーチェとの面会の場面を『自伝』にて詳細に振り返っており[6]、その面会は彼にとって「忘れられない体験[7]」となった。

ホフマンは、シュタイナーがニーチェに関し、五〇〇以上もの箇所で言及している事実を取り上げているが[8]、そうした事実はシュタイナーのニーチェへの傾倒を示す一つの指標となろう[9]。しかしながら、その言及の数を示すよりも、端的に、『ニーチェ』中の以下の一節から、シュタイナーの並々ならぬ傾倒ぶりを見てとることができる。

「彼［ニーチェ　註：筆者］がショーペンハウアーとの関係について語った言葉を、私は自分とニーチェとの関係について言いたい。「私はニーチェの読者である。第一ページを読んだとき、すべてのページを読み通し、彼の語ったどの言葉も傾聴するだろうと、はっきりと知る読者の一人である。私はすぐに彼を信頼した。……分かりやすく、しかし厚かましく、愚かしく表現すれば、彼が私のために書いたかのように、私は彼を理解した」。そのように語ることができる[10]」。

シュタイナーは、ニーチェの内に自身に内在する理念と同質のものを読み取ったがゆえに、「彼が私のために書いたかのように、私は彼を理解した」と言えるほどの共感を示したのであろう。ニーチェ理解の妥当性に対する彼の自信は相当なもので、ニーチェと出会う以前の段階（『ゲーテの認識論』）で既にニーチェと同様の思想に到達していたとさえ述べている。

「六年前にフリードリッヒ・ニーチェの著作を知ったとき、彼と同様の理念が、すでに私のなかに形成されていた。私はニーチェとは別個に、彼とは別の道で、彼が『ツァラトゥストラ』『善悪の彼岸』『道徳の系譜』『偶像の黄昏』において述べたことに一致する見解に到った。一八八六年の私の小著『ゲーテ的世界観の認識論』のなかに、右に記したニーチェの著作と同じ志向が表現されている[11]」。

そうしたいささか過剰とも思える彼の自負をめぐり、本研究においてその理解が妥当か否かは問題にしない。そうではなく、ここではシュタイナーのニーチェ理解に対する自負を逆手に利用する。本章で見ていく通り、ニーチェ思想特有の形式（アフォリズム）は、しばしば、その解釈を通じて読み手自身の思想的傾向性を映し出す試金石となる。つまり、「ニーチェ」という試金石によって、シュタイナー思想がニーチェに翻訳され、その構図がニーチェを通じて浮き彫りになるのである。これにより、本研究の目的（人智学に依らずにシュタイナー思想を解明する）達成のための方途が得られる。

だが無論、シュタイナー思想の全体像が、ニーチェによって理解可能となるわけではない。彼の思想は、ニーチェの問題圏を超え出る要素を多分に含んでいる。だが、網羅的に理解可能とはならないまでも、本研究の方法により、人智学的人間形成論の核心部（「自由」獲得の問題）へと接近可能となる。「自由」獲得の問題がニーチェ論分析（とりわけ「超人」思想への言及）を通じて明らかになるのである。

ところが、そうした意義を有するにも関わらず、シュタイナーとニーチェ、両者の思想的連関について、先行研究で十分に論じられることはなかった。両者の関係が伝記的事実として取り上げられることはあっても、本研究と同様の問題関心を有する研究はまだない。ウェルバーンは、シュタイナーがニーチェの内に「解放の知識」を見出したと述べ、『自由の哲学』（シュタイナー四大主著の一つ）とニーチェ思想の関係を示唆している[12]。同様に、ジーモンス[13]、ボック[14]、スワシャン[15]、リンデンベルク[16]も、ニーチェ思想と『自由の哲学』の連関を指摘している。だが、それらはあくまで示唆に留まるものにすぎない。我が国においては、森本がシュタイナーとニーチェの比較検討を試みているが、これもまた両思想の同質性を示すに留まるものであり、十分な検討を試みているとは言いがたい[17]。そうした現状を受け、本研究ではシュタイナーとニーチェの思想的連関を丁寧に読み解いてゆくことにする。

さて、彼のニーチェへの傾倒の理由を辿っていくと、意外なことに、そこにゲーテの存在が浮かび上がってくる。結論を先取りすることとなるが、シュタイナーはゲーテ自然科学研究を経由してニーチェに対し肯定的見解を持つに至った。ニーチェへの傾倒の背景には、彼のゲーテ自然科学研究が潜在していると考えられるのである。確かに、シュタイナーは、時系列的にみて、ゲーテ自然科学研究を経て、ニーチェ研究へと従事するに至った。この点を重く捉え、本研究では、最終的にシュタイナーとゲーテ自然科学の関係にまで遡ることにより、シュタイナーの「自由」の哲学を根底で支えるゲーテ的自然観を顕在化させたい。

なお、本章では、特にシュタイナーがニーチェについて体系的に論じたテクスト、『ニーチェ—同時代との闘争者 *Friedrich Nietzsche, ein Kämpfer gegen seine Zeit*』(一八九五　以下、『ニーチェ』と略記)に焦点を当て、分析を試みる。

まずは、その予備的作業として、『ニーチェ』がシュタイナー思想の逆照射のためのテクストとして、いかに恰好のものであるか、ニーチェ哲学の性質について示す中で明らかにしたい。ニーチェ思想は、その表現形式が先天的に内在している性質により、シュタイナー自身の思想を照らし出すための恰好の素材となる。

二　ニーチェの形式

(一)「アフォリズム」の誕生

ニーチェ哲学についてはこれまで多様な（無数の）解釈が提示されてきたが、周知の通り、定説と呼ばれるようなものはいまだ存在しない。その最大の理由は、ニーチェがいわゆる体系を示さなかったからである。形の上では断片をしか語らなかったばかりか、その断片同士が相矛盾すると思われるような姿をとっている。[18] ピヒトは、哲学的文献には、ニーチェのごとき哲学叙述の形式は他に例がないと指摘し、さらに次のように述べる。「読者はまず戸惑い、恣意や気紛れ、勝手放題という印象を受ける。詩的な語り方と分析的な鋭い思想との間の揺れが、分裂した印象をあたえて、哲学者の厳密さにも詩人の自由奔放さにも不足している一種の合いの子—まさに〈詩人哲学者〉が語っているのではないかという疑念が生まれる[19]」。

ニーチェ自身、自分はすべての体系家を信用しないと述べ、「体系への意志は誠実性の欠如である[20]」とまで言い切る。ニーチェ独特の激しさを伴った体系化拒否の宣言は、他方、多くの「アフォリズム」による表現形式と結びつけられて、彼の思想の非体系的性格を一般に印象付ける。フィンクは、ニーチェの哲学は依然「隠蔽されたまま」であったと述べ[21]、またハイデガーは、ニーチェの哲学的計画は、『ツァラトゥストラ』の時期とほぼ同時に成立しながらも、それに基づく彼本来の哲学は、出版された諸々の著書においては決定的な形態をとるに至らず、遺稿『力への意志』の中に残されたままであると述べる。[22]

しかるに、ここで一つの疑問が生ずる。ニーチェが精神の崩壊に至らず、仮に彼が思想の体系的叙述を試みたとして、果たして彼はその試みに成功しただろうか。そもそもニーチェ哲学は体系化によって把捉しうるものなのであろうか。(以下の論述で明らかにするが)ニーチェ哲学の「アフォリズム」形式は、そもそも先天的に体系化とは相容れない可能性を孕んでいる。

そこで、以下、まずはニーチェの根本形式である「アフォリズム」の性質について言及するが、その際、特にヤスパースのニーチェ論を参照する。彼は、ニーチェの「アフォリズム」形式を、体系化を拒絶するものと位置づけた。以下、ヤスパースのニーチェ論(一九三六)を適宜参照しつつ、考察を進めることとする。

ニーチェの作品様式は「アフォリズム(箴言体 Aphorismus)」である。[23] それは彼の生涯を通じて、本質的には変わらない。[24] 初期の著作である『悲劇の誕生』(一八七二)と『反時代的考察』(一八七三—一八七六)は、例外的に、論文形式をとっているが、[25] ニーチェは『反時代的考察』の「当時は私は『雄弁』であることをまだ恥じてはいなかった」と初期の著作の叙述に対して、自己批判的に回顧している。また、後期の著作である『ツァラトゥストラ』は、物語性を持った詩的・哲学的な寓話であり、[26] 一般に、叙事詩として位置づけられているが、個々の章は独立しており、各章相互の連関は、一見するところ希薄である。すなわち、『ツァラトゥストラ』もまた、詩的形式に身を包みつつも、個々の章は潜在的に「アフォリズム」の形式を採っているといえるのだ。『ツァラトゥストラ』は、ニーチェの著作において、唯一、「アフォリズム」の詩的形象化、つまり、詩と「アフォリズム」の融合形式によって描かれた作品と考えられるのである。もっとも、『ツァラトゥストラ』の個々の章には、物語的要素の導入により、統一的意図が通奏低音として存在している。そのため、『ツァラトゥストラ』は、文脈なき「アフォリズム」の集積ではなく、個々の「アフォリズム」が緊密に関係し合い、それぞれがニーチェ哲学の根本問題と直結する、思想的集合体なのである。[27] この点について、レーヴィットは『ツァラトゥストラ』では、脈絡のない沢山の説話ではなく、匿された長い思想の鎖」が問題になっていると述べる。[28]

さて、ニーチェの病気が悪化する一八七六年以降、保養旅行先で「アフォリズム」集が書かれるようになる。「アフォリズム」は、発作の波の合い間や移動の合い間に、断続的かつ即興的に書くのに適している[29]。「いろいろな著想が、路を歩いている間にも、彼［ニーチェ　註：筆者］を見舞った。彼は最後の十年間は、午前と午後の大部分を野外で過ごし、折にふれて手帳に記入した。そして家に帰ってから、それを慎重な文体でノートに書き下ろした[30]」。こうした状況下において夥しい量の思想の断片が生まれた。刊行されたものとほぼ同量のものが死後に残され、遺稿として出版された。

しかしながら、止むなき事情から採用されることとなった「アフォリズム」形式に、積極的意味が見出される。ヤスパースの解説を参照しよう。彼によれば、ニーチェはそこで一つの課題を作り出したという。「近代人は、彼らが職務上の要求から解放されるときである旅行中だけ、心のくつろぎを得る。それゆえ一般の見解を変えようとする者は、旅行者を相手としなければならない[31]」。このような反省から一定の伝達形式が生ずる。「長く引き延ばされた思想体系は旅行の本質に反する—通読するのではなくて、しばしば繙いて読むような書物が必要だ[32]」。こうした見方を決して反復しはしなかったが、ニーチェは後に至って別の弁明を見出したとヤスパースは述べる。「簡単な言葉の在る物は、多くの長期にわたって考えられたものの果実や収穫物であることがある[33]」。

かくして「アフォリズム」の形式は、本質的なものの伝達に必要な形式となる[34]。「或る事柄は、それが単に刹那的に触れられたにすぎないということだけで、もう本当に不可解であるのだろうか。少なくとも、刹那的にしか捉えられないような真理があるものだ[35]」。それゆえ「最も深い、不滅の事物は常にかのパスカルの『パンセ』がもつアフォリズムの性格を、したがって或る刹那的な性格を、もつであろう[36]」。ニーチェは最後まで、この形式に依存した。「アフォリズムや格言に関しては、私はドイツの大衆中第一人者なのであるが、このようなアフォリズムや格言は「永遠性」の形式である。私の名誉欲は、他の人びとが一冊の書物で述べることを—他の人びとが一冊の書物で言えないことを—十の文章で述べることだ」[37]。

(二) ニーチェ哲学における矛盾の意味

再びヤスパースを引用しよう。彼は、もしわれわれがニーチェ哲学から体系を取り出そうと試みるなら、解決されえない問題に座礁するだろうと述べる。「取り出されたものはそれが非常にうまく成功した場合には、それから後に意識される全体よりも優れたものであり、一つの新しいものでありうるだろう」[38]。しかし多くの場合、それは劣ったものとなる。なぜならそれは忘れたり、看過したり、除外したりするに相違ないからである。

ヤスパースによれば、「ニーチェの真理は、何処かの段階にもなく、終極にもなく、初めにもなく、或る高所にもなく、むしろ進行過程全体のうちに存する。そしてこの進行過程においては、或る地点における真理のあらゆる在り方は、それ独特の意義をもっているのである」[39]。この進行を通じて現象する全体者の結合力は、ヘーゲルにおけるように、体系としての著作によっては表現されなかった[40]。それゆえ、ニーチェの体系は集合的構成によっては獲得せられない[41]。

ニーチェは個々のものについて一つ一つ観察し、そしてこの観察を通じて、真理というものは素朴な反定立や二者択一の内には見出されないということをわれわれに教える。すなわち、真理と真なる存在ははじめて矛盾において現われることができるのである。「最高の人間は存在の対立的性格を極めて強く示しているような人間」であり、「凡庸な人間は、対立の緊張が増加するや否や滅亡するような人間である」[42]。そこでニーチェは次のように言う。「最も賢明な人間は—時々彼の壮大な不協和音の偉大な瞬間をもつところの—最も矛盾に富める人間であるだろう」[43]。

以上、ヤスパースのニーチェ論を参照しつつ、ニーチェ特有の表現形式たる「アフォリズム」形式の特質を確認した。「アフォリズム」は体系化とは相容れない形式である。体系化は矛盾の排除へと向かい、また、細部を看過し、対立項を除外する。対して「アフォリズム」においては、矛盾しながらの同居が可能である。個々の「アフォリズム」は簡潔に物事の核心を言い当てる。また、文脈依存的でなく、ありのままの一場面を密封する。

三　シュタイナーのニーチェ論――試金石としてのニーチェ

したがって、そうしたニーチェの叙述形式は、あらゆる体系化を拒絶することとなる[44]。たとえ、ある一貫した筋でニーチェの「アフォリズム」を繋ぎ合わせ、説得的な分析を達成しえたとしても、それは彼の思想の一側面を照らし出しているにすぎず、見落とされ、捨象された要素が必ず存在するのである。ヤスパースの議論を前提とするならば、ニーチェ思想の体系化を目指すすべての試みは、既に先天的に失敗に終わる運命にあると考えられるのである。

前置きが長くなったが、ここでようやくシュタイナーのニーチェ論へと移行することができる。先に引用した通り、シュタイナーはニーチェの内に、自身の思想と同一の理念を読み取ったと告白しており、深い傾倒のもと、『ニーチェ』を書き著した。しかしながら、ニーチェ思想の性質に鑑みるならば、他の諸研究同様、シュタイナーの「ニーチェ論」もまた、それが一つのあるまとまったニーチェ像を描き出している以上、ニーチェ解釈としては、先天的に不完全なものとならざるをえない。

ところが、『ニーチェ』をシュタイナー思想を読み解くためのテクストと位置づけるならば、事態は一変する。それは、無数に存在するニーチェ解釈の一つとしての消極的位置づけを脱し、シュタイナー思想の逆照射を可能にする試金石と化すのである。ニーチェ思想は、無数の解釈を許すがゆえに、そこにいかなる理念を見出すかによって、逆に解釈者自身の思想を映し出してしまうのである。三度コリン・ウィルソンを引用するならば、彼が指摘しているように、「シュタイナーがニーチェの中に見てとったものの多くは、シュタイナー自身の反映(45)」といえるのである。したがって、シュタイナーの『ニーチェ』が、ニーチェ解釈として妥当かどうかは問題とならない。シュタイナーがニーチェ思想のいかなる点に着眼し、そこにいかなる解釈をあたえたかを読み解くことは、シュタイナー思想を解き明かすことと同義と考えられるのであり、本研究ではあくまでもシュタイナー思想解明のために『ニーチェ』を解読する。

四　シュタイナーは「超人」をいかに読み解いたか——ニーチェ「超人」思想への賛同

では、シュタイナーは、ニーチェをいかに読み解いたか。一八九五年に発表された『ニーチェ—同時代との闘争者 *Friedrich Nietzsche, ein Kämpfer gegen seine Zeit*』を中心に読み解いていく。

ここで焦点化するのは、とりわけ彼がニーチェの「超人 Übermensch」をどのように解釈したか、という点。彼が『ニーチェ』で中心的に取り上げるのは、ニーチェ後期のテクスト『ツァラトゥストラ *Also sprach Zarathustra*』である。彼は『ニーチェ』初版の序文において、「ニーチェの努力の究極の目標は『超人』類の描出にある[46]」と述べ、この類型の性格を定めることこそが、『ニーチェ』の主要課題であると告白している。そして、シュタイナーは、「超人」思想の内に、自身の「自由」の哲学との通底を見てとり、その思想に共鳴している。そして彼は「自由」をめぐる問題について、「超人」思想に賛同する形で論じている。以下、彼が「超人」思想のいかなる点に賛同したか、その内容を三点にまとめる。

第一に、「自由」獲得に至る過程の問題。周知の通り、『ツァラトゥストラ』は、超人となるために（「自由」獲得のために）、人間の精神は、三段階の変容を経験せねばならないことを示した。有名な三変の思想である。ニーチェは、人間の行為を制限するすべてのものを脱皮するようわれわれを導こうとしているのであり[47]、端的に人間性それ自体が脱皮されるべきであることを訴えた[48]。この変容の内実を端的に言い表したのが「世界を失った者は自分の世界を獲得する[49]」という『ツァラトゥストラ』中の言葉である。

自らの世界を獲得すること、このことが「超人」に至るための要件となるのであるが、そのために人はまず彼の世界を失わなければならない。精神の第一段階（駱駝の段階）において、われわれの精神は、「自分に課せられたものを徳と呼ぶ[50]」。この段階において、「精神は自分の道を行かず、自分が仕えるものの道を行く[51]」のであり、「不自由な精神は、因習に従って決断する[52]」。ニーチェは、われわれに徳や因習を課すもの（言い換えるならば、超感性的な形而上学的諸価値）から意味や価値をあたえられた状態を駱駝の段階と位置づけ、これを脱却すべき段階とみなした。超感性的な諸価値は、生を確保し、高揚させるのに役立つか否かを見極めるための単なる目安でしかない。生を促進するかどうかが、最大の基準なのであり、ニーチェは、たとえば、判断のための論理的証明の根拠に重点を置かなかった。「彼にとっては判断を論理的に証明することではなく、その判断の影響下にいかによく生きるかが重要である[53]」。シュタイナー＝ニーチェは、共に「自由」へと至るためにまずもって彼を外的に規定する「世界」を喪失する必要性を訴えたのである。

第二に、「世界の喪失」の意味付けの問題。右で述べた通り、ニーチェはヨーロッパの文化形成を導いてきた超自然的、超感性的諸価値を唾棄すること（世界の喪失）が、「超人」への端緒を開くと考えた。それはまた「背面世界 Hinterwelt」に支配された「世界」の喪失と換言できるのであった。木田元が指摘している通り、「かつて〈真の世界〉に対して〈仮象の世界〉と呼ばれていたもの、いまはそれがすべてなのである[54]」。

したがって、ニーチェにとって「世界の喪失」は、決して厭世主義、現実からの逃避を意味しない。それどころか、それは真に現実を肯定するために不可欠の一過程である。シュタイナーもまた、世界からの逃避はあくまで、過渡的段階にすぎないという点を殊更に強調し、ニーチェに賛同する。つまり、世界の喪失それ自体を目的としてはならないのである。このことは、「哲学者」、「僧侶」（彼らは「超人」の対極に位置づくとされる）についての分析の内に示されている。

まずは、「哲学者 Philosoph」について、『ニーチェ』では、次のような分析がなされる。シュタイナーによれば、「哲学者」が自らの理論の中で述べていることは、彼自身の尺度で測ったことにすぎない。彼は生からの離反を説くのだが、それは確かに「哲学者」にとっては有効である。「彼［「哲学者」註：筆者］は自分の複雑な思考の道を現実ごときに横切られたくない[55]」と考えているがゆえ、彼らにとって現実からの脱却は極めて有益なのである。そして、「哲学者」が現実から背を向けることで、彼らの思考はいっそう勢いづくこととなる。シュタイナーは、これにより、彼らが生に対する敵対感情をあらわにしたとしても、何の不思議もないと述べる。かくして、「哲学者」が生に対する反感を学説に仕立てあげ、それを支持するようすべての人々に働きかけるまではあと一歩である[56]。シュタイナーによれば、たとえば、ショーペンハウアーはこれを行ったのである。彼は世俗の喧噪が自身の思考を妨げると考えたのであり、「現実に関して反省するのにもっとも適しているのは、人がこの現実から免れている場合である[57]」と感じたのである。しかしながら、これにより、彼は現実についてのすべての思考が価値を有するのは、思考が現実に根ざしている場合に限られるということを忘却した。すなわち、「哲学者が現実から退却することを許されるのは、そうすれば生と離れたところで生じた哲学的思考が、いっそう都合よく生に役立つことができる場合であることを斟酌しなかった」[58]のである。そうして、「哲学者」自身にとってのみ妥当であることを、全人類に対し押し付けるならば、彼は生に敵対する者となる。シュタイナーによれば、「現実逃避を現世肯定的な考えの創造のための手段と見なすのではなく、目的として目標として見なす哲学者は、無価値なものしか創り出せない」[59]。これに対して、「真の哲学者」は表向きでは現実を見捨てるが、そうすることによりさらに深く現実に入り込む者である。[60]「本当の哲学者は、一面では現実から逃れるのだが、それは他面でもっと深く現実のなかに入り込むためである」[61]。ところが、「哲学者」が現世否定それ自体を重んずることも十分にありえるのである。

次に、「僧侶 Priester」について。「僧侶は人間が現実の生活に没頭することを誤りと見る」[62]のだという。そして、高次の力に導かれている生と比べて、この人生を尊重しないよう要求する。現実の生がそれ自身の内に意義を有することを「僧侶」は否定するのである。そして、「彼は時間性の下にある生を不完全なものと見なし、その生に対抗して永遠の完全なる生を持ち出す」[63]。したがって「時間性からの離反と、永遠性、不変性への回心を唱える」[64]のである。

また、「僧侶」は病める者に対し次のように述べる。「君たちが病んでいるこの生は本当の生ではない。この生を病んでいる者たちの方が、この生に執着し浸り切っている健全な者たちより本当の生に到達しやすいのだ」[65]。「僧侶」は、このように言うことによって、人々の心にこの現実の人生に対する軽蔑の感情を育む。そして、最終的に彼は、「真の生に至るために、この現実の生を否定すべきだ」[66]という考えを導き出す。「僧侶」のそうした理念の影響下で、「僧侶」を信奉する者が、人生の軽蔑にとどまらず、人生の破壊を標榜したとしてもそれは当然の結果である。「病者や弱者のみが実際に高次の生に到達できるのだと説教されていると、ついには病や脆弱さ自体が求められることになる」[67]。

『ニーチェ』において、「哲学者」、「僧侶」は、シュタイナーによって以上のような存在として読み解かれる。そうした分析から、シュタイナー自身の思想構造を見てとることが可能となる。彼は「哲学者」と「僧侶」、両者の共通点として、彼らが生からの離反を称揚している点を挙げ、その点を批判的に考察しているのである。

確かにシュタイナー自身は、感覚的世界とは別の、超感覚的世界の重要性を説いた。そしてこの超感覚的世界を認識することを人間の重大な課題とみなした。しかしながら、彼はそうした主張により、決して感覚的世界からの脱却の必要性を説いたわけではない。その離反は、感性界とより深く関わるための一時的否定にすぎないのだ。感覚的世界の否定は、超感覚的世界との交流を果たすために必要な一過程なのである。右に引用した「哲学者」、「僧侶」に関する分析においては、まさにこの点が強調されているのである。

したがって、シュタイナーによれば、より深く現実に入り込むためには、「世界の喪失」が要請されることとなる[68]。「世界の喪失」は「自分の世界」の獲得のための条件となり、かくして「超人」への道が拓かれる。そして、ツァラトゥストラ自身もまた、この過程（世界の喪失→自分の世界の獲得）を辿った。

第三に、獲得された「自由」の内実について。シュタイナーによれば、「永遠の理性の法則」や「神の意志」にのみ服し、他人に由来する法則には屈服しないゆえ、自らを「自由思想家」と呼ぶ人々もまた、ニーチェによって断罪されているという[69]。ニーチェはそうした人間を、「強者 der Starke」とはみなさない。なぜなら、彼らは高次の権威の命令に従っているのであり、自分自身に従って行動していないからである。すなわち、「奴隷が主人の恣意に従うか、神の啓示した宗教的真理に従うか、哲学者の理性の言葉に従うか、どれも言いなりになるという状況に変わりはない[70]」のである。したがって、何が命令するかは問題ではなく、そもそも命令されること自体が重大な問題とされるのである。

そうした「高次の権威の命令に従う」人間は、ニーチェにとって「弱者 der Schwache」とみなされる。「弱者」は自分の善悪の判断を「永遠の世界意志」などに指図してもらう。「弱者は万人に平等の権利を言いわたし、人間の価値を外面的尺度で定めようとする[71]」。

一方、ニーチェにとって「弱者」に対比される「強者」とは、「認識によって事物を思考可能にし、その結果事物を自分に従属させようとする」者である。「彼は自分自身が真理を創った者であること、そして自分の善や悪を創り出すのが、ほかならぬ自分であることを知っている[72]」。

ニーチェによれば、ここでいう「強者」こそが「超人」なのであり、この「超人」こそが真に自由なのである。右記の「弱者」は「超人」に至る単なる通過点にすぎない。

そうした「弱者」の段階は、ツァラトゥストラとて例外なく経験している。彼もまた、かつては「弱者」であったのだ。

「ツァラトゥストラにも、世界の外に住む或る霊すなわち神が、世界を創ったのだと信じていた時があった。満ちたりぬ悩める神をツァラトゥストラは考えていた。神は一時の満足を得るため、悩みから逃れるためにこの世を創ったのだと、ツァラトゥストラはかつて思っていたのだ。しかし彼はそれが自分勝手に拵えた幻影であると見抜くすべを修得した[73]」。

ツァラトゥストラもまた「弱者」の時代を経て「強者」へと至り、現実の意義を認識したのである。

さて、ニーチェは、「強者」の持つ英知を「ディオニュソス的英知 dionysische Weisheit」と呼んでいるのであるが、それは外部からわれわれにあたえられるものではなく、自ら創出した英知である。したがって、彼は神を求めない。「彼がなおも神的な存在として思い描けるものは、彼の世界の創造者である彼自身のみである」[74]。かくして、そうした状態が有機体の隅々にまで及べば、ディオニュソス的人間（dionysischer Mensch）が誕生する[75]。「ディオニュソス的精神は、行動の動機をすべて自らの中から取り出し、外的な力には少しも従わないがゆえに自由な精神と言える」[76]。なぜなら自由な精神は自分の本性にのみ従うからである。「自由」は人間が自分の内側に行為の理由を持ち、いかなる外的な力にも屈服しない場合にのみ実現される。「背面世界」からの外的要請に支配されていては、決して「自由」は達成されない。「背面世界」という架空の原理によって人間のあらゆる行動が規定されていることが問題なのであり、行為の動機を自らの内に見出すことが「超人」の必須命題である。

シュタイナーも指摘する通り、そうした状態は極めて過酷である（シュタイナーは『力への意志』から「近代的な徳や南風のもとで生きるよりも、むしろ氷の中で生きろ！」を引用し、ニーチェはこの命題を生きたと述べている[77]）。したがって、シュタイナーとニーチェ、両者が示す「自由」は、単に自己本位に振る舞うこととは厳然と区別される。それは決して己の欲求の赴くままに活動することではない。「自由な精神は、動物的な衝動を完全に自由に活動させ、あらゆる法律的な秩序を廃止しようという見解の信奉者ではない。単に自分の動物的な本能に従おうとするのではなく、道徳的原動力、自分自身の善と悪を創造することのできる者たちのために、彼は完全な自由を要求する」[78]。

五　ニーチェ思想への不満

では、自分自身の善と悪の創造はいかにして可能となるのか。シュタイナーは、この問題に自覚的であったか否かが、自身とニーチェの思想的な分水嶺になると考えた。シュタイナーにとって、そうした道徳的原動力は、明晰に意識化されねばならないものであった。「人間は個人的な目的を決定するが、意識をもって決意するのである。無意識に発生し、そののちに意識に上る本能に従うか、前以て明瞭な意識で生産された思考内容に従うかは、大きな違いである」[79]。もし、このことに自覚的でなかったならば、因習の奴隷でなくとも、自分自身の本能の奴隷であると断罪されかねない。ニーチェのディオニュソス的人間は、そうした問題性を孕んでいるとシュタイナーは考えた。

もっとも、そうしたシュタイナーの指摘が妥当か否かについては、慎重に吟味する必要があろう。スピンクスが指摘する通り、ニーチェにとって「ディオニュソス的な個人とは、生の過剰に沸き立つ力がよくコントロールされた調和的な表現」[80]である。つまり、後期ニーチェに至って「ディオニュソス」は、アポロン的原理をも取り込んでいるのであった。この点について、ピヒトもまた「ディオニュソス的哲学は、狭義の〈ディオニュソス的〉であるとともに、〈アポロン的〉でもある」[81]と述べている。こうした指摘に鑑みるならば、ディオニュソス的人間を単なる本能への隷属状態とみなすことには問題があろう。だが、シュタイナー思想の理論的解明を本務とする本研究では、そうしたシュタイナーのニーチェ解釈の不備についてはひとまず不問に付すことにしたい。

さて、ここにおいてシュタイナーは、ニーチェにおける自由の問題に関し、その不備を指摘する。すなわち、ニーチェの論述には「道徳的想像力 moralische Phantasie」が欠けていると言うのである。

「道徳的想像力を有する者だけが本当に自由である。人間は意識的な原動力に従って行動しなければならないからだ。そのようなものを自分で生産できないなら、同じものを外的な権威、あるいは、良心の声というかたちで自分のなかで囁く因習から与えられるにまかせねばならない。たんに自分の本能に耽る人間は、動物のように行動する。自分の感覚的本能を他人の思想の下に置く人間は不自由に行動する。自分の道徳的目的を自ら創造する人間が自由に行動する。ニーチェの論述のなかには、道徳的想像力が欠けている[82]」。

シュタイナーは、ニーチェ思想の内に「道徳的想像力」の欠如を見てとった。そして、自らの著書『自由の哲学』においてその解決を図ったのである。彼はこの点に関し、一八九四年十二月二十三日付のパウリーネ・シュペヒト宛の書簡の中で次のように述べる。

「私はニーチェの病気を特別の痛みと共に感じています。なぜなら私の『自由の哲学』がニーチェの傍らを素通りしてしまうことはなかっただろう、と確信しているからです。彼は自分が未解決のままにしておいた多くの問題が私によって敷衍されているのに気づいたでしょう。そして彼の道徳観、彼の背徳主義が私の『自由の哲学』の中ではじめてその画竜点睛を得たこと、彼の「道徳本能」がふさわしい昇華を得、それが私の「道徳的想像力」にまで変容したことを良しとしたことでしょう[83]」。

シュタイナーによれば、ニーチェ思想についてわれわれが考え抜くと、「道徳的想像力」は不可欠であるという考えに至らざるをえないという。そして彼は、ニーチェの世界観に「道徳的想像力」を加えることは一つの絶対的必然であると主張している[84]。スワシャンも指摘している通り、「シュタイナーによるこの著作〔『自由の哲学』註：筆者」が、ニーチェと密接な関係にあるという事実、そして良心に関するニーチェの最も重大な葛藤がこの著作において解決に至っているという事実[85]」は極めて重要である。

六　『自由の哲学』について

ここで一度立ち止まり、シュタイナーの『自由の哲学 *Die Philosophie der Freiheit*』がいかなるテクストであるか、その位置づけを確認しておくことにする。

『自由の哲学』は、『ニーチェ』（一八九五）発表の前年に当たる一八九四年に刊行されたシュタイナーの哲学的主著であり、彼の四大主著の一つに数えられる。ヘムレーベンも指摘する通り、思想研究者時代に著されたこのテクストは、「『人智学』の骨格を、純粋な思想内容として、原理的にすでに含んでいる[86]」。

出版当時、このテクストは理解を得られなかった。出版直後にシュタイナーは敬愛する哲学者エドゥアルト・フォン・ハルトマンに同書を献呈したが、それは送り返されてしまった。再読はしないというメタメッセージである。「欄外には実に丹念に批評や感想が書かれていたが、本の趣旨は全く理解されていなかった[87]」。シュタイナーは自伝において、次のように述べる。「彼［ハルトマン　註：筆者］は理念の源泉ならびに私の目的を完全に誤解していた[88]」。

コリン・ウィルソンが述べている通り、「ハルトマンは、われわれの目に「見える」ものは、言ってみれば幻影であると考えていた。この見方は、人間は自分の頭の中に閉じ込められていて、外界をモニター・テレビで見ているようなものだ、という考え方と似ている[89]」。

シュタイナーが『自由の哲学』で述べようとした問題は、こうしたハルトマンの態度とは全く相容れないものである。シュタイナーは、「感覚界の背後に未知のものがあるのではなく、感覚界のなかに精神界が存在するということ」[90]を『自由の哲学』で示そうとしたのである。シュタイナーにとって感覚界は決して幻影などではなく、それ自体、超感覚的なるものの現われと考えられたのである。

こうした事例に象徴されるように当時読者を得ることができず、後にシュタイナー四大主著の一つに数えられる『自由の哲学』は長年にわたって絶版になっていた[91]。

七　「道徳的想像力」とは何か

さて、議論を本題へと戻そう。『自由の哲学』において提示され、ニーチェ思想を補完するものと捉えられた「道徳的想像力」とはいかなる概念か。「道徳的想像力」についての具体的な叙述を見てみよう。

「自由であるということは、行為の根底にある表象内容（動機）を、道徳的想像力によって自分から決定できるということである。機械的な過程や世界外にいます神の啓示のような私以外の何物かが私の道徳表象を決定するのだとすれば、自由などあり得ない。したがって私自身が表象内容を生み出すときが自由なのであって、他の存在が私の中に植えこんだ動機を私が行動に移せるとしても、それで自由になるのではない。自由な存在とは、自分が正しいと見做すことを欲することのできる存在である[92]」。

人間は、「道徳的想像力」によって、彼の理念の総体から具体的な表象を生み出す際に自由となる。彼の理念を実現するために、自由な精神の持ち主が必要とするものが「道徳的想像力」なのである。それに対し、道徳的説教者（道徳的規則を具体的表象まで凝縮できないで、道徳的規則を紡ぎだす人々）は、道徳的に非生産的であるとされる。彼らはシュタイナーによって、芸術作品がどのようであるかを分析することを心得てはいるものの、最も価値がないものでさえ生み出すことができない批評家と同一とみなされるのである。人間は意識的動機に即して行動すべきであるがゆえに、「道徳的想像力」を持つ者だけが真に自由といえるのだ。そしてもしその動機を自分で生み出せない場合、彼はそれを外部の権威などからあたえられることとなる。「感覚的本能にのみ身をゆだねる人間は獣のように行動する。自分の感覚的本能を他人の思考の下に置く人間は自由を持たずに行動する。倫理的目標を自ら創り出す人間であって初めて自由に行動していると言えるのだ[93]」。たとえば、「おまえの根本命題がすべての人間にも当てはまるような行動をせよ」というカントの命題は、シュタイナーにとって「すべての個的な行為を死へ追いやる」ものである[94]。「すべての人がやるような行動の仕方が私にとっての基準なのではなく、個々の場合に何をしたらいいのかが問題なのである[95]」。こうした道徳観を、シュタイナーは端的に倫理的個体主義（Der ethische Individualismus）と名付ける。倫理的個体主義は、個々人がそれぞれ自己の根本的動機を認識し、それぞれが各々、理念的総体から表象を生み出すことを是とするものである。パーマーが述べている通り、「シュタイナーは、個人と、個体性に由来し、個体性に基づく道徳を、人間社会がその上に築き上げられるべき基盤として見ている[96]」のだ。

『自由の哲学』におけるこうした主張は、恣意的な欲求のままに生きることを肯定するものと受け取られるかもしれないが、それは決して自己本位的なものではない。「道徳的想像力」に基づく行為は、個々人の「直観 Intuition」に由来するものであり、それは理念界から個々の状況に応じて汲みだされるものとなる。「私と私の隣人との相違は、……共通の理念界の中から私の隣人が私とは異なる直観内容を受け取る、という点にある。私の隣人はその人自身の直観内容を生かそうとし、私は私自身のそれを生かそうとする。……道徳的な誤解やぶつかり合いは道徳的に自由な人間の場合、まったく存在し得ない」[97]。この引用にも示されているように、「道徳的想像力」は、しばしば「直観」と言い換えられる[98]。「人間意志が純理念的な直観をもつことができる限り、この人間意志は自由と見做されねばならない。なぜならこの直観は、外から必然的な仕方で働きかけてくる結果としてあるのではなく、外からの働きを何も必要としてはいないからである。行為がこのような理念的直観の表現となっていると思えたとき、人間はその行為を自由であると感じる[99]」。

「直観」と密接な連関を有する、こうした「道徳的想像力」という概念は、いかなる思想的背景から導き出されたのであろうか。その出自を探る上での手がかりが『自由の哲学』の内に記されている。興味深いことに、「道徳的想像力」について論じた箇所（第十二章）において、シュタイナーは、われわれが道徳的に行為するためには自然科学の知識が必要であると述べているのだ。

「道徳的に行動するためには、行動範囲の諸事情をよく知っていなければならないが、特によく知っておく必要があるのは、自然の法則である。必要なのは自然科学の知識であって、倫理学の知識ではない[100]」。

シュタイナーがここで「道徳的想像力」の問題を論ずるに当たって自然科学的知識の必要性を訴えるのはいかなる意味においてか。ここにおいて、再びゲーテが登場することとなる。ニーチェ思想を補完するために必須の「道徳的想像力」という概念を読み解くためには、第五章で論じたゲーテ自然科学を踏まえる必要がある。

そこで第七章では、今一度シュタイナー思想に潜在するゲーテ（自然科学）の存在に目を向ける。というのも、以下に詳述する通り、ゲーテこそ、シュタイナーとニーチェを媒介する存在であったと考えられるからだ。そしてゲーテに目を向けることで、シュタイナーが「自由」を論ずる際に持ち出した「道徳的想像力」という概念の出自が明らかとなる。

註――

（1）Wilson 2005, p. 86＝一九九四、一三一頁。
（2）高橋 二〇〇九、六六頁。
（3）ニーチェの発狂後、妹のエリーザベトがニーチェの遺稿を管理した。彼女は遺稿の改竄によってニーチェ像を歪め、さらには自らが信奉するナチスのために兄の本を利用するなど、ニーチェ解釈に大きな影響を与えた。一九六〇年後半になってようやく批判版全集が編集された。
（4）シュタイナーとニーチェ資料館、ならびにニーチェの妹エリーザベトとの関係については、恒吉の論考において詳細な解説がなされている。［恒吉 一九九九］
（5）Steiner 1963, SS. 185–186＝一九八一、一八八―一八九頁。
（6）Steiner 2000, SS. 250–265.
（7）Steiner 1986a, S. 365.
（8）Hoffmann 1993, S. 26.
（9）『ニーチェ事典』では、シュタイナーが一九〇〇年のニーチェの死の年に数多くの記念祭でニーチェに関する講演を行ったことが取り上げられている。［大石他 一九九五、六四二頁］
（10）Steiner 1963, S. 15＝二〇〇八、一四頁。
（11）*Ibid.*, S. 9＝二〇〇八、五頁。
（12）Welburn 2004, p. 38.
（13）Sijmons 2008, S. 51.

（14）Bock 2008, pp. 119–121.
（15）Swassjan 1996, p. 72.
（16）Lindenberg 1994, S. 37.
（17）森本 二〇〇六。
（18）ニーチェ哲学に内在する矛盾については、W・ミュラー＝ラウター『ニーチェ・矛盾の哲学』を参照。［Muller＝Lauter 1983］
（19）ピヒト 一九九一、二〇頁。
（20）Nietzsche 1969a, S. 57＝一九九四、二一頁。
（21）Fink 1960, S. 9.
（22）Heidegger 1961, S. 17.
（23）ニーチェが彼独自の文体を「アフォリズム」と公式に命名したのは『道徳の系譜学』の序文に至ってである。これ以前に公刊された著作にはアフォリズムという言葉は出てこない。［麻生 一九七二、一一一頁］
（24）ヤスパースは、「出版されたものはすべて、箴言か、でなければ、全体的なものの観念に即していえば、やはり箴言を意味するところの散文かのいずれかであるからして、実際においてはニーチェ的思惟の文章上の全形態は、依然として箴言体である」と述べる。［Jaspers 1974, S, 396＝一九六七、二六五頁］
（25）初期の著作（『悲劇の誕生』と『反時代的考察』）は学術論文の型通りの形態とは異なるが、それでもまだ論文という外的な形式を備えている。ピヒトによれば、そのモデルとして、シラーの哲学的著作、特に『素朴文学と情感文学について』と『人間の美的教育に関する書簡』が挙げられるという。［ピヒト 一九九一、一九頁］
（26）ニーチェは『ツァラトゥストラ』の文体を誇らしげに自賛する。「僕の文体はひとつの舞踏だ。あらゆる種類のシンメトリーの遊戯であり、かつこれらのシンメトリーを跳び越し嘲笑する。それが母音の選択にまで及んでいるのだ」と書き記し、さらに「ともかく僕はどこまでも詩人―この概念のあらゆる限界に及ぶまでの詩人なのだ」と言う。［薗田 一九七二、四三頁］

(27) この点をめぐっての信太は次のように述べている。「これらアフォリズムはけっして無連絡の断層の数学的集合に終っているのではない。つぶさに見れば、そこには、彼の根本思想の徐ろな生成、成熟、造形の運動を中核とした、多種多様な発想、試案、発見、吟味、破壊、回想、展望のこころみがあらわれており、あたかもそれが一つの軸心から発する無数の波動の起伏、重なりあい、ぶつかりあいのごとくになりながら、発展的に彼の哲学の一円相を形づくってゆくような光景となっている」。[信太 一九六九、八頁]

(28) [Löwith 1956, S. 230＝一九六〇、三二七頁] さらにレーヴィットは次のように述べる。「『ツァラトゥストラ』はニーチェの全作品の内部で文学的にも哲学的にも特別な位置を占める。と言っても、それは、『ツァラトゥストラ』が全作品からはみ出すからではなく、それが考え抜かれた比喩の一体系の形でニーチェ哲学全体を含んでいるからである。『権力への意志』の題名で出版された……ノートの遺稿にも、原理的に新しいものは何も含まれていない」。[*Ibid.*, S. 64＝同書、七三頁]

(29) Nietzsche 1968、三五九頁。

(30) Jaspers 1974, S. 396＝一九六七、二六四―二六五頁。

(31) *Ibid.*, SS. 396–397＝同書、二六五頁。

(32) *Ibid.*, S. 397＝同書、二六五―二六六頁。

(33) *Ibid.*＝同書、二六六頁。

(34) この点について田島は「箴言という形式は、省略の形式であり、結晶化の形式である。箴言に意味と実質を与えるのは読み手の方なのであり、読み手の方に十分な用意がない場合には、それはなにももたらさない」と述べる。[田島 二〇〇三、一六―一七頁]

(35) *Ibid.*＝同書。

(36) *Ibid.*＝同書。

(37) Nietzsche 1969a, S. 147＝一九九四、一四六頁、一部改訳。

(38) Jaspers 1974, S. 398＝一九六七、二六七―二六八頁。

(39) *Ibid.*, S. 398＝同書、二六八頁。

(40) ヤスパースは、「彼［ニーチェ　註：筆者］はいろいろな可能的な体系を草案しようと思えばできたのであるが、それらは彼の道具であるにすぎない」とし、「それらによっては、彼の思惟の全体は把捉しえらるべきものではない」と言う。［*Ibid.*, S. 397＝同書、二六七頁］

(41) この点について、ヤスパースは次のように述べる。「本来的な問題は、ニーチェにおいて全般的に存在している矛盾性は何を意味するかということである。ニーチェは気分の赴くままに書いていったのであるか、彼の思索物は気分の混沌たる多様性の表現であるのか、あるいは自己矛盾的なもののうちに一つの必然性が支配しているのであるか、いろいろな気分は相互に関連し合っているのだろうか、これらは全体的なものにおいてはじめて現れる或る法則によって、一なるものに結合せられるのであろうか。以上の如き問いは、もしわれわれが、彼が矛盾することなく把握せられうるような場合にのみ、彼は正常に把握せられるのだ、したがって矛盾的なものは誤謬として排除せらるべきである、という前提をもってニーチェに接するならば、簡単に征服せられる」。「しかし、この前提をもってしては、ニーチェはその一般的な矛盾性のゆえに究極には無実質的なものになるか……それともわれわれは、孤立化された一個の特徴的な思想であったにすぎないものを任意に掴み出して、それに対して、適合しないものを排除することによって、固定化されたこの一つの立場を押し付けなければならないかのいずれかである」。［*Ibid.*, SS. 414–415＝同書、二九四―二九五頁］

(42) *Ibid.*, SS. 392–393＝同書、二五九頁。

(43) *Ibid.*, S. 392＝同書、二五七―二五八頁。

(44) こうした傾向性は、ゲーテの内にも見てとることができる。『ゲーテの世界観』において、シュタイナーはゲーテについて次のように述べている。「彼［ゲーテ　註：筆者］が言っていることはしばしばそれ自身矛盾しているかもしれない。彼が範としているものは常にそれ自身を担っている全体に属している。たとえ彼が自分の世界観を完結した体系の中で言い表してこなかったにしても、彼はそれを完結した人格の中で示してきた。我々が彼の人生を見る場合、彼が言っている言葉のすべての矛盾が解消される。その矛盾は、世界についての彼の考えの中にあるが、それは矛盾が世界そのものの中にあるというのと同じ意味においてそうである。彼は自然についてあれこれ言ってきたが、しっかりと組み立てられた思想の構築物としてけっして言ってこなかった」。〔Steiner 1999f, SS. 15–16＝一九九五、一一頁〕

(45) Wilson 2005, p. 88＝一九九四、一三四頁。

(46) Steiner 1963, S. 10＝一九八一、八頁。

(47) Steiner 1989b, S. 454.

(48) Steiner 1989c, S. 461.

(49) Nietzsche 1969b, S. 27.

(50) Steiner 1963, S. 45＝二〇〇八、四五頁。

(51) *Ibid.*＝同書、四五—四六頁。

(52) *Ibid.*, S. 74＝同書、七三頁。

(53) *Ibid.*, S. 24＝同書、二三頁。

(54) 木田 二〇〇二、二四八頁。

(55) Steiner 1963, SS. 53–54＝一九八一、四九頁。

(56) *Ibid.*, S. 54＝同書、四九—五〇頁。

(57) *Ibid.*＝同書、五〇頁。

(58) *Ibid.*＝同書。

(59) *Ibid.*＝同書。

(60) *Ibid.*＝同書。

(61) *Ibid.*＝同書。

(62) *Ibid.*, S. 55＝同書、五一頁。

(63) *Ibid.*＝同書。

(64) *Ibid.* = 同書。
(65) *Ibid.*, S. 58 = 同書、五三頁。
(66) *Ibid.* = 同書、五三—五四頁。
(67) *Ibid.*, S. 59 = 同書、五四頁。
(68) こうした世界観は、第Ⅰ部で見た通り、シュタイナーの『メールヒェン』論の内にも克明に表れ出ているのであった。シュタイナーは、『メールヒェン』の結末では、感覚的世界と超感覚的世界の間の架橋が達成されていると解釈し、両世界を人々が絶え間なく往来する場面に、人間の目指すべき理想的境地を見てとっていた。感覚的世界と超感覚的世界の交流というシュタイナーのモチーフは、常に彼の主要テーマとして描き出されているのであった。
(69) *Ibid.*, S. 26 = 二〇〇八、二五頁。
(70) *Ibid.* = 同書。
(71) *Ibid.*, S. 86 = 一九八一、八一頁。
(72) *Ibid.* = 同書。
(73) *Ibid.*, S. 47 = 同書、四三頁。
(74) *Ibid.*, S. 87 = 同書、八二頁。
(75) *Ibid.* = 同書。
(76) *Ibid.*, S. 89 = 同書、八四—八五頁。
(77) Steiner 1989d, S. 486.
(78) Steiner 1963, S. 93 = 二〇〇八、九二頁。
(79) *Ibid.*, S. 90 = 同書、九〇頁。
(80) Spinks 2003, p. 22 = 二〇〇六、四六頁。
(81) ピヒト 一九九一、二〇八頁。

(82) Steiner 1963, SS. 91–92＝二〇〇八、九一頁、一部改訳。

(83) Steiner 1987a, SS. 238–239] 訳は、高橋巖 一九八六：「シュタイナー書簡集」、『若きシュタイナーとその時代』所収、平河出版社、二三五頁を参照。

(84) Steiner 1963, S. 92＝一九八一、八六―八七頁。

(85) Swassjan 1996, p. 72.

(86) Hemleben 1975, S. 61＝二〇〇一、六九頁。

(87) Edmunds 1990, S. 21＝二〇〇五、三八―三九頁。

(88) Steiner 2000, S. 244＝二〇〇九、一三頁。

(89) Wilson 2005, p. 81＝一九九四、一二二―一二三頁。

(90) Steiner 2000, S. 245＝二〇〇九、一三頁。

(91) Steiner 2005a, S. 9.

(92) *Ibid.*, S. 169＝二〇〇二、二二五頁。

(93) Steiner 1963, SS. 91–92＝一九八一、八六頁。

(94) Steiner 2005a, S. 132＝二〇〇二、一七八頁。

(95) *Ibid.*＝同書。

(96) Palmer 1975, p. xiii.

(97) Steiner 2005a, S. 138＝二〇〇二、一八五頁。

(98) *Ibid.*, S. 203＝同書、二六八頁。

(99) *Ibid.*, S. 168＝同書、二二四頁。

(100) *Ibid.*, S. 163＝同書、二一七頁。

7章 「自由の哲学」の舞台裏——ニーチェ論に潜在するゲーテ的自然観

一 「道徳的想像力」の思想的背景

さて、「道徳的想像力」の思想的背景を辿ってゆくと、不思議なことに、ゲーテの存在が浮かび上がってくる。ゲーテの自然科学研究は、自然に内在する、決して汲みつくすことのできない無限の意味を読み解こうとする試みであった。自然は単なる仮象ではなく、それ自体を永遠なるものの不断の現れとみていたのである。シュタイナーは思想研究者時代、専らゲーテ自然科学研究に従事し、生涯にわたって、それを自らの認識論的基盤と位置づけた。

そうしたゲーテ自然科学とニーチェ思想はそもそも思想的に極めて親和的である。周知の通り、ゲーテだけでなく、ニーチェもまた「大地の意味 der Sinn der Erde」[1]を強調した思想家であった。吉澤が述べているように、「「大地の意味」と言われるとき、そこには既に、「大地」こそがもともと「意味」の根源なのであり、決して「大地」の彼岸に「意味」の根源が存するわけではない、ということが含意されている」[2]。ニーチェ以前に、この「大地の意味」を一貫して訴え続けたのが、他ならぬゲーテだった。学術雑誌『モルフォロギアー　ゲーテと自然科学』では、ゲーテとニーチェの自然観をめぐって特集が組まれ、両者の思想的関連が検討されている。そこにおいて、竹田は「「堅固で調和ある生」を範とするかぎりにおいて、時代の隔たりにもかかわらず、ニーチェはゲーテの傍らにいた[3]」と指摘している。

ここで先の引用を今一度思い起こそう。シュタイナーは、ニーチェに出会う以前の著作『ゲーテの認識論』において、既にニーチェと同様の思想に到達していたと語っていた。このことは、「ニーチェ」論の背景に、彼のゲーテ自然科学研究が潜在していたことを暗示している。この点はニーチェへの傾倒の背景を浮き彫りにする上で極めて重要である。以下、シュタイナーがゲーテ自然科学研究を経由した後に、ニーチェ研究に臨んだというその事実に着目する。つまり、シュタイナーとニーチェの間にゲーテを介在させて考察する。ニーチェ解釈の根底にゲーテを位置づける中で、人智学に貫流する思想内容、より具体的には先の「道徳的想像力」の思想的背景が浮かび上がってくる。

二　ゲーテの自然認識 ―― 原型（Typus）、メタモルフォーゼ（Metamorphose）と直観

われわれが感覚界を正しく認識すれば、それが常に精神の現れであることが見出されるということを、シュタイナーは『ゲーテの認識論』で訴えた[4]。「ゲーテは自然現象に対する徹底的な沈思だけで、自然のうちに存在する霊的現実の直観的知覚に至った[5]」。

ゲーテ的自然認識については、第五章で論じたが、ここでその特徴を今一度簡単に振り返っておく。(6)ゲーテ自然科学を特徴付ける鍵概念が「原型」と「メタモルフォーゼ」である。ゲーテはあらゆる有機的自然の根源的同一性を見抜き、有機体の構造が基本的には同一のものであることを確信し、これを「原型」(すなわち「原植物」と「原動物」)として把握するにいたった。「原型」は動植物の典型的な姿に近く、現実世界における多様な動植物を包含し、個々の姿へと変容する可能性を内包している。また、ゲーテは同一の基本構造を持つ植物や動物の全体が、同一の部分の「メタモルフォーゼ」によって形作られると考えた。ゲーテは、形態の形成と変形を意味する「メタモルフォーゼ(変態)」をすべての生物に認め、この概念を生物学の中心に据えることにより、生命現象を動的に捉えた。

そして、彼にとって「原型 Typus」と「メタモルフォーゼ Metamorphose」とは不可分の概念だった。ゲーテは一方においては自然の単純性、同一性、不変性を示す「原型」を、他方においては自然の差異、多様性、変幻自在性を示すメタモルフォーゼを見出したのである。(7)

では、ゲーテ的自然認識の中枢をなす「原型」はいかに把握されるのだろうか。ここにおいて、ゲーテ的自然認識の最大の特徴の一つ、「直観」が鍵概念として浮かび上がる。「原型」は、分析によっては到底捉えうるものではなく、「直観」を通じてはじめて把握される。(8)

三　ゲーテ的直観の「自己認識」への応用

第五章で確認した通り、シュタイナーにとって、ゲーテ的認識は、単に自然認識にとってのみならず、人間の自己認識、ひいては「自由」獲得のために不可欠であった。すなわち、「自由」獲得のために必須の自己認識は、ゲーテ的直観によって可能となるのである。シュタイナーは、ゲーテ自然科学から抽出した「直観」を、人間の自己認識に応用し、これをもって行為の動機の認識が可能になると考えた。(9) 自然科学の方法が忠実に保持されるならば、精神領域の認識へと導かれると考えられていたのである。

かくして、『ゲーテの認識論』では、自然認識から自己認識の問題へとゲーテ的認識の応用を図ることにより、「ニーチェ」論と同一の問題が取り上げられるのであった。(10)『ゲーテの認識論』では、ゲーテ的自然認識の特質が語られた後、議論は最終的に自己認識へと及ぶ。そこでは、『ニーチェ』同様、人間が自らの主となること、すなわち、自分の世界を獲得することの重要性が説かれ、「自由」の内実が示されていた。

そして特に自己認識に際し、必要とされる「直観」が、『自由の哲学』では「道徳的想像力」と呼ばれていたのであった。ゲーテ的自然認識が人間の自己認識（「自由」の問題）に応用される際、「直観」は「道徳的想像力」と言い換えられる。ゲーテ自然科学において「直観」は有機的自然（「原型」）を認識する際に不可欠であったが、その「直観」はそのまま自己認識の場面でも必須のものとされる。『自由の哲学』「一九一八年新版のためのまえがき」に記されている通り、このテクストの主要課題は、次の二つの問題への回答をあたえることであった。すなわち、「人間の本性を直観して、この直観が、生活体験や科学を通じて人間に出会うすべてのものの支柱であることが判明するような可能性は存在するのか」(11)。そして、「人間は意欲する存在として、彼に自由が帰せられるべきものなのか、それともこの自由は、人間において生ずる単なる幻想なのか」(12)。彼はテクストを通じて、前者に対しては自己認識のために必須のものとして「直観」を論じ、後者に対しては、「直観」によって「自由」獲得へと至るということを訴えた。シュタイナーにとって直観は、「一度それが得られたならば、生き生きとした精神生活そのものの一部となりうるもの」(13)とされるのである。そして、彼がニーチェに欠けていると感じたのは、前章で見た通り、「直観」による自己の根本的動機の認識であった。

ゲーテ自然科学研究を通じて析出された「直観」によって、人間が自らの行動の動機を認識すること、このことが『自由の哲学』の主要問題であり、こうした考えは、シュタイナーにとってニーチェを補完する必須のものとみなされていた。

かくして、超感覚的世界の認識の必要性を訴えたシュタイナーが、彼岸の破壊者たるニーチェに深く傾倒したという事実の背景には、彼がゲーテ自然科学から学んだ論理が厳然と横たわっていたことが明らかになった。彼はゲーテの「直観」の内に、感覚的世界の只中に存する超感覚的なるものの現れを認識する方法を見出した。こうした「直観」の重要性を訴えることにより、彼は「自由」獲得のための要件（「認識論」の必要性）を示したのである。

シュタイナーは、『自由の哲学』の末尾において、次のように述べている。「本書〔『自由の哲学』註：筆者〕の内容から同じ著者が後年の書物で述べているような事柄を論理的に導き出すことはできない。しかし本書が述べている意味での直観的思考を生きいきと理解することができれば、おのずと霊的な知覚世界に生きいきと参入することができるようになるであろう[14]」。『自由の哲学』で論じられていることは、一見するところ人智学的思想内容とかなりの質的相違を有するようにも思われる。だが、『自由の哲学』で論じられていた「直観」による自己認識の問題は、そこにおいて秘教的用語が多用されていないものの、既に霊的問題を内に孕んでいるのみならず、まさしく人智学の中心課題を扱ったものといえるのである。

四　ゲーテとニーチェのはざまで

ここで、シュタイナーがニーチェといかに対峙したか、これまでの議論を踏まえて整理したい。ニーチェは、「超人」の問題を通じて、本来的自己の解放、ひいては「自由」の問題を取り扱った。「ニーチェはまなざしを、人間のなかの根源的なもの、自己本来のものに向け」、「現実に敵対する非個人的な世界観から自己本来のものを解き放とう[15]」と試みた。シュタイナーはこうした点に親和性を感じ、ニーチェに深く傾倒した。

「ツァラトゥストラは自分の感覚を用いて、世界を観察することを学んだ。そして、彼は世界に満足した。もはや、彼の思想は彼方へとさまよわない。かつて、彼は盲目であり、世界を見ることができなかった。だから、彼は世界の外に救いを探した。しかし、ツァラトゥストラは見ることを学び、世界はそれ自身のなかに自らの意味を有する、と認識した[16]」。

このような『ツァラトゥストラ』解釈は、まさにゲーテ的自然観に裏打ちされていると考えられる。超人ツァラトゥストラは、世界認識を通じて、此岸において満足を得るに至ったのだ。この点はゲーテ的世界観と共通しており、シュタイナーはニーチェ思想の前提となるこうした点を極めて高く評価していたのである。

だが、ニーチェは自らの行為の根拠を認識する必要性を説くことはなかった。ディオニュソス的人間が、因習の奴隷でなくとも、自らの本能の奴隷となる危険性を訴えることで、シュタイナーは、ニーチェの思想的不備を指摘したのである。先述の通り、ニーチェには「道徳的想像力」が欠けているように感じられたのであり、彼は、「自由」を生み出す契機となる動機の認識にまでは至らなかった。それゆえ、シュタイナーは霊的指導者時代にニーチェを評し、次のように述べる。「ニーチェが人間の自己のなかを覗き込み、神的な人間を認識していたら、彼が熱望していたものがつかめていただろう。しかし、それは彼には到達不可能に思われた」[17]。こう述べた上で、「彼［ニーチェ　註：筆者］が待望したもの、しかし到達できなかったものが、神智学の世界観である」[18]と断言している。彼は、自身の思想こそが、ニーチェを補完すると自負していたのである。

　そして、自己認識の問題は、ゲーテ自然科学研究を背景に据えているのであった。つまり、ニーチェを補完する際に用いられたのが、ゲーテ的直観だったのである。ゲーテが感覚界に常に超感覚的なものの現れを認識していたこと、両者を不可分のものと捉えたこと、こうしたゲーテ的視座がシュタイナーにとって依拠すべき認識論的基盤となった。ゲーテ的自然観を地盤とするならば、自然の一部である人間もまた超感覚的なるものの現れとなる。人間は、自然必然性に無自覚に支配されている他の存在と異なり、唯一、行為の根本的動機の認識能力が備わっている。つまり、「直観」によって自身の動機を見抜くことにより、人間は外的要請に支配されずに本来的自己を意識化することができるのであり、これによって真に「自由」を獲得しうると考えたのである。

　シュタイナーが「ニーチェ」論（ならびにその内に潜在するゲーテ自然科学研究）を通じて示した「自由」をめぐる問題の要点をまとめておく。

①　われわれに徳や因習を課すものから意味や価値をあたえられた状態は「不自由」であり、「自由」獲得に向けて、まず第一にわれわれを外的に規定する「世界」を喪失する必要がある。

②　だが、それは厭世主義、現実逃避を意味しない。「不自由」な状態に置かれたわれわれが、いかに現実世界において「自由」を獲得しうるかが問題となる（自分の世界の獲得）。

③ 外的要請の拒否は、しかしながら、自己本位的行為とは厳然と区別される。

④「自由」獲得の前提条件たる内的動機の意識化のためには「直観」に基づくゲーテ自然科学的認識が必要となる。

⑤「直観」を通じて、自己の根本的動機を認識する（自己認識）ことによりわれわれは「自由」を獲得しうる。

超感覚的世界の実在を説いたシュタイナーと彼岸の破壊者ニーチェ。一見架橋不可能とも思える両者は、ゲーテ的自然観を介在させることによって接近する。そして、「ニーチェ」論とその奥に潜むゲーテ自然科学研究の内に、シュタイナーの「自由」の哲学を支える確固たる地盤を見出すことができた。シュタイナーは、人智学特有のオカルト的言説により、しばしば現実世界からの遊離を説いた思想家とみなされる。だが、ニーチェやゲーテへの思想的傾倒という事実が示す通り、シュタイナーの力点は、あくまで現実世界における「自由」の獲得に置かれていたといえる。

以上明らかにしてきた、初期シュタイナーにおける「自由」の問題は、その根本的立場を変ずることなく彼の思想全体を通じ、一貫して彼の中心問題に据えられていた。先に引用したように、『自由の哲学』が一九一八年に再版される際に付された「まえがき」において、シュタイナーは、この著作が後期の諸々の秘教的テクストとこの上なく密接な関係にあることを強調している。「自由」の問題は、シュタイナーにとって、人間形成における最重要問題であり続けたのであり、この点は、シュタイナー教育が「自由への教育」を標榜することと不可分である。

五　ゲーテ自然科学及びニーチェ思想からの脱皮

こうして、ゲーテ自然科学でもってニーチェ思想を補完する形で、シュタイナーは彼独自の「自由」の哲学を展開した。だが、シュタイナーは、ニーチェやゲーテに思想的に深く共鳴しつつも、彼らを論ずる中で思想的に満たされることはなかった。彼は次のように回顧している。「当時の私の思考は一方ではゲーテ、他方ではニーチェに向けられていたが、人知れず自分のなかに担っていた私の「世界観」は非常に孤独であった[19]」。かくして、彼は「この二人の人物のあいだにいた[20]」と語ることになる。両思想に傾倒しつつも、その間にあって彼は孤独を感じずにはいられなかったのである。世紀転換期以降、シュタイナーは人智学用語を駆使しつつ、霊的指導者として本格的に彼独自の思想を展開していった。そこで展開された後期シュタイナーの思想は、ニーチェ「超人」思想やゲーテ自然科学研究の問題圏を大きく超えて、秘教的色合いを強めてゆくこととなる。

そうした思想的孤独の所以を探ってゆくと、一元論をめぐる両者の態度への彼の不満が浮かび上がってくる。そしてこの問題が、ニーチェ及びゲーテとシュタイナーの思想的分岐点を明確に示すこととなる。『自由の哲学』の中で、シュタイナーの「自由」は一元論（Monismus）として語られていた[21]。彼は、「感覚界の背後に未知のものがあるのではなく、感覚界のなかに精神界が存在するということ[22]」を『自由の哲学』で示そうとした。「一元論の考え方に従えば、われわれの行為の目標を、人間を超越した彼岸から取ってくることはできない。そのような目標は人間の直観に由来するものでなければならない。人間は彼岸に坐す根源存在の目的を自分の個人的な目的にはせず、自分の道徳的想像力が与える自分の目的に従う[23]」。

「一元論は経験内容そのものを現実であると認める。そしてこの現実だけで満足する。なぜなら思考がそのことを保証する能力を持っているのだから。二元論が観察世界の背後に求めるものを、一元論は観察世界そのものの中に見出す[24]」。

そうした彼の一元論は、ニーチェ及びゲーテのそれと極めて親和的である。ニーチェは背面世界を打ち砕くことによって「大地の意味」を称賛し、ゲーテもまた、具体的な一つ一つの現象の中に絶えず永遠なるものが現われていると考えることにより、世界を一元論的に捉えた。

だが、ここで留意すべきは、シュタイナーの一元論が、認識行為によって二元性を統一することによってはじめてもたらされるという点である。つまり、二元性として現れる世界を一元的に認識することが目指されているのである。先に引用した通り、シュタイナーは『自由の哲学』において、「感覚界の背後に未知のものがあるのではなく、感覚界のなかに精神界が存在するということ[25]」を述べようとした。だが、そのことを論ずる立場に立ったとき、彼ははじめから一足飛びにそうした結論に至るのではなく、便宜上、まずは二元的世界観から出発し、しかる後に両世界を統一する必要性を訴えたのである。

「世界は二元性として（二元論的に dualistisch）われわれの前に現れている。しかし認識行為がそれを統一性（一元論的 monistisch）に作り上げる[26]」。

ここで強調すべきは、二元論から出発し、両者の統合を目指す、こうした『自由の哲学』の構図は、シラー『美的書簡』の構図と正確に重なるという事実である。カント哲学から出発したシラーは、感覚界と叡智界、両世界を峻別するところから出発し、しかる後に両世界を自由に行き来する「遊戯衝動」を持ち出す。この論法はシュタイナーのそれと完全に一致している。人間の自己認識についての問題（＝「自由」の問題）を論ずる際には、ここでもやはり、一貫して『美的書簡』のあの構図（二元循環図式）がシュタイナー思想を根底において規定しているのである。

『自由の哲学』もしくは『ニーチェ』において、シュタイナー自身が『美的書簡』に言及することはない。だが、「自由」を論ずるに当たって、シュタイナーは明らかにシラーを模範にしていると考えられるのである。ボックも示唆している通り、『自由の哲学』第Ⅱ部には、（彼自身明示してはいないものの）シラーからの影響を多分にみてとることができる。[27] また、『自由の哲学』とシラー美的教育論の思想的連関をヴィッツェンマンが指摘している。[28]

シュタイナーからすれば、ニーチェとゲーテには暫定的に世界を二元論的に把握する視点が欠けていた。その視点が欠けていたがゆえに、ニーチェは、自己の根本的動機を認識する必要性にまで話が及ばなかった。ニーチェは善悪の彼岸を提唱したが、それは必然的に「自らの本能の奴隷となる危険性」を孕むことになると思われたのであった。

シュタイナーは、一旦、便宜的に日常的自己と本来的自己を厳然と区別する必要性を訴えた。そして、後者を直観的に認識すること（自己認識）により、行為の動機を意識化する必要があると思われたのである。

こうした彼の批判は、同様にゲーテ的自然認識に対しても向けられる。ゲーテが到達した直観的自然認識は、あくまで到達点において果たされるものであり、当然のことながら、初期状況において、われわれはそうした認識を獲得していない（「彼［ゲーテ　註：筆者］は、私が『いかにして超感覚的世界の認識を獲得するか』に書いたような規則を必要としなかった」[29]）。シュタイナーは、通常の認識からいかにしてゲーテ的（直観的）認識に至るか、その過程を考えるために、まずはともかくも感覚的世界と超感覚的世界を分けて考え、後者の欠如態としての人間から話を始めるべきと考えた。ゲーテ的認識が感覚的世界と超感覚的世界を不可分のものとして同時に捉えるものであったとしても、それを語る場合には、便宜的に二世界を分けて捉えることが必要なのである。そして、シュタイナーは、この点に自覚的であった。「人生は、この生にしっかりと根を下ろしつつ、けれどもこの生を超え出るという課題を持っている」[30]。こうした一見するところ矛盾を孕んだ課題を果たすために、まずは、二世界を厳然と区別する必要がある。そして、両世界の統合へと至る過程をシュタイナーはゲーテ文学に即して段階的に示したのであった（この問題については第Ⅲ部において検討する）。

かくして、シュタイナーの一元論はあくまで二元論的世界観の果てにもたらされるものである。原初的状態において、二元論的に現われる世界を、「直観」を通じて一元論にまで導くことの重要性を彼は生涯訴え続けた。シュタイナーの一元論は、二元論において対立する二項（「感覚的世界」と「超感覚的世界」）を絶えず往還し、両者を複眼的に捉える一元論である。これは二世界を絶えず循環するあのシラー的構図そのものである。「普遍的に妥当する認識とその普遍の個的な体験との間で揺れ動く生きた振子のように、人間によって直観的に把握できるものが人間の中で左右に揺れ動いている」[31]。彼の一元論は、二世界の間を不断に揺れ動く「振子」に譬えられる。それは直観的認識によって両世界を串刺しにし、両者を同時に見据えるものである。こうした視点こそが、ニーチェやゲーテと袂を分かつ、シュタイナーに固有の認識論的視点となったのである。

シュタイナーの一元論は、感覚的世界の内に超感覚的世界の現われを見出し、感覚的世界と超感覚的世界を複眼的に捉えるものであった。そして、彼が超感覚的世界の認識の必要性を説いたのは、あくまで感覚的世界における「自由」を獲得するためであった。シュタイナーがニーチェやゲーテに傾倒したのは、一元論を思想的基盤に据えるそれらの思想が、彼にとって目指すべき到達点を示していると思われたからである。霊的指導者時代のシュタイナーは、そうした一元論的認識に至るための具体的方途を語り、数多くのテクスト（たとえば『いかにして超感覚的世界の認識を獲得するか』で「自由」獲得のための実践的方法を明示した。

そして、本書第Ⅱ部において明らかとなったのは、シュタイナーがゲーテ自然科学やニーチェ思想を読み解く際に、あのシラー的構図が（明示的にではないが）通奏低音としてシュタイナー思想の内に鳴り響いているという点である。「自由」の問題を論ずる際に、シラー的な二元循環的構図がいかに深く、シュタイナーの内に根付いていたかが、第Ⅱ部の分析を通じて示されたであろう。

第Ⅲ部では、愈々、霊的指導者時代のシュタイナー思想を検討することとなる。第Ⅱ部で打ち立てられた基盤の上にシュタイナーがいかなる思想を展開したか、その思想的展開を彼のゲーテ文学論の検討を通じて追ってゆくことが課題となる。

註

（1） Nietzsche 1969b, S. 9.
（2） 吉澤 一九六四、三四二頁。
（3） 竹田 一九九七、四九頁。
（4） Steiner 1999b, S. 9.
（5） Shepherd 1983, p. 53.
（6） ゲーテ自然科学の概観に際し、ここでは特に高橋義人氏の研究を参考にさせていただいた。［高橋 一九八二］
（7） 高橋 一九八八、二〇六頁。
（8） シュタイナーによれば、ゲーテは常に、「自然内のより高次の自然」を直観していたのだが、大槻が示しているように、ゲーテは、こうした「直観」をスピノザの直観知（scientia intuitiva）から受け継いだ。スピノザにおける直観知とは最高の認識能力を意味するが、ゲーテはスピノザの内に自身の自然観との親和性を読み取ったのである。

［大槻 二〇〇七、一五六―一五七頁］

（9）この点について、シュタイナーは次のように述べる。「直観によって道徳理念を獲得できない限りは、どうしてもそれを他者から受け取らざるを得なくなり、道徳原理を外から受け取る限りは、どうしても自由であることはできなくなる」。［Steiner 2005a, S. 148＝二〇〇二、一九七頁］

（10）たとえば、『ゲーテの認識論』における次の一節は、『ニーチェ』で記されていた内容と同一である。「人間が自らの内に行為の理由を持っていないとき、即ちある掟に従わなければならないとき、人間はある強制の下に行為しているのであり、ある必然の下に置かれている。そのとき人間は単なる自然存在であるかのようである。だから私たちの哲学は、最もすぐれた意味で自由の哲学である。これは、人間が言葉の最上の意味で自らの主であり得るためには、世界を外から導いている諸力がすべて除外されるべきことを、先ず理論的に示す。人間が行為するのはそれが命じられているからではない。人間がそれを意志するからである」。［Steiner 1999b, S. 126＝一九九一、一二二頁］

（11）Steiner 2005a, S. 7＝一九八一、五頁。

（12）*Ibid.*＝同書。

（13）*Ibid.*＝同書。

（14）*Ibid.*, S. 217＝二〇〇二、二八三頁。

（15）Steiner 1963, S. 92＝二〇〇八、九一頁。

（16）*Ibid.*, SS. 47–48＝同書、四八頁。

（17）Steiner 1985b, S. 182＝二〇〇八、一四二頁。

（18）*Ibid.*, S. 183＝同書、一四三頁。

（19）Steiner 2000, S. 266＝二〇〇九、二九頁。

（20）*Ibid.*, S. 259＝同書、二四頁。

（21）「一元論は、真に道徳的な行為の領域においては、自由の哲学である」。［Steiner 2005a, S. 149＝二〇〇二、一九

九頁〕

（22）Steiner 2000, S. 245＝二〇〇九、一三頁。

（23）Steiner 2005a, S. 213＝二〇〇二、二七八―二七九頁。

（24）*Ibid.*, S. 210 ＝同書、二七五頁。

（25）Steiner 2000, S. 245＝二〇〇九、一三頁。

（26）Steiner 2005a, S. 94＝二〇〇二、一三一頁。

（27）Bock 2008, p. 111.

（28）Witzenmann 1988, SS. 176–179.

（29）Steiner 1993, S. 82.

（30）Steiner 1989e, S. 485.

（31）Steiner 2005a, S. 152＝二〇〇二、二〇一―二〇二頁。

第Ⅲ部

人智学的世界観の縮図としての『メールヒェン』もしくは『ファウスト』

——霊的指導者時代の思想

「絶対にファンタージエンにいけない人間もいる」。コレアンダー氏はいった。「いけるけれども、そのまま向こうにいきっきりになってしまう人間もいる。それから、ファンタージエンにいって、また戻ってくるものもいくらかいるんだな、きみのようにね。そしてそういう人たちが両方の世界を健やかにするんだ」[i]。

エンデ『はてしない物語』より

i [Ende 2004, S. 473＝一九八二、五八六頁] なお、ミヒャエル・エンデは自らの人生に決定的な影響を与えたテクストとして『美的書簡』とゲーテの『メールヒェン』を挙げている。また、エンデはシュタイナー学校で学んだという経歴を持っている。[エンデ 一九九六] エンデ文学とシュタイナー思想の関係については [樋口 二〇〇九、川村 二〇〇一] を参照。

8章　一九〇二年の『ファウスト』論

一　霊的指導者時代のゲーテ文学研究

第Ⅱ部では、思想研究者時代のシュタイナーに焦点を当て、彼がゲーテ、ニーチェをいかに読み解いたか、その内実を明らかにした。第Ⅲ部では、舞台を霊的指導者時代へと移し、シュタイナーの「ゲーテ文学研究」を解釈する中で人智学の内実を追ってゆくことにしたい。

とりわけ、この第Ⅲ部において試金石となるのがゲーテの『メールヒェン』と『ファウスト』である。第Ⅱ部で言及した通り、三〇代までのシュタイナーは、ゲーテ自然科学について数多くの重要な研究を残した。思想研究者時代のゲーテ研究は、シュタイナー自身が述べているように、霊的指導者となって以降（四〇歳以降）に通ずる思想的萌芽を内包している。しかしながら、それはあくまでも萌芽に他ならず、そこで彼の思想が十分論じつくされているわけではない。当然のことながら、ゲーテ自然科学研究の内にシュタイナー思想が十全に反映されてはいないのである。

シュタイナーの思想(人智学)をより十全に反映しているのは、霊的指導者となって以降のゲーテ研究、すなわち、ゲーテの文学研究(『メールヒェン』論、『ファウスト』論)である。彼はゲーテ自然科学研究においては解明不可能な、人間の「自己認識」に関する問題を、ゲーテ文学の中に見てとった(もっとも、ゲーテ自然科学研究とゲーテ文学研究は矛盾するものではなく、シュタイナーのゲーテ文学論はゲーテ自然科学研究を基礎として展開される)。そしてゲーテ文学について論ずる中で「自己認識」の問題(=「自由」の問題)を論じた。初期ゲーテ研究の集大成ともいえる『ゲーテの世界観』、「新版のためのあとがき」で、彼はこの点に関し次のように述べている。

「とりわけ精神科学的な見地から、ゲーテについて言われるべき多くのことは、『ゲーテのファウストと緑の蛇の童話』に関する私の著書の中に見出される(1)」。

シュタイナーは、彼のゲーテ文学論、とりわけ『メールヒェン』と『ファウスト』の解釈を通じて、人智学的人間形成のプロトタイプを描き出しているのであり、自らの思想をそれらに投影しつつ、「自己認識」の過程を論じている。つまり、シュタイナーがゲーテ文学(『メールヒェン』、『ファウスト』)をいかに読み解いたかを検討することにより、霊的指導者時代のシュタイナー自身の思想が明らかになる。第Ⅰ部、第Ⅱ部と同様の方法論に基づき、第Ⅲ部でも、シュタイナーの『メールヒェン』論及び『ファウスト』論を読み解くことで、人智学的人間形成論の構造を浮き彫りにさせたい。そして、この作業によって、「自由」獲得のプロセスがゲーテ文学解釈の中で示されることとなる。

ところで、当然ではあるが、『メールヒェン』論もしくは『ファウスト』論を通じてシュタイナー思想の全体像を網羅的に解明できるわけではない。人智学的諸理念は、ゲーテ的世界観を大きく超え出る要素を多分に含んでおり、それらをあますところなく捉えることは不可能である。したがって、ゲーテによってシュタイナー思想をどこまで語ることができるか、その限界を見定めることも、第Ⅲ部の課題の一つとなる。

さて、第Ⅲ部の課題に入っていく前に、予め留意すべきことがある。結論を先取りすることとなるが、霊的指導者時代のゲーテ論においてもなお、あのシラー的構図（二元循環的構図）は生きている。人智学を形成してゆく過程において、シラー哲学の図式は決して失われていないのである。この時期の『メールヒェン』、『ファウスト』解釈がいかに秘教的色合いの濃いものであっても、常にその根幹にシラー的図式が透けて見えるのである。霊的指導者時代に至っても、シュタイナー思想の内に、『美的書簡』の哲学は通奏低音として底流に重く鳴り響いている。『美的書簡』第Ⅲ部における考察を終えた後、このことが明瞭に示されるであろう。

先を急ぎすぎた。以下、順を追って丁寧にシュタイナーの「ゲーテ文学研究」を吟味してゆくが、まずはその前提として、霊的指導者時代のシュタイナーの伝記的背景を概観する。そしてしかる後に、彼の『ファウスト』論を読み解いていくことにしたい。

二　霊的指導者時代のシュタイナー――神智学から人智学へ

シェパードに従えば、シュタイナーの霊的指導者時代は、およそ三つの時期に区分可能となる。すなわち、二〇世紀に入ってからの最初の一二年間（一九〇一―一九一二）は、秘教的知識の獲得と、その解説に費やされた。次の六年間（一九一三―一九一九）は、彼の死後も運動が持続してゆけるよう、人智学の基礎づくりを行った。そして、最後の六年間（一九二〇―一九二五）は、人智学をあらゆる人間活動に適用することに費やされた。[2] 以下、主にシェパードの著作を参照しつつ、霊的指導者時代のシュタイナーの歩みをまとめる。

第Ⅰ部で述べた通り、一九〇〇年、ベルリンでシュタイナーははじめて自身の霊的思想を語る場所を獲得した。その場所とはシュタイナーが『メールヒェン』について講演したあの神智学コミュニティのことである。シュタイナーはそこでさまざまな講演を行い、結果、「講演は非常に強く人々に訴えかけたので、聴講者は急速にふえた[3]」。

そして、一九〇二年、ロンドンの神智学協会本部が、ベルリンに神智学協会ドイツ支部を置くこととなったのであるが、その際、シュタイナーは支部長就任の要請を受けた。しかしながら最初、シュタイナーはその要請を断った。というのも、数年前から彼は神智学を学んでいたのだが、その教えに共鳴できなかったからである。その理由は次の二点である。第一に一部の指導者が霊媒を用いる降霊術を重視していたという点。[4] 第二に、神智学協会が、東洋の神秘的教義の研究に心酔しており、(シュタイナーがゲーテ的認識論を基盤に据えて展開した)超感覚的世界の認識には関心を有していなかったという点である。[5]

けれども、結局のところ、ドイツとロンドンからの強い要望により、シュタイナーは支部長就任を承諾した。「ただし、神智学協会の各支部は、互いに他の支部のことには口出しせず、シュタイナー自身もこれまでどおり、自由に自身の霊的思想を語ってもよいという条件を申し入れた[6]」。かくして、シュタイナーはロンドンの神智学協会に迎えられることとなった。

その後、急速にシュタイナーの名声は広まり、彼のもとには、ヨーロッパ各国から招聘状が届いた。

ところが、当初シュタイナーが感じた神智学協会に対する違和感は、決して解消へと向かうことはなかった。それどころか、神智学協会の公式見解との思想的相違が明白なものとなり、両者の対立は深刻化した。

最大の相違は、インド神智学と西洋オカルティズム、両者の霊的知識への態度をめぐる決定的差異にあった。神智学協会の指導者たちはインド神秘学に傾倒し、「透視能力を得るための東洋の訓練法に全幅の信頼を置き、物質的現象から完全に身を引き、自分の内的存在へ退こうとしていた(7)」。シュタイナーは、東洋の秘教的方法については一定の評価をしていたが、物質的現象から身を引くという態度には共鳴することができなかった。シェパードはこの点について次のように指摘している。

「東洋の秘教と西洋のそれとの対立点は、物質界にたいする態度にあった。シュタイナーは西洋の秘教の態度を見ていて、西洋の秘教を西洋の進化に適用することができると判断するとともに、東洋の神秘主義の上に真の霊学を築くことはできないと見なした。というのも、西洋の秘教は、霊の謎を解明しようとする際に常に物質界を念頭に置いており、霊は物質界の物そのものにひそんでいて、その形を通じて自らを現している、と説いているからである。と同時に、西洋の秘教は、物質的なものの背後にあるこの霊的現実を直接に把握しようと、全力をあげているからである。その証拠に、物質にたいする現代の科学的な研究方法は、錬金術の成果を調べることから生まれたのだ(8)」。

シュタイナーは、西洋的秘教と現代科学の内に連関を見出そうとしている。彼は、あくまで自然科学（ゲーテ的自然科学）的方法の基礎の上に霊的認識論を構築しようとしたのであった（シュタイナーは自らの霊的知識を「オカルトサイエンス」と呼んだ）。対して、「神智学は、霊的知識にたいする科学的な研究方法には関心がなく、それを疑いの眼で見ていた(9)」。

一九一〇年に神智学協会とシュタイナーの関係を決裂させる決定的出来事が起こる。神智学者アニー・ベサントがインドの少年、クリシュナムルティ（jiddu Krishnamurti 1895–1986）をキリストの生まれ変わりであると公言したのである。そして、神智学協会内部に「東方の星」という教団が結成された。シュタイナーは「ドイツ支部の中に分派ができることを断固拒否した」[10]。この出来事が、神智学協会とシュタイナーの関係を決裂に導いたのである[11]。すなわち、一九一二年から一九一三年にかけて、インド的・アングロサクソン的神智学とシュタイナーの人智学は、最終的に決裂した[12]。

こうした経緯により、一九一二年「東方の星」教団とは無関係の団体、「人智学」という名の独立した団体を作るための会合が開かれた[13]。かくして、一九一三年一月にベサント夫人から、もはやドイツ支部長としては認められないことをほのめかす公式の手紙がシュタイナーのもとに届くこととなる。そして、その直後、二月三日に人智学協会の第一回総会が開催された。シェパードが指摘している通り、「名称と組織の点以外には、人智学協会に目新しいところはない。それは一九〇〇年以降のシュタイナーの活動と教え、ならびに神智学協会ドイツ支部の命脈を直接継承したものである」[14]。

一九一三年アントロポゾフィー協会が設立され、その後、シュタイナーは一九二五年までの残りの一二年間で人智学をさまざまな領域に応用してゆくこととなる。スイス・バーゼル近郊のドルナッハの地に「ゲーテアヌム Goetheanum」が建築され[15]、ここを拠点として人智学運動は展開した。

人智学の理論的応用は多岐にわたるが、たとえば、一九一九年には人智学理論に支えられた教育論に基づき、シュトゥットガルトに自由ヴァルドルフ学校（Freie Waldorfschule シュタイナー学校）が設立され、また、一九二〇年に行われた「医学講義」を端緒として、治療学・薬学に人智学が応用され、そこから治療教育・治療オイリュトミーが新たな領野として切り開かれた。さらには一九二四年には「農学講義」が行われ、ここから化学肥料を用いない「有機農法」に基づく運動が始められた。その他さまざまな個別科学の領域においてシュタイナーは人智学的方法に基づく独自の理論を打ち出していった。

以上が霊的指導者時代のシュタイナーの思想的遍歴の概略である。

さて、次節以降、霊的指導者時代の思想を論じていくに当たって、「神智学 Theosophie」あるいは「人智学 Anthroposophie」の用法に関し、予め留意すべきことがある。以下の論考において、シュタイナーの思想を言い表す際、「神智学」と「人智学」という二つの用法が登場することになるが、両者はその内実を異にしない。基本的には、シュタイナーの思想的遍歴に沿って、一九〇二年―一九一二年に著されたものについては、「神智学的」という用法を用い、一九一三年以降に著されたものについては、「人智学的」という用法を用いる。だが、場面によっては、シュタイナー思想全体を示す際にも「人智学」という呼称を用いる。すなわち、「人智学」は、狭義において一九一三年以降の思想を示し、広義においては、シュタイナー思想の全体像を言い表す用語として用いることにする。

第Ⅲ部の本筋へと議論を引き戻そう。本節で概観した後期シュタイナーの歩みにおいて、彼はゲーテ文学をいかに読み解いたのであろうか。このような状況下で著された彼のゲーテ文学研究（『ファウスト』論、『メールヒェン』論）の内容とはいかなるものであったか。以下、その具体的内容を追ってゆくことにしたい。まずは『ファウスト』論から見ていくことにしよう。

三　シュタイナーと『ファウスト』

(一) 『ファウスト』論の位置

ゲーテの『ファウスト』については、その解釈だけで「多くの図書館を満たすことができる程、膨大な文献が存在している」[16]。ところが、シュタイナーにとって、従来の『ファウスト』解釈の多くは、抽象的思考によって作品の豊かさを殺しているように感じられた。[17] 彼は、そうした諸々の解釈を「ファウストの亡骸」として断罪し、人智学的認識に満たされなければ『ファウスト』を正しく理解することはできないと断言している。[18] シュタイナーは、人智学的認識によってこそ、作品は生きた解釈に開かれると述べ、[19] 実際にその方法を用いて『ファウスト』を読み解いた。

『メールヒェン』同様、『ファウスト』は、無数の解釈を許すがゆえに、しばしば解釈者自身の思想を映し出してしまう。このことはシュタイナーの場合も例外ではなく、事実、彼はファウストの形成過程を人間形成のプロトタイプとみなしており、『ファウスト』の内に人智学的人間形成論の基本的構図を投影している。そして、人智学における諸々の重要問題（「悪」や「自然科学」の位置づけ、「自由」の内実など）を、『ファウスト』に沿って解き明かした。

したがって、彼の『ファウスト』論は、単なる一つの文学論ではない。それは真に人智学的なテクストである。シュタイナーは、彼独自の思想をもってはじめて、『ファウスト』の謎が解き明かされると考えた。[20] そして、ファウストの辿る道程を人智学的な人間形成のプロトタイプとみなしたのである。

「我々はゲーテのファウストの中に、一つの内なる精神の発展の像を捜し求めることが許される。特に、芸術的な人格が現示へと至らねばならないような一つの像である」[21]。

つまり、シュタイナーが『ファウスト』のどのような点に着眼し、そこにいかなる解釈をあたえたかを読み解くことは、シュタイナー思想を解き明かすことと同義と考えられるのであり、第Ⅲ部での分析を通じて人智学的人間形成論の構図が浮き彫りにされることとなる。

第Ⅲ部では、彼の『ファウスト』論を人智学とわれわれの間の緩衝地帯として位置づけ、これを読み解くことを通じて可能な限り、人智学へと接近したい。

(二)　二つの『ファウスト』論

さて、第八章及び第九章では特にシュタイナーの二つの『ファウスト』論を考察対象に据える。両論文は『メールヒェン』論と共に、シュタイナー全集第二十二巻（『「ファウスト」及び「蛇と百合姫のメールヒェン」において開示されたゲーテの精神様式 *Goethes Geistesart in ihrer Offenbarung durch seinen Faust und durch das Märchen von der Schlange und der Lilie*』）に収録されている。

その一つが「秘教的な世界観の像としてのファウスト Goethes Faust als Bild seiner esoterischen Weltanschauung」（一九〇二年、以下『ファウスト』論Ⅰと略記）である。本論文については、本章で詳述する。

そして二つ目の論文が「『ファウスト』を通じて開示されたゲーテの精神様式 Goethes Geistesart in ihrer Offenbarung durch seinen Faust」（以下『ファウスト』論Ⅱと略記）である。本論考は、『メールヒェン』論・加筆修正論文（「『緑の蛇と百合姫のメールヒェン』を通じて開示されたゲーテの精神様式 Goethes Geistesart in ihrer Offenbarung durch sein《*Märchen von der grünen Schlange und der Lilie*》」）の出版と同年（一九一八年）に発表された。『ファウスト』論Ⅱと『メールヒェン』論・加筆修正論文は、題目を一目して明らかなように（その作品名の箇所以外）題目の形式が完全に同一である。両論が同一の問題圏を扱っていることは、その題目の一致からも窺える。本論考については、第九章において分析を行う。

そうした霊的指導者シュタイナーのゲーテ研究には、初期のゲーテ自然科学研究では射程圏外であった諸問題が検討されている。事実、右記二つの『ファウスト』論では、「悪」の問題など、彼のゲーテ自然科学研究において決して論じられることのなかった（しかしながら人智学にとって重大な）問題が考察の対象となっている。[22]

『ファウスト』論分析により「精神科学的観点」に立ったシュタイナーのゲーテ理解が明らかとなり、その上、人智学的諸理念の内実を把捉することが可能となる。こうした意味において、霊的指導者シュタイナーのゲーテ論は貴重である。しかしながら、そうした意義を有するにもかかわらず、『ファウスト』論について主題的に論じた研究は管見の限り見当たらない。

アレンは、『メールヒェン』論については、これを人智学の基盤として位置づくものとみなし、分析を行っている。[23]ところが、『メールヒェン』論と対をなす『ファウスト』論に関しては、一切検討がなされない。また、『ゲーテとシュタイナー』を記したフリーマンは、『ファウスト』自体には言及しているものの、『ファウスト』論に配視するには至っていない。[24]ケプケは、ゲーテ、シラーと人智学の関係について、四四〇頁にも及ぶ考察を行っているが、『メールヒェン』論への言及は見られるものの、なぜか『ファウスト』論には言及していない。[25]シュタイナーが『ファウスト』解釈を試みていたことが伝記的事実として取り上げられることはある。けれども、『ファウスト』論そのものの意義に着眼した研究は皆無に等しいのが現状なのである。

以下、まずは二つの『ファウスト』論のうち、発表年が先行している『ファウスト』論Iから検討を行う。議論の骨子を明瞭にするため、『ファウスト』の粗筋については、註にて補足的に説明することにした。適宜参照されたい。

(三) 『ファウスト』論Iについて

一九〇二年、シュタイナーは論文「秘教的な世界観の像としてのファウスト」(『ファウスト』論I)を世に送り出した。第I部で示した通り、この年は、彼が神智学協会ドイツ支部支部長に任命され、それを機に本格的に霊的指導者としての道を歩み始めることとなった転機の年に当たる。一九〇〇年から一九〇二年にかけて、シュタイナーは自身の霊的見解を積極的に受容する聴衆に出会い、ついに霊的指導者として本格的に歩んでいくこととなる。『ファウスト』論Ⅰはこうした状況下で活字化された。

「私がニーチェについて、ついでゲーテについて語ったブロックドルフ－サークルで、私はこの時期、ゲーテの『ファウスト』について秘教的な観点から講演した（これはゲーテのメルヘンについての論文と一緒にして、哲学・人智学出版から刊行された）[26]」。

『ファウスト』論Ⅰは、シュタイナーが思想研究者から、ようやく一歩、霊的指導者へと足を踏み入れた、その過渡期に位置するがゆえに、いまだ本格的に霊学的様相を呈してはいない。このことは一九一八年に発表された論文「『ファウスト』を通じて開示されたゲーテの精神様式」（一九〇二年論文と共に全集第二十二巻所収）と比較すれば明らかである。一九一八年論文においては、ルシファー、アーリマンといった人智学特有の用語によって『ファウスト』が解き明かされ、その読み解きは秘教的色合いの濃い内容となっている[27]。しかしながら、一九〇二年論文は、霊的指導者シュタイナーの草創期に当たるがゆえに、その解釈は、一九一八年論文ほどの特異さを示していない。

だが、それは同時に、シュタイナーにとってはある種のもどかしさを含んだものであることに留意すべきである。というのも、一九〇二年論文において、彼の『ファウスト』解釈は抑制された形で展開されているように見受けられるからだ。秘教的解説を要する問題について、意図的に深入りを避けているように思われる。後の『ファウスト』論では明瞭に記されている問題が、そこでは素通りされているのである[28]。したがって、一九〇二年論文は、シュタイナーの『ファウスト』解釈の根幹を把捉する上で極めて有効であるものの、細部が不明瞭な記述も見受けられる。

そこで、本章では、一九〇二年論文における解釈を補足すべく、一九〇九年に行われた講演「ファウストの謎 Die Rätsel in Goethes《*Faust*》」、及び「ゲーテ作品の秘められた基盤 Die Okkulte Grundlage in Goethes Schaffen」と題された講演（一九〇五年）を必要に応じて参照する。前者において、シュタイナーは、全二回にわたって二側面（「顕教的」側面 exoterisch、「秘教的」側面 esoterisch）から『ファウスト』解釈を試みた。また、後者において、一九〇二年論文では明示的に論じられなかった問題（ホムンクルス問題）について、具体的解説が行われている。そうした講演で示された解釈は、一九〇二年論文の内容と抵触するものではなく、これを補完するものとして位置づけられる。したがって、一九〇二年論文で不明確な問題に限り、右の諸々の講演を参照することにしたい。

四　認識の無限の拡大

(一)『ファウスト』に臨む態度

シュタイナーは『ファウスト』の内に高度に神智学的＝人智学的な問題が描き出されていると考えたのだが、本節では、予め、彼が『ファウスト』の基本的特質をいかに捉えていたかを把捉しておく。彼はゲーテ自身の人生と『ファウスト』の創作過程を不可分のものと捉えていた。ゲーテは次の二つの命題を前提に据えていると言う。

① 知の探求は限界を持たず、無限に拡大しうる。
② だが、宇宙の底には決して到達できない。

①人間は認識を無限に拡大できるが、②すべての謎の解明には到達できないということ。この二つの命題は「すべての明らかになった秘密の中に、新たな秘密への源泉があり、そして謎の解決の中に、新たな隠れた謎がある」[29]という構図を導く。

新たに生じた謎は、「魂がそれにふさわしい発展段階へと高まった時に、再び解決する」[30]。ある段階から次の段階へ、その行程は無限に続いていく。そしてその都度、新たな高みへと至り、それに応じた視野が拓かれる。この過程に終わりはない。

『ファウスト』の謎を読み解くとき、読み手は、これと同様の過程を辿らねばならない。『ファウスト』をはじめとした「真の偉大なる作品群は計り知れない精神の深みから生まれている」[31]のであり、そこに含まれている謎を解明するためには、幾度もそれらの作品群に帰ってくる必要がある。また、その際には、読み手側がその都度、魂の生活においてよりいっそうの発展を成し遂げていることが必要条件となる。

周知の通り、『ファウスト』はゲーテが死の直前まで、完成に六〇年を費やした大作である。この事実はどう理解されるべきか。シュタイナーは、『自伝』においてフレゼニウスのゲーテ研究を引用し、『ファウスト』はゲーテの人生の発展と共に絶えず更新されていったと考えた。

死の五日前、ゲーテはフンボルトに「『ファウスト』の構想は六〇年以上、青年期に始めから、始めから私に明らかであり、その続きは詳細にではないが、すでにあった」[32]と語った。ゲーテ研究者たちは皆、この言葉を誤解したとシュタイナーは考えた。彼らは皆、「始めから」という言葉を、ゲーテが最初から『ファウスト』のアイデアもしくは計画を持っており、その後、細部を作り上げていったのだ、と受け取った。この解釈が正しいのであれば、ゲーテは既に若き日に『ファウスト』の構想を得ていたことになる。

こうした考えをフレゼニウスは反駁した。フレゼニウスによれば、ゲーテは「始めから」という言葉を、空間的な意味でのみ用い、解釈者たちが述べているような意味では一度も使っていない。たとえば、ゲーテは「ある本を『始めから』読んだが、その先はもう読まなかった」と言う。そうした用法に従えば、ゲーテの言葉は、次のように受け取られるべきである。すなわち、『ファウスト』の創作プランは既に執筆当初から完成していたのではなく、若い時には第一部がはっきりしており、折にふれて続きを完成させていったと解釈されるべきなのである。[33] フレゼニウスはこうした解釈の妥当性を証明した。そして、シュタイナーもこの考えに賛同した。ゲーテの発展と『ファウスト』の発展は切り離せないと考えたのである。

「ゲーテは彼の長い、豊かな人生において段階から段階へと発展していった。そして彼は、ファウストの創作を、この絶えざる発展に完全に参加させた[34]」。

ゲーテが『ファウスト』を若き日に書き始め、死の直前に完成させたという事実に鑑みれば、人は『ファウスト』の内容を容易に理解しつくすことはできない。『ファウスト』はゲーテの全人生を含んでおり、人間のあらゆる段階を包含している。したがって、『ファウスト』の中には無限に汲みつくせぬ謎が含まれているというのだ。先述した「人生の謎」の解明過程と同様の態度をもってはじめて『ファウスト』の謎は解き明かされると考えたのである。

かくして、シュタイナーによれば、自らの内面の発展に従う人のみが、老齢期に書かれたファウストの諸部分を正しく読むことができる。そのような人にとって、『ファウスト』の内奥は、次々と開示される。出来事や登場人物の秘教的意味が次第に明らかとなるのだ。

そして、神智学こそがそうした秘教的意味の解明に寄与するとシュタイナーは考えた。神智学的解釈は、決して無味乾燥なものではない。それは生命に満ち溢れた芸術的ファンタジーを、生命なき寓話へと貶める作業ではない。シュタイナーはこの点を強調する。

「我々にとっても、ファウストは何はともあれ芸術作品であり、想像の産物である。もし我々がこの芸術作品を感じることができないならば、我々はそれを我々の欠陥とみなす(35)」。

シュタイナーにとって、神智学に基づく解釈は、『ファウスト』の芸術性を貶損するものでなく、それを生きた解釈に開くものであった。この点について、彼は、『ファウスト』が二重構造から成ることを、ゲーテとエッカーマンの対話（一八二七年一月二十五日）を証左として示している。

「しかし、ファウストのなかにおけるすべてのことは、どれもこれも感覚的なことばかりだから、劇場で上演される場合を考えると、誰の注意もよく引くだろう。またそれ以上のことは、私も望まなかった。ただ、観客のうちの大勢が出来事を見て喜びを感じてくれさえすれば、それでいいのだ。玄人なら、同時にいっそうふかい意味がこめられているのを見逃しはしないだろう(36)」。

ゲーテは一方で、『ファウスト』が単に見物として観客を喜ばせさえすれば満足であるとエッカーマンに打ち明けている。その芸術性が観客に受け入れられるならば、それだけで既に一つの目的は達成されたというのである。

しかしながら、この一節は同時に、玄人にはそこに込められた深い意味が理解可能であるということを示唆している。ゲーテは、一見しただけでは理解不可能な意味を『ファウスト』に潜ませた。シュタイナーは、真にゲーテを理解するためには、そのような玄義から距離をとってはならないと考えた。そして、玄義を捉えるために、自身の神智学が必要であること、神智学的方法をもってはじめて、『ファウスト』に秘められた意図が明らかになることを自負していたのである。

したがって、シュタイナーからすれば、たとえば内村鑑三による次のようなファウスト批判も問題にはならないということになる。

「ファウストにおいては、男子として失敗の極を演じ、また、にくんでもなおあまりあるがごとき大罪を犯しつくしたるものあり。されど、いまだ心よりその罪悪を認識してこれを痛切に懺悔したることなし。ファウストはかかる罪悪を犯したのち、その女を捨てて逃亡し、ある朝、アルプス山中に眠り醒めて、たなびきわたる美しき虹を見、その得ならぬ風景に対し、たちまちにしてさきの苦痛はことごとく消え去りたるを叙す。ただそれ善事をなせ、過ぎ去りし昔はいかんともなしがたし、進んで善を行えば、旧悪はこれを以って蔽うべし、罪ありとてかならずしも痛恨すべきものにあらず、これは愚なりしがゆえにあやまちしのみ。慕うべき求むべきは知識にあり、知識は光なり、光は人生を導きて暗黒に逆らわしめざるべしとなす。これすなわちゲーテの人生観なり[37]」。

確かに『ファウスト』の物語展開を字義通りに受け取るならば、こうした内村の批判は至極当を得ているようにも思われる。だが、シュタイナーは、あくまで、『ファウスト』で展開されるさまざまな出来事を人間の内的な発展過程として捉えた。ファウストがグレートヒェンやヘレナとの間で体験する諸々の出来事は、そのような内的過程の象徴として理解されるべきと考えたのである。しかもそうした過程を、神智学的世界観およびその人間形成過程と正確に一致するものとみなしたのであった。

(二) 『ファウスト』の構図――『ファウスト』における二つのステージ

シュタイナーの解釈に倣えば、『ファウスト』第一部と第二部には、それぞれ異なった二つのステージが描き出されているということになる。

① 第一部―感覚的世界の謳歌（グレートヒェンとの恋愛）
② 第二部―超感覚的世界との神秘的合一の追求（ヘレナとの結婚）

『ファウスト』論で解き明かされているのは、①と②の関係である。①、②はいずれも、シュタイナーの人間形成論において不可欠の段階である。一見するところ、①と②は互いに背反のようにも思われる。だが、彼にとって①は②の、②は①の必要条件である。後述するが、感覚界（自然界）へのベクトルは、超感覚的世界へと向かう反転を内に含んでおり、超感覚的世界へのベクトルは、もう一度感覚界へと戻ってくるベクトルを内包している。

本章では以下、①と②の内実、及び両者の関係を読み解いていきたい。両者の関係を読み解く中で、シュタイナー人間形成論を支える構図が浮き彫りになる。

まずは、①の段階を分析することからはじめる。超感覚的世界へ向かうための前段階としての自然界への沈潜。このことを考えるために、『ファウスト』論で展開されたシュタイナーのゲーテ自然科学分析を参照することにしたい。

五　『ファウスト』をシュタイナー人間形成論のプロトタイプと見る

(一)　自己認識への準備としてのゲーテ的自然認識

シュタイナーは、ゲーテの生き生きとした自然観が断章『自然 Die Natur』の内に顕著に現れていると考えた。『自然』において見出される躍動的自然観こそ、ゲーテ自然観の原風景とみなしたのである。[38]

以下の引用は、シュタイナーがゲーテ的自然観の典型とみなした『自然』からの抜粋である。

「自然！　我々は彼女に取り巻かれ、抱かれている―彼女から抜け出ることもできず、彼女の中へより深く入っていくこともできない。頼まれもせず、戒められることもなしに彼女は我々を彼女の輪舞の中へ引き入れ、我々とともに踊り続ける。……彼女の歩みは正確である。彼女の例外は稀である。彼女の法則は不変である。……人間はすべて彼女の中にいる。そして自然は万人のなかにいる。……生命は彼女の最もすばらしい発明である。死は生をより多く生たらしめるための彼女の術である。……人はどんなに嫌でも自然の法則に服従する[39]」。

このように全自然の調和を謳った『自然』は、人間の精神同様、自然にも永遠の宇宙法則がくまなく溢れていることを打ち明けたものである。自然はゲーテに、永遠の必然性が全存在を結びつけて一つにするという感覚をかきたてた。ゲーテは自然の観察により、人間が自然の必然性と内的絆で結ばれていると考えるに至ったのである。

一七八二年の頌歌「神性 Das Göttliche」にもこうした考えが如実に表れている。

「高貴であれ／人間よ／慈愛深く／善良であれ／なぜならそのことのみが／人間を／我々の知っているあらゆる存在者と区別する／……永遠の／偉大なる鉄の法則に従い／我々はみな／我々の存在者の輪を／完成しなければならぬ[40]」。

自然を駆動させている「鉄の法則」は、自然の内にくまなく満ち溢れている。そして、その法則は同時に人間をも支配している。この展望を、ゲーテは驚きをもって受け入れた。こうした自然観はシュタイナーが批判の対象に据えたカントのそれと対極にある。「カントによれば、自然は完全に人間精神の内にあり、ゲーテによれば、人間精神は完全に自然の内にある。なぜならば、自然はそれ自体精神であるからである[41]」。それは外界の観察だけでは明らかにされえない。自然の内にも、人間の内にも共に作用している大宇宙（マクロコスモス）の作用を認識するために、われわれは意識の内奥へと入っていかねばならない。これにより、人は外界と自らの魂の間に、親密な連関を築き上げる。

かくして、「自然認識」から「自己認識」への反転が必要となる。シュタイナーは、『自伝』において、彼が当時、この点を特に強調したことに触れている。

「自然認識から生じうる思考のなかに、人間が精神世界の洞察に達することのできる基盤があると私は思った。だから私は、精神認識に導くにちがいない自然という基盤の認識を強調した[42]」。

精神世界を体験していない者にとっては、思考方向への沈潜は単なる抽象的活動にすぎない。単に抽象的思考活動に留まることは、シュタイナーにとって悪しき事態とみなされる（この問題は、「悪」の問題と関わって、一九一八年の『ファウスト』論においてより詳細に吟味される）。

第一部から第二部への決定的転換は、ファウストが後者において「自己認識」へと向かう点にある。第一部と第二部、両者の関係は、「ファウストの謎 Die Rätsel in Goethes《Faust》」において要約がなされている。[43]

① 第一部で、われわれが出会うのは、自然に関する完全に深い真理である。しかしながら、そのほとんどは、魂がいまだ完全には経験していないことについての語り。

② 第二部は、魂の内部の経験を表したもの。ファウストは、（1）物質界を通り抜け、（2）彼の魂は宇宙の精神性と結合し、（3）そこで自由、尊厳、自己信頼をあたえるものを発見する。そのすべてが、彼自身の内なる経験であり、それは最も高次の経験とみなされる。

①でファウストが出会う自然の真理。それは経験を伴ったものではない。われわれは②に至り、（1）自己への沈潜を通じて、（2）自然と同様、人間の内にも確かに厳然と作用している諸法則と結びつかねばならない。そうした「自己認識」の過程は、ひいては（3）「自由の獲得」へと通ずるのである。

以下、シュタイナーの『ファウスト』第二部解釈を参照することで、「自己認識」のプロセスを読み解いていきたい。ここで示されるのは、右記①から②への過程と、そのプロセスを経た後の過程である。

（二） 高次の生の目覚め ――「死して成れよ」の思想

「自然認識」から「自己認識」への転換を象徴的に示す存在が、ヘレナである。第二部でファウストは、ヘレナとの結合を欲する。これは魂の深みの探求を象徴したものであり、かくしてファウストは「自己認識」の段階に至る。ヘレナはわれわれの内に内在しているのであり、彼岸に存在しているわけではない。

「ゲーテが、「人間の中の女性 das Weib im Menschen」を、ギリシアの女性美の原型であらわしたものは、彼の人格の本質の中にある」[44]。

「人間の中の女性」とはわれわれの内に潜在している超感覚的世界の原理を指す。この超感覚的原理といかに結合するかが、第二部では描き出されているというのである。シュタイナーの第二部解釈は、これを一言で要約するならば、「死して成れよ！ Stirb und Werde」の過程として読み解かれる。

第二部は、グレートヒェンが処刑された悲しみを自然の中で癒すファウストの描写から始まる。アリエルが指導している妖精たちがファウストに「目覚め」をもたらし、妖精たちの尽力によって、ファウストは浄化される。かくして、ファウストは「朝焼け」を浴び、高次の存在として再生する。『ファウスト』第二部、第四幕は、ゲーテがいかにそうした観念の内に生きていたかを示しているという。ファウストが実際に「朝焼け」を浴びたとき、彼は「高次の生」を導くべく成熟している。この段階で、死は「比喩」となる。人は、「高次の生」として蘇生するために、低次の生を死滅させる。

「より高次の生とは明け渡し（Aufgeben）である。それは、より低次の存在の死と、より高次の存在の誕生である」[45]。

低次の生の死＝高次の存在への明け渡しにより、「高次の生」が誕生する。そうした解釈の根拠として、シュタイナーは『西東詩集』中の、ゲーテの言葉を引用している。

「死して成れよ！ このことを、／ついに会得せぬかぎり、／おまえは暗い地の上の暗く悲しい孤客にすぎぬ Und so lang du das nicht hast, dieses: Stirb und werde!, Bist du nur ein trüber Gast auf der dunklen Erde」[46]。

シュタイナーによれば、ゲーテは、ヘラクレイトスと同様の考え方を持っているという。ヘラクレイトスはギリシア人のディオニュソス崇拝について論じた。ヘラクレイトスにとって、崇拝は、単に自然の生の神、感覚的喜びの神に向けて奉ぜられるものではない。それは同時に死の神ハデスの崇拝でもあるのだ。ギリシアの諸々の神秘の儀式においては、生は死と共同して祝われたというのである。

なぜなら、それは「高次の生」の獲得を意味していたからである。死を通り抜けることで「高次の生」へと至りうる。したがって、「死は結局、あらゆる生の根源である」と神秘主義者たちが言うとき、この場合の生とは「高次の生」を意味するのである。(47)

かくして、『ファウスト』第二部は、「目覚め Erweckung」を表現している。その「目覚め」とは、魂の深みに由来する「より高次の人間」の誕生である。

けれども、第二部冒頭では、超感覚的世界との結合の可能性が開かれるだけである。そこでファウストが完成に至ったわけではない。

「しかしながら、それは道の始まりにすぎない。彼は秘儀参入の門にいるように感じている(48)」。

したがってファウストはこの時点で、「高次の生」に向けて、その端緒を開いたにすぎないのである。ここで示されたのは、自然認識から自己認識へと、そのベクトルが反転したということ。ここにおいて、永遠性の領域との結合が果たされたわけではないのだ。

(三) 自己認識の過程 ——「母たちの国 Reich der Mütter」への道

ベクトルが自己認識へと反転した後、次なる段階として、具体的に自己の内奥へと沈潜していくことが求められるわけだが、この過程もまた、『ファウスト』第二部の内に描かれている。

エルフたちの尽力により、再生したファウストは、パリスとヘレナを召還せよとの皇帝の命を受け、「母たち」の国へと赴くことになる。

「母たちの国」とはいかなる領域なのか。「母たちの国」は「人が存在するために、己の存在を引き渡す時にのみ、足を踏み入れることができる領域[49]」として読み解かれる。存在のための存在放棄。この一見パラドキシカルな一文は、「（高次の）存在となるための（低次の）存在の放棄」と解釈されるべきである。低次の存在を高次の存在へと明け渡すとき、ファウストは、「母たちの国」で時空を超えて存続するものを発見する。

すべての存在の永遠なる原型が保存されている「母たちの国」に、メフィストは入っていくことができない。なぜなら、「メフィストは、永遠性の領域にとってよそ者[50]」だからである。対して、ファウストは浄化を経ているがゆえに、「母たちの国」へと至ることができる。

「もし人がそこへの道を見つけるならば、もし彼が『存在するために彼の存在を引き渡すならば』、その時、彼はファウスト的性格をもつ。もし人が物質性から離れることができないならば、彼はメフィストーフェレスのような性格をもつ[51]」。

さて、ファウストはヘレナとパリスを「母たちの国」から呼び出す。突如、ヘレナに対するあらがいがたい衝動がファウストを襲う。彼は彼女を力ずくでわがものにしようとする。が、それはかなわず爆発が起こり、ファウストは気絶してしまう。

ここにおいて、ファウストは、彼の発展において重大な意義を持つ段階にさしかかる。ファウストは確かに、「母たちの国」へと、すなわち永遠性の領域へと突き進むことができるほどに成熟している。

しかしながら、ファウストはあまりに早急にヘレナ（永遠性）を手に入れようとした。永遠性への展望は、「ひとっ飛びには踏破されえない」ものであり、その過程は、「無数の人生の滞在地を通ってゆっくりと歩き通されねばならない[52]」。

だが、ファウストは、神的な究極目的を力ずくでわがものとしようとした。ファウストの浄化はいまだ不完全である。彼は人生全体を通じて、この展望をもとに、絶えず自らを深化させてゆかねばならないのである。

ファウストはあまりに性急すぎた。超感覚的世界との結合に向けて、彼にはさらなる経験が必要となる。

㈣ 三世界論について —— ホムンクルスの意味

ファウストはいかにしてヘレナとの結合に至ることができるのであろうか。ここで決定的な意味を有するのが、ホムンクルスの受肉というテーマである。かつてファウストの助手だったワーグナーが、人造人間ホムンクルスの生成を目論んでいる。ホムンクルスは人間の外形を持たず、物質性を獲得していない精神である。このホムンクルスの具現化の過程に立ち会うことにより、ファウストは感覚界の生成とその背後で作用している超感覚的な作用との緊密な連関を目の当たりにする。

シュタイナーによるホムンクルスの位置づけは、彼独自の思想を背景に据えているがゆえに、極めて独特である。それゆえ、一九〇二年時点での『ファウスト』論では解釈が不明瞭であり、その重要性を指摘しつつも、ホムンクルス体験の具体的内実について解釈が示されていない。その解釈については、講演「ゲーテ作品の秘められた基盤 Die Okkulte Grundlage in Goethes Schaffen」において明示されている。よってここでは本講演を参照することで、ホムンクルス問題の意味を明らかにしたい。

ホムンクルス問題の解釈を通じて、三世界についての神智学的観点が示される。

「この劇的な詩の第二部の中に、実際、ゲーテが人間の「三つの世界」（物質的世界、アストラル界、精神界）に対する関係について言わねばならなかったことが含まれている。この観点から、その詩は人間の受肉についての表現として現れる。秘められた基盤に立とうとしない理解にとって、克服できない困難を示している一人の登場人物は、ホムンクルスである。しかしながら、すべての特徴、すべての言葉がこの基盤から出発するならば明確になる(53)」。

シュタイナーによれば、霊学的観点なくしてホムンクルスの意味を読み解くことはできない。神智学的観点を導き入れてはじめて、それは明確に理解可能になるというのである。右の引用中の「三つの世界」とは、シュタイナー思想における基本構図を意味している。彼は、宇宙を物質界（Physiche Welt）、魂界（Seelenwelt＝アストラル界 Astralplan）、精神界（Geistige Welt）の三世界から成り立つものと捉えた。

肉体を持たないホムンクルスは真に精神的な存在である。ホムンクルスは人間となるべく、肉体を獲得しなければならない。シュタイナーは、ホムンクルスをアストラル界に属するものとみなしている。

「「古典的ワルプルギスの夜」の今後の経過の中に、ホムンクルス、すなわちアストラル人間の具体化が描かれている(54)」。

ホムンクルスに随伴することで、ファウストは三世界の存在を知り、それら三世界の統合が高次の生にとって不可欠であることを認識するに至る。

「第三幕において、我々は実際に、ヘレナを具現化するのを見る。このために、人間の三つの性質（アストラル、物質、精神）を結合する必要がある。第二幕の結末で、アストラル的存在（ホムンクルス）は、物質的な覆いに身を包み、そしてこの結合体は今や、より高次の性質を受け入れることができる」[55]。

肉体を手に入れたホムンクルスは、より高次の性質（精神界）を受容しうる段階へと至る。かくして、ホムンクルスの受肉に立ち会うことで、ファウストは「三つの世界」の秘密を知ることとなる[56]。この体験を通じて、ファウストは、「今後、神秘主義者として世界を見る」[57]。彼自身も「高次の性質」＝ヘレナと結合可能な境地へと自らを高めることができたのである。エロスが霊化され、ファウストは美の原型であるヘレナとの婚姻関係へと入ってゆく[58]。二人は息子オイフォーリオンをもうけ、幸福な生活を送ることとなる。

㈤　祝祭の瞬間とその後

さて、シュタイナーはファウストとヘレナの結合が永続しないという事実に目を向け、魂の深みに下りていくことは、人生の「祝祭の瞬間 Feieraugenblicke」においてのみ可能であると述べている。息子オイフォーリオンは、崖から飛び降り、死んでしまう。ヘレナもまたファウストのもとを去る。こうした一連の過程は次のように読み解かれる[59]。

① ファウストは、最も高次の精神性が生み出される領域（永遠性の領域）へと沈潜する。
② しかしながら、そこで経験した変化と共に、ファウストは再び現実生活に戻らねばならない。
③ その際、彼は精神的なもの（オイフォーリオン）を現実生活にもたらすことができない。
④ けれども、この精神的なものは、いまや彼の魂と親密に結合している。彼の子ども（精神的なもの）は、絶えず彼の魂を永遠性の領域に引き入れる。
⑤ その後、ファウストは霊化された存在として現実生活を生き続けることとなる。

「永遠性の領域」を体験した者は、そこでの永続的滞留を許されない。そこから再び、日々の生活へと舞い戻らねばならない。だが、一度、永遠なる領域との結合を果たした者は、日常へと帰還した後も、常に永遠性からの声を聞き続けるという。

世俗の中で永遠性を経験した人は、彼の中で絶えることなく、息子（オイフォーリオン）の呼び声（「お母さん、僕をたった一人／暗い国におかないで！」）を聞く。そしてその声は常に彼を永遠性の領域へと呼び寄せる。

ヘレナもまた、ファウストのもとを去る。ファウストに残されたのは、ヘレナのローブとヴェールだけである。

「ファウストを掻い抱くと、彼女の形骸は消え失せ、ローブとヴェールのみ彼の腕にのこる」[61]。

ファウストはヘレナのローブとヴェールだけを持ち続ける[62]。彼はヘレナとの破局後も、彼女の遺品を持ち続け、息子オイフォーリオンの声を聞き続ける。シュタイナーはこの事態を「二重の生活 Doppelleben」と呼び、これこそが「神秘家の生活 Leben eines Mystrikers」であると述べる。

「これが神秘家の生活であるだろう。もちろん、無為の瞑想、夢想の内面生活において、日々を過ごすような生活ではなく、あらゆる行為に、人が精神的な深化を通じて達成する高貴さが刻印されているような、完全なる活動において、日々を過ごすような生活である」[63]。

日々の全活動が、「人が精神的な深化を通じて達成する高貴さ」によって刻印される。それは、瞑想、夢想でもって日々を過ごすような生活ではない。感覚界を謳歌しつつ、超感覚的世界と絶えず交流し続けるような「二重の生活 Doppelleben」である。

『ファウスト』第二部の分析を通じて、シュタイナーは、感覚界を超え出た世界、永遠性の領域へと目を向けることの必要性を訴えた。ヘレナとの結合は永続しない。ファウストは超感覚的世界の体験を通じて、今一度、感覚界へと戻ってくる。しかしながら、一度ヘレナと結合したことで、その後ファウストは絶えず、永遠性の領域と交流し、感覚界に居ながらにして常に超感覚的世界からの影響を受け続けるという。

こうした「二重の生活」は、換言すれば、シュタイナーの目指す「自由」の獲得状態となる。感覚界の原理（因果律）の支配下にあって、われわれは決して「自由」たりえない。超感覚的世界の原理（マクロコスモス）との一致によってのみ、われわれの「自由」は果たされる。先に見た通り、この原理との永続的結合は、不可能である。しかしながら、現実世界の内にあって絶えず超感覚的世界の原理との調和を目指すこと、このことによりわれわれに真の「自由」がもたらされるのである。

(六)　エゴイズムの消滅＝死 —— ファウストの最期

かくして、ファウストは、感覚的世界の内にあって常に、永遠性からの声を聞き続ける。けれども、ファウストは、「物質的存在における活動を完全には精神の純粋な欲求と一致させることができない[64]」。皇帝から海岸沿いの広大な土地をあたえられたファウストは、新国土の建設計画を遂行する。ファウストの計画は順調に進んだが、彼にとって老夫婦（フィレモンとバウチス）の住む小屋と礼拝堂が目障りであった。ファウストはメフィストに命じて、老夫婦を立ち退かせようとする。メフィストが彼らの小屋に放火し、老夫婦は驚きのあまり死んでしまう。

老夫婦の立ち退きを望む、このファウストの欲求は何を意味するのであろうか。シュタイナーはそれをエゴイズムの残滓として読み解く。この出来事によって、ファウストのエゴがいまだ完全には消えていなかったことが明らかとなる。[65]前節で見た通り、ファウストは、ヘレナとの結合を経て、永遠性の領域との絶えざる交流の中で生きている。ところが、感覚界で生きる以上、彼にはいまだエゴが残存しているのである。感覚界に生きる存在である以上、エゴを完全に消し去ることはできない。

ファウストはその最後の残滓を消し去ることで、エゴを消滅させる。しかしながら、エゴの完全消滅は、そのまま死へと通ずる出来事となる。すぐ次の場面でファウストの死が描かれる。

「真夜中」に、四人の灰色の女が現れる。「欠点 Mangel」、「罪責 Schuld」、「憂愁 Sorge」、「困窮 Not」である。「憂愁」以外の三人は、ファウストに近づくことができない。

これらの女は、「人間の生活を制限し、陰鬱にする」[66]存在である。彼女たちは皆人生の道連れである。しかしながら、ファウストは、「憂愁」以外の三つの要素については、既に克服してしまった。現段階の彼に「欠点」、「罪責」、「困窮」は存在しない。ゆえに三人は彼に対して力を持たない。

「憂愁」のみがファウストに接近し、彼を惑わせようとする。しかしながら、「憂愁」の問いかけ（「これまでのすべての活動に意義はあったか」）にさえ、ファウストは動じない。彼の中にもはや迷いの遺物は存在しないのである。よって「憂愁」もまた、ファウストに力を及ぼすことができない。これによりファウストは、いまや「人間の生活を制限し、陰鬱にする」存在をすべて克服してしまった。

かくして、「憂愁」は消え失せる際に、ファウストに息を吐きかける。これにより彼は盲目となり、ついに死に至る。

死後、ファウストは永遠性と完全に合一する。

「不完全なもの、ここに達成される Das Unzulängliche,/Hier wird's Erreichnis」[67]。

かくして永遠性との完全なる合一を果たし、『ファウスト』は幕を閉じるのである。エゴの完全消滅は、現実生活の終わりを意味していた。「憂愁」があたえる最後の試練を経て、ファウストは永遠性の領域と一体化する。だが、それは同時に彼の肉体的な死をも意味していた。永遠性との領域との完全なる一体化は、死をもってのみ果たされるのである。

六 ファウストの遍歴

以上、『ファウスト』論Ⅰを読み解いてきたが、最後に解釈の要点をまとめることにしたい。シュタイナーは『ファウスト』を次のようなプロセスとして読み解いた。

① 感覚的世界の謳歌
② 超感覚的世界との神秘的合一の追求
③ ①と②の絶えざる往還(二重の生活)
④ エゴイズムの完全消滅
⑤ 永遠性の領域との合一(=死)

本論で見た通り、①と②は互いに相反するものではなかった。シュタイナーは、①を自然認識の段階、②を自己認識の段階と関連付けた。そして①から②への移行を第一部から第二部への移行と重ね合わせた。

第二部冒頭では②へと向かう資格が得られる（「死して成れよ」）。第二部でのさまざまな過程を経て（「母たちの国」の体験、ホムンクルスとの随伴体験）、ようやく②は達成される。

けれども、ファウストは②の段階、すなわち、超感覚的世界の原理との神秘的合一状態に留まることはできない。それは人生の「祝祭の瞬間」においてだけ可能である。不可避的に現実世界（感覚的世界）への帰還を余儀なくされるのである。ところが、一度、②を体験したものは、感覚界へ戻った後も、絶えず、超感覚的世界の作用と共に生きることとなる（二重の生活）。こうした生活こそ、神秘家の生活とみなされるのである（③）。

そうした二重の生活は、シュタイナーにとって、真の「自由」の獲得と同義といえる。われわれは感覚界の法則である因果律に従っていては、決して「自由」を獲得できない。感覚界と超感覚的世界の絶えざる往還を通じてのみ、われわれは「自由」へと至る。

両世界の循環に終わりはない。その循環の終わりはすなわち、死を意味していた。感覚界におけるエゴの消滅（④）により、永遠性の領域との完全なる合一（⑤）が達成される。しかしながら、それは死と引き換えにもたらされるものであった。

したがって、⑤はわれわれが感覚界に存する限り、決して求め得ないものということになる。感覚界の内にあっていかに超感覚的原理と交流するか、すなわち、いかに「自由」たりえるかが問題なのであって、⑤に至ることは、われわれが現実生活を営む限り不可能である。したがって、シュタイナー人間形成論において、いかに③へと至るかこそが最重要問題となる。シュタイナーはそのプロセスを『ファウスト』に寄り添いつつ、解き明かした。

シュタイナーは、感覚界における不自由を強調し、超感覚的世界の認識を獲得する必要性を説いた。だが、感覚界を否定し、超感覚的世界を称揚したのではない。むしろ、感覚界の内に、既に超感覚的世界の諸原理が作用していること、感覚界の内に超感覚的世界へと至る通路が開かれていることを訴え続けた。ゲーテ的自然認識は、後者へとわれわれを導く道標となり、その意味で神智学に基盤をあたえるものとなるのであった。そして、超感覚的世界が拓かれることにより、その原理を認識することで新たに感覚界と出会いなおすことが可能となる。真に「自由」な存在として感覚界へと帰還を果たすこととなるのである。したがって、超感覚的世界の認識は、感覚界において「自由」を獲得するための不可欠の行程ということになる。感覚界への沈潜は、超感覚的世界への反転を内に含んでいたが、同時に超感覚的世界へと向かうベクトルは、感覚界へ至るベクトルを内包しているのであった。第I部から一貫して示してきた通り、シュタイナーは、現世否定の思想家ではない。彼は現実世界において「自由」たりえるための方途を示したのである。

シュタイナーはファウストの発展を神智学的人間形成の典型とみなした。これにより『ファウスト』論は、シュタイナー人間形成論の縮図となった。初期のゲーテ自然科学研究では論ずることのできなかった自己認識の問題を、彼は『ファウスト』論の内に示したのであった。

註

（1） Steiner 1999f, S. 214.
（2） Shepherd 1983, p. 63＝一九九八、八四頁。
（3） *Ibid.*, p. 64＝同書、八六頁。
（4） *Ibid.*＝同書。
（5） *Ibid.*, p. 65＝同書。
（6） *Ibid.*＝同書。
（7） *Ibid.*, p. 67＝同書、八九頁。

(8) *Ibid.*, pp. 67–68＝同書、九〇頁。

(9) *Ibid.*, p. 69＝同書、九一頁。

(10) *Ibid.*, p. 71＝同書、九五頁。

(11) シュタイナーは、神智学協会の幹部がクリシュナムルティをキリストの再来と位置づけたことに異議を申し立てたのであり、決してクリシュナムルティ個人に対して不満を持っていたわけではなかった。[神尾 二〇〇五、二〇八頁]

(12) Hemleben 1975, S. 80＝二〇〇一、九三頁。

(13) *Ibid.*, p. 72＝同書、九六頁。

(14) *Ibid.*, p. 73＝同書、九八頁。

(15) 「ゲーテアヌム」とはスイス・バーゼル近郊ドルナッハにある普遍アントロポゾフィー協会ならびに精神科学自由大学の拠点である。

(16) Steiner 1983a, S. 35.

(17) なお、『自伝』によればシュタイナーが、『ファウスト』をはじめて手にしたのは十九歳の時であった。彼は、その当時について、「読んでみるとたちまちこの作品に対する強い興味が湧き起こってきた」と振り返っている。[Steiner 2000, SS. 56–56＝一九八二、五六頁]

(18) Steiner 1999g, S. 118.

(19) Steiner 2002, S. 114.

(20) シュタイナーは、特に『ファウスト』第二部は、精神的視点からの読み解きがなされないゆえに、従来の研究においてはほとんど理解されなかったと考えた。[Steiner 1986a, S. 302]

(21) Steiner 1989f, SS. 13–14.

(22) しかしながら、先にも述べた通り、『ファウスト』論分析を通じて人智学の全体像が網羅的に解明されるわけではないということに予め留意すべきである。人智学的諸理念は、『ファウスト』を大きく超え出る要素を多分に含んでおり、それらをあますところなく捉えることは不可能である。本書の一つの課題は、ゲーテを通じてシュタイナーの思想をどこまで語ることができるか、その限界を見定めることにある。したがって、以下の論考では、ゲーテ的世界観を超え出て、シュタイナー思想そのものに深く立ち入らねばならない問題（とりわけ「悪」の問題）に関しては、大綱のみの論述に留めた。

(23) Allen, P. M. & Allen, J. D. 1995, p. 55.

(24) Freeman 1947.

(25) Koepke 2002.

(26) Steiner 2000, SS. 395-396＝二〇〇九、一二八―一二九頁。

(27) Steiner 1989g.

(28) 霊的指導者時代のシュタイナーは『ファウスト』について講演の場で詳細な注解を試みている。[Steiner 1981b, Steiner 1981c] 本書は、シュタイナー人間形成論における「自由」の構図を浮き彫りにさせることを本務としているゆえに、そうした講演を詳細に見てゆくという作業、すなわちシュタイナーの『ファウスト』解釈の網羅的概観は行わない。あくまで課題を限定し、「自由」をめぐる問題の解明にのみ専心することとする。

(29) Steiner 1989f, S. 9.

(30) *Ibid.*

(31) *Ibid.*

(32) Steiner 2000, S. 296＝二〇〇九、五一頁。

(33) *Ibid.*, SS. 296-297＝同書、五一―五二頁。

(34) Steiner 1989g, S. 10.

(35) *Ibid.*, S. 12.

(36) Eckerman 1949, S. 223＝一九六八 a、二八五頁、一部改訳。

(37) [内村　一九五八、二三二頁] なお、歴史的仮名遣いは現代仮名遣いに直した。

(38) もっとも、断章『自然』は、そもそもゲーテの作であるか否かをめぐってこれまで数多くの議論がなされてきた作品である。現在、それはゲーテと親交のあったG・クリストフ・トーブラーの作（一七八二年頃）であることが実証されている。〔芦津一九八八、三五―三六頁〕ゆえに、シュタイナーが『自然』をもって、ゲーテの包括的自然観の証左とする、その方法論自体は問題を孕んでいる。彼は、自身のゲーテ理解の妥当性を裏付ける恰好の素材として『自然』を引用しているが、それは、ゲーテ研究の観点から見れば、完全なる誤解である。けれども、シュタイナー思想の解明を本務としている本書において、この誤解はさほど重大ではない。われわれにとって重要なのは、シュタイナーが『自然』をゲーテ的自然観の現れとみなしていたという事実そのものである。先述した通り、本書はシュタイナー研究として位置づけられるべきものである。彼が、ゲーテをいかに理解したか、その点だけを焦点化している。したがって、本書の試みにとって、彼の誤解は問題とはならない。

(39) Goethe 192-?, SS. 15-17＝一九八〇、三四―三六頁、一部改訳。

(40) Goethe 1948a, SS. 147-148＝一九六〇、八一―八二頁、一部改訳。

(41) Steiner 1985c, S. 162＝二〇〇四、一五五頁。

(42) Steiner 2000, S. 364＝二〇〇九、一〇三頁。

(43) Steiner 1986b, SS. 301-302.

(44) Steiner 1989f, S. 19.

(45) *Ibid*., S. 20.

(46) Goethe 1948b, S. 19＝一九八〇、一〇一頁、一部改訳。

(47) Steiner 1989f, S. 21.

(48) Steiner 1986c, S. 336.

(49) Steiner 1989f, S. 25.

(50) *Ibid*.

(51) *Ibid*., S. 27.

(52) *Ibid.*, S. 29.
(53) Steiner 1965b, SS. 25–26.
(54) *Ibid.*, S. 27.
(55) *Ibid.*, S. 30.
(56) *Ibid.*, S. 32.
(57) *Ibid.*
(58) Steiner 1989f, S. 33.
(59) *Ibid.*, S. 35.
(60) Goethe 1949b, S. 299＝一九五八b、九九〇五—九九〇六行、三五二頁。
(61) *Ibid.*, S. 300＝同書、九九四三—九九四四行、三五四頁、一部改訳。
(62) Steiner 1986c, S. 352.
(63) Steiner 1989f, S. 36.
(64) *Ibid.*, S. 36.
(65) Steiner 1986c, S. 356.
(66) Steiner 1989f, S. 37.
(67) Goethe 1949b, S. 364.

9章　一九一八年の『ファウスト』論

一　『ファウスト』論Ⅱの射程

前章では、一九〇二年の『ファウスト』論を検討したが、本章では、一九一八年の『ファウスト』論（『ファウスト』論Ⅱ）を考察の対象に据える。『ファウスト』論Ⅰが霊的指導者時代の最初期に記されたものであることに比し、『ファウスト』論Ⅱは、まさにシュタイナーの思想的円熟期に記されたものである。したがって、その内容は『ファウスト』論Ⅰに比べてより秘教的色合いを強めている。以下、『ファウスト』論Ⅱを吟味することにより、人智学者シュタイナーの人間形成論を浮き彫りにさせる。

『ファウスト』論Ⅱでは、『ファウスト』論Ⅰ同様、人智学的人間形成のプロトタイプが示されているのだが、そこでは特に『ファウスト』分析を通じて、人間の「マクロコスモス（Makrokosmos）からの離反」という問題が焦点化されている。マクロコスモスの働きとは、万物を調和せしめる超感覚的世界の働きである。ファウストはそうした必然性、永遠性の世界に背を向ける。『ファウスト』第一部は、マクロコスモス（全世界の包括的調和）から離反してゆくファウストが描かれているというのである。

第一部「夜」の場面。[1] 彼はノストラダムス自筆の大宇宙の標を開き、天地の偉大なる作用を眺めて感嘆する。マクロコスモスのしるしを通じて、全世界の包括的調和がファウストに開示される。彼はそこで、すべてのものが全体的関連性において存在しているということを目の当たりにし、あらゆるものが必然的に相互関連的に調和していることを確認する。

「しかしながら、ファウストは、この万物の調和説の中には、彼が得ようと追い求めた彼の精神の体験を感じることはできない」[2]。大宇宙の壮観は、ファウストにとっては単なる見物（Schauspiel）にすぎない。彼は落胆する。「なんという見物だ！　しかしながら、ああ！　見物たるにすぎぬ！　Welch Schauspiel! Aber ach! Ein Schauspiel nur!」[3] 学者から抜け出ようとするファウストにとって、マクロコスモスの単なる観照だけでは意味がない。かくして、ファウストは超感覚的世界から離反してゆくことになる。

では、彼はどこへ向かうのか。シュタイナーによれば「大地の精の象徴」に向かう。[4] ファウストは、「生の像」を欲せず「生それ自体 Leben selbst」を欲した。それゆえに、彼は絶えず生命を生み出し、大地を支配する地霊の方を向く。

そしてメフィストーフェレスの力を借り、感覚的世界における生命の充溢を体験する。グレートヒェンとの恋愛は、その最たるものであった。

ところが、『ファウスト』第二部において、彼は再び反転する。第一部冒頭でマクロコスモスの作用から離反したファウストは、第二部クライマックスにおいてあらためて反転し、マクロコスモスに還ってゆく。いまや「その見物は人生になった」[5]。マクロコスモスの調和的作用と彼の人生が一体化する。ファウストは彼の内面における人生の闘争を通じて、全宇宙の一員として戦い、そしてその争いを引き受けつつ弛まぬ努力を続け、ついにはマクロコスモスとの一致を果たして、物語は幕を閉じることになる。

こうして、シュタイナーの解釈に倣えば、ファウストの辿る道程は大きく三つの場面に分かれる。①単なる観照としての超感覚的世界。②感覚的世界への沈潜。③超感覚的世界との神秘的合一の実現。

このプロセスを補助線とすることによって、考察の焦点を以下のように見定める。第一は、何が「①単なる観照としての超感覚的世界」から「②感覚的世界への沈潜」への転換を可能にするのか。ここに「悪」の問題が生じる。人智学においては、人間を感覚的世界に繋縛することこそ「悪」である。では感覚的世界は避けるべきではないのか。なぜそれが必要になるのか。

第二は、何が「②感覚的世界への沈潜」から「③超感覚的世界との神秘的合一」への転回を可能にするのか。ここに科学（Wissenschaft）の問題が生じる。とりわけゲーテ自然科学研究における「知恵 Weisheit」の問題。シュタイナーが「知識」こそ「永遠性の領域」の「鍵」というとき、その「知識」とはいかなる特質を持つのか。

そして第三に、（「悪」と「科学」の先に）「自由」の問題が生じる。人智学の根本問題であり、シュタイナー教育の最重要課題でもある「自由」の獲得の問題。人智学的人間形成論において「自由」はいかにして獲得されるのか。そして、「自由」の獲得過程に「悪」や自然科学はいかに関連しているのか。そうした根本問題について、ゲーテ的世界観の中で論ずること、それが以下の課題ということになる。『ファウスト』論Ⅱの検討により、『ファウスト』論Ⅰでは明らかにされなかった問題が示されることとなる。

二 「悪」——感覚的世界の体験が必要であるが、しかし「悪」である

本節では、①から②の行程を明らかにするための前提として、まずはシュタイナーにとっての感覚的世界の位置づけを明らかにする。一般に超感覚的世界の重要性を説いた思想家として知られるシュタイナーにとって、感覚的世界とはいかなる意義を有するのか。それは脱却すべき、悪しき世界なのであろうか。『ファウスト』論が示しているのは、むしろ、人間にとっての感覚的世界の重要性である。

『ファウスト』第一部冒頭へと目を向けよう。先に述べた通り、超感覚的世界の単なる観照にあきたらず、そこから離反したファウストにとって、より近しいと感じられるのは地上界を支配し、諸々の生命の営みにいそしむ地霊である。(6) そこで彼は「おれはどれほどお前に近しく感じていることか」(7) と地霊に呼びかける。しかしながら、地霊は「おれに似てはおらぬ」(8) とファウストをはねつけてしまう。地霊の司るような偉大な活動は、ファウストの憧れであるが、実際の彼は到底そのような境地に達してはいないのである。

「お前には似ない！　では誰に似ているのか？」(9)

シュタイナーは、ファウストがこの問いを発した瞬間に、弟子のワーグナーが部屋に入ってくるという事実に目を向ける。(10) そして、このワーグナーこそが「誰に似ているのか？」への回答だと言う。すなわち、ファウストは、根本的にワーグナーと同類と解釈されるのだ。あらゆる学問に通じた天才ファウストは、あろうことか認識の質においてはワーグナーと同等とみなされるのである。

そうした解釈の内には、シュタイナー自身の知識観が如実に現われているように思われる。万学を修めた

ファウストと、彼の弟子ワーグナーを比較した場合、知識の量的比較において、ファウストがワーグナーを圧倒していることは確実である。しかしながら、それはあくまで量的差異であり、両者は同一次元に立脚していると考えられるのである。そうした『ファウスト』解釈から、シュタイナーが人間の形成過程において知的認識能力の拡大とは別次元の根本的転換を要求していたことが予想される。その根本的次元転換に際し、まずもってファウストに必要なのは、生命の充溢に満たされる体験である。この点に関しては、続く「市門の外[11]」の解釈の内に如実に現われ出ている。

「以前には、彼の抽象的な認識の努力の傍らを空しく通り過ぎていた物事（すなわち、素朴な心情の人々の復活祭と復活祭の散歩）に対し、生活が彼の精神の前で魔法をかけることだけが、彼の魂をこの感情の最終的な結論から救い出す[12]」。

感覚的世界への沈潜によって、ファウストは「感情の最終的な結論」、すなわち、自殺という結論から救い出される。ファウストにとって必要なのは感覚的世界の躍動に浸る体験である。

ファウストは体験なき単なる観照、ワーグナー的知的拡大を唾棄し（マクロコスモスの作用がいかに偉大であっても、それが単なる見物ならば彼にとっては意味がない）感覚的世界の恢復を追求する。

では、ファウストにそうした体験をもたらすものとは何か。シュタイナーはその存在こそ、悪魔メフィストーフェレス（以下、メフィストと略記）であると言う。メフィスト解釈を通じて、シュタイナーが「悪」をいかに捉えていたかが浮き彫りにされる。

三　人智学における「悪」の位置づけ――メフィストーフェレスと「自由」

マクロコスモスの作用に背を向け、知的活動に大きく偏向しているファウストに、まずもって必要なのは、感覚的世界の躍動、生命の充溢に触れる体験である。そうした体験をファウストにもたらす存在こそ、悪魔メフィストである。以下で詳述するが、人智学において「悪」は人間を感覚的世界に繫縛するものである。メフィストは超感覚的世界から離反したファウスト（①→②）に感覚界を堪能せしめる存在である（②への沈潜）。

ファウストがメフィストと契約を交わした後に、一人の大学生がファウストを訪ねてくる。この場面では、ファウストにとってのメフィストの存在意義が顕著に現われている。[13] 学生は「地上のことも天上のこともすっかり理解したい」[14]とメフィスト扮する偽ファウストに訴えるのであるが、メフィストは知識欲旺盛な学生に対して「特に、女の操縦術を学びたまえ」[15]と促し、「すべての理論は灰色で、緑なのは生の黄金の樹だけなのだ」[16]と説く。

この場面についてシュタイナーは、「メフィストが学生にけしかけることは、ファウストによっても経験されねばならない」[17]と述べ、「それは堕落ではない」[18]と断言する。すなわち、感覚的世界を謳歌することは、これまで知の追求のみに邁進してきたファウストにとって必要不可欠なことであり、それは決して「堕落ではない」。生命の躍動、生命の充溢を体験することは、ファウストにとって必要な過程なのである。

かくして、第一部においてファウストはグレートヒェンと出会い、彼女との恋愛を通じて感覚的世界に沈潜することとなる。その際、グレートヒェンとの恋愛を可能にしたのは、メフィストという装置であった。

こうした『ファウスト』解釈から、シュタイナー思想における感覚的世界の位置づけが示される。超感覚的世界の実在を認め、その重要性を説いたシュタイナーは、ともすれば、感覚界からの脱却、感覚界の否定を訴えた思想家とみなされるかもしれない。しかしながら、彼は決して、感覚界を克服すべき悪しき世界と捉えていたのではなかった。感覚界の謳歌は、ファウストにとって不可欠の体験なのであり、この体験こそが後述の通り、彼を次なる段階（「自由」の獲得）へと導くものとなる。

では、人智学的観点から読み解く場合、メフィストの正体とは何か。このメフィスト解釈の内に人智学における「悪」の内実が色濃く表れている。

実は、シュタイナーは「悪」に二つの働きを見ていた。「悪」の霊的存在、ルシファー（Luzifer）とアーリマン（Ahriman）である。前者は人間の感情を地上的なものに向けさせ、さまざまな欲望や情欲を生じさせるものであり、後者は地上に存在する物質的なものが現実のすべてだと思い込ませる。両者はいずれも人間を感覚界に縛り付ける存在である。後者の最たるものである「知識」の働きは、生命を切り刻み固定させる。干からびた知識に象徴されるような博識である。前者は生の働きを過剰にさせ、人間を感覚的欲望の充足に駆り立てる働きをする。

メフィストをルシファーとアーリマンという二つの「悪」なる存在の観点から説明するというシュタイナーの解釈を検討するための予備的考察として、ここでさらに一歩踏み込み、ルシファーとアーリマンとはいかなるものか、松浦の解説をもとに概観することにしたい[19]。

ルシファーは人間の感情を地上的なものに向けさせ、さまざまな欲望や情欲を生じさせるものであり、アーリマンによって、人間は地上に存在する物質的なものが現実のすべてだと思い込まされる。両者はいずれも人間を感覚界に縛り付ける存在である。シュタイナーの宇宙進化論によれば、太古の昔に、悪の霊が人間に自由をあたえたという。この自由によって人類は神から離反し、悪を働く可能性を開いた。しかしながらルシファーとアーリマンの人類への介入は、人類に悪しきことだけをもたらしたわけではなかった。というのも、もし高次の霊的存在だけを頼りに、進化の道を歩み続けたとしたら、人間は自由を獲得することはなかったからである。人間は悪の力の助力により超感覚的世界から離れ、個体として独立することができた。そして、このこと自体は予め進化のプランの中に組み込まれていたという。人類がもし、自らの意志に基づいて再び霊界に至る道を発見するならば、かつて人間を「悪」へと誘ったルシファー、アーリマンの行為も善へと変容する。一度、超感覚的世界から離反した人類が、自由意志によって再びそこへの道を見出そうとするのである。

ここで注意が必要なのは、「自由」をめぐる二つの用法である。一つは人間が「高次の霊的存在」から独立し、個として自己を確立するという意味の「自由」。もう一つは、超感覚的世界から離反した人間が、自由意志によって再びそこへの道を見出した後に獲得する「自由」である。前者、超感覚的世界の諸原理から切り離されて得られる「自由」は、無論、シュタイナーの目指す「自由」ではない。後者の「自由」こそ、目指されるべきものである。「悪」は個別的自我の確立（前者の意味における自由）に寄与するがゆえに、必要な存在であった。しかしながら、それは真の「自由」ではなく、われわれは自らの意志により、再び超感覚的世界の原理と結びつく必要があるのだ。

シュタイナーはそうした人智学的「悪」の問題をメフィストの内に投影させ、彼の内に相矛盾する二つの霊的存在の混在を見てとった[20]。

たとえば、第一部「天上の序曲」で、メフィストは「私のいちばん好きなのは、むっちりした生きのいい頬っぺたなんで。死骸ときたら私はご免こうむりますよ[21]」といい、ルシファー的様相を呈している。第二部（一一七六〇行）でメフィストが天使の美しい頬にみとれ、これを愛する場面においても、そうした傾向は見られる。対して、第二部の結末で、メフィストはファウストの死骸を求め、ここにおいて、メフィストはアーリマン的傾向を示すというのである。[22]

そして、シュタイナーは、メフィストの中に、まとまりのある内的に一貫した本質を認識することは困難であると述べ、「人間がより深い人生経験の過程において克服せねばならないものが、メフィストーフェレスに具現されている」[23]とし、「人間が、彼の本質から追求せねばならないものの内なる反対者が、メフィストーフェレスの姿となって立ちはだかっている」[24]と言う。メフィストは、ファウストに感覚的世界の躍動的体験をあたえる不可欠の存在ではあるが、それは同時にファウストがより高次の段階へと至ることを阻止する障害でもあると言うのである。この意味において、メフィストは二重の意味を帯びることとなる。

かくして、シュタイナーはメフィストには相反する二つの反対者が内包されていると述べ、その一方は、意志と感情の本性から目覚め、他方は人間の認識の本性から目覚めるのだと言う。[25]そしてこれら二つの存在がファウストの発展を妨げている。これら二つの精神的対抗者が、人智学においてしばしば言及される「悪」の二つの霊的存在、ルシファーとアーリマンだと言うのである。

メフィストを二つの「悪」なる存在の混在として読み解くというシュタイナーの解釈は、極めて特異なものであり、われわれの常識的観点からすればおよそ異質な理解である。本研究では、人智学的な世界観の刺激を、ゲーテを経由することで緩和することを一つの課題として設定した。したがって、人智学の世界観をあますところなく捉えることを目指すものではない。人智学とわれわれの間の緩衝地帯として『ファウスト』論を位置づけ、その分析を通じて可能な限り人智学的世界観を把捉することを本務としている。したがって、ルシファー、アーリマンそのものの内容を深追いすることは、本研究の射程圏外である。あくまでも、緩衝地帯である『ファウスト』論に留まり、人智学的世界観をゲーテによって語りうる範囲に限って分析していくことにする。

このように問いを限定した上で、しかしながら、シュタイナーにおける「悪」の位置づけが彼のメフィスト解釈を通じて浮き彫りになる。シュタイナーにとって「悪」とは人間の内に先天的に内在している二つの傾向性そのものを指すのである。すなわち、感覚的欲望と分析的思考に駆り立てられるという二傾向が「悪」の根源として位置づけられる。

これは不可避的事態とみなされるのであるが、そのことは何も、われわれに負の作用だけをもたらすのではない。それら二傾向は、人間に「自由」をあたえるための必須の要素でもあるのだ。なぜなら、もし「悪」の存在がなければ、われわれは感覚的世界において個別的自我を確立できないからである。

けれども、人間は「悪」によってあたえられた自由(この自由はマクロコスモスの作用から分離されているゆえに、真の自由ではない)によって感覚界に留まり続け、その享楽に溺れてはならない。

そこから脱し、再び永遠性の領域へと目を向けねばならないのである。感覚的世界において個別的自我を確立しつつ、「③超感覚的世界との神秘的合一」に至る。そうしてマクロコスモスの作用と調和してはじめて、われわれは真の「自由」を獲得するとされるのである。シュタイナーによれば、『ファウスト』第一部から第二部への決定的な転換は、後者においてファウストが「永遠性の領域」(ファウストが冒頭で背を向けた超感覚的世界)へと向かっている点にある。

さて、ここにおいて「②感覚的世界への沈潜」から「③超感覚的世界との神秘的合一」へといかに転回するかが問題として浮上する。ここで鍵を握るのが科学(Wissenschaft)、より具体的にはゲーテの自然科学である。シュタイナーは「生命の働き(ルシファー)」と「知識の働き(アーリマン)」、いずれか一方が過剰になることを悪しき事態とみなした。『ファウスト』第一部が示しているように、知的向上に偏重するものにとって、「生命の働き」に触れる体験が必要であった。

シュタイナーにとって、「生命の働き」と「知識の働き」、両者が均衡を保ち、両者の調和が達成された知こそ、「ゲーテ自然科学の知」である。ゲーテ自然科学は、概念によって生きた自然を切り刻むものではない。ゲーテ的知は生ける概念ともいうべきものであり、それは、「③超感覚的世界との神秘的合一の実現」に寄与するとされる。

四　知恵（Weisheit）としての「科学」
――ゲーテ自然科学が感覚的世界と超感覚的世界を架橋する

シュタイナーは、ヘレナを得たいというファウストの願望の内に、彼の永遠性への志向を読み取っている。この志向によって、ファウストは感覚界の呪縛から解き放たれることとなる。[26] 彼は「母たちの国 Reich der Mütter」へ赴き、ヘレナを現実世界に連れ出す。「母たちの国」にはすべての存在の永遠の原型が保存されている。そこでファウストは、ヘレナを発見することができるというのだ。

しかしながら、『ファウスト』論Ⅰに示されていた通り、メフィストはファウストをこの「母たちの国」にまで導くことができない。なぜならメフィストは、「永遠性の領域」にとってよそ者だからである。メフィストの有する性質は先に見たように、人間を感覚界に縛り付ける傾向性を有するものである。それゆえにメフィストは、「永遠性の領域」とは無縁の存在である。彼はファウストに「母たちの国」への「鍵」をあたえることができるだけである。「メフィストと同じくらい物質性の中に生きている人にとって、母たちの子宮の中の永遠性は、最も疎遠な領域にすぎない[27]」。

では、このメフィストから手渡される「鍵」とは何を意味するのであろうか。ファウストは、この「鍵」でもって「母たちの国」に行くことができる。シュタイナーはその「鍵」を「科学 Wissenschaft」として読み解く。

「人はさらに多くの知識を蓄積することができるけれども、「物事の精神」、すなわち母たちの領域は彼に対し閉ざされたままである可能性がある。しかしながら、知識の中で、人は根本的には、精神世界への鍵を手に入れている。知識は博識（Gelehrsamkeit）か知恵（Weisheit）のどちらかになるだろう(28)」。

もしわれわれが（先に挙げたワーグナーのごとく）知識を単に博識（Gelehrsamkeit）として蓄えるならば、精神世界への道は絶たれる。「賢い人が、単なる物知りが蓄えた「乾いた知識 trockene Gelehrtenstoff」をかき集めるならば、彼は他の人［永遠の世界に住む人　註：筆者］にとって最も異質な領域に導かれる(29)」。この点についてシュタイナーは『自伝』において次のように述べている。

「認識における一面性は、単に抽象的な錯誤への動因ではない。人間界に錯誤、誤謬をもたらす存在と霊的に交流することになるのだ(30)」。

「人間界に錯誤、誤謬をもたらす存在」とは「悪」の霊的存在、アーリマンのことである。アーリマンは、「世界は機械にちがいない」ということを絶対的真理とせしめる存在である。「悪」の霊的存在アーリマンは、「自然認識から、精神認識ではなく、機械的・唯物論的な思考方法を発生させようとする(31)」。アーリマンに捕われる限り、シュタイナーの目指すような霊的認識、自己認識に導かれることはない。乾いた知識の蓄積としての博識は、「悪」との霊的交流へと通ずるものと考えられているのである。

ところが、もしわれわれが知識を「知恵 Weisheit」として結実させ、それを「永遠性の領域」への「鍵」とみなすならば、われわれはこれにより、超感覚的世界との合一を可能にする通路が得られるというのである。シュタイナーにとって知恵（Weisheit）とはまさに「③超感覚的世界との神秘的合一」を果たす上で、（文字通り）鍵を握るものと位置づけられるのである。したがって、知識が博識（Gelehrsamkeit）となるか、知恵（Weisheit）となるかは決定的に重要な問題となる。前者は精神世界を閉ざし、後者はその世界を拓く。前者は悪（アーリマン）との交流に通じ、後者は永遠性の領域へと通ずる。知識は、それに対する態度によって、前者にも後者にもなりうるのである。第一部冒頭のファウストは、確かにあらゆる知識を有していたが、それはあくまで前者の意味においてであったゆえに、克服されるべきものであったのだ。

そして精神世界へと通ずる知恵（Weisheit）をあたえるものとは、シュタイナーにとってより具体的には、ゲーテ的自然認識に基づく知であった。シュタイナーは『ファウスト』第二部、「古典的ワルプルギスの夜」において、ゲーテが自らの自然認識に基づき、感覚的世界と超感覚的世界を架橋したと解釈する。この点については『ファウスト』論Ⅱに言及がある。

「ゲーテは、彼の自然科学的世界観によって、橋―それを渡って彼は人間の発展の中に世界的出来事をもたらしうる橋―を建造した。彼はそれを『古典的ワルプルギスの夜』において行った。『古典的ワルプルギスの夜』の詩的価値は、ファウストのこの領域において、ゲーテはあまりにも完全に自然観を芸術的に克服することに成功しているので、それらの中に概念上の抽象的な残骸は何も残っておらず、すべてのことがイメージ、すなわちファンタジーにかなった像の中に流れ込んでいるということを完全に見抜いたときはじめて認識される[32]」。

「古典的ワルプルギスの夜」では、科学的学識と芸術の美的統合が果たされていることで、感覚的世界と超感覚的世界の架橋が達成されている。そこで描かれているのはまさに「永遠性の領域」へと通ずるものとしての自然科学的知である。

そうしたシュタイナーの解釈には、ゲーテ自然科学研究から出発し、科学的な知の重要性を説いた彼の精神様式が端的に現われているように思われる。シュタイナーは決して、超感覚的世界の重要性のみを訴え、あらゆる科学的知識を否定したのではない。自然科学の知は、われわれに超感覚的世界との合一をもたらす「鍵」をあたえるものとされるのである。とりわけ「③超感覚的世界との合一」へと導く「知恵 Weisheit」をあたえるものこそ、まさにゲーテの自然科学研究であった。

彼の『ファウスト』解釈から、シュタイナーにとってゲーテ自然科学研究が、超感覚的世界への通路を開くための不可欠の存在であったことを窺い知ることができる。彼の初期のゲーテ自然科学研究が人智学の基盤として位置づくことも、この意味において理解されるべきである。ファウストは、感覚的世界から超感覚的世界へと次元転換を果たすのであるが、これを可能にする「鍵」は、まさに感覚的世界の只中にあるのである。

五　人智学的「自由」とは何か――マクロコスモスと調和する「自由」

『ファウスト』第一部におけるグレートヒェンへの愛は、感覚的なものである。第二部におけるヘレナへの愛は最も深遠なる神秘主義的経験の象徴である。第一部から第二部にかけて、ファウストは感覚的世界から超感覚的世界へと次元転換を果たしたことになる。

その転換が、人智学における「自由」の獲得プロセスにおいても見られる。人間が真の「自由」を獲得するためには、反転するダイナミズムを必要とする。それによって「自由」の意味内容が転換しなければならない。

第一部冒頭で、ファウストはマクロコスモスから離反した。「悪」の作用によって、ファウストは感性界に耽溺し、永遠なる世界の存在を忘却してしまう。人間は「悪」の作用によって不可避的に感覚的世界に繋縛される。けれども、このことは人間に負の作用をもたらすわけではない。シュタイナーはマクロコスモスへの単なる盲目的追従を「自由」とはみなさない。自らの意志でもってマクロコスモスと調和するのでなければ、真の「自由」とはいえない。したがって、感覚的世界における個別的自我の確立のために、人間は一度マクロコスモスから離反せねばならないのである。

しかしながら、われわれはそこに留まってはならない。感覚的世界から抜け出して、あらためて「超感覚的世界の作用と一体化」しなければならない。②から③への転回が求められるのである。ところが、不思議なことに、その転換に寄与するのはメフィスト（悪）そのひとである。先に「超感覚的世界」からの離反を促したそのメフィスト（悪）が、今度は、「③超感覚的世界との合一」をもたらす。

それは「知恵 Weisheit」によってである。メフィストは「超感覚的世界」へと導く「鍵」＝知識を人間にあたえることによって、「超感覚的世界との合一」を促す。シュタイナーにとってこの場合の「知恵」とは、とりわけゲーテ自然科学研究の知を指していた。「乾いた知識」を手にしたところで、超感覚的世界は閉ざされたままである。ゲーテ自然科学研究に代表される生きた概念をあたえる知恵こそが、われわれを「③超感覚的世界との神秘的合一」へと導く。

つまりメフィストは、この意味において二重の役割を果す。一面においては人間を「②感覚的世界」に導きいれ、他面においては、「③超感覚的世界との合一」へと導く存在なのである。

かくして感覚的世界を経て獲得されたマクロコスモスとの調和状態こそ、シュタイナーの目指す真の「自由」である。その「自由」は単なる観照に留まらない。そしてわれわれが単に欲望を充足させることができるという、その意味での自由でもない。感覚的世界において個別的自我を確立し、その上でマクロコスモスの作用と一体化するのでなければ、真の「自由」とはいえないのである。
③の段階で、ファウストは感覚的世界を体験している。感覚的世界における不自由も知っている。その上であらためて感覚的世界から離れ、マクロコスモスの働きと調和し一体化する。その時、ファウストの「自由」は、マクロコスモスの働きを妨げない。マクロコスモスの働きも彼の「自由」を妨げない。観照が経験で満たされ、「その見物は人生になった」[33]のである。
そうした一連の「自由」の獲得プロセスは、『ファウスト』論のみならず、彼の霊的指導者時代の諸論考でも強調されている構図である。一例として『ファウスト』論I発表の前年（一九〇一年）に出版されたテクスト『近代の精神生活の黎明期における神秘主義及びその現代的世界観との関連』を取り上げよう。そこで述べられていることは、『ファウスト』論で論じられた「自由」の観念といかに合致することか。シュタイナーは、「自由な行いは、普遍的自我（allgemeines Ich）より流れ出る」[34]と述べ、「自由」な行為をマクロコスモスとの調和から発する行為として捉えている。彼は、人間が個人として為す行いは不自由であるとし、彼自身の行為が普遍的存在の行為となるとき、われわれに真の「自由」がもたらされると述べている。[35]孤立した自我を脱し、普遍的存在と調和することができてはじめて、真の「自由」が獲得されると言うのである。そしてそうした「自由」を獲得するならば、われわれは世界と自分との間の矛盾を解消することができると言うのである。[36]
個別的自我を脱け出て、最終的に普遍的自我と一体化するという過程は、まさに（シュタイナーが読み解く）

ファウストの発展過程と同型である。上で明らかにした「自由」の獲得プロセスは、シュタイナーの諸論に通底する基本構図とみなすことができるのである。

六　『ファウスト』論の変遷に見る人智学の展開

第八章及び第九章において、二つの『ファウスト』論を検討したわけだが、霊的指導者時代の草創期に発表された『ファウスト』論Ⅰと思想家としての円熟期に書かれた『ファウスト』論Ⅱ、両者を比較した場合、前者に比して後者は、より秘教的色合いを強めているのであった。

霊的指導者時代に著された『ファウスト』論は、いずれも人智学的観点を色濃く反映している。『ファウスト』論Ⅰを今一度思い起こそう。そこでは、ファウストが永遠性と合一する場面として第二部の結末が読み解かれていた。永遠性との合一は、死によってのみ果たされる。エゴイズムの最後の残滓を消し去ることで、ファウストは永遠性との完全なる結合に至るが、そのことは同時にファウスト自身の人生の終わりをも意味していたのであった。

転生を前提とする人智学において、人のライフサイクルは、死後の生活をも視野に収めつつ展開される。霊的指導者時代のシュタイナーは、思想研究者時代、及び転回期の思想では見られなかった視点、すなわち、死後の生活との関連で今生を捉えてゆくこととなる。『ファウスト』論において、そうした転生の思想が全面的に現われ出ているわけではないが、『ファウスト』結末部の解釈の内には、転生思想を背景に据えた人智学的ライフサイクルの地平が垣間見られる。すなわち、永遠性の領域との完全なる合一（＝死）がライフサイクルの到達点（成就）と考えられていたということ。この視点は、思想研究者時代の思想にも転回期の思想にも見られなかった。

こうした人智学的思想は、ゲーテの問題圏を大きく超え出ている。本書での分析を通じて、ゲーテ的世界観を超え出る問題にも直面することとなったわけである（たとえば本章・第三節で言及した「悪」の問題について、われわれは意図的にこの問題への深入りを避けた）。『ファウスト』という足場を越え出て、あと一歩、人智学の深みへと立ち入るならば、われわれはたちまち、その特異性の渦に呑み込まれてしまう。人智学のさらなる深みへと降りていくことは、『ファウスト』だけでは不十分なのである。

しかしながら、第八章・第九章における作業を通じて、具体的形象たる『ファウスト』の中で人智学的人間形成論の内実を捉え、シュタイナー教育の最重要問題である「自由」の獲得過程が明らかになった。『ファウスト』という足場によって、「悪」、「自然科学」といった人智学の重要問題との関連で「自由」の内実、及び位置づけが明らかとなり、同時にそれら諸要素の緊密な連関も示されたように思われる。

註

（1）ファウストは、あらゆる学問を修めたにもかかわらず、自身が一向に賢明になっていないことを嘆き、愕然とする。
（2）Steiner 1989g, S. 46.
（3）Goethe 1972, S. 22.
（4）Steiner 1989g, S. 45.

(5) *Ibid.*, S. 61.

(6) ファウストの求めに応じて地霊が出現するのであるが、彼は、この地霊を自分の似姿と感じている。

(7) Goethe 1972, S. 24＝一九五八 a、五一一行、四二頁。

(8) *Ibid.*＝同書、五一二―五一三行。

(9) *Ibid.*＝同書、五一四―五一五行、四二―四三頁。

(10) ファウストが「地霊」からの返答に愕然とし、崩れ落ちた瞬間に、部屋に助手のワーグナーが入ってくる。ワーグナーは、知識の世界のみを追求する者であり、生命の躍動とは無縁の人物である。

(11) 「市門の外」の場面では、書斎から出たファウストが、助手ワーグナーと共に生命の躍動に触れる。

(12) Steiner 1989g, S. 49.

(13) ここではメフィストがファウストの身代わりとして大学生に会い、教訓を施す。この学生は、知識の量的拡大にのみ向かっており、ファウストが今後目指す世界とは対極の領域に羨望を抱いている。

(14) Goethe 1972, S. 62＝一九五八 a、一八九九―一九〇〇行、一二七頁。

(15) *Ibid.*, S. 65＝同書、二〇二三行、一三五頁。

(16) *Ibid.*, S. 66＝同書、二〇三八―二〇三九行、一三六頁。

(17) Steiner 1989g, S. 51.

(18) *Ibid.*

(19) 松浦 一九九五。

(20) シュタイナーによれば、そうしたメフィストの二重性はゲーテ自身によっては意識化されていなかったという。[Steiner 1989g, S. 56]

(21) Goethe 1972, S. 18＝一九五八 a、三二〇―三二一行、二八頁。

(22) もっとも、最終場面において、メフィストはファウストの魂を求めており、決して死骸を求めているわけではない。したがって、シュタイナーの解釈が成立するかどうかについては慎重な検討が必要である。けれども、本書はシュタイナーの『ファウスト』解釈の妥当性を論じたものではないゆえ、彼の解釈の妥当性については不問に付すこととする。

(23) Steiner 1989g, S. 52.

(24) *Ibid.*

(25) *Ibid.*

(26) 第二部でファウストは、神聖ローマ帝国の皇帝により、絶世の美男美女パリスとヘレナを呼び出すよう命じられる。メフィストは、「母たちの国」から二人の霊を連れ出せば良いとファウストに明かす。

(27) Steiner 1989f, S. 27.

(28) *Ibid.*, SS. 27–28.

(29) *Ibid.*, S. 28.

(30) Steiner 2000, S. 364＝二〇〇九、一〇三頁。

(31) *Ibid.*＝同書。

(32) Steiner 1989g, S. 61.

(33) *Ibid.*

(34) Steiner 1960, S. 36.

(35) *Ibid.*, S. 37.

(36) *Ibid.*

10章　霊的指導者時代の『メールヒェン』論

一　『メールヒェン』論の変遷

（一）『メールヒェン』解釈の深化

第八章及び第九章では、霊的指導者時代シュタイナーの『ファウスト』論を読み解いた。第一〇章では、この時期の彼の『メールヒェン』論を読み解いてゆく。

第Ⅰ部で示した通り、シュタイナーは転回期に『メールヒェン』に関する講演を行い、それを自身の思想を語った最初の場と位置づけていた。そしてその後も、彼独自の霊学的観点から『メールヒェン』解釈を行っており、生涯にわたって、論文、講演を通じて繰り返しその解釈を試みた。彼は一九一〇年には『メールヒェン』と密接な関連を持つ[1]自作の劇『神秘劇 *Mysteriendramen*』を創作している[2]。

ゲーテの『メールヒェン』は、アレンが指摘しているように、シュタイナーにとって、人智学の基盤として位置づくものであった[3]。彼は、自身の思想の根底に位置づけるべき理念を『メールヒェン』の内に読み取り、自らの思想を投影しつつ、解釈を遂行している。シュタイナーは霊学的観点をもってはじめて、ゲーテ文学に秘められた意味が明らかになると考えていた。

第Ⅰ部では、シュタイナーが思想研究者から霊的指導者へと歩みを展開させる直前に発表した「メールヒェン論」(「ゲーテの黙示 一八九九年)に焦点を当て、その分析を試みた。「ゲーテの黙示」において、シュタイナーは『メールヒェン』をシラーの『美的書簡』に関連付けて解読し、ゲーテ思想の根底に潜在する枠組みを、シラー的枠組みを用いて抽出しているのであった。シュタイナーが霊的指導者へと本格的に歩み始める直前であることもあって、「ゲーテの黙示」の段階での彼は、『メールヒェン』、『美的書簡』という二重の隠れ蓑に身を包みつつ、慎重に自身の思想を語っていた。けれども、霊的指導者となって以降、彼は霊学的視点から自由に解釈を試みている。

「『メールヒェン』におけるすべての特質、すべての文章が重要である。その作品を人がより深く学べば学ぶほど、より一層全体が理解でき、明確になってくる。そして、この『メールヒェン』の秘教的な核心を描き出す人は、同時に神智学的な世界観の本質を与えられる」[4]。

『メールヒェン』を読み解くことが、すなわち神智学的思想内容の解明に等しいという彼の主張の内には、もはや転回前夜に慎重に解釈を行っていた彼の姿は見られない。彼はしばしば、霊学的観点をもってはじめて、『メールヒェン』の内実が明らかになると述べているが、そこには、自らの思想の妥当性に対する自負を見てとることができる。解釈を通じて、自身の思想の正当性を証明しているという印象さえ受けるのである。

第Ⅲ部において焦点化するのは、「ゲーテの黙示」以降、すなわち、霊的指導者となって以降の「メールヒェン論」である。「ゲーテの黙示」は、シュタイナーが霊的指導者へと歩を進める上での端緒を開いたものであるがゆえに、極めて重要である。しかしながら、それは転回以前の論文であり、また小論であるため、そこで彼の解釈が十全に達成されたわけではない。この点に関し、シュタイナーは自伝の中で以下のように回顧している。

「一八九九年八月二八日、ゲーテ生誕一五〇年の日に、『雑誌』に『ゲーテの黙示』という題でゲーテの『メールヒェン』についての論文を書いたときに、私のなかに生きている秘教的なものを公けに示そうという意志が私に押し寄せた。─その論文は確かに、まだあまり秘教的ではなかった。私が提供した以上のものを読者に要求することはできなかった(5)」。

シュタイナーは転回以降も繰り返し、『メールヒェン』解釈を行った。そこでは、「ゲーテの黙示」の段階では論じられることのなかった秘教的側面が取り上げられている。イーストンも指摘している通り、「神智学の聴衆に対して同じ主題でなされた後の講演は、ずっと多くの秘教的知識が含まれていた(6)」。霊的指導者時代の解釈には、シュタイナー思想が色濃く映し出されているのである。そこで、第Ⅲ部では転回以降の「メールヒェン論」を取り上げ、シュタイナーがいかに解釈を深化させたかを明らかにしたい。

霊的指導者として歩を進めるにつれて、彼の解釈は確かに秘教的色合いを強めてゆく。けれども、(結論を先取りすることとなるが)解釈がより霊学的色合いを増しても、一八九九年時点で提示された基本構図が質的に変更されるわけではない(つまり「補助線としてのシラー」はなお生きている)。したがって、転回以降の解釈と転回直前のそれを比較し、両者に通底する構図を見出すことで、シュタイナー思想に一貫して流れる根本構造を抽出することが可能となる。

考察を進めるに当たって混乱を避けるため、以下の論考においては、次のように用語の統一を図る。すなわ

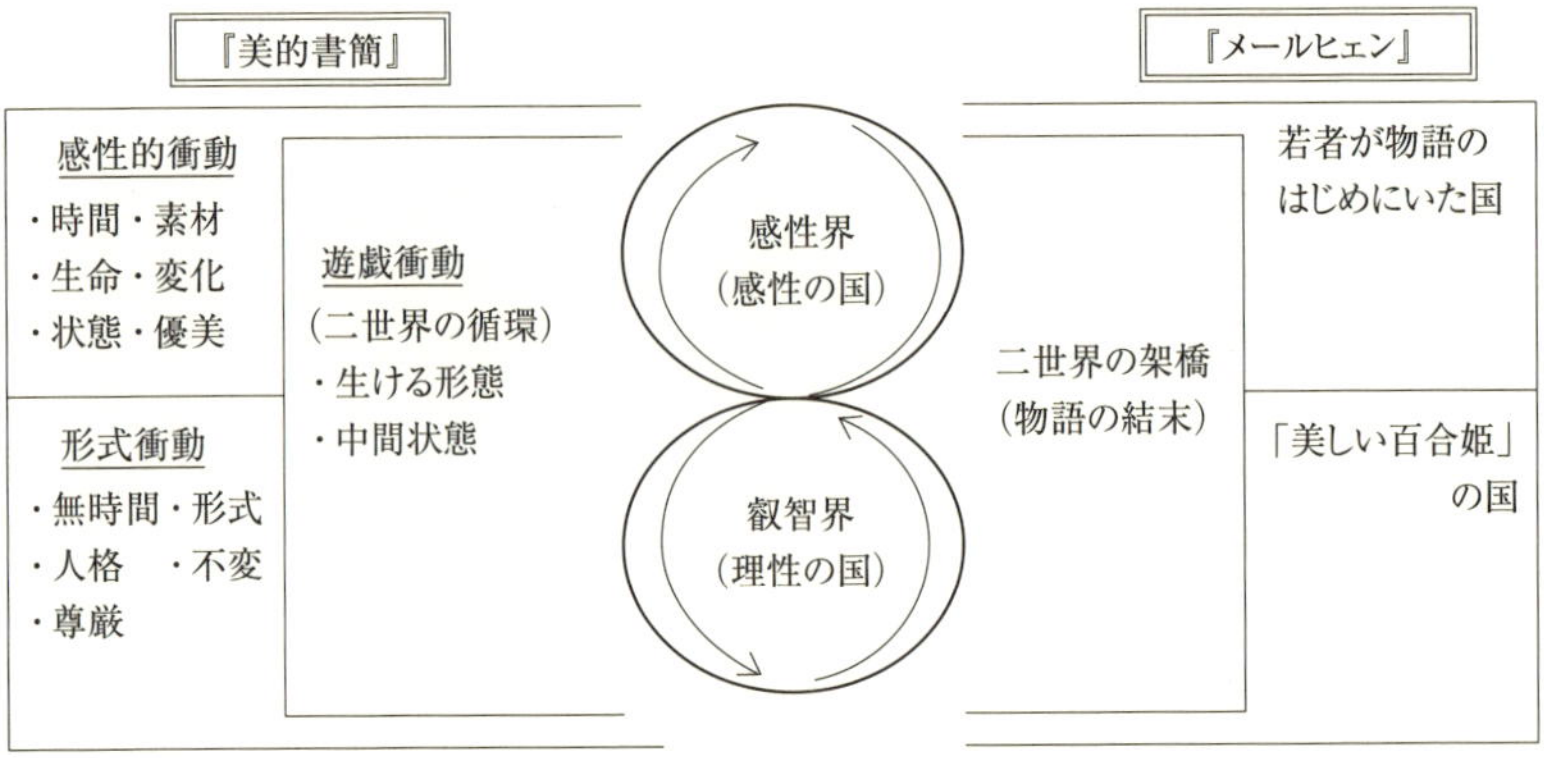

図１　『メールヒェン』、『美的書簡』における二世界の関係図式

ち、転回直前の「メールヒェン論」（「ゲーテの黙示」、一八九九年）を「メールヒェン論」α（もしくはα）と呼ぶ。そして、霊的指導者時代に、主に講演という形式で展開された諸々の解釈を「メールヒェン論」β（もしくはβ）と呼ぶことにする。

(二)「メールヒェン論」αの概要

「メールヒェン論」βの考察を行う前提として、まずはαの内容を振り返っておくことにする。αで論じられていた内容は図１のようにまとめられるのであった。

第Ⅰ部で見たように、シュタイナーは、『メールヒェン』における「百合姫の国」とその対岸の国とを『美的書簡』に関連させた。「百合姫の国」が「形式衝動」の働く世界、すなわち叡智界であり、その対岸にある国が感性界（「感性的衝動」の働く世界）だと言うのである。両国の間を流れる河がそれらを分離している。われわれは感性界において因果法則に従って生きていかねばならず、そうした因果の法則は、人間を超感覚的なものから切り離してしまう。シュタイナーは『メールヒェン』においても、『美的書簡』同様、相反する原理に基づく二世界が前提になっているとし、さらには物語の最終シーンにおいて、両世界の絶えざる往還が描かれていると解釈する。物語の登場人物である若者と百合姫が聖堂の中で結ばれ、また、蛇の自己犠牲によって誕生した橋によって、物語クライマックスでは感性界と叡智界が自由に往来可能となる。感性の国と理性の国の交流が達成されるのである。すなわち、両国の架橋はシラーにおける「遊戯衝動」の作動状態と同一の事態を描いたものだと言うのである。

「メールヒェン論」αの概要は以上のようなものであった。『美的書簡』と『メールヒェン』の思想的連関を解き明かすことが、そこでの中心課題であった。シュタイナーは自身の思想の根底に位置づけるべき構図を、ゲーテ、シラー、両者の思想圏の内に見出した。

しかしながら、先に引用した通り、αは「まだあまり秘教的なものではなかった」。転回直前に書かれていることもあり、そこでは、いまだ彼特有の霊的思想内容が本格的に叙述されてはいないのである。この意味において、αはあくまで、人智学的人間形成論の大枠の把捉を可能にするものでしかなかった。人智学特有のさまざまな問題がそこで十全に解き明かされているわけではないのである。

二　三世界について

では、霊的指導者時代のシュタイナーは『メールヒェン』をいかに読み解いたか。彼は霊学的観点を導きいれることによって、その構図を三世界から成り立つものと捉えている。

「その中［『メールヒェン』註：筆者］で、我々は人が生きている三つの国、すなわち、物質界（Physischewelt）、魂界（Seelenwelt）もしくはアストラル界（Astralwelt）、精神界（Geisteswelt）の象徴を見出す」[7]。

αでは『メールヒェン』の世界は、二世界から成り立つものと捉えられていた。しかしながら、βでは、それら二世界の間に魂界（アストラル界）が加えられている。シュタイナーによれば、この魂界（アストラル界）は、二世界の間を流れる河によって象徴されており、魂界（アストラル界）の象徴は水であるとされる[8]。物語の構造を三世界から成り立つものと捉える視点は、彼独自の霊学的観点を背景に据えている。シュタイナーは、宇宙を物質界、魂界、精神界の三世界から成り立つものと捉え、これを基本構図とした[9]。その三世界がいかなるものであるかについて、主著の一つである『神智学』の解説を参照しよう。

彼によれば、人間は身体（Leib）、魂（Seele）、霊（Geist）の三層をなしている。そして人間は周囲の世界とその三層に応じて、三重に関係しているという。

「身体とは……周囲の事物を、人間に示すところのものを意味する。魂とは、人間を事物と結びつけ、人間に気に入る、気に入らない、快と不快、喜びと苦しみを感じさせるところのもの、と解されるべきである。霊とは、……事物を「いわば神的な態度」で観るとき、彼に開示されるものを意味する」[10]。

身体の置かれている世界、すなわち物質界は、時間性の領域であり、感覚によって捉え得る世界である。霊の世界、すなわち精神界は、永遠性の領域である。その中間にある魂の世界（魂界）には、時間性と永遠性、無常性と不死性が共に含まれている。「日常生活においては魂は専ら時間性に拘束されているが、自覚に達した魂は時間性を超克し、永遠の領域に入る。死すべき運命を持ちながら常に不死性を内蔵し、自己を永遠の価値の世界へ高めることができるところに人間の神秘がある」[11]。魂を通じて、われわれは現象に触れて好感と反感、快と不快を経験する。そしてそれにより、われわれはわれわれ自身の世界を構築するのだという[12]。

αでは、シラー的二元論に引きつけて考察がなされていたため、ここで前提とされている三世界のうち、物質界と精神界のみが焦点化されていた。そこに魂界が加味されることにより、シュタイナーの解釈は秘教的色合いを強めることとなる。

もっとも、本研究はあくまで、ゲーテ的世界観の枠内でシュタイナーの思想構造を浮き彫りにさせることを本務としているので、これ以上彼の世界観を検討することは避ける。ここではシュタイナーが、彼の思想的発展と相関して『メールヒェン』を三世界から成るものと再解釈したという事実だけを確認し、先を急ぐことにする。

三 「自由」獲得の前提としての自己変容

さて、われわれは皆、自ら関与することなく、精神界から感覚界へと導かれる。このことは、渡し守がわれわれを感覚界へと渡す場面に象徴されているという。われわれは、精神界への願望を持っているのであるが、渡し守はわれわれを再び向こう岸(精神界)へと渡すことができない。

「我々は我々自身の意志によらずに、こちら側にやってくるのだが、我々は同一の道を通って再び戻ることはできない。我々は我々自身精神の国へ戻る道を作り上げなければならない[13]」。

精神界から感覚界への行程が一方通行であることはαにおいても記されていた。ところが、渡し守の渡す河自体にも霊学的意味が付与されたことにより、解釈はより詳細なものとなる。

感覚界へと渡された鬼火たちは、渡し賃として金貨を支払おうとする。渡し守は、鬼火たちが手渡そうとする金貨を拒絶する。このことは何を意味するのであろうか。シュタイナーは「金」を「学識 Weisheit」の象徴として読み解いている。

渡し守は、もし金貨が一枚でも河に落ちてしまったならば、たちまち河は氾濫をおこすだろうと忠告する。シュタイナーはこの事態を、人間が浄化を経ないうちに「学識」を摂取することに対する危険性として読み解く。

「その河は、魂の生活である。人間の本能、衝動そして情熱の全体である。もし、学識（Weisheit）としての金が軽率に情熱の河の中に投げ入れられるならば、魂は混乱へと至り、かき乱される。ゲーテは、人は常にまず初めに、学識の受容に向けて成熟するために、カタルシス、純化を成し遂げねばならないと指摘している。なぜならば、もし、学識が浄化されていない情熱にもたらされるならば、情熱は狂信的になり、その後、人は低次の自我のうちにとらえられたままとなるからである」(14)。

人間の熱情に関わる魂界に、安易に学識（金）がもたらされることは、忌むべき事態とみなされるのだ。われわれは鬼火のごとく、金を手軽に獲得し、それを至るところで撒き散らすべきではなく、それは経験を通じて十分にわれわれの内に蓄えられるべきである。

ここで注意すべきは、シュタイナーにとって、金（Weisheit）自体が悪しきものとみなされているわけではないという点である。鬼火とは対照的に、金（Weisheit）に対して適切な態度をとるのが蛇である。蛇は金を体中に行き渡らせ、これにより自らの体内を輝かせる。金に対するそうした態度こそ、われわれがとるべきものとされるのである。

シュタイナーによれば、鬼火の有する金は、生きることへと緊密に結びつけられねばならない。概念を学んでも、それを生きることへと移せない者は、料理本を暗記するまで読んだものの、実際に料理することができない者に似ている。(15) Weisheit は「学識」を意味すると同時に「知恵」をも意味するように、われわれは知識を「知恵」へと結実させねばならないのである。

たとえば、ゲーテの「原植物」も、もしそれが抽象的な概念としてのみ打ち立てられるならば、生命を殺すことになりうる。(16) シラーとの有名な会話が裏付けている通り、ゲーテにとって「原植物」は現実を捉えるための生きた概念であった。

では、ここでいうところの金とは、より具体的には何を意味するのであろうか。シュタイナーは鬼火を「科学」の象徴として読み解いている。物語クライマックスにおいて、聖堂へと続く門が開かれる。その門を開くことができるのが、他でもない鬼火たちなのであった。


「ゲーテは科学を軽視しない。彼は科学が叡智の聖堂を開けると知っていた。彼は人がすべてのことを調べ、すべてのことを純粋な認識において判断し、評価するに違いないと知っていた。そして、人は科学なしでは、最も高次の叡智の聖堂に入り込むことはできないと知っていた。……彼は知識を物理学、生物学など至る所で探した(17)」。

もちろん、ここで想定されている科学とは、事象を分析的に把握し、生ける自然を静的に捉えた「灰色の自然科学」、近代科学のことではない。「緑の自然科学」とも評される、ゲーテ自然科学のことである。(18) 彼にとってゲーテ的自然科学は、超感覚的世界へとわれわれを導く不可欠の存在であることがここでも強調されている。

さて、金を正しく摂取することは、自己変容（ひいては「自由」の獲得）の問題と無縁ではない。シュタイナーはこの点について以下のように述べる。

「利己主義的な学識は、無意味ではない。それは必要不可欠な通過すべき段階である。学識によって養われることによって、そして真の認識の黄金を行き渡らせることによって、人間のエゴイズムは克服されうる。そうすれば、この学識は、聖堂の扉を開けることに役立ちうる」[19]。

シュタイナーは、『メールヒェン』を、感覚的世界に導き入れられたわれわれが、再び精神界との関係を取り戻す（百合姫との結合）プロセスとして読み解いているのだが、「金」は、そのための不可欠のファクターとなる。

それでは、そもそもなぜ『メールヒェン』において、百合姫との結合が切望されるのか、そしてその結合を経て何が獲得されるのだろうか。シュタイナーは、百合姫との結合を高次の「自由」の獲得状態として解釈した。そして、百合姫との結合を果たすために、自己の質的変容が必要とされるのである[20]。

シュタイナーにとって、そしてシュタイナー教育にとって、自由の獲得は人間形成の最重要課題である。彼は、「人間の意志は自由か不自由か」という問いを問いの立て方として不適切とみなし、「不自由な自然意志から、自由な意志への道をいかに獲得するか」[21]という問題こそを問うべきだとした。不自由な状態から自由な状態への移行に際し、われわれは自己の質的変容を求められる[22]。

「人が得ようと努めうる最も高次のもの、人がそれへと変容すべき最も高次のものを、ゲーテは百合姫のシンボルで表している。それは我々が最も高次の知恵と呼ぶものと同じ意味を持っている。……魂の諸力の最も高次の力、意識の最も高次の状態、そこにおいて人は、自由となるだろう。なぜならば、彼は、彼の自由を乱用しないからである[23]」。

物語の内容へと話を戻そう。蛇は、金を摂取したことで体中が輝きだした。蛇はその光が消えぬうちに、地下聖堂へと赴くことを思い立つ。シュタイナーによれば、この聖堂は、「すべての時代の神秘の神殿のシンボル[24]」だという。ここで蛇はランプを持った一人の老人に出会う。

不思議なことに、老人のランプは、暗闇では光を発しない。それは既に光があるところでだけ光を発するという特殊な性質を持っている。このことは何を意味するのであろうか。

老人のランプは、物語において光り輝く。なぜならば、蛇が金を摂取したことで自ら光り輝き、その光で地下聖堂を照らしているからである。蛇の発する光によって、聖堂内が照らされることにより、老人のランプは輝きだす。

シュタイナーによれば、「秘められた認識」と呼ばれるものがランプを持った老人によって象徴されているという。「秘められた認識」の光は、それを受け取る準備ができていない者を照らすことはできない。これはゲーテの言葉、「もし目が太陽の性質を持っていなかったら、光を感覚することなどできないであろう」と同義である。蛇は既にそれを受け取る準備ができているため、老人のランプを輝かせることができたのである。

そしてその後、蛇がランプを持った老人にある秘密を打ち明けたとき、老人は「機は熟したり Es ist an der Zeit!」と叫んだ。では、その秘密とは何なのであろうか。シュタイナーは、これを蛇が自己犠牲への意欲を持ったこととして解釈する[25]。この自己犠牲は、決してわれわれの存在そのものを破棄することを意味しない。

自由を獲得するため、すなわち高次の自己として再生するため、われわれが低次の自己を捨て去ることを意味する。

ここにおいて、不自由な状態にある自己、すなわち低次の自己に死をもたらし、高次の自己として再生させる存在が百合姫である。美しい百合姫は、生けるものすべてをその手で触れることによって殺してしまう。が、彼女は命が果て、死んでしまったものすべてを生き返らせることができる。(26) 百合姫のこの不思議な性質は、『西東詩集』中のゲーテの言葉、「死して成れよ!」をもって、解釈が可能となる。すなわち、百合姫は、人間の再生に寄与する存在とみなされるのである。物語に登場する若者は、百合姫に触れることによって死に至るのだが、これは若者の低次の自己の死を意味していた。若者は物語クライマックスにおいて、高次の存在として復活するのである。(27)

四　高次の自己の誕生

若者が高次の自己として復活するということは、より具体的にはいかなる事態をさすのだろうか。この点については、物語に登場する四人の王の解読の内に示されている。

蛇は地下聖堂で四人の王の鋳像に出会う。聖堂の四つ角にそれぞれ、金の王、銀の王、銅の王、そしてそれらすべての金属を混合して鋳造された王がいる。蛇はこれまで、彼らを視覚的に捉えることができなかったが、蛇は金を摂取し内部から輝くことによって、その光で彼らを見ることができるようになる。シュタイナーによれば、金の王、銀の王、銅の王は、それぞれ人間のより高次の原理を表しており、第四の王(合金の王)は、人間の低次の原理を示しているという。[28] シュタイナーの解釈を見ていこう。王たちの解釈の内にも、彼の霊学的視点が如実に表れ出ている。それぞれの王はいかに解釈されているか。

シュタイナーは三人の王を、それぞれ金の王＝思考（英知）の象徴、銀の王＝感情（信仰・美）の象徴、そして銅の王＝意志（力）の象徴として読み解いている。

そして、四番目の王（三種の金属の混合でできている）は思考、感情、意志の僕であり、人のこころの代表である。つまり人は低次の段階において、三つの力の主ではなく、それらが混在している状態にあるのだ。[29]

「彼［第四の王　註：筆者］は低次の本性の象徴であり、その中で、高貴な諸力、知恵と美と強さの気高い諸力が、混沌の中にあるがごとく未整理で、無秩序に働いている。高度に発達した精神生活の中で生きているこれら三つの力は実際、低次の本性において現存しているのであるが、混沌としており、調和していない。この四番目の王は、現実世界の国におり、知恵と美と力の無秩序な混合でできている[30]」。

物語クライマックスにおいて、若者は金、銀、銅それぞれの王から賜物を授かる。この若者とはいかなる存在なのであろうか。シュタイナーによれば、若者は「最も高いものを求めて努力する人[31]」である。

五　「自由」の獲得状態――思考、感情、意志の独立

「自由」獲得の具体的状態については、『メールヒェン』の読解の内に現われ出ている。物語クライマックスにおいて、三人の王がそれぞれ若者に、賜り物を授ける。若者は、銅の王からは剣を「左手に剣を、右手は素

手で」という指図と共に受け取る。銀の王は若者に笏を手渡しながら、「羊を放牧せよ」という原則を話す。金の王は樫の葉の冠を「最高のものを認識せよ」と言って、若者の頭にのせる。

まずは銅の王に関して、シュタイナーによれば、剣は、意志と身体的な力と権力を表しているという。人間はそれを、戦いと戦争のための準備を意味する右手に持つべきではなく、悪からの守護と防衛のために左手に持つべきである。したがって、右手は高貴な人間性の行為のためにあけておくべきである。剣は攻撃に仕えるのではなく、防御に仕える。そして善行のため、右手は空けたままにしておく。[32]

銀の王に関して、笏を手渡すことは「羊を放牧せよ」という言葉に伴われている。この言葉は、キリストの「私の子羊を放牧せよ、私の羊を放牧せよ」という言葉を思い起こさせるものである。したがって、この王は敬虔の象徴であり、高貴な心情の象徴である。「なぜなら、ここで我々は精神の力と関係があるからである。ここでの輝きは、美の輝きである。ゲーテは、芸術を宗教的な崇敬の感情と結びつけた。彼はその中に、神の王国の現れを見た」[33]。銀の王の内に宗教的な崇敬の感情と芸術が密接に結びついている。さらに、金の王は若者に、樫の葉の冠と共に認識の贈り物をあたえる。

すなわち、『メールヒェン』論において、シュタイナーは金、銀、銅、三人の王を、それぞれ金の王＝思考（英知）の象徴、銀の王＝感情（信仰・美）の象徴、そして銅の王＝意志（力）の象徴として読み解いていた。

そうした三人の王から賜り物を授かることにより、三つのより高次の原理が若者の中で互いに調和的に働く。「彼はその時、強くなり、有能になり、そして、百合姫の連れ合いとなる。それが、魂と人間の精神の間の結合である」[34]。

浄化を経た後の若者は、もはや思考、意志、感情が混在していない。それぞれが独立し、均衡が保たれている。金、銀、銅、三人の王が立ち上がり、それと同時に第四の王（三種の金属の混合によって造られた像）は瓦解する。
高次の自己の誕生と共に、思考、感情、意志が分離するということについては、シュタイナーの他の著作においても強調されていることである。たとえば、『精神分析とスピリチュアル・サイコロジー』において、シュタイナーは、次のように述べている。

「精神世界への境域を通過すると、心魂のいとなみの三つの基本力である思考、感情、意志が分離します。思考、感情、意志は通常の意識においては共同しており、分離させることはできません。その三つの基本力が、精神世界への境域を通過すると分離するのです[35]」。

「自由」の獲得状態において、それ以前には混在していた、思考、感情、意志が各々独立するのだという。そうした「自由」の内実を説明するに際し、シュタイナーは、『美的書簡』の枠組みを用いることはない。というより、もはやこの時点で『美的書簡』の構図は、右に記した事態までも説明しうるものではなくなっている。すなわちシュタイナーは、『美的書簡』の構図を離れ、彼独自の観点から自由に『メールヒェン』解釈を行っているのである。

浄化を経た後の若者は、もはや思考、意志、感情が混在していない。それぞれが独立し、均衡を保っている。金、銀、銅、三人の王が立ち上がり、それと同時に第四の王（三種の金属の混合によって造られた像）は瓦解する。シュタイナーは第四の王が崩れ去るという事態を、低次の自己の死滅として読み解いている。かくして、三つのより高次の原理が若者の中で互いに調和的に働く。

さて、三人の王は、金の王＝思考、銀の王＝感情、銅の王＝意志として読み解かれていたが、βでは、そうした解釈に加えて、シュタイナー特有の人間観が付与される。

すなわち、金の王＝マナス（Manas）、銀の王＝ブッディ（Buddhi）、銅の王＝アートマ（Atma）として解読されているのである。[36] ここでアートマ、ブッディ、マナスと呼ばれているものは、シュタイナー独自の人間観から導き出されたものである。よく知られているように、シュタイナーは人間を、肉体（Physischerleib）、エーテル体（Ätherleib）、アストラル体（Astralleib）、自我（Ich）の四要素からなるものと考えた。そして肉体、エーテル体、アストラル体は、浄化されることによって高次の存在となり、それぞれ、霊人（Geistesmensch）、生命霊（Lebensgeist）、霊我（Geistselbst）へと変容すると考えられていた。

そうしたシュタイナーの人間観は、極めて特異であり、われわれの常識的観念を大きく超え出るものである。人間をエーテル体、アストラル体などから成るものとみなすことだけでも異質であるが、その上、そうした諸要素を浄化することが目指されるのである。彼は物語のクライマックスを、人間の内に、霊我、生命霊、霊人が呼び覚まされた状態として読み解いている。

われわれはシュタイナー思想の中心部へと深入りしすぎたようだ。ここで挙げた問題について、さらなる検討を試みることは、明らかに本研究の射程圏外である。本研究は、あくまで、ゲーテ的世界観の枠内で語りうる範囲に限って、彼の思想構造を明らかにすることを課題としている。したがって、これ以上の深入りは避けるべきである。ここでは、シュタイナーが自身の人間観を解釈の際に極めて直接的に投影していたことを指摘するに留めることとする。

六　「メールヒェン論」αと「メールヒェン論」βの異同

本節では、「メールヒェン論」αとβの比較を通じて、両者の差異を確認し、加えて双方に通底する構図を導き出したい。

まずは両者の差異について。両者の決定的な相違は、『メールヒェン』の構図の把捉に関する決定的差異であった。αでは、シラー的枠組みに依拠し、相対立する二世界によって描き出された構図は、βでは人智学的世界観に基づき、三世界から成り立つものと捉えられていた。

βでは、もはやシラーとの思想的連関に重点が置かれることはない。『美的書簡』との構造的一致については指摘されるが、解釈が秘教的色合いを帯びていくにしたがって、シラーとの関連は強調されなくなる。けれども、それではシラー的構図が消滅してしまったかと言えば、否である。人智学的思想に基づき、物語の構図が三世界から捉えられることになっても、依然としてシラー的二元論は潜在している。βに至っても、超感覚的世界の原理（百合姫）との結合というモチーフが消えたわけではない。そこでは人智学的世界観がより深く投影されていると見るべきであり、基本構図自体が本質的に変更されたわけではないのである。

このことを端的に物語っているのが一九一八年に発表された論文「『緑の蛇と百合姫のメールヒェン』を通じて開示されたゲーテの精神様式」である。この論文は、αの加筆・修正論文であり、α（一八九九年）からおよそ二〇年の月日を経て発表されたものである。一九一八年論文では、αの大幅な書き換えがなされているが、そこでは依然として『メールヒェン』と『美的書簡』との構図的一致が強調されている。[37] 一九一八年時点でシュタイナーがαの加筆を行う際、彼自身の思想的発展を踏まえて、解釈の変更を行うことは可能だったははずである。しかしながら、彼は、シラー的二元論による解釈を保存した。この事実により、転回前夜の構図は、根本構図として一貫して彼の思想を支え続けているということが示されるのである。

したがってβで詳細に示された諸々の分析は、あくまでもαで提示された総論に対する各論とみなすべきである。たとえば第四節で検討した、四人の王に関する分析について、βでは、金、銀、銅、三人の王はシュタイナー独自の人間観と結びつき、霊我、生命霊、霊人として読み解かれていた。そうした解釈は極めて特異であるが、αだけでなく、βでも、三人の王は同時に、思考、感情、意志の象徴として解釈されていた。これにより、霊我、生命霊、霊人をめぐる問題は思考、感情、意志の問題に置換可能なものとして浮かび上がってくる。われわれの常識的観点からすれば、シュタイナーの人間観は、容易に接近できるものではない。しかしながら、「メールヒェン論」を経由してその問題を思考、感情、意志の問題として翻訳することにより、彼の人間観はわれわれにとって十分に接近可能なものとして立ち現われてくることとなる。

「メールヒェン論」αとβ双方で論じられていた共通項を列挙すると以下の七ポイントに要約可能である。この七項が、シュタイナーの人間形成論を支える「自由」獲得への基本構図となる。

① 人間形成の過程は、超感覚的世界から離反したわれわれが、再びその世界との関係を取り結ぶ行程である。

② 自由獲得のためには超感覚的世界と再びつながりなおす必要がある（感覚的世界の原理＝因果律に縛られていては自由の獲得は不可能である）。

③ 自由を獲得するためには、低次の自己が死滅せねばならない。感覚的世界を生きる自己は変容を迫られる（自己変容）。

④ しかしながら、低次の自己の死は、感覚的世界の否定を意味しない。それは感覚界とより深く関わるための一時的離反にすぎない（「死して成れよ」）。

⑤ 自己変容のための準備として、われわれは「学識＝知恵 Weisheit」（とりわけゲーテ自然科学の知）を必要とする。

⑥ ゲーテ的自然認識により、超感覚的世界への道が拓かれる。

⑦ 超感覚的な原理との合一（自由の獲得状態）により、それ以前にはわれわれの内で混在していた思考、感情、意志が独立を果たす（高次の自己の誕生）。

αとβの比較により、シュタイナー人間形成論を貫流する根本的要素が浮き彫りになった。右の基本構図を確認しておくことは、彼の人間形成論を論ずる上で不可欠である。

七 『メールヒェン』論と『ファウスト』論の通底と差異

第Ⅲ部の最後に『メールヒェン』論、『ファウスト』論の通底、及び差異を明らかにする。前節までの考察では『メールヒェン』論、『ファウスト』論について、それぞれ独立した形で分析を行ったのだが、本節では、両者の間の垣根を取り払い、横断的分析を試みることにしたい。問題をあらためて定式化するならば、以下の二点に整理される。

A.『メールヒェン』論、『ファウスト』論において、シュタイナーは、両作品の内に同一の構図を読み取っているように思われる。では、両作品の分析に通底する構図とは何か。

B.Aを踏まえて、しかしながら、『メールヒェン』論と『ファウスト』論では、そこで展開されているシュタイナーの分析に、強調点の差異が認められる。その差異とは何か。

『メールヒェン』論と『ファウスト』論、両者の内には、共にシュタイナーの人間形成論の縮図が示されていた。両者は共に「自由」をめぐる共通の思想内容を含んでいるが、それぞれ強調点が異なっていた。本節では両者の通底及び相違を明らかにしたい。

『ファウスト』論では、『美的書簡』との構造的一致が明示されることはなかった。しかしながら、『ファウスト』論を読み解いていくと、その内に確かにシラー的構図が息づいていることがわかる。ファウストが第二部において辿りついたのは、感覚的世界の内にあって、絶えず超感覚的世界の原理を生き続けるような「二重の生活」であった。ファウストが到達したそのような境地は、「自由」の獲得状態と同定されるのである。シュタイナーはファウストの形成過程を次のようなプロセスとして読み解いた。

① 感覚的世界の謳歌
② 超感覚的世界との神秘的合一の追求
③ ①と②の絶えざる往還（二重の生活）

シュタイナーは、感覚界にあって、絶えず超感覚的世界の作用と一体化し続けるような「二重の生活」こそ

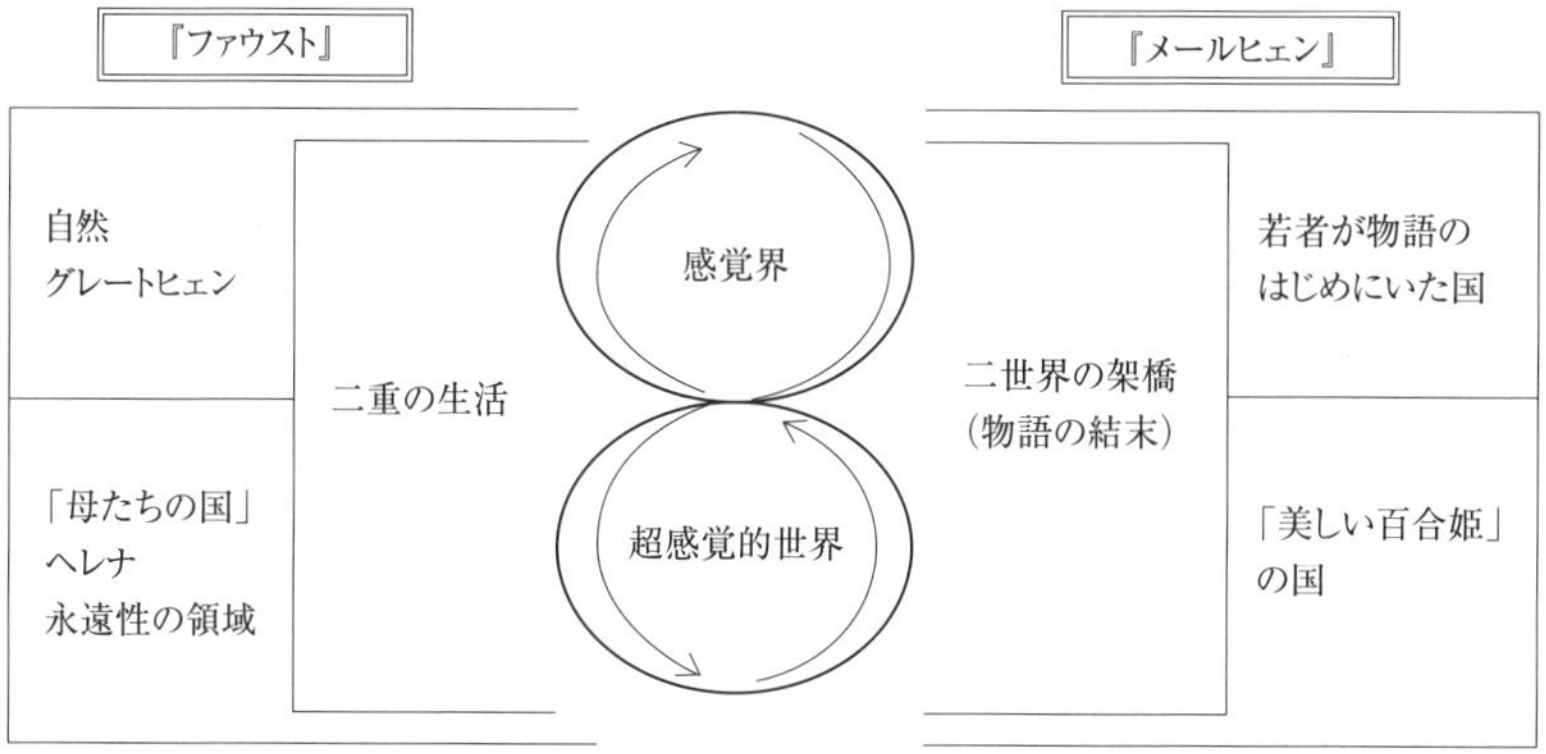

図2　『ファウスト』と『メールヒェン』の関係図式

が、神秘家の生活だと考えた。そうした状態へと至るには、まずもって感覚的世界における生命の躍動を体験せねばならない（『ファウスト』第一部）。そしてしかる後に、一度、感覚界から離反し、超感覚的世界へと至り、再度感覚界へと戻るというプロセスが必要である（死して成れよ Stirb und Werde）。こうした過程は、『メールヒェン』論で示されていた過程と正確に一致する。

ファウストが第二部において辿りついた境地を、シュタイナーは、感覚的世界の内にあって、絶えず超感覚的世界の原理を生き続けるような「二重の生活」として読み解いている。第二部における苦難の冒険の末、ファウストはようやくヘレナを手に入れるが、その結婚は永続しない。彼は超感覚的世界の体験を通じて、今一度、感覚界へと戻ってくる。しかし一度ヘレナと結合したことによって、その後彼は絶えず永遠性の領域と交流し、感覚界に居ながらにして超感覚的世界からの影響を受け続けることとなる。

ここで第I部において『美的書簡』と『メールヒェン』の構造的一致を示す際に提示した図式（二元循環図式）を、『ファウスト』と『メールヒェン』の問題圏に重ね合わせてみる。

図2の図式によって定式化することにより、『メールヒェン』と『ファウスト』が共に同一のモチーフで読み解かれていたことが示

される。そして両者の読解を根底で支えていたのが『美的書簡』の構図だったといえる。『メールヒェン』、『ファウスト』は共に、百合姫、ヘレナといった女性との結婚を人間の目指すべき理想として描き出していた。この場合の女性とは、無論、感覚的世界における実際の女性を意味していたわけではなかった。超感覚的世界における原理を「永遠に女性的なるもの」として象徴的に示しているのだ。そしてそうした原理との結婚を高次の人間の誕生の瞬間（「美的状態」の実現）と捉え、これが理想状態とみなされているのである。こうしたモチーフもまた、両者の内に内在しているのであった。

そのような両者の構造的一致を確認した上で、しかしながら、両者には強調点の差異も見られた。『メールヒェン』論で強調されていたことは、われわれがその誕生以前に超感覚的世界に存在していたという点であった。われわれは、超感覚的世界から例外なく感覚的世界へと移される。渡し守はわれわれを感覚的世界へと運ぶのであるが、その移行は一方通行であり、彼は決して再びわれわれを超感覚的世界へと渡すことができない。一度超感覚的世界から切り離されたわれわれが、いかにして再びその世界との関係を取り結ぶか、この点が焦点化されていたのである。われわれは、超感覚的世界への憧憬（百合姫へのあこがれ）を抱えながら、感覚的世界に住まうこととなる。したがって、そこで示されていたのは以下のプロセスであった。

① 超感覚的世界から感覚的世界へ
② 感覚的世界から超感覚的世界へ
③ 感覚的世界と超感覚的世界の絶えざる往還

ところが、『ファウスト』論では①のステージは焦点化されていなかった。『ファウスト』第一部は、既に感覚界に存在するファウストから物語が始まる。そのような違いは存在するものの、『メールヒェン』論、『ファウスト』論で共に強調されていたのは、超感覚的世界へと至るために、まずはともかくも感覚界に沈潜する必要があるということであった。そして特にその場合、ゲーテ的認識を通じて、われわれは超感覚的世界への道が拓かれることになる。超感覚的世界へと至ることは、低次の自己の死を意味していた（百合姫に触れる者は皆、死に至る）。だが、それは感覚界からの脱却を意味しているのではない（すべての死せる存在は百合姫によって新たな生を得る）。高次の存在として再び感覚界と出会いなおすために、一度感覚界から離反する必要があるのだ。

『ファウスト』論と『メールヒェン』論の差異として、前者において、感覚的世界と超感覚的世界の結合の永続不可能性が強調されている点も挙げることができる。『メールヒェン』論で、シュタイナーは、二つの世界が架橋され、人々が絶えず二世界を往来している状態に、『美的書簡』における「遊戯衝動」の作動状態との一致を見てとっていた。『ファウスト』論では、これに対し、超感覚的世界との結合が持続しない点が焦点化されていた。シュタイナーは、『ファウスト』論において、ゲーテの二つの詩をもって、このことをパラドキシカルな事態として描き出した。

「永遠は全てのなかで絶えず生じる。永遠が存在のなかにとどまろうとすると、すべてが無へと崩れゆくからだ[38]」。

ゲーテは「永遠に流動するものの哲学」を語るのだが、同時に次のようにも述べる。

「なにものも無へと崩れゆかない。永遠がすべてのなかで絶えず生じる。幸せな存在でありつづけよ[39]」。

永遠を存在の内に留めることはできない。だが、永遠はすべての中で絶えず生ずる。よって、絶えず永遠性を求め続けることが要請される。そしてそれこそが人間に「自由」をもたらす「二重の生活」となる。超感覚的世界（永遠性の領域）との結合は持続しないが、その領域と常に関係を築き続けることを強調していたのである。

『メールヒェン』論、『ファウスト』論を横断的に捉えることにより、シュタイナー人間形成論を支える構図が照らし出されることとなった。前節で「メールヒェン論」α、βより析出した要点に、『ファウスト』論分析を通じて抽出されたポイントを加味し、再度シュタイナー人間形成論における「自由」獲得への根本構図をまとめると以下のようになる。

① 「自由」獲得を目指す人間形成の過程は、超感覚的世界から離反したわれわれが、再びその世界との関係を取り結ぶ行程である。
② 「自由」獲得のためには超感覚的世界と再びつながりなおす必要がある（感覚的世界の原理＝因果律に縛られていては「自由」の獲得は不可能である）。
③ 「自由」を獲得するためには、低次の自己が死滅せねばならない。感覚的世界を生きる自己は変容を迫られる（自己変容）。
④ しかしながら、低次の自己の死は、感覚的世界の否定を意味しない。それは感覚界とより深く関わるための一時的離反にすぎない（「死して成れよ」）。
⑤ 自己変容のための準備として、われわれは「学識＝知恵 Weisheit」（とりわけゲーテ自然科学的認識）を必要とする。

⑥ゲーテ的自然認識により、超感覚的世界への道が拓かれる。
⑦超感覚的な原理との合一により、「自由」が獲得される（高次の自己の誕生）。
⑧「自由」とはわれわれが感覚的世界にあって絶えず、超感覚的世界の諸原理と合一し続けることである。（二世界の架橋、二重の生活）

超感覚的世界からの離反は単に忌むべき事態なのではない。シュタイナーはマクロコスモスへの単なる盲目的追従を「自由」とはみなさない。自らの意志でもってマクロコスモスと調和するのでなければ、真の「自由」とはいえない。したがって、感覚的世界における個別的自我の確立のために、人間は、一度マクロコスモスから離反せねばならないのである。しかしながら、われわれはそこに留まってはならない。感覚的世界から抜け出して、あらためて「超感覚的世界の作用と一体化」しなければならない。かくして感覚的世界を経て獲得されたマクロコスモスとの調和状態こそ、シュタイナーの目指す真の「自由」となる。こうした「自由」獲得のための不可欠の要因が、「自然認識」から「自己認識」へという契機であった。われわれは超感覚的世界の作用と関係を結ぶことなしに「自由」へと至ることはできない。一度、感覚界において自己を死滅させ、しかる後に再び感覚界へと出会いなおすということが求められるのである。

最後に強調しておくが、第Ⅲ部におけるゲーテ文学論分析を通じて明らかとなった最も重大な点は、シュタイナーがゲーテ文学について論じる際にも、その裏側にはシラー的構図が生きていたという点である。シュタイナーの『ファウスト』論では、『メールヒェン』論とは異なり、『美的書簡』と『ファウスト』の構造的一致が明示されてはいない。だが、『ファウスト』論を読み解いていくと、その内に確かにシラー的構図が息づいているのであった。

すなわち、シュタイナーは明示していないものの（『美的書簡』と『メールヒェン』の構造的一致を示す際に提示した図式を、『ファウスト』と『メールヒェン』の問題圏に重ね合わせてみると）『ファウスト』論においても、その根底に『美的書簡』の構図が潜在している。つまり、『メールヒェン』、『ファウスト』は、同一の思想的枠組み（『美的書簡』）の中で読み解かれていたのであった。二世界の架橋（『メールヒェン』）と「二重の生活」（『ファウスト』）は、共に『美的書簡』における「遊戯衝動」を補助線として解釈されているのであった。

八　二世界の交流 —— ミクロレベルとマクロレベル

第Ｉ部から第Ⅲ部までの考察を経て、シュタイナー人間形成論を支える基本構図が示された。そして、人智学的人間形成における最重要課題である「自由」の獲得過程が浮き彫りになった。そこで目指されていたのは、「二元循環」によってもたらされる「自由」であった。

ここで強調しておくべきは、そうした「自由」が人間形成の最終段階においてのみ達成される状態ではないという点である。われわれは日常において、シラーの用語を借りれば、「遊戯衝動」の作動状態を体験する。補論二で示した通り、「二元循環」（＝「遊戯衝動」の作動状態）は、聖人君子のみが到達できる特殊例外的状況ではない。

『ファウスト』論におけるシュタイナーの分析を思い起こすならば、ファウストは永遠性との合一を絶えず求め続けてゆくのであった。永遠性との神秘的合一への過程は、「ひとっ飛びには踏破されえない」ものであり、その過程は、「無数の人生の滞在地を通ってゆっくりと歩き通されねばならない(40)」ものなのである。われわれはミクロレベルにおいて、日常の中で、何度も永遠性の領域との合一の瞬間（「自由」獲得の瞬間）を体験する。われわれはそうした瞬間を人生において一度ならず体験する。

「あらゆる行為に、人が精神的な深化を通じて達成する高貴さが刻印されているような、完全なる活動において、日々を過ごすような生活[41]」。そのような生活はシュタイナーによって「神秘家の生活」と呼ばれ、そうした生活を理想に掲げた。だが、すべての行為が永遠性との交流に基づく「神秘家」の生活は、われわれが容易に到達しうるものでないこともまた容易に想像しうる。

それでは、そうした「二元循環」はあくまで、われわれに無縁の理想状態にすぎないのであろうか。そうではないだろう。われわれはミクロレベルにおいて、「二元循環」を何度も体験する。われわれが何ものであるか（＝「自己認識」）を直観する瞬間はしばしばわれわれに訪れる。永遠性との交流をわれわれは瞬間において果たすのである。その瞬間を持続させることは困難であったとしても、「二元循環」はわれわれにとって完全に無縁なものではないのである。『メールヒェン』論では、そのことが「芸術体験」を例に示されていた。超感覚的世界との交流は、蛇が一時的に架ける橋（＝「芸術」）によってもたらされるというのである。

つまり、ミクロレベル（瞬間）における二元循環と、マクロレベル（ライフサイクル全体を通じて目指される完成体）におけるそれは、相似関係にある。マクロレベルにおける二元循環は、人生をかけて目指されるべきものであり、ミクロレベルでの二元循環を無数に経験する中で、求め続けるべきものなのである。

註

（1）エドマンズが指摘している通り、シュタイナーの四つの神秘劇の内の第一作『秘儀参入の門』は、「多くの点でゲーテの『緑の蛇』の変形、もっと適切な言い方をすれば変容である」。[Edmunds 1990, S. 158＝二〇〇五、二二三頁〕。

(2) 新田によれば、『神秘劇』は、ゲーテによって観照された世界を、そこに辿りつく人類の歩みを背景にしながら、個人の体験を中心に据えて描き出したものであるという。〔新田 一九八二、一九五頁〕。

(3) Allen, P. M. & Allen, J. D. 1995, p. 55.

(4) Steiner 1965b, S. 38.

(5) Steiner 2000, S. 391 = 二〇〇九、一二五頁、一部改訳。

(6) Easton 1980, p. 93.

(7) Steiner 1999g, S. 120.

(8) *Ibid.*

(9) シュタイナーによれば、物質界、魂界、精神界は互いに空間的に離れているわけではない。「わたしたちが生きているこの空間のなかに、アストラル界も存在するのである。わたしたちは物質界に生きていると同時に、アストラル界と精神界のなかにも生きている。わたしたちがいるところには、どこでも三つの世界が併存しているのである」。〔Steiner 1991, S. 21 = 一九九一、一三頁〕

(10) Steiner 2005b, S. 25 = 二〇〇〇、三三頁、一部改訳。

(11) Emmichoven 1961, S. 92 = 一九八〇、一二八―一二九頁。

(12) Steiner 2005b, S. 26 = 二〇〇〇、三四頁。

(13) Steiner 1999g, S. 121.

(14) *Ibid.*, S. 122.

(15) *Ibid.*, SS. 248–249.

(16) *Ibid.*, S. 248.

(17) Steiner 1999h, S. 112.

(18) 高橋 一九八八。

(19) Steiner 1999h, S. 112.

(20) そうした変容の過程をシュタイナーは錬金術的過程として捉えていた。「現存在のある段階から、より高次の段階への人間の変容。それはゲーテが解決しようとした謎であった。その謎とは、日常で暮らしている人、ただ目でしか見ることができず、ただ耳でしか聞くことができない人が、いかにして「死して成れよ！」ということを理解できるかであった。これは、すべての時代の神秘主義者達にとっての問題であった。すべての時代に、この偉大なる問いは精神的錬金術と呼ばれた」。［Steiner 1999h, S. 97］

(21) Steiner 2000, S. 333.

(22) ところで、百合姫の国を精神の国の象徴として読み解くということは、根拠なき解釈ではない。シュタイナーによれば、百合は錬金術師たちがデヴァカンのシンボルとしたものである。そして人間は、この百合姫の国を闘い取るライオンとみなされる。［Steiner 1999d, S. 121］錬金術のモチーフとなる百合とライオンのメタファーは、『ファウスト』第一部における、錬金術師についての言及の際にも示されている。「まず大胆な求愛者の「赤い獅子」をなまぬるい湯舟のなかで「ゆり姫」とめあわせる。それから、新婚夫妻に燃えあがる焔をふきつけて、「閨」から「閨」へ追いまわす」。［Goethe 1974, S. 51 = 一九六〇、三三五頁］

(23) Steiner 1999h, S. 99.

(24) *Ibid.*, S. 105.

(25) Steiner 1999g, S. 124.

(26) Steiner 1999a, S. 223.

(27) Steiner 1999g, S. 127.

(28) *Ibid.*, S. 123.

(29) Steiner 1999a, S. 242.

(30) Steiner 1999h, S. 106.

(31) Steiner 1999a, S. 242.

(32) Steiner 1999g, S. 128.
(33) *Ibid.*
(34) *Ibid.*
(35) Steiner 1990a, p. 67＝一九九五、七四頁。
(36) Steiner 1999g, S. 123.
(37) Steiner 1999c.
(38) Steiner 1986c, S. 363＝二〇〇九、一八一頁。
(39) *Ibid.*＝同書。
(40) Steiner 1989a, S. 29.
(41) Steiner 1989f, S. 36.

補論3　「自由」の射程

一　ゲーテ、シラー、ニーチェを超えて

本書では、三思想家（ゲーテ、シラー、ニーチェ）との思想的連関を解きほぐすことで、シュタイナー思想の検討を試みてきたわけであるが、その際に常に問題となってきた事柄、すなわち「自由」の問題は、人智学においていかなる射程を有しているのであろうか。すなわち三思想家を通じて明らかにした「自由」の理念圏と、シュタイナーがそうした思想圏を超え出て展開した人智学の問題圏はいかなる関連を持つのであろうか。

本書では、第I部において、シュタイナーの「自由」の理念を支える基本構図としてのシラー『美的書簡』の図式（二元循環的構図）を浮き彫りにさせた。そして、二元的世界を絶えず架橋するというこの構図が、シュタイナーの思想的遍歴を支える基盤であることを明らかにした。そしてこうしたシラー的構図を理論的支柱とし、シュタイナーは、ゲーテあるいはニーチェについて論じていたのであった。

では、その基盤の上にシュタイナーは「自由」をめぐるいかなる思想を展開したのであろうか。

ここでその問題の全体を扱うことは到底不可能であるため、焦点を絞り、以下、三つの観点から人智学的「自由」の問題を吟味する。結論を先取りするならば、シュタイナーが三思想家の問題圏を超えて展開した「自由」をめぐる諸論は、彼が三思想家の問題圏の中で打ち出した「自由」の理念と矛盾しない。矛盾しないどころか、それらは地続きでつながっている。前者は後者の思想圏を拡大・応用したものといえるのであり、後者の大前提の上に前者が打ち立てられている。

検討すべきは以下の三つの局面である。①ライフサイクルの観点から見た「自由」、②宇宙進化論の観点から見た「自由」、③「社会有機体論」の観点から見た「自由」。

人智学的「自由」はこれら三つの層において多層的に捉えられるべきである。すなわち、水平軸としての社会的観点。垂直軸としての宇宙生成論的観点。両軸の交点に位置づく個人のライフサイクルの観点。これら三つの観点を視野に入れて人智学的「自由」の壮大な射程がはじめて浮き彫りにされる。

二　ライフサイクルの観点から見た「自由」

シュタイナーの「ライフサイクル」論の視点から「自由」を捉えなおした場合、本書において明らかにした「自由」の構図は壮大な地平へと開かれてゆく。

シュタイナーのライフサイクル論については、西平、今井の研究に詳しい。以下、主に西平、今井の論考をもとに、人智学的「自由」の内実を読み解いてゆく。

シュタイナーのライフサイクル論において決定的に重要なのは、死後のライフサイクルと、地上のライフサイクルが照応関係にあるという点である。[1]

人の人生は、地上のライフサイクルだけでは完結しない。なぜ完結しないのかといえば、「一回の人生だけでは人間はとても理想の人間にまで成長することができない[2]」と考えられているからである。「天上のライフサイクルを経て転生することにより長い時間をかけて徐々に理想の人間に近づいていくことができるようにされている[3]」というのである。

さらに驚くべきことに、シュタイナーは徹底して、転生を自然科学的帰結とみなしていた。転生は自然科学的態度から必然的に行き着く帰結だと考えていたのである。「自然科学的な〈原因―結果〉の因果律を徹底させてゆけば、必然的に、いくつかの人生のつながりに至る。今回の人生の原因を、どこか、それ以前に求めざるを得ず、今世の結果を、どこか、それ以後に求めざるを得ない。それは、自然科学的な因果律に従ったことである[4]」。

人智学をあくまで自然科学的成果の上に樹立しようとしたシュタイナーの姿勢は、「転生」という（およそ非科学的とも思われる）問題を前にしても揺らぐことはない。

では、転生を持ち出したとき、この問題の中で「自由」はいかに位置づくのか。現世が前世の成果と緊密に結びついており、現世が前世に強く規定されているのだとすれば、本研究が明らかにした「自由」の構図は転生の思想といかに関連付けられるのか。『神智学』の一節を引用しよう。そこでは、転生を論ずるに際し、「運命」の問題が論じられている。

「肉体は遺伝の法則に従っている。一方、人間の霊は、繰り返して生れ変らねばならない。転生の法則は、人間の霊が前世の成果を次の生の中に持ちこむということの中にある。魂は現世の中に生きている。しかし現世の中に生きているということは、前世の生活から独立しているということではない。生れ変った霊が、前世から自分の運命をもってくるのだから。そしてこの運命は、人生を規定している。魂がどんな印象をもつことができ、どんな願望を充足させることができ、どんな喜びや苦しみをもち、どんな人間たちと出会うことになるか、これらすべては、これまでの霊の転生の中で、どのような行為がなされてきたかにかかっている(5)」。

「運命が人生を規定している」という点だけを取れば、そこに人間の「自由」が働く余地はあるのかと問いたくなるが、シュタイナーは「運命」と「自由」を分けて捉えてはいない。それどころか両者は不可分のものとされる。

転生の観点から「自由」を捉えなおしたとき、「自由」とはまさに「前世から持ちこんだ自らの課題を引き受けること」となる。「今やわれわれは、人間の自由の問題をカルマとの関連で考察しなければならない(6)」。人智学的ライフサイクルの視点から見た場合、われわれには誕生以前からそれぞれ、前世より引き継いだ課題が課されている。そして、そのあたえられた課題をはっきりと自覚し（自己認識）、その課題を十全に達成してゆくこと。それこそが「自由」への課題とみなされるのである。「前世の生活に由来する行為の結果だけに眼を向ければ、外から向ってくるように見える運命体験が、まるで、自我によって「内部から aus dem Innern」作り出されたもののように、自我と密接に結びついて感じられるようになり、この運命体験と自分の前世の行為の結果とに深い繋がりがあるとしか思えなくなってくる(7)」。

ここで「運命」を「必然性」に置き換えた場合、シュタイナーにおいて「自由」と「必然性」は矛盾しない。この点についてクグラーは的確に次のように述べる。

「認識、即ち世界関連の意識を獲得した度合いに応じて人間は自由なのである。われわれの運命即ちカルマが、絶対に避けられない必然という形をとってわれわれに迫ってくることは、何もわれわれの自由の障害にはならないのである。なぜならば、われわれが行動するに際して獲得した自立性の度合いに応じて、この運命に立ち向かってゆくからである。運命が行動するのではなく、われわれがこうした運命の法則に従って行動するのである[8]」。

本書を通じて明らかにしたように、シュタイナーにとって、われわれの内に存する「精神的必然性」を認識すること(「自己認識」)こそが「自由」に至るための不可欠の前提であった。その「必然性」を直観によって認識することが「自由」獲得の前提としての「自己認識」の内実なのであった。だが、ライフサイクルの観点から、本研究で明らかにした「自己認識」を捉えなおしたとき、「自己認識」とは、転生までも視野に入れる形で、「自分が何ものであるか」を認識することと言い換えられる。すなわち、本論で明らかにした二世界を架橋することで果たされる「自由」獲得への道程は、自らにあたえられた課題を引き受けてゆくための行程と換言される。「自己認識」(=本来的自己の認識)とは、ライフサイクルの観点から捉えなおすならば、前世までも含めた壮大な自己を認識することまでもが視野に収められているのである。

三　宇宙進化論の観点から見た「自由」

人智学では、個としての人間だけでなく、宇宙もまた転生しつつ発展してゆくと考えられている。この問題についてここで深く立ち入ることはできないが、「自由」の問題と関連する事柄について概略を記しておく。

シュタイナーの宇宙進化論によれば、「人類は地球進化の最後に出現したのではない。人間と地球は、進化の歩みをずっと共にしてきた。地球が姿を変える、そのすべての転換に、人間は参加していた。そして、地球の転換に合わせて、人間の存在様式も変化してきた。進化を共にしてきたというのである[9]」。

まず、宇宙自体は七つの状態・段階を経て進化していくと考えられている。[10] ①土星進化期、②太陽進化期、③月進化期、④地球進化期、⑤木星進化期、⑥金星進化期、⑦ウルカヌス星進化期。

そして、現代がその内に含まれる④地球進化期はさらに七つの時代に分けられるという。[11] ①ポラール時代、②ヒュペルボレアス時代、③レムリア時代、④アトランティス時代、⑤ポスト・アトランティス時代、⑥第六根幹時代、⑦第七根幹時代。

さらに、⑤ポスト・アトランティス時代の中に七つの文化期があるのだという。[12]

① インド文化期 Urindische Kulturepoche（BC. 7227–5067 年）
② ペルシア文化期 Urpersische Kulturepoche（BC. 5067–2907 年）
③ エジプト―カルデア文化期 Ägyptisch-Chaldäische Kulturepoche（BC. 2907–747 年）
④ ギリシア―ラテン文化期 Griechische-Lateinische Kulturepoche（BC. 747–AD. 1413 年）

⑤ 第五文化期 Fünfte Kulturepoche（1413–3573年）
⑥ 第六文化期 Sechste Kulturepoche（3573–5733年）
⑦ 第七文化期 Siebte Kulturepoche（5733–7893年）

再度強調しておくが、こうした独特の思想についてここで深く立ち入って考察することはできない。だが、シュタイナーの宇宙進化論において、現代がいかなる時代として捉えられているか、この点だけをともかくも明確にしておきたい（それぞれの時代の詳細については『アカシャ年代記より』を参照[13]）。

現代は右の七つの文化期のうち、⑤第五文化期に当たるのだという[14]。この時期の特徴を示すべく、その直前の時期④ギリシアーラテン文化期との対比で、⑤第五文化期の特質を示したい。

一四一三年から始まった第五文化期（一四一三―三五七三年）は「意識魂の時代」と呼ばれ、直前のギリシアーラテン文化期（BC. 747–AD. 1413年）は「悟性魂の時代」と呼ばれる。

すなわち、「悟性魂 Verstandesseele」から「意識魂 Bewusstseinsseele」への変化が中心的な時代認識となっているというのである[15]。④ギリシアーラテン文化期（悟性魂の時代）は、外的規則に服従することを重んずる時代である。この時代は、「教会に対してであれ国家に対してであれ、服従ということが広く行われている規則だった。神の力に疑いをさしはさむことは神聖冒涜であり、政府を疑うことは反逆であった[16]」。対して、⑤第五文化期（意識魂の時代）では、個々人が「自由」を勝ち取る時代である。「意識魂」とは「決して外的社会的な環境に自分を適応させることに生きがいを感じるのではなく、自分の中から必然的に生まれてくるものに従って生きようと願う魂[17]」のことである。シュタイナーによれば、「意識魂の中ではじめて、「私」の本当の性質が明かされる。魂は、感覚と悟性においては、外なる事柄に没頭しているが、意識魂の中では、みずからの本性を手に入れる。「私」は、意識魂を通して、まさに内的な活動を通して、知覚される」[18]。シュタイナーは「自由」を重んずる生き方を「意識魂の時代」＝現代にふさわしい生き方とみなした。もっとも、ここで言うところの「自由」とは単に外的要請から「自由」になるという意味ではない。「昔は自由と言えば外からの束縛や強制からの自由を意味していた。今日では自己の発見や内からの誕生といったそれ以上の意味がある」[19]。すなわち、ここにおいても「意識魂」の時代における「自由」として想定されているのは、自己認識の問題、すなわち、自己の内的必然性（＝高次の自己）を認識することではじめて獲得しうる状態である。

ここであらためて『自由の哲学』を紐解いてみると、その第一章は「人間の意識的行為」と題されている。思想研究者時代のテクストである『自由の哲学』において「意識魂」という人智学特有のタームは用いられていないものの、既に思想研究の枠内で、「意識魂」をめぐる議論へと通ずる問題が論じられていたということになる。「意識魂の時代」は一人一人が「自己認識」に基づいて「自由」を勝ち取る時代とされるのだが、これは『自由の哲学』において示されていた「倫理的個体主義」を想起させるものである。

四　「社会有機体論」の観点から見た「自由」

「自由」の問題はシュタイナーにとって「社会」の問題を論ずる際にも、極めて重要な意味を持つ。シュタイナーは社会を三つの層からなる有機体として捉えるという独自の考えを打ち出した。これは「社会有機体論」と呼ばれる。以下、まずは社会の三層化を訴える社会有機体三分節（Dreigliederung des sozialen Organismus）論の内容を概観しよう[20]。

「《三層化運動》の根本思想は、人間の社会生活は意識的に分割される場合にのみ、健全なものになることができる」[21]という前提のもとに打ち立てられている。その三層とは、「自由」＝精神、「平等」＝法、「友愛」＝経済の三領域である。「精神の自由、法の前での平等、経済活動における友愛、これによってルドルフ・シュタイナーはフランス革命の古い理念に、新たな現実的な内容を注入した[22]」。

社会の三層化は、社会機構の三領域の孤立を意味しない。それらは互いに緊密に連関している。この点についてシュタイナーは次のように述べる。「三つの社会分野は、共同して働き合うことによって、はじめて社会有機体全体が統一されている。それらが生きいきと共存し合い、そのどれもがみずからの内に固有の原理を持っている。現実生活においては、一見矛盾したものが統一へ向かって共に働いている。社会有機体は一見矛盾し合う友愛、平等、自由を目指して進化を続けている。その現実に根ざした形成過程を見通すことなしには、社会有機体の生命を理解することはできない[23]」。たとえば、一見するところ、「自由」と「平等」は同次元での調和が困難であるように思われるが、シュタイナーの「自由」の理念においては、両者は決して矛盾しないのである。

今一度（第Ⅱ部で取り上げた）『自由の哲学』における「道徳的想像力」という概念を思い起こそう。個的自由の実現は、自己本位的振る舞いとは相容れないのであった。この点については、クグラーが重要な指摘をしている。シュタイナーの社会理論は、とりわけ「『自由の哲学』で詳しく触れている〝倫理的個体主義〟を基礎にしているということに絶えず目を止めていなければならない。自由は単に人間の精神のうちばかりではなく、外的な行為においても遂行されるときにのみ体験し得るものとなる[24]」。

第Ⅱ部で検討したように、ゲーテ的直観を「自己認識」の場面に応用する際導入した「道徳的想像力」が「倫理的個体主義」を支える必須概念であった。「人間の行為が、各個人の直観のうちに根を持っている理念から現れ出てくる時には、人間の行為の衝動としての自由は、社会生活を新たに創り変える。倫理的個人主義は、人間が自然法則や因習的な道徳規範の束縛を超克できた時に、人間が近づき得る〝倫理的な発展目標〟なのである[25]」。シュタイナーは社会の問題を考える上で、『自由の哲学』で示された枠組みを発展・応用する形で議論を組み立てているのである。社会問題というマクロな問題を論ずる際にも、シュタイナーはあくまで最小単位としての個人の「自由」獲得を出発点としているのだ。

科学的自然観と産業主義が精神生活を経済生活に従属させるという事態に拍車をかけたのだとシュタイナーは考えた。彼が生きた時代からおよそ一〇〇年を経過した現代においてもこうした傾向は変わっていない。そして、シュタイナーは、自由に基づくべき精神生活を他の領域に従属させることを唾棄した[26]。

では、シュタイナーのこうした社会構想は、机上の空論にすぎないのであろうか。シュタイナー自身は、こうした社会の実現に向けて最善をつくすことこそが重要だと考えた。「もちろん精神生活のこの自己管理がすべてうまくいくとは限らない。しかし現実生活においては、完全であることを要求する必要はまったくない。可能な限りで最善をつくす、ということだけが求められるのだ[27]」。

五　人智学的「自由」の思想的基盤

以上、概観した通り、人智学における「自由」は以上のような側面を含み持つものである。こうした視点は、本研究で考察した三思想家の思想圏を大きく超え出るものである。それらの問題は完全に三思想家の思想圏外にある。

だが、（人智学がまさにオカルトとみなされる）そうした観点と、本書で明らかにした問題は位相が異なるものの、矛盾はしない。

たとえば、先に言及した人智学における「意識魂」の視点は、確かに「魂の進化」という次元で見るならば、極めて秘教的である。だが、それをニーチェに即して捉えるならば、それは本研究で考察した「超人」思想と思想的に通ずるものとみなすことができる。ニーチェは、われわれに徳や因習を課すものから意味や価値をあたえられた状態を脱却すべき段階とみなした。この段階はシュタイナーに倣えば「悟性魂」の時代とみなされる。対して、「意識魂」の時代とは、人間が自分の内側に行為の理由を持ち、いかなる外的な力にも屈服しないことを目指す段階である。つまり、「意識魂」の時代とは、各々が「自由」を実現する時代と考えられていたのである。

また、個人のライフサイクルの問題にしてみても、人智学は現代科学が扱うことのできない「生前」と「死後」を視野に入れるわけだが、第Ⅱ部で中心的に扱った「自己の根本的動機の認識」の問題と関連させるならば、本書で明らかにした問題と辻褄が合う。つまり、「自己の根本的動機」は、「生まれる前」と「死んだ後」の壮大なライフサイクルの中ではじめて本当の意味が明らかにされるものとみなされていたのである。三思想家の思想に依拠する限り、転生をも射程に含んだ人智学的ライフサイクルの問題を扱うことは不可能であるが、その問題は本書で得られた結論と矛盾するどころか、緊密に結びつくものといえるのである。

さらにはこうした人智学的「自由」の問題は、「社会」の問題とも密接な連関を有していた。シュタイナーが考えた「精神」、「法」、「経済」の社会三層化の思想において、その筆頭に「精神」の自由が挙げられていたわけだが、彼の社会構想において、個々人が「自由」を獲得することは、社会の進歩と不可分であると考えられていたのである。

シュタイナーの「自由」の思想は、三思想家の思想圏の内に収まるものではないが、本研究で明らかにした「自由」の構図がその思想的基盤となっていることは確かである。

註

（1）今井 二〇〇八、二二九頁。
（2）同書、二三〇頁。
（3）同書。
（4）西平 一九九七、一六一頁。
（5）Steiner 2005b, S. 74＝二〇〇〇、九九―一〇〇頁。
（6）Shepherd 1983, p. 127＝一九九八、一七三頁。
（7）Steiner 2005b, S. 72＝二〇〇〇、九六頁。
（8）クグラー 一九八七、一〇〇頁。
（9）西平 一九九九、一四三頁。
（10）西川 二〇〇八、一一一頁。
（11）同書、一一一頁。
（12）同書、一一二頁。
（13）Steiner 1990b＝一九八一。
（14）西川 二〇〇八、一一二頁。
（15）なお、④ギリシアーラテン文化期（「悟性魂」の時代）より一つ前の文化期、エジプトーカルデア文化期は、「感覚魂」の時代とされる。
（16）Edmunds 1990, p. 110＝二〇〇五、一五七頁。

(17) 〔高橋 一九八六、一〇頁〕シュタイナーは「現代という大きな転換期の中で既成の宗教的、社会的諸体制の中には安住できず、苦悩し、求め、絶えずよりよいものへ眼を向けて生きようとする「意識魂」のためにこそ」〔同書〕、その魂に応えうる認識の道の先達になろうとした。
(18) Steiner 2005d, S. 59＝一九九八、七四頁。
(19) Edmunds 1990, p. 135＝二〇〇五、一九四頁。
(20) シュタイナーの社会理論については、〔Reinhard 1986〕に詳しい。
(21) Hemleben 1975, p. 117＝二〇〇一、一四九頁。
(22) *Ibid.*, p. 119＝同書、一五〇頁。
(23) Steiner 1961, SS. 88–89＝二〇一〇、五九頁。
(24) クグラー 一九八七、二四一頁。
(25) 同書、二四二頁。
(26) また、『社会問題の核心』において、シュタイナーは社会の問題を教育の問題に関連させて論じている。彼は「教育問題、精神問題は、社会問題の根本にある」と考えた。そして、教育を国家生活、経済生活から解放することを訴えた。〔Steiner 1961, S. 12＝二〇一〇、xvii頁〕
(27) *Ibid.*, S. 11＝同書、xv頁。

終章

神話の国にうまれた美しい方々よ、／あなたがたがまだあの美しい世界を治めていたころ、／喜びを手引きの紐にして／しあわせの多い諸族をみちびいていたころ、／歓喜をもたらすあなたがたの任務がまだ華やかであったころ、／ああ、それは今とはまるで違った世界だった、別世界だった。／……詩のほのかなヴェールが／やさしく真理をつつんでいたそのころ――／世界のすみずみまで生命は脈打ち／無感覚なものにさえ感情がやどっていた。／人びとは愛のこもった胸に抱きしめようと／「自然」に高い品位をあたえた、／澄みきったまなざしはあらゆるものに神をみた。……／ああ　あの生命のぬくもりにみちた思想は消えて／ただ影だけが残っている。／花々は散り果てた、／怖しい北風にさいなまれて。／たったひとりの神を富ますために／神々の世界が滅びなければならなかったのだ。(1)

シラー「ギリシアの神々」より

一　秘教から顕教へ――秘教の復権

シュタイナー思想（人智学）は「オカルト occult」だとしばしば批判される。

エーテル体、アストラル体といった人智学用語を駆使した人間観、転生を射程に入れた独特のライフサイクル論、さらに人類は地球と共に七段階に進化すると説く宇宙進化論……。人智学の特異思想を目の当たりにした者の多く（とりわけアカデミズム）は、そして「最も偏見のない読者でさえもうこりごりだとばかりに彼の本を投げ出してしまう(2)」。

その際、批判のための常套句として用いられるのが「オカルト」なる語である。たとえば、バーデヴィーンは、シュタイナー教育への批判的文脈において、この教育を次のように断罪する。「ヴァルドルフ学校の子供たちは、親にも、またもちろん公けの監督官庁にも、全く説明されない、このような判断基準、つまりオカルト的認識にもとづいて烙印を押され、規制を受けているのです［傍点筆者］(3)」。批判者たちがシュタイナー思想を「オカルト」的だと形容する際には、そこには常に「いかがわしさ」、「おどろおどろしさ」、「非科学的」といった漠然とした負のイメージが漂っている。

だが、この語（「オカルト occult」）は果たしてシュタイナー思想を形容する語として適切であろうか。強調しておきたいのは、誰よりシュタイナー自身が、同時代の人間に人智学的思想内容は容易に受け入れられないであろうことを自覚していたという点である。彼は主著『神秘学概論』の「初版まえがき」で次のように述べる。「この本を数ページ読んだ人は、その気質次第で、微笑をうかべたり、憤激したりしながら、その本を横に置き、次のように言うであろう。「一体、どんなバカが今の時代にこんな支離滅裂な思いつきを書く気になったのか。こんな本は、世の中に出まわっている他のガラクタと一緒に、棄ててしまえばよい(4)」。

ここにおいて、彼は出発点として人智学に対して否定的・懐疑的な読者を排除していない。シュタイナーが求めていたのは、「ここ［『神秘学概論』註：筆者］で述べられている事柄を、盲目的な信仰を持って受け入れようなどとは思わない読者であり、本書の内容をみずからの魂の経験と認識に即して吟味しようと努める読者である」[5]。そして、このテクストは「合理的な思考だけでも十分にその内容を吟味することができるし、合理的な思考によって吟味されることを期待してもいる[6]」と断言する。

「合理的思考」による吟味。これは人智学の盲目的受容とはおよそ正反対の態度である。人智学に最も批判的な者でさえも、「合理的思考」に基づき、偏見なくこれに対峙するならば、その思想内容が理解可能になるという確信、そして「合理的思考」でもってその内容を徹底的に吟味してほしいと願う、彼のそうした態度の内には、閉鎖的・排他的姿勢（「わかる人にだけわかればよい」）は微塵も見られない。そうした彼の姿勢に鑑みるならば、人智学を（漠然とした負のイメージを纏った）「オカルト」として一蹴することは（人智学の盲目的受容と同じく）不当ではあるまいか。

二　三つのヴェール

この問題を考える上で、ひとまず「オカルト」の語源に立ち返って考えてみよう。周知の通り、「オカルト occult」は、ラテン語 occultare の過去分詞 occultus を語源とし、oc-（……の上に）と cult（隠す）で構成された形容詞であり、「上を覆い隠して見えなくすること」を意味した。つまり、「オカルト」は「隠された」、「秘められた」、「秘密の」といった様態を示すものであり、語源的にはそこに負のニュアンス・負の価値判断を含まないのである。

したがって、「オカルト」を語源に即して意味付けるならば、それは「隠された・秘密の思想」ということになる。さらに、ここで「隠された」という場合、何に対して隠されたのかといえば、それは正統キリスト教会に対してである。正統キリスト教会の一元的支配下にあって、異端の烙印を押された思想、それこそが「オカルト（隠された思想）」である。

異端の烙印を押された思想。ここで、シュタイナー思想とも密接な関連を有するグノーシスが思い起こされる。[7]「その思想傾向から見ても、また教会的キリスト教との関係からしても、シュタイナーの人智学がしばしば「グノーシス（主義）」の一形態と見なされがちなことは容易に理解できる」。[8]グノーシスは常に「ヨーロッパの陰の精神史」[9]を形作ってきた。[10]正統キリスト教信仰の体系としてのスコラ学が成立したのとほぼ時を同じくして、ボゴミール派や、そのヨーロッパ版であるカタリ派など、グノーシス的傾向を持つ教派が異端として弾劾された。正統と異端の対立の中で、グノーシス主義が、常に「異端」の側にあったことは明白である。[11]そして、「グノーシス的共同体は教会や国家の周辺に位置しており、どちらにも迫害されて、ほとんど絶滅寸前にまで追い込まれた」[12]。

ゆえに「オカルト（隠された思想）」とは、「好事家たちの悪趣味でもなければ、非科学的絵空事でもなく、ましてや安手のエンタテイメントでもない。それは、隠さなければ、すなわちオカルティックでなければ、生き残ることなどできようはずもなかった教えの法統なのである」[13]。そしてかろうじて地下水脈の内に保持されたものが、オカルティズムとして近代に芽吹いた。[14]

さて、ここでわざわざ「オカルト」の語法にこだわった訳は、その語義の無知が、シュタイナーの思想的任務の誤解を招くこととなるからである。[15]「オカルト」の内実を見誤ると、彼が生涯をかけて目指した、その思想的使命自体を決定的に取り違えることとなる。

シュタイナーが目指したのは、隠された秘教的叡智の顕在化である。秘められた叡智を一部の特殊な共同体の内に秘匿しておく（ヴェールで覆う）のではなく、その叡智を広く周知させること、これが彼の思想的任務であった。「ヴェールをとること」こそが彼の使命だったのである。この点について小杉は的確に次のように述べている。「彼［シュタイナー　註：筆者］は隠されたものの公開者として、西洋の歴史の中に立っている。その意味で彼は、オカルティズムに終焉をもたらそうとした人物であり、その意味でなら、まさに反オカルティストと呼ぶことができよう[16]」。

「隠された・秘められた叡智」を隠されたまま・秘められたままに留めておくという道を、シュタイナーは選択しなかった。彼は西洋精神史の内に脈々と受け継がれてきた秘教的智慧を閉ざされた集団の中でのみ流通させようとしたのではない。その逆である。シュタイナーは「「隠さない・隠されてきたことを公開する・論理と思考によって理解できるように解き明かす」立場である[17]」。

一八九九年に発表された『メールヒェン』論の題名がこのことを如実に物語っている。第I部で検討したこの論文は「ゲーテの黙示 Goethes geheime Offenbarung」と題されていた。この題目は語を補いつつ訳し直すならば、「ゲーテによる秘教の開示」となるだろうか。

ゲーテ文学に秘められた謎（秘教的叡智）を解き明かすこと。シュタイナーは『メールヒェン』の内にキリスト教異端の思想が隠されていることを見抜いた[18]。そして、ゲーテが『メールヒェン』に込めた、一見しただけでは理解不可能な秘教的問題を顕在化させること、それこそが「ゲーテの黙示」におけるシュタイナーの課題であった。シュタイナーは『メールヒェン』の中に現われる「地下の聖堂」に「テンプル修道会」のイメージが重ね合わされていることを見抜いていた[19]。修道会の掲げていた理想は一時地上から消え去ったに見えたが、「しかしそれは決して死滅したのではなく、地下にかくれて「時の熟する」のをじっと待っていたのである。「時が熟したら」地上に再び出現するであろうものとは一体何であるのか。これがゲーテの『メールヒェン』の語ろうとする主題である[20]」。

また、秘められた叡智の開示という主題は『ファウスト』解釈の場合も同様である。シュタイナーは『ファウスト』の内に秘教的叡智が記されていることを発見し、その読み解き（顕在化）を試みたのであった。つまり、シュタイナーは徹底して「開放型」の姿勢を貫いている。ヴェーアも指摘する通り、「シュタイナーが重視したのは、まさに、会員のサークルを超えて作用を及ぼすことだった」[21]。

秘められた叡智をただ単に開示しようとしただけではない。シュタイナーは、時代の要請に沿う形で、厳密なる学として人智学を打ち立てようとした。「シュタイナーは人智学を、通常の学問の継続として考えているのであって、それと矛盾するものとは決して考えていないのである」[22]。すなわち、「「自然科学的現実事象研究」と精神科学の諸成果との間にシュタイナーは矛盾対立を見ておらず、この二種類の学問が相互に補い合い一つになった時に初めて、それは人間が持つべき真の学問となるのだと考えていた」[23]。

このことはシュタイナーが人智学を自然科学的基盤の上に構築し、その思想を徹頭徹尾、科学的厳密さでもって成立せしめようとした態度の内に現われている。深澤が指摘している通り、「シュタイナーの「科学性（学問性）」主張を看過すると、シュタイナーの真意は分からない。宗教的全体知や、終局的救済といったことがらを語ることを、シュタイナー自身は回避している」[24]。ただしここで示されているところの科学とは無論、「一般への性急な普及が可能なものではなかった」[25]のではあるが。

初期シュタイナーは堅実な思想研究を数多く遺し、思想研究者としての訓練を十分に受けていた。ローザクが指摘している通り、「ほとんど四〇歳になるまで、シュタイナーは常套的ではあれ教養ある学者で、形式哲学を研究し、ゲーテ＝シラー書類館の学者兼保管人で、一流のドイツ文学雑誌を編集し、ウィーン、ワイマール、ベルリンの芸術世界、知的世界を強力に結びつけていた」[26]。シュタイナーは、あくまで自然科学（ゲーテ的自然科学）的方法の基礎の上に認識論を構築しようとしたのであり、多くの神秘思想が陥っているような安易に霊媒や降霊術などに走る態度を危険視した。「シュタイナーは、いわゆる宗教的高揚や、浄福や、エクスタシーや、悟りのような瞬間的覚知といったことは、ほとんど語らない」[27]。そして、ヴェーアも指摘するように、「シュタイナーの思惟に対する高い評価や、……自然科学的確実性を満たすための努力は、……探究方法が主観的な悪しき神秘主義に陥ることを防いでいる」[28]。彼と袂を分かつこととなった神智学は、「霊的知識にたいする科学的な研究方法には関心がなく、それを疑いの眼で見ていた」[29]のであり、こうした態度はシュタイナーの姿勢と真っ向から対立するのであった[30]。

したがって、シュタイナーは人智学を「閉鎖型」の思想として打ち立てたのではないことがこうした姿勢からも窺える。時代を診断し、時代の要請にかなう形で秘教的叡智を現代に甦らせること、自然科学的厳密さを伴った形で人智学を樹立すること、このことがシュタイナーの思想的使命だったのである。

このことはまた、「外的世界にかけられたヴェールをとること」と換言可能である。ゲーテ的自然認識を通じて感覚界を覆ったヴェールの背後を認識することを彼は目指した。

そして直観的認識によって感覚界の「ヴェールをとること」を目指したシュタイナーは、彼の人間形成論においても同じことを目指した。つまり、彼は、「直観的認識」を通じて「高次の自己」にかけられた覆いをとること（「低次の自己」に捕われた状態からの解放）を不可欠の任務としたのである。ゲーテ的認識（自然認識）は、人間の内に潜在する「高次の自己」を意識化（自己認識）するために応用されるのであった。そして「自由」獲得のために、認識を通じて「高次の自己」を顕在化することを求めたのである。

すなわち、感覚界のヴェールをとることと、本来的自己（高次の自己）にかけられたヴェールをとることは正確に重なる。シュタイナーにとって秘教的思想を現代の内に甦らせることは、人類全体を「自由」へ導くことと地続きのものと考えられたのだ。この点をめぐって、シュタイナーは次のように述べる。

「外なる感覚界のヴェールを通り抜けて霊界に到る能力と、みずからの魂の生活のヴェールを通って霊界に到る能力とを結び合わせる者は、私たちが魂の生活のヴェールを通り抜けた時に見出すものが、外的な感覚界のヴェールを通り抜けた時に見出すものと本質的に同じものであるという、重要な発見をするに到ります。一つの霊界が、あるときは外側から、あるときは内側からみずからを啓示するのです。外なる道と内なる道の両方から霊界を知ると、その二つの霊界が一つのものであることがわかります。内的沈潜の道をゆく者は、魂の生活のヴェールの背後に見出される霊界へと到ります。さらに超感覚的諸力の発展を通して、外なる感覚界のヴェールを通ってゆく能力をも有する者は、内面に見出したものが、外へと向かっていった時に目にするものと同じものであることを知ります[31]」。

すなわち、「感覚界のヴェールをとる道」(外なる道)と「魂の生活のヴェールをとる道」(内なる道)は、どちらを辿っても共に超感覚的世界へと通ずると言うのだ。

だが、両者が同一の源泉に通ずることを認めつつも、シュタイナーはあくまで「自然科学」的基盤の上に人智学を樹立しようとしたがゆえに、「外なる道」から出発した。「内なる道」からの出発は、彼が批判の対象に据えた安易な神秘主義(霊媒や降霊術を是とする)に陥る危険がある。シュタイナーは「内なる道」を自然科学的厳密さの延長線上にあるものとして見据えたのである。そしてゲーテ的自然認識の前提の上で、「自己認識」の問題を論じるに至った(「自然認識」から「自己認識」へ)。

かくして、シュタイナーは、三重の意味において、「反・オカルティスト(ヴェールをとる者)」であったといえる。第一に、「秘教」にかけられたヴェールをとる者として。第二に、「外的世界(感覚界)」にかけられたヴェールをとる者として。第三に、「高次の自己」にかけられたヴェールをとる者として。そして、三者は決して孤立しているわけではなく、緊密に関連しているのであった。

さて、筆者は以上のようにシュタイナーを診断することで、彼が秘教的思想家（オカルティスト）でなかったと言いたいわけではない。人智学が多分に秘教的内容を含み持つものであることは疑いえない。霊的指導者時代の彼のテクストを紐解いてみれば、このことは誰の目にも明らかである。

本研究が浮き彫りにしたかったのは、シュタイナーが徹底して自身の思想を、「開放型（ヴェールをとる思想）」として構想したというその一貫した姿勢である。彼のそうした姿勢を無視することで、人智学を（負の価値判断を賦与された）「オカルト」として一蹴し、彼の思想的努力に目を向けないならば、人智学はわれわれにとっていつまでも疎遠であり続けるだろう。

本研究は、彼のそうした思想的努力に目を向け、その努力の過程で描き出される彼の思想的根幹を抽出しようと試みるものであった。だが、たとえシュタイナーが「開放型」の姿勢を貫いていたのだとしても、やはりわれわれと人智学のあいだにはあの特異な人智学的世界観が厳然と横たわっている。

そこで、本研究は、シュタイナーが思想家たちの言葉に依拠して自らの思想を語ったその言説に目を向けた。彼は、人智学的思想を人智学用語によってのみ語ったのではない。本論で見た通り、三思想家（ゲーテ、シラー、ニーチェ）の思想圏の中でも自身の思想を語っているのだ。ゲーテ、シラー、ニーチェに自身の思想的核心を託したシュタイナーの諸論は、まさに彼の思想的努力の結晶ともいえる。

先駆者たち（ゲーテ、シラー、ニーチェ）の枠組みを借りることで、限界まで秘教的叡智の豊穣さを開示しようとしたシュタイナーの戦略。このシュタイナーの態度こそ、まさに「開放型」の姿勢の最たるものと考えられる。

以下、本書を締めくくるに当たって、「開放のベクトル」に焦点化して展開された本書の内容を駆け足で振り返ることにしよう。

三　本書のまとめ――特にシラーを顧慮して

本研究は、序論で提示した方法論（第三類型と第四類型の複合的方法）に則って遂行された。シュタイナーの遍歴を、思想研究者時代、転回期、霊的指導者時代の三期に分け、それぞれの時期の思想を、三思想家（ゲーテ、シラー、ニーチェ）との緊張関係を解きほぐす中で読み解き、この作業を通じてシュタイナー人間形成論の根本的構図を浮き彫りにしてきた。

第Ⅰ部ではまず、転回期シュタイナーの思想内容を検討した。転回期シュタイナーは、思想研究者時代の活動の余韻と霊的指導者時代の到来への予感の「はざま」に立っている。その過渡期に位置するがゆえに、霊的思想内容を含みつつ、それが一気に展開されることはなく、抑制のきいた形で議論が組み立てられている。それゆえ「はざま」に立つシュタイナーのあたえる枠組みは貴重である。本格的に霊的思想を語りだす前の時期。思想研究者としての歩みにあきたらず、そこからの脱皮を図ろうとする葛藤の期間。この数年間に絶妙のバランスで語られた思想は、それ以前の立場を包越するものであり、かつ以降の思想の中核を担うものとなる。本論でも述べた通り、転回期の思想は、人智学の思想内容からみれば、いまだ萌芽の段階にすぎず、不十分とみなされるかもしれない。だが、シュタイナーの理論研究を旨とし、人智学を根底で支える構図を析出しようとするわれわれにとって、転回期シュタイナーの枠組みは極めて重要である。

より具体的には、そこで提示された枠組みとは、シラー美的教育論（『美的書簡』）から析出されたものであった。二世界の循環（二元循環図式）として定式化されたあの図式こそ、シュタイナー人間形成論の基本構図となるのであった。この構図は、ゲーテ的世界観を「合わせ鏡」とすることではじめて命が吹き込まれる。すなわち、ゲーテ文学の躍動的世界像へと常に還流させることで、シラー的図式は「生ける形態」となる。

転回期シュタイナーの分析を通じて得られた、この基本構図（シラー的二元循環構図）を中枢に据えることで、本研究は、第Ⅱ部以降、時間軸を前後に展開する形で進められた。

第Ⅱ部では、思想研究者時代へと時間を巻き戻し、その時期の思想が人智学にとって思想的基盤として位置づけられる所以を解き明かした。とりわけ、シュタイナーは、ゲーテ自然科学研究者として歩み始めたわけだが、人智学とゲーテ自然科学はいかなる思想的連関を有するかを見極めた。無機的自然の分析方法をそのまま有機的自然にもあてはめるニュートン的な近代自然科学とは異なり、ゲーテ自然科学は、生きた自然を解明するための有機的自然独自の研究方法を提示している。「直観」を通じて、自然の内に精神的なるものの現われを見てとろうとするゲーテの方法は、シュタイナーの認識論的基盤となった。シュタイナーは、ゲーテ自然科学を人智学の基礎に据えているのであるが、それは、ゲーテがあくまで現象界に留まり続け、彼岸に跳躍することなく、一貫して現象の内に超感覚的世界の原理を見出した点に、深く共鳴したからである。現実世界には常に既に超感覚的世界の原理が現われているということ。通常の認識によっては不可能であるが、ゲーテ的直観を通じてその認識が可能になるということ。そのことをシュタイナーはゲーテ自然科学研究を通じて確信したのである。

また、ゲーテ的認識の核心たる「直観」は、自然認識のみならず、人間の自己認識の場面においても必須のものとなる。これは換言するならば「自由」の獲得において「直観」が不可欠であるということを意味する。ゲーテ的自然観に基づくならば、自然の内に作用している精神的なるものの作用は、同様に人間の内にも作用している。個々の人間の内に存する、その精神的なるもの（シュタイナーはこれを「高次の人間」と呼んでいた）を「直観」によって認識すること、このことが「自由」獲得の前提となる。

ゲーテ自然科学研究に従事する傍らで、シュタイナーはニーチェ思想に深く傾倒した。シュタイナーとニーチェ、両思想は一見するところ、極めて疎遠であるという印象を受けるが、シュタイナーはニーチェを高く評価した。本論では、ニーチェに対するシュタイナーの傾倒の背景に、ゲーテ的自然観が潜在していることを示した。ゲーテを媒介とすることで、シュタイナーとニーチェは急接近を果たす。シュタイナーはニーチェの「超人」思想の内に、自身の「自由」の哲学との通底を見てとり、その思想を一歩推し進める形で、主著の一つ『自由の哲学』を執筆した。

特筆すべきは『自由の哲学』においても、やはりシラー哲学の二元論的構図が生きているということである。シュタイナーは、自身の「自由」の哲学を一元論と位置づけたのだが、そこで示されていたのは、あくまで二世界（感覚的世界と超感覚的世界）を絶えず行き来し、両者を重ね合わせて同時に睨む眼差しであった。ゲーテ及びニーチェ的世界観は一元論的であるが、それはあくまで到達点においてはじめて果たされるものであり、そこへと行き着くまでのプロセスを論ずる際には、われわれはまず世界を二元的に峻別し、しかる後に両者を同時に見据えるという過程が必要になってくる。つまり、二世界の循環を理想とするシラー的構図がここでも「自由」の哲学の基本枠組みとなっていた。

第Ⅲ部では場面を霊的指導者時代へと移し、シュタイナーのゲーテ文学論に焦点を当て、人智学的人間形成論の内実を浮き彫りにした。とりわけ、彼の『メールヒェン』論及び『ファウスト』論を取り上げ、霊的指導者シュタイナーが、ゲーテをいかに読み解いたか、その内容を検討した。人間の自己認識の問題について、ゲーテは決して理論的に論ずることはなかったが、そうした問題については、ゲーテ文学の内に示されているとシュタイナーは考えた。そして、人智学的観点によってはじめて、ゲーテ文学に秘められた謎が解明できると自負していた。

霊的指導者時代のゲーテ文学論では、転回期の『メールヒェン』論の問題圏を超えて、より秘教的な問題が扱われていた。『メールヒェン』論については、シュタイナーの歩みと共に、解釈の変更がなされている箇所も見受けられ、人智学の発展に並行して、解釈は霊的色合いを濃くしてゆくのであった。また、『ファウスト』論についても、「悪」の問題に象徴されるように、人智学独自の観点から『ファウスト』解釈が遂行されているのであった。しかしながら、解釈がいかに霊的色合いを帯びても、転回期の基本構図（シラー哲学の構図）が失われるわけではない。『ファウスト』解釈の際には、明示的にシラー的枠組みが引き合いに出されることはなかった。だが、『ファウスト』論を読み解いてゆくと、そこには依然としてシラー的構図が潜在していることが明らかとなる。シュタイナー人間形成論の基本構図は、決して揺らぐことはないのである。本論では、霊的指導者時代においても、『メールヒェン』、『ファウスト』は共に同一の構図（シラー的構図）で読み解かれていることを示した。

四　シュタイナーと三思想家の関係

第I部からの長い道程を経たいま、ここで、ゲーテ、シラー、ニーチェとシュタイナーの思想的関係を整理しておくことにする。序論において示した図をもとに、各々の関係をまとめる。

(一) ゲーテへの眼差し

ゲーテは生涯にわたってシュタイナーの伴走者であった。ゲーテ自然科学研究から出発したシュタイナーは、転回期を経て、霊的指導者時代に至っても、絶えずゲーテを顧慮し続けた。ゲーテ的自然認識を基盤に据えることにより、現象界の内に超感覚的世界の原理を見出す方法を発見したシュタイナーは、あくまで人智学を自然科学から出発させたのであった。初期のシュタイナーはゲーテ自身によっては果されなかった課題に取り組んだ。ゲーテは、自然科学について数多くの重要な研究をのこしたが、「直観」に基づく自らの認識について、それ自体を考察の対象に据えることはなかった。ゲーテにとって「直観」的認識はあまりにも自明のものであったため、それ自体が対象化されることはなかったのである。この意味において、ゲーテはシュタイナーを満足させることができなかった。シュタイナーは、ゲーテ自身によっては果たされなかった問題、すなわち「ゲーテの認識論」を論ずることを自らの課題として引き受けたのである。

そして、転回期を経て、シュタイナーは、ゲーテ自然科学研究にあきたらず、ゲーテ文学を彼独自の観点から読み解いてゆくこととなる。そして、ゲーテ自然科学研究からゲーテ文学研究へ、という歩みは、シュタイナーの中心的課題が「自然認識」の問題から「自己認識」の問題へと移行する過程とパラレルであった。シュタイナーはゲーテ文学の内に高度に人智学的な問題が描かれていることを読み取り、ゲーテ文学を真に人智学的なテクストと位置づけたのである。

(二) シラーへの眼差し

本論文中で何度も強調した通り、シラーの『美的書簡』は、シュタイナーにとって、自らの思想的基盤を確立する上で、確固たる足場をあたえるものであった。第一にそれは、彼のゲーテ理解を格段に深化させた。シュ

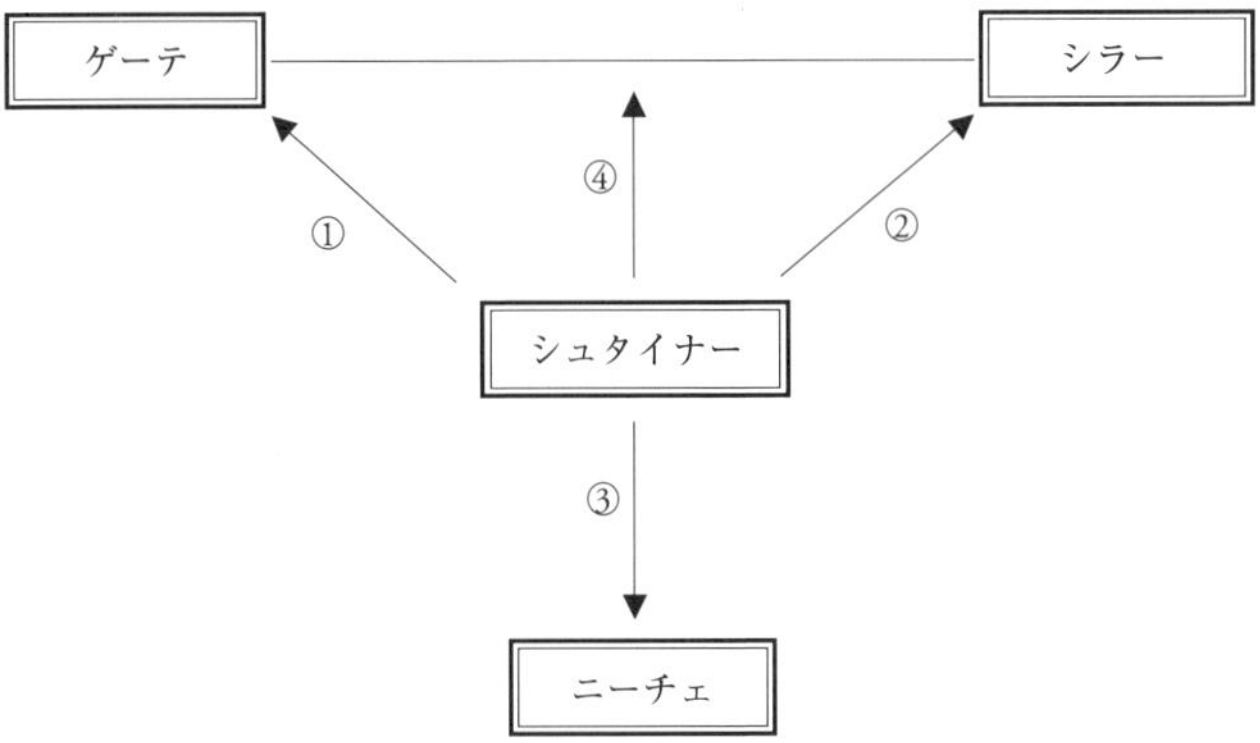

タイナーにとってシラーはゲーテの本質を誰よりも見抜いた存在だったのであり、ゲーテ理解のための補助線としてシラーの構図は常に彼の念頭にあり続けた。そしてゲーテ的自然認識を人間の自己認識の場面に応用する際にもシラー的図式が参照された。

また、ゲーテ理解のための補助線という副次的意味のみに留まることなく、『美的書簡』の構図はシュタイナーが自身の教育理論を打ち立ててゆくに当たって常に理想像となっていた。とりわけ、シュタイナーが人間形成における最重要課題とみなした「自由」獲得の問題は、シラー的構図に依拠しつつ打ち立てられているのであった。すなわち、「自由への教育」を標榜する「シュタイナー教育」が目指す当の「自由」の原風景を、シラー哲学の図式の内に見出すことが可能なのである。

だが、その一方でシュタイナーにとって、シラー的図式は、現実の心的生活を把捉するためにはあまりにも単純すぎるように感じられた。シラー的構図がもし､単なる静的図式として把握されるならば､それは『美的書簡』の亡骸を相手にしているに等しい。

そこで、シュタイナーにとってシラー的構図は、ゲーテ的世界観を対置することではじめて生きて躍動するものとなりえたのである。

(三) ニーチェへの眼差し

シュタイナーは、ニーチェの「超人」思想の内に、自身の「自由の哲学」との親和性を見てとった。シュタイナー＝ニーチェは、共に「自由」へと至るためにまずもって彼を外的に規制する「世界」を喪失する必要性を訴えた。注意すべきは、シュタイナー＝ニーチェにとって「世界の喪失」は、決して厭世主義、現実からの逃避を意味しないという点である。それは真の現実を肯定するために不可欠の一過程として位置づけられる。すなわち、「世界」からの離反は、「世界」とより深く関わるための一時的否定にすぎないのだ。

そして「自由」は、人間が自分の内側に行為の理由を持ち、いかなる外的な力にも屈服しない場合にのみ実現される。「背面世界」からの外的要請に支配されていては、決して「自由」は達成されない。「背面世界」という架空の原理によって人間のあらゆる行動が規制されていることが問題なのであり、行為の動機を自らの内に見出すことが「自由」獲得のための必須命題である。「自由」をめぐってシュタイナーとニーチェは、同一の思想的傾向性を有していた。

だが、シュタイナーから見るとニーチェには、「自己認識」という契機が欠けているように感じられた。ニーチェのディオニュソス的人間は、因習の奴隷でなくとも、自分自身の本能の奴隷であると断罪されかねない。そうした危険を回避するために、シュタイナーは自己の根本的動機を「直観」を通じて意識化する必要があると考えたのである。彼はニーチェ思想の不備を指摘し、ゲーテ的認識論をそれに補完する形で、『自由の哲学』を執筆するに至った。

(四) ゲーテ＝シラーへの眼差し

シュタイナーにとって、ゲーテとシラーを複眼的に捉えるという視点が最も理想的な観点であった。人間形成のダイナミズムを描き出すに当たって、シュタイナーにとって哲学的叙述方法は最適ではなかった。彼は「個」の内に「普遍」を見出す文学的叙述形式を重んじたのである。シュタイナーにとって具象的で躍動的な文学的表現は抽象的議論より下位に置かれるものではなかった。「具体的普遍」を表す文学的叙述によってこそ、人間形成の生きた諸相を捉えることができると考えていたのである。

しかしながら、だからといってシュタイナーは哲学的議論を捨て去ったわけではなかった。シラー哲学の構図を常にゲーテ文学に対置させていた（複眼的視点）ように、彼は具体的イメージへと還流されることなき単なる「亡骸」としての抽象を捨て去ったのである。

したがって、シュタイナー思想を理解しようとすれば、具象と抽象は常に並置されねばならない。文学的象徴性・具象性に即し、個々の具体的場面に配視しつつ、絶えず哲学的構図へと戻っていくこと。そして哲学的構図を具体的イメージへと還流させてゆくという、逆の作業を常に見据えること。両ベクトルが表裏をなし、循環的に作動し続けることをシュタイナーは是とした。すなわち、具象と抽象は不可分のもので、両者は常に同時に把握されるべきである。かくして、シュタイナーは両者を同時に睨むことにより、生の躍動を保存し、かつそれを体系的に叙述するという方途を発見したのであった。

個別性・具体性を損なうことなく、それを根底で支える構図を同時に見据えるということ。特殊かつ普遍。特殊の内に普遍が含まれ、普遍化することで特殊性が失われないというこうした稀有な事例が、ゲーテ・シラーを「合わせ鏡」とする視点である。「自由」獲得に向けた人間形成論を論ずる際には、体系化された図式のみを持ち出すだけでは極めて不十分である。形骸化した図式（亡骸）に依拠することは、シュタイナーが最も忌み嫌ったことである。シラー的構図は常に躍動するゲーテ的世界観へと還流させることではじめて意味を持つ。そして転回期に示されたこの特殊な関係こそが、シュタイナー人間形成論の全体を支える基本形となるのである。

ゲーテ＝シラーを同時に視野に入れることにより、シュタイナーは「自由」獲得の問題を「生ける形態」として動的に描き出すことに成功したのであった。

三思想家とシュタイナーの関係は、以上のようにまとめられる。

五　人智学的人間形成論

先に述べたように、シュタイナーは三つのヴェールをとることを目指した。そして、それらのヴェールのうち、特に彼の人間形成論において目指されていたことは、「高次の自己」にかけられたヴェールをとることであった。人間形成論の観点から見た場合、第一、第二のヴェール（「秘教にかけられたヴェール」と「外的世界（感覚界）にかけられたヴェール」）の開示は、第三のヴェール（「高次の自己」にかけられたヴェール）をとるための布石といえる。シュタイナーにとって、人類全体を「自由」へと導くことが至上命令だったのである。

彼は主著の一つ『いかにして超感覚的世界の認識を獲得するか』において次のように述べる。「事実、すべての人間はその（いわば）日常の人間の他に、高次の人間をもその内部に担っている。高次の人間は目覚めさせられるまではいくらでも隠れたままでいる。この高次の人間を目覚めさせるには、各人が自分の力に頼るしかない[32]」。

このヴェールをとることなしにわれわれは自由を獲得できない。ヴェールは自然に取り去られるものではないのだ。したがって、シュタイナー人間形成論の最重要課題は直観的認識を通じて高次の人間を「目覚めさせること」にあった。

そして、こうした課題を掲げたシュタイナーの目に、三思想家は次のように映った。ゲーテは生まれながらにして「高次の人間」として生きる術を心得ていた。だが、「高次の人間」として既に生きてしまっているゲーテは、あえて自らの在りようを対象化し、理論化することはなかった。ニーチェは、「超人」(「高次の人間」)として生きることを説き続けた。この点はシュタイナーの「自由」の哲学と一致していた。だが、ニーチェは「高次の人間」の意識化を図らなかった。そしてシュタイナーにとって、シラーこそが、こうした人間形成論的問題を哲学的に適切に叙述していると思われた。

「低次の自己」と「高次の自己」。二元論から出発するシュタイナーの人間形成論は、後者にかけられた覆いをとることを目指し、最終的には一元論に辿りつく。シュタイナーは自身の「自由」の哲学を一元論と呼んだ。だが、それは、シラー的一元論、すなわち二元(二円)を循環することで、二世界の架橋が果たされるという意味での一元論である。この意味においてシラー美的教育論があたえる構図は、シュタイナー人間形成論の理論的支柱といえるのであった。

両世界の架橋が達成され、感覚的世界が超感覚的世界の原理に満たされるならば、もはや両者の区別はなくなる。両世界に調和がもたらされ、必然性が世界の隅々にまで行き渡る。二世界の「自由」な往来が果たされた、こうしたシラー的二元循環状態の内にシュタイナーは「自由」の達成を見てとったのである。[33]

本研究では三思想家とシュタイナーの関係に焦点を絞り、一貫して、その思想圏内に踏み留まった。[34] こうした限定的方法を採用することで、広大無辺な人智学的人間形成論の、その骨子(シラー的二元循環図式)を抽出することができた(また、シュタイナー人間形成論における「自由」の構図の要点は、本書第十章第七節にまとめた通りである）。

そして本書で抽出した基本構図が、人智学へのさらなる接近を果たすために（換言するならば、冒頭で記したあの「実践と思想の乖離状況」の橋渡しをするために）必要な足場となる。[35] 本書の成果はそうした思想的足場を獲得し得たことにあるといえる。

今後、「乖離状況」の橋渡しを進めるためには、人智学の「開放」的側面に眼を向けたさらなる研究が必要とされる。シュタイナー思想の解明に向けて、さまざまな角度からいくつもの足場を築いてゆくことが求められるのだ。人智学へのそうしたアプローチは容易ではなく、慎重な態度と戦略が求められる。けれども、目下、シュタイナー研究において求められるのは、彼の開放的側面を救い出す、そうした地道な作業なのではあるまいか。

註

（1）Schiller 1965, SS. 169–172＝一九五九、七—八頁。
（2）Wilson 2005, p. 9＝一九九四、九頁。
（3）バーデヴィーン他 一九九〇、五〇頁。
（4）Steiner 2005d, S. 7 ＝一九九八、九—一〇頁。
（5）*Ibid.*, S. 13＝同書、一六頁。
（6）*Ibid.*, S. 12＝同書、一五頁。
（7）一概に「グノーシス」といってもその概念規定は極めて困難である。一九六六年、イタリアのメッシーナでグノーシス主義研究の学会が開催され、次のような概念規定が行われた。「「グノーシス主義」は、（1）超宇宙的な神的領域を可視的物質的宇宙と存在論的に対立させる反宇宙的二元論、（2）超宇宙的な神的本質と人間に内在する本来的自己の間の同質性、および、(3)この同質性の覚知をもたらす啓示、の三つを本質的な構成要素とする。「グノーシス」という概念は救済の不可欠条件としてのこの覚知を特定的に指して用いられる。かつ、この提案に言う「グノーシス主義」と「グノーシス」はいずれも価値判断を含まない純粋に記述用の概念であって、時間的・空間的にも、後二―三世紀の地中海世界東部から中近東に集中的に出現したグノーシス主義にだけ限定されるものではなく、原理的には、一定の条件さえ整えば、それ以前にも以後にも、他のどのような地域においても、生成し得るものだと定義された」。だが、このメッシーナ提案後も、グノーシスの概念規定についての議論は続き、この提案の妥当性に対する批判も絶えないのだという。[大貫 二〇〇一、四―五頁]

(8) 深澤 二〇〇一、三一七頁。

(9) 村上 二〇〇一、二四一頁。

(10) シュタイナー自身は、こうした「ヨーロッパの陰の精神史」をいかに捉えていたか。「グノーシス主義はキリスト教―特にカトリック―と並ぶヨーロッパの一大精神運動であるが、ただしキリスト教からの強い弾圧を受けたために、その運動は地下に潜行し、カタリ派、薔薇十字団、フリーメイスンらの運動となって時々歴史の表舞台に姿を現しはしたものの、大部分の運動は地下で秘密裡に受け継がれてきた」[高橋 二〇〇一、三一八頁]と考えていた。

(11) 村上 二〇〇一、二四二―二四三頁。

(12) スコペロ 一九九七、一六頁。

(13) 小杉 二〇〇〇、七三―七四頁。

(14) 同書、七五頁。

(15) シュタイナー自身、「人智学の諸々の発見が、「心霊の」とか「心霊的な」とか誤って称されている異常体験と同等視される時、その議論は一様に人智学が実際に主張しているものに対する誤解や、不充分な知識に基づいている」と述べ、人智学への偏見に対して不満をあらわにしている。[Steiner 1983b, S. 14 = 一九七七、六七頁]

(16) 小杉 二〇〇〇、八六頁。

(17) 西平 二〇〇三、一一〇頁。

(18) なお、これと関連して北原が『メールヒェン』をフリーメーソン的に解釈する試みについて取り上げ、分析を試みている。[北原 二〇〇五]
(19) 新田 一九八三、七二―七三頁。
(20) 同書、七三頁。
(21) Wehr 1972, S. 19＝一九八二、二七頁。
(22) 浅田 一九七八。
(23) Becker&Schreiner 1985, S. 7＝一九八二、八頁。
(24) 深澤 二〇〇一、三一八頁。
(25) Wehr 1972, S. 96＝一九八二、一六三頁。
(26) Roszak 1976, pp. 125–126＝一九九五、一六六頁。
(27) 深澤 二〇〇一、三一三頁。
(28) Wehr 1972, S. 224＝一九八二、三八一頁。
(29) Shepherd 1983, p. 69＝一九九八、九一頁。
(30) シュタイナー思想と他の神秘主義思想の相違について、シェパードは次のように述べている。「霊的な実在にたいして関心をもっているという点では両者は同じだったが、研究方法という点では、神秘家たちはシュタイナーとは正反対の立場をとっていた。ほとんどの神秘家は思考を霊に対立するものと見なし、霊的体験への道ではないと考えていた。そのかわりに感情という道を採り、内的な体験の中だけに霊的実在を求めた。シュタイナーは明晰な思考によって矯正されなければ、内的な体験は主観的ないしは病的になりやすいことを知っていた」。[*Ibid.*, p. 47＝同書、六一頁]
(31) Steiner 1982c, SS. 98–99＝一九八七、一〇六頁、一部改訳。
(32) Steiner 2005c, S. 28＝二〇〇一、四一―四二頁。
(33) ここまでくればあらためて強調するまでもないが、シュタイナー教育は（しばしば誤解されるような）「自由放任」

を是とする教育ではありえない。シュタイナーの「自由」は自己本位・自由奔放とは相容れない。そこでは「自由」獲得という厳粛な課題が掲げられ、「自由」への孤独な道程を歩む者への繊細な配慮が教育実践を満たしている。

（34）本書で示した構図は「自由への教育」を掲げるシュタイナー教育を根底で支えているといえる。たとえば、シュタイナーは、教育について論ずる際、至るところで人間の自己認識の必要性を訴えている。ある箇所では、「教育という芸術は、真の人間認識を基盤としなければ成立し得ないものである」[Steiner 1977, S. 18 = 一九八六、一二頁]とし、他の箇所では「真の教育芸術の基礎は、たとえば「すべての素質や能力の調和的育成」といったような一般的な言い方ではなく、人間本性の真の認識の上に立ってこそ、初めて打ち立てられうるのである」[Steiner 2009, S. 27 = 二〇〇三、三三—三四頁、一部改訳]と述べる。つまり、シュタイナーの教育芸術の根幹に「自己認識」の問題が常に見据えられていたといえるのだ。人智学的人間形成論の基本構図（二元循環的構図）は、「生ける形態」として、シュタイナー教育の個々の実践の内に生きて作動している。二元循環的構図は、通奏低音としてシュタイナー教育の諸々の実践の中で絶えず鳴り響いているといえる。

（35）本書では、あくまでゲーテ、シラー、ニーチェの形成する思想圏に留まり、「自由」の問題を検討した。だが、カントやフィヒテとの関連から読み解くならば、シュタイナーの「自由」の哲学は本書での道筋とは別様に描き出されるだろう。そうして描き出されるシュタイナーの「自由」の理念圏は本書で明らかにした問題といかに関連するのだろうか。そして、その理念は霊的指導者となって以降の思想へといかに受け継がれてゆくこととなったのだろうか。こうした問題の検討は今後の重要な課題となる。さらに、フィヒテとシュタイナーの思想的連関を読み解く試みは、ドイツ観念論とシュタイナーの関係を読み解く作業へと続いていく。（なお、シュタイナーとドイツ観念論の関係については、衛藤が検討を試みている。[衛藤 一九九八]）そしてフィヒテ、シェリング、ヘーゲルは、グノーシス的傾向を持っていることが指摘される（山脇は「実際、この三者の思想を「キリスト教グノーシス」と呼んでも、決して過言ではない」と述べる。[山脇 二〇〇一、二〇三頁]）先に見た通り、シュタイナー思想も、しばしばグノーシスとの類縁性が指摘されていた。人智学はドイツ観念論的思潮といかなる内的連関を有するのだろうか。この点も本研究からの発展的課題となる。また、本書ではあくまでシュタイナーの「開放的」側面にのみ光を当てて考察を試みてきたがゆえに、はじめから考察の対象圏外に置かれた思想家たちとの関係も視野に入れるべきである。すなわち、シュタイナーがしばしば取り上げるドイツ神秘主義思想家たち（ニコラス・クザーヌス、マイスター・エックハルト、パラケルスス、ヤコブ・ベーメ、ジョルダーノ・ブルーノら）の思想との連関である。本書を通じて描き出した「開放型」の人智学的図式とそれらの思想がいかに関連するか、開放的側面と秘教的側面の連関を読み解く上で、こうした問題についても検討が必要になる。本研究は、以上の課題を未解決のまま残しているのであり、こうした問題を視野に入れることで深化されねばならない。

引用文献

［シュタイナーの著作・講演集］

※シュタイナーの主要著作については、［　］内に初出年を記した。

Steiner, R. 1960 [1900–1901]: *Die Mystik im Aufgange des neuzeitlichen Geisteslebens und ihr Verhältnis zur modernen Weltanschauung*, Rudolf Steiner Verlag, Dornach.

Steiner, R. 1961 [1919]: *Die Kernpunkte der sozialen Frage in den Lebensnotwendigkeiten der Gegenwart und Zukunft*, Rudolf Steiner Verlag, Dornach. =二〇一〇：高橋巖訳『シュタイナー　社会問題の核心』、春秋社。

Steiner, R. 1963 [1895]: *Friedrich Nietzsche, ein Kämpfer gegen seine Zeit: erweitert um drei Aufsätze über Friedrich Nietzsche aus dem Jahre 1900 und um ein Kapitel aus ≪Mein Lebensgang≫*, Verlag der Rudolf Steiner-Nachlassverwaltung, Dornach.
=一九八一：樋口純明訳『ニーチェ―同時代との闘争者』、人智学出版社。
=二〇〇八：西川隆範訳『ニーチェ―同時代への闘争者』、アルテ。
※シュタイナー『ニーチェ』の引用に際しては、樋口訳と西川訳、二種類の翻訳を参照させていただいた。

Steiner, R. 1965a [1906]: Theosophie in Deutschland vor hundert Jahren, In: *Philosophie und Anthroposophie: gesammelte Aufsätze, 1904–1918*, Rudolf Steiner Verlag, Dornach.

Steiner, R. 1965b [1905]: Die Okkulte Grundlage in Goethes Schaffen, In: *Philosophie und Anthroposophie*, Rudolf Steiner Verlag, Dornach.

Steiner, R. 1977: *Aspekte der Waldorf-Paedagogik: Beitraege zur anthroposophischen Erziehungspraxis*, Kindler Verlag, München. =一九八六：新田義之訳『教育と芸術』、人智学出版社。

Steiner, R. 1980 [1892]: *Wahrheit und Wissenschaft Vorspiel einer 《Philosophie der Freiheit》*, Rudolf Steiner Verlag, Dornach.
Steiner, R. 1981a [1919]: *Soziale Zukunft Sechs öffentliche Vorträge, gehalten in Zürich 1919*, Rudolf Steiner Verlag, Dornach. = 二〇〇九：高橋巖訳『社会の未来　シュタイナー一九一九年の講演録』、春秋社。
Steiner, R. 1981b [1910–1916]: *Faust, der sterbende Mensch Geisteswissenschaftliche Erläuterungen zu Goethes 《Faust》 Band I*, Rudolf Steiner Verlag, Dornach.
Steiner, R. 1981c [1916–1919]: *Das Faust-Problem Die romantische und die klassische Walpurgisnacht Geisteswissenschaftliche Erläuterungen zu Goethes 《Faust》 Band II*, Rudolf Steiner Verlag, Dornach.
Steiner, R. 1982a [1900]: Goethe-Studien. Moral und Christentum, In: *Goethe-Studien Schriften und Aufsätze 1884–1901*, Rudolf Steiner Verlag, Dornach.
Steiner, R. 1982b [1889]: Goethe als Vater einer neuen Ästhetik, In: *Goethe-Studien Schriften und Aufsätze 1884–1901*, Rudolf Steiner Verlag, Dornach. = 二〇〇四：高橋巖訳「新しい美学の父ゲーテ」、『シュタイナーコレクション7　芸術の贈りもの』、筑摩書房。
Steiner, R. 1982c [1909]: *Der Orient im Lichte des Okzidents: Die Kinder des Luzifer und die Bruder Christi*, Rudolf Steiner Verlag, Dornach. = 一九八七：西川隆範訳『西洋の光の中の東洋』、創林社。
Steiner, R. 1983a [1906]: Blut ist ein ganz besonderer Saft, In: *Die Erkenntnis des Übersinnlichen in unserer Zeit und deren Bedeutung für das heutige Leben: dreizehn öffentliche Vorträge, gehalten zwischen dem 11. Oktober 1906 und dem 26. April 1907 im Architektenhaus zu Berlin*, Rudolf Steiner Verlag, Dornach.
Steiner, R. 1983b [1917]: *Von Seelenrätseln*, Rudolf Steiner Verlag, Dornach. = 一九七七：深澤英隆・新納宏訳「人間学と人智学　魂の謎I」、『現代神秘学』第三号、人智学研究会。
Steiner, R. 1985a [1905]: Schiller und die Gegenwart, *Ursprung und Ziel des Menschen Grundbegriffe der Geisteswissenschaft*, Rudolf Steiner Verlag, Dornach.
Steiner, R. 1985b [1904]: Friedrich Nietzsche im Lichte der Geisteswissenschaft, In: *Ursprung und Ziel des Menschen Grundbegriffe*

der Geisteswissenschaft, Rudolf Steiner Verlag, Dornach. = 二〇〇八：西川隆範訳「精神科学の光に照らしたニーチェ（I）」『ニーチェ―同時代への闘争者』、アルテ。
Steiner, R. 1985c [1914]: *Die Rätsel der Philosophie in ihrer Geschichte als Umriss dargestellt*, Rudolf Steiner Verlag, Dornach. = 二〇〇四：山田明紀訳『哲学の謎』、水声社。
Steiner, R. 1985d: *Briefe I 1881–1890*, Rudolf Steiner Verlag, Dornach.
Steiner, R. 1986a [1909]: Nietzsche im Lichte der Geisteswissenschaft, In: *Wo und wie findet man den Geist?*, Rudolf Steiner Verlag, Dornach.
Steiner, R. 1986b [1909]: Die Rätsel in Goethes ≪Faust≫—exoterisch, In: *Wo und wie findet man den Geist?*, Rudolf Steiner Verlag, Dornach.
Steiner, R. 1986c [1909]: Die Rätsel in Goethes ≪Faust≫—esoterisch, In: *Wo und wie findet man den Geist?*, Rudolf Steiner Verlag, Dornach.
= 二〇〇九：西川範訳隆「ファウストの謎―秘教的」、『ゲーテ　精神世の先駆者』所収、アルテ。
Steiner, R. 1987: *Briefe* Ⅱ *1890–1925*, Rudolf Steiner Verlag, Dornach.
Steiner, R. 1989a [1902]: *Das Christentum als mystische Tatsache und die Mysterien des Altertums*, Rudolf Steiner Verlag, Dornach. = 二〇〇三：西川隆範訳『神秘的事実としてのキリスト教と古代の秘儀』、アルテ。
Steiner, R. 1989b [1892]: Nietzscheanismus, In: *Gesammelte Aufsätze zur Kultur- und Zeitgeschichte 1887–1901*, Rudolf Steiner Verlag, Dornach.
Steiner, R. 1989c [1892]: Friedrich Nietzsche ≪Also sprach Zarathustra≫, Ⅳ. Teil Jüngste Publikation aus Nietzsches Nachlass, In: *Gesammelte Aufsätze zur Kultur- und Zeitgeschichte 1887–1901*, Rudolf Steiner Verlag, Dornach.
Steiner, R. 1989d [1900]: Kurzer Auszug aus einem Vortrag Über F. Nietzsche, In: *Gesammelte Aufsätze zur Kultur- und Zeitgeschichte 1887–1901*, Rudolf Steiner Verlag, Dornach.
Steiner, R. 1989e [1900]: Friedrich Nietzsche als Dichter der modernen Weltanschauung, In: *Gesammelte Aufsätze zur Kultur- und*

Zeitgeschichte 1887–1901, Rudolf Steiner Verlag, Dornach.

Steiner, R. 1989f [1902]: Goethes Faust als Bild seiner esoterischen Weltanschauung, In: *Goethes Geistesart in ihrer Offenbarung durch seinen Faust und durch das Märchen von der Schlange und der Lilie*, Rudolf Steiner Verlag, Dornach.

Steiner, R. 1989g [1918]: Goethes Geistesart in ihrer Offenbarung durch seinen Faust, In: *Goethes Geistesart in ihrer Offenbarung durch seinen Faust und durch das Märchen von der Schlange und der Lilie*, Rudolf Steiner Verlag, Dornach.

Steiner, R. 1990a: *Freud, Jung, & Spiritual Psychology*, by Robert J. Sardello, Anthroposophic Press, USA. = 一九九五：冥王まさ子・西川隆範訳『魂の隠れた深み』、河出書房新社。

Steiner, R. 1990b [1905]: *Aus der Akasha-Chronik*, Rudolf Steiner Verlag, Dornach. = 一九八一：高橋巖訳『アカシャ年代記より』、国書刊行会。

Steiner, R. 1991 [1906]: *Vor dem Tore der Theosophie*, Rudolf Steiner Verlag, Dornach. = 一九九一：西川隆範訳『神智学の門前にて』、イザラ書房。

Steiner, R. 1993 [1918]: Goethe als Vater der Geistesforschung, In: *Das Ewige in der Menschenseele Unterblichkeit und Freiheit*, Dornach, Rudolf Steiner Verlag. = 二〇〇九：西川隆範訳『ゲーテ―精神世界の先駆者』、アルテ。

Steiner, R. 1999a [1908]: Goethes geheime Offenbarung exoterisch, In: *Goethes geheime Offenbarung in seinem Märchen von der grünen Schlange und der schönen Lilie*, Rudolf Steiner Verlag, Dornach. = 二〇〇三：鈴木一博訳「ゲーテの秘めやかなしるし」、『月刊アントロポゾフィー』第三三号、日本アントロポゾフィー協会。

Steiner, R. 1999b [1886]: *Grundlinien einer Erkenntnistheorie der Goetheschen Weltanschauung mit besonderer Rücksicht auf Schiller*, Rudolf Steiner Verlag, Dornach. = 一九九一：浅田豊訳『ゲーテ的世界観の認識論要綱』、筑摩書房。

Steiner, R. 1999c [1918]: Goethes Geistesart in ihrer Offenbarung durch sein ≪Märchen von der grünen Schlange und der Lilie≫, In: *Goethes geheime Offenbarung in seinem Märchen von der grünen Schlange und der schönen Lilie*, Rudolf Steiner Verlag, Dornach. = 一九八三：新田義之訳『「緑の蛇と百合姫のメールヒェン」に開示されたゲーテの精神』、人智学出版社。

Steiner, R. 1999d [1899]: Goethes geheime Offenbarung, In: *Goethes geheime Offenbarung in seinem Märchen von der grünen Schlange und der schönen Lilie*, Rudolf Steiner Verlag, Dornach.

Steiner, R. 1999e [1905]: Goethes geheime Offenbarung. Das Märchen von der grünen Schlange und der schönen Lilie, In: *Goethes geheime Offenbarung in seinem Märchen von der grünen Schlange und der schönen Lilie*, Rudolf Steiner Verlag, Dornach. =二〇〇九：西川隆範訳「ゲーテの秘密の啓示―緑蛇と百合姫のメルヘン（一）」、『ゲーテ　精神世界の先駆者』所収、アルテ。

Steiner, R. 1999f [1897]: *Goethes Weltanschauung*, Rudolf Steiner Verlag, Dornach. =一九九五：溝井高志訳『ゲーテの世界観』、晃洋書房。

Steiner, R. 1999g [1904]: Das ≪Märchen von der grünen Schlange und der schönen Lilie≫von Goethe interner Vortrag Köln, 27. November 1904, In: *Goethes geheime Offenbarung in seinem Märchen von der grünen Schlange und der schönen Lilie*, Rudolf Steiner Verlag, Dornach.

Steiner, R. 1999h [1904]: Goethes≪Märchen von der grünen Schlange und der schönen Lilie≫, In: *Goethes geheime Offenbarung in seinem Märchen von der grünen Schlange und der schönen Lilie*, Rudolf Steiner Verlag, Dornach.

Steiner, R. 2000 [1923–1925]: *Mein Lebensgang: eine nicht vollendete Autobiographie; mit einem Nachwort hrsg. von Marie Steiner (1925)*, Rudolf Steiner Verlag, Dornach.

=一九八二：伊藤勉・中村康二訳『シュタイナー自伝　I』、人智学出版社。

=一九八三：伊藤勉・中村康二訳『シュタイナー自伝　II』、人智学出版社。

=二〇〇八：西川隆範訳『シュタイナー自伝　上　一八六一―一八九四』、アルテ。

=二〇〇九：西川隆範訳『シュタイナー自伝　下　一八九二―一九一三』、アルテ。

※シュタイナー『自伝』の引用に際しては、伊藤・中村訳と西川訳、二種類の翻訳を参照させていただいた。

Steiner, R. 2002 [1923]: Anthroposophie und Kunst, In: *Das Künstlerische in seiner Weltmission: der Genius der Sprache: die Welt des sich offenbarenden strahlenden Scheines: Anthroposophie und Kunst: Anthroposophie und Dichtung: sechs Vorträge, gehalten in Dornach vom 27. Mai bis 9. Juni 1923: zwei Vorträge, gehalten in Kristiania (Oslo) am 18. und 20. Mai 1923*, Rudolf Steiner Verlag, Dornach.

Steiner, R. 2005a [1894]: *Die Philosophie der Freiheit,* Rudolf Steiner Verlag, Dornach.
＝二〇〇二：高橋巖訳『自由の哲学』、筑摩書房。
＝一九八一：本間英世訳『自由の哲学』、人智学出版社。
※シュタイナー『自由の哲学』の引用に際しては、高橋訳と本間訳、二種類の翻訳を参照させていただいた。

Steiner, R. 2005b [1904]: *Theosophie Einführung in übersinnliche Welterkenntnis und Menschenbestimmung,* Rudolf Steiner Verlag, Dornach. ＝二〇〇〇：高橋巖訳『神智学』、筑摩書房。

Steiner, R. 2005c [1905]: *Wie erlangt man Erkenntnisse der höheren Welten?* Rudolf Steiner Verlag, Dornach. ＝二〇〇一：高橋巖訳『いかにして超感覚的世界の認識を獲得するか』、筑摩書房。

Steiner, R. 2005d [1910]: *Die Geheimwissenschaft im Umriss,* Rudolf Steiner Verlag, Dornach. ＝一九九八：高橋巖訳『神秘学概論』、筑摩書房。

Steiner, R. 2005e [1919]: *Erziehungskunst, Methodisches-Didaktisches,* Rudolf Steiner Verlag, Dornach. ＝一九八五：高橋巖訳『教育芸術1　方法論と教授法』、創林社。

シュタイナー、R 二〇〇八［一九一六］：西川隆範編訳『職業のカルマと未来』、風濤社。

Steiner, R. 2009 [1907]: *Die Erziehung des Kindes/Die Methodik des Lehrens,* Rudolf Steiner Verlag, Dornach. ＝二〇〇三：高橋巖訳「霊学の観点から見た子どもの教育」、『シュタイナーコレクション1　子どもの教育』、筑摩書房。

［シュタイナーの著作・講演集以外の文献］

Adorno, T. 1972: Ästhetische Theorie, In: *Gesammelte Schriften,* Bd. 7, Suhrkamp, Frankfurt am Main.

Allen, P. M. & Allen, J. D. 1995: *The Time Is at Hand!: The Rosicrucian Nature of Goethe's Fairy Tale of the Green Snake and the Beautiful Lily and the Mystery Dramas of Rudolf Steiner,* Rudolf Steiner Pr, USA.

バーデヴィーン、J他　一九九〇：笠利和彦訳『シュタイナー教育―その実体と背景―』、グロリヤ出版。

Becker, K. E. & Schreiner, H. P. (Hrsg.) 1985: *Anthroposophie heute*, Fischer-Taschenbuch-Verlag, Frankfurt am Main. = 一九八二：新田義之・新田貴代訳『人智学の現況―シュタイナー教育から《緑の党》まで』、人智学出版社。
ベルクソン、H　二〇〇〇：合田正人・谷口博史訳『ベルクソン講義録　Ⅱ　美学講義　道徳学・心理学・形而上学講義』、法政大学出版局。
ビルショフスキ、A　一九九六：高橋義孝・佐藤正樹訳『ゲーテ―その生涯と作品』、岩波書店。
Bock, E. 2008: *The Life and Times of Rudolf Steiner Vol. 1. People and Places*, Floris Books, Edinburgh.
Bock, E. 2009: *The Life and Times of Rudolf Steiner Vol. 2. Origin and Growth of his Insights*, Floris Books, Edinburgh.
Bruegge, P. 1984: *Die Anthroposophen*, Rowohlt, Reinbek. = 一九八六：子安美知子・クリストリープ・ヨープスト訳『シュタイナーの学校・銀行・病院・農場　アントロポゾフィーとは何か?』、学陽書房。
Carlgren, F. 1975: *Rudolf Steiner und die Anthroposophie*, Philosophisch-Anthroposophischer Verlag, Dornach. = 一九九二：高橋明男訳『ルドルフ・シュタイナーと人智学』、水声社。
Carlgren, F. 1977: *Erziehung zur Freiheit*, Freies Geistesleben, Stuttgart. = 一九九二：高橋巖・高橋弘子訳『自由への教育　ルドルフ・シュタイナーの教育思想とシュタイナー幼稚園、学校の実践の記録と報告』、ルドルフ・シュタイナー研究所。
Cassirer, E. 1961: *Freiheit und Form, Studien zur deutschen Geistesgeschichte*, Wissenschaftliche Buchgesellschaft, Darmstadt.
Childs, G. 1991: Steiner Education in Theory and Practice, Floris Book, Edinburgh. = 一九九七：渡辺穣司訳『シュタイナー教育　その理論と実践』、イザラ書房。
Clouder, C. & Rawson, M. 1998: *Waldorf Education*, Floris Book, Edinburgh. = 二〇〇八：遠藤孝夫訳『シュタイナー教育』、イザラ書房。
Danner, H., Müller, O., Müller-Wieland, M., Wehr, G 1985: *Zum Menschen erziehen: Pestalozzi, Steiner, Buber*, Verlag Moritz Diesterweg, Frankfurt am Main.
Dewey, J. 1934: *Art as experience*. Minton, Balch & Company, New York. = 一九六九：鈴木康司訳『芸術論―経験としての芸

術』、春秋社。
Dietz, K. M. (Hrsg.) 1994: *Rudolf Steiners <Philosophie der Freiheit> Eine Menschenkunde des höheren Selbst*, Verlag Freies Geistesleben, Stuttgart.
Dilthey, W. 2006: Dichter als Seher der Menschheit: die geplante Sammlung literarhistorischer Aufsatze von 1895, In: *Wilhelm Dilthey Gesammelte Schriften*, Bd. 25., Vandenhoeck&Ruprecht, Göttingen. = 一九四七：山西英一訳『シルレル論』、河出書房。
Düsing, W. 1981: *Friedrich Schiller. Über die ästhetische Erziehung des Menschen in einer Reihe von Briefen. Text, Materialien, Kommentar*, Carl Hanser Verlag, München und Wien.
Eagleton, T. 1990: *The Ideology of the Aesthetic*, Basil Blackwell, Oxford. = 一九九六：鈴木聡・藤巻明・新井潤美・後藤和彦訳『美のイデオロギー』、紀伊国屋書店。
Easton, S. C. 1980: *Rudolf Steiner: Herald of a New Epoch*, Anthroposophic Press, New York.
Eckermann, J. 1948: *Gespräche mit Goethe*, Artemis Verlag, Zürich und Stuttgart.
= 一九六八 a：山下肇訳『ゲーテとの対話（上）』、岩波書店。
= 一九六八 b：山下肇訳『ゲーテとの対話（中）』、岩波書店。
Eckerman, J. P. 1949: Gespräche mit Goethe in den letzten Jahren seines Lebens, Altemis Verlag, Zürich und München. = 一九六八：山下肇訳『ゲーテとの対話（上）』、岩波書店。
Edmunds, F. 1990: *From Thinking to Living: The Work of Rudolf Steiner*, Element Books, Dorset. = 二〇〇五：中村正明訳『考えることから、生きることへ』、麗澤大学出版会。
Ellenberger, H. F. 1970: *The Discovery of the Unconscious: the History and Evolution of Dynamic Psychiatry*, Basic Books, New York. = 一九八〇：木村敏・中井久夫監訳『無意識の発見（下）―力動精神医学発達史』、弘文堂。
エラー、H 二〇〇五：鳥山雅代訳『四つの気質と個性のしくみ　シュタイナーの人間観』、トランスビュー。
Emmichoven, F. W. 1961: *Rudolf Steiner*, Verlag Freies Geistesleben, Stuttgart. = 一九八〇：伊藤勉・中村康二訳『ルドルフ・

シュタイナー』、人智学出版社。
Erde, M. 2004：*Die unendliche Geschichte*, Thienemann, Stuttgart. = 一九八二：上田真而子・佐藤真理子訳『はてしない物語』、岩波書店。
エンデ、M 一九九六：丘沢静也訳『M・エンデが読んだ本』、岩波書店。
エンデ、M 一九九八：田村都志夫訳『エンデ全集19　エンデのメモ箱　下』、岩波書店。
Erikson, E. H. 1950: *Childhood and Society*, W. W. Norton & Company, New York.
フェガー、H 二〇〇二：鳥谷部平四郎訳『カントとシラーにおける構想力』、大学教育出版。
Fink, E. 1960: *Nietzsches Philosophie*, Kohlhammer Verlag, Stuttgart.
Freeman, A. 1947: *Goethe & Steiner*, Sheffield Telegraph & Star Ltd, Sheffield.
Freunde der Erziehungskunst Rudolf Steiners e. V. (Hrsg.) 2001: *Waldorf Pädagogik Weltweit*, Berlin. = 二〇〇五：子安美知子・野村道子・鈴木一博監修『世界のシュタイナー学校はいま……』、平凡社。
Freien Pädagogischen Vereinigung Bern (Hrsg.) 1976: *Waldorfpädagogik in öffentlichen Schulen Versuche und Erfahrungen mit der Pädagogik Rudolf Steiners*, Verlag Herder, Freiburg. = 一九八〇：子安美知子監訳『〝授業〟からの脱皮』、晩成書房。
Gadamer, H. G. 1975: *Wahrheit und Methode: Grundzuge einer philosophischen Hermeneutik*, J. C. B. Mohr (Paul Siebeck), Tübingen. = 一九八六：轡田収他訳『真理と方法　I』、法政大学出版局。
Goethe, J. W. 192-?: Schriften über die Natur, Alfred Kröner Verlag, Leipzig. = 一九八〇：木村直司他訳「自然」、『ゲーテ全集　第14巻』、潮出版社。
Goethe, J. W. 1948a: Das Göttliche, In: *Goethes Werke*, Band I, Christian Wegner Verlag, Hamburg. = 一九六〇：片山敏彦他訳「詩集」、『ゲーテ全集　第1巻』、人文書院。
Goethe, J. W. 1948b: Westöstlicher Diwan, In: *Goethes Werke*, Band II, Christian Wegner Verlag, Hamburg. = 一九八〇：松本道介他訳「西東詩集」、『ゲーテ全集第二巻』、潮出版社。
Goethe, J. W. 1949a: *Gedenkausgabe der Werke, Briefe und Gespräche*, Artemis verlag, Zürich und Stuttgart. = 一九八〇：小岸昭他

訳『ゲーテ全集　第一三巻』、潮出版社。
Goethe, J. W. 1949b: Faust, In: *Goethes Werke*, Band Ⅲ, Christian Wegner Verlag, Hamburg.
　＝一九五八ａ：相良守峯訳『ファウスト』第一部、岩波書店。
　＝一九五八ｂ：相良守峯訳『ファウスト』第二部、岩波書店。
Goethe, J. W. 1950a: *Briefwechsel mit Friedrich Schiller*, Artemis Verlag, Zürich und Stuttgart. ＝一九四三：菊池栄一訳『往復書簡　ゲーテとシルレル　上巻』、櫻井書店。
Goethe, J. W. 1950b: *Sämtliche Gedichte Erster Teil: Die Gedichte der Ausgabe letzter Hand*, Artemis Verlag, Zürich und Stuttgart.
Goethe, J. W. 1958: *Faust der tragödie zweiter Teil*, Reclam Verlag, Stuttgart. ＝一九八二：高橋義人編訳・前田富士男訳『自然と象徴―自然科学論集』、冨山房。
Goethe, J. W. 1972: *Faust*, C. H. Beck Verlag, München.
Goethe, J. W. 1974: *Faust Erster Teil*, Insel Verlag, Frankfurt am Main und Leipzig. ＝一九六〇：大山定一訳『ゲーテ全集　第2巻　ファウスト』、人文書院。
Goethe, J. W. 1976: *Hermann und Dorothea*, Insel Verlag, Frankfurt am Main. ＝一九三二：佐藤通次訳『ヘルマンとドロテーア』、岩波書店。
Goethe, J. W. 1979：神品芳夫他訳『ゲーテ全集　第六巻』、潮出版社。
Goethe, J. W. 1981: *Die Leiden des jungen Werther Wilhelm Meisters Lehrjahre*, Insel Verlag, Frankfurt am Main. ＝二〇〇〇：山崎章甫訳『ヴィルヘルム・マイスターの修業時代（中）』、岩波書店。
Goethe, J. W. 2006: *Das Märchen von der grünen Schlange und der schönen Lilie*, Verlag Freies Geistesleben, Stuttgart.
グルネリウス、Ｅ・Ｍ　一九八七：高橋巌・高橋弘子訳『七歳までの人間教育　シュタイナー幼稚園と幼児教育』、ルドルフ・シュタイナー研究所。
Habermas, J. 1985: Exkurs zu Schillers Briefen über die ästhetische Erziehung des Menschen., In: *Der philosophische Diskurs der Moderne*, Suhrkamp, Frankfurt am Main.

Harwood, A. C. 1967: *The Way of a Child: An Introduction to the Work of Rudolf Steiner for Children*, Rudolf Steiner Press, London.
Hecker, M. & Petersen, J. 1909: *Schillers Persönlichkeit Urteile der Zeigenossen und Dokumente*, Gesellschaft der Bibliophilen, Weimar.
Hegel, G. W. 1952: *Briefe von und an Hegel*, Bd. 1, Verlag von Felix Meiner, Hamburg.
Heidegger, M. 1961: *Nietzsche*, Bd. 1, Neske, Stuttgart. = 一九八六：薗田宗人訳『ニーチェ　I』、白水社。
ハイネマン、K　一九五八：大野俊一訳『ゲーテ伝（三）』、岩波書店。
ハイゼンベルク、W・K　一九六七：菊池栄一訳「ゲーテの自然像と技術・自然科学の世界―科学の抽象化への危惧に対して」、『朝日ジャーナル』六月四日号、朝日新聞社。
Hemleben, J. 1975: *Rudolf Steiner A Documentary Biography*, trans. Twyman, L., Henry Goulden, Sussex. = 二〇〇一：川合増太郎・定方明夫訳『シュタイナー入門』、ぱる出版。
Henrich, D. 1957: Der Begriff der Schönheit in Schillers Ästhetik, *Zeitschrift für philosophische Forschung 11*. = 一九八一：甲斐実道訳「シラーの美学における美の概念」、『海外事情研究』第八巻第二号、熊本商科大学海外事情研究所。
ハイデブラント、C　一九九二：西川隆範訳『子どもの体と心の成長』、イザラ書房。
Hoffmann, D. M. 1993: *Rudolf Steiner und Nietzsche-Archiv — Briefe und Dokumente 1894–1900*, Rudolf Steiner Verlag, Dornach.
Hölderlin, F. 1970: *Samtliche Werke und Briefe*, Bd. 2, Carl Hanser Verlag, München. = 一九六九：手塚富雄他訳『ヘルダーリン全集　四　論文／書簡』、河出書房新社。
Hörner, L. 1995: *Waldorfpadagogik und Naturphilosophie*, Peter Lang, Frankfurt am Main.
Humboldts, W. 1968: Über die männliche und weibliche Form, In: *Wilhelm von Humboldts gesammelte Schriften*, Bd. 1, Walter de Gruyter & Co., Berlin.
Jafke, F. 1973: Spielzeug von Eltern Selbstgemacht, Verlag Freies Geistesleben, Stuttgart. = 一九八九：高橋弘子『シュタイナー教育の手づくりおもちゃ』、地湧社。
Janz, R. P. 1998: Über die ästhetische Erziehung des Menschen in einer Reihe von Briefen, In: *Schiller-Handbuch*, hrsg. von Helmut Koopmann, Alfred Kröner Verlag, Stuttgart.

Jünemann, M & Weitmann, F. 1976: *Der Künstlerische Unterricht in der Waldorfschule Malen und Zeichnen*, Verlag Freies Geistesleben, Stuttgart. = 一九八八：鈴木一博訳『シュタイナー学校の芸術教育　六歳から一八歳までの美術の授業を中心に』、晩成書房。
Jaspers, K. 1974: *Nietzsche: Einführung in das Verständnis seines Philosophierens*, Walter de Gruyter, Berlin. = 一九六七：草薙正夫訳『ニーチェ（下）』、理想社。
Jung, C. G. 1967: *Psychologische Typen*, Rascher, Zürich. = 一九八七：林道義訳『タイプ論』、みすず書房。
Kant, I. 1913: *Briefwechsel von Imm. Kant* Bd. 3, Georg Müller, München. = 一九七七：観山雪陽・石崎宏平訳『カント全集第18巻　書簡集二』、理想社。
Kant, I. 192–: *Beobachtungen über das Gefühl des Schönen und Erhabenen*, F. Meiner, Leipzig. = 一九八二：上野直昭訳『美と崇高との感情性に関する観察』、岩波書店。
Kant, I. 1923: Briefe von und an Kant Teil 2., In: *Immanuel Kants Werke*, Bd. 10. herausgegeben von Ernst Cassirer, Bruno Cassirer, Berlin. = 二〇〇五：木阪貴行・山本精一訳『カント全集二二』、岩波書店。
Kindermann, H. 1952: Das Goethebild des XX. Jahrhunderts, Humboldt Verlag, Wien-Stuttgart.
Koch, J. & Wagner, G. 1990: *Die Individualität der Farbe*, Verlag Freies Geistesleben, Stuttgart. = 一九九八：松浦賢訳『色彩のファンタジー　ルドルフ・シュタイナーの芸術論に基づく絵画の実践』、イザラ書房。
コェプケ、H　一九九九：森章吾訳『9歳児を考える』、水声社。
コェプケ、H　二〇〇三：合原弘子訳『反抗期のシュタイナー教育—自立へと向かう遙かな旅』、学陽書房。
Koepke, E. 2002: *Goethe, Schiller und die Anthroposophie. Das Geheimnis der Ergaenzung*, Freies Geistesleben Gmbh, Stuttgart.
König, K. 1958: *Brüder und Schwestern*, Vandenhoeck & Ruprechet Verlagsbuchhandlung, Göttingen. = 一九九八：そのだとしこ訳『子どもが生まれる順番の神秘』、パロル舎。
ケーニッヒ、S　一九九九：高橋弘子訳『幼児のためのメルヘン』、水声社。
Kranich, J. M., Jünemann, H. B., Buhler, E., Schuberth, E. 1992: *Formenzeichnen*, Freies Geistesleben, Stuttgart. = 一九九四：森

章吾訳『フォルメン線描　シュタイナー学校での実践と背景』、筑摩書房。
クグラー、W　一九八七：久松重光訳『シュタイナー　危機の時代を生きる―学問・芸術と社会問題』、晩成書房。
Kutik, C. 1990: *Mit kleinen Kinderen spielen, erleben, schöpferisch sein zu Hause und in Spielgruppen*, Verlag Freies Geistesleben, Stuttgart. = 一九九六：森章吾訳『遊びとファンタジー　親子で考えるシュタイナー幼児教育』、水声社。
Kutzli, R. 1987: *Entfaltung Schöpferischer Kräfte durch lebendiges Formenzeichnen I & II*, NovalisVerlag, Schaffhausen. = 一九九七：石川恒夫訳『フォルメンを描く　I』、晩成書房。 = 一九九八：石川恒夫訳『フォルメンを描く　II』、晩成書房。
Lachman, G. 2007: *Rudolf Steiner: An Introduction to His Life and Work*, Penguin Books, London.
Lehmann, R. 1921: *Die Deutschen Klassiker*, Herder-Achiller-Goethe, Verlag von Felix Meiner, Leipzig.
Lindenberg, C. 1994: Wissen, worum es geht-oder: Die ＜Philosophie der Freiheit＞ als philosophische Anthropologie gelesen, In: Dietz, K. M. (Hrsg.): *Rudolf Steiners ＜Philosophie der Freiheit＞ Eine Menschenkunde des höheren Selbst*, Verlag Freies Geistesleben, Stuttgart.
Lindenberg, C. 1997: *Rudolf Steiner. Eine Biographie Bd. 1 1861–1914*, Freies Geistesleben, Stuttgart.
Lindenberg, C. 1997: *Rudolf Steiner. Eine Biographie. Bd. 2 1915–1925*, Freies Geistesleben, Stuttgart.
Löwith, K 1956: *Nietzsches Philosophie der ewigen Wiederkehr des Gleichen*, Kohlhammer, Stuttgart. = 一九六〇：柴田治三郎訳『ニーチェの哲学』、岩波書店。
Lukács, G. 1956: Zur Ästhetik Schillers, In: *Beiträge zur Geschichte der Ästhetik*, Aufbau-Verlag, Berlin. = 一九六九：古見日嘉訳「シラー美学によせて」、『ルカーチ著作集　七』、白水社。
Lutz, H. 1967: Schillers Anschauungen von Kultur und Natur, In: *Germanische Studien Heft60–62*, Kraus, Nendeln.
Martin, M. 1998: *Anthroposophie was ist das? Einführung in die Geisteswissenschaft Rudolf Steiners*, Oratio Verlag, Postfach.
マン、P　一九九七：上野成利訳「美学イデオロギー（三）」、『批評空間』第二期第一五号、太田出版。
メイ、R　一九九二：伊東博訳『美は世界を救う』、誠信書房。
Marucuse, H. 1956: *Eros and Civilization: A Philosophical Inquiry into Freud*, Routledge, London.

McDermott. R. A. (Edited and introduced) 2007: *The Essential Steiner*, Lindisfarne, Great Barrington.
Mead, G. H. 1936: *Movements of Thought in the Nineteenth Century*, the University of Chicago Press, Chicago & London.
ムーヘ、F 二〇〇二：泉本信子・中山やちよ訳『シュタイナー学校の音楽の授業』、音楽之友社。
ミュラー＝ラウター、W 一九八三：秋山英夫・木戸三良訳『ニーチェ・矛盾の哲学』、以文社。
ノイシュツ、K 一九九九：寺田隆生訳『おもちゃが育てる空想の翼 シュタイナーの幼児教育』、学陽書房。
Niederhäuser, H. R. 1971: *Formenzeichnen: ein pädagogisch künstlerischer Inmpuls Rudolf Steiners*, Zbinden Verlag, Basel. ＝一九八九：高橋巖訳『シュタイナー学校のフォルメン線描』、イザラ書房。
Nietzsche, F. W. 1934: Jugendschriften 1861–1864, In: *Werke und Briefe: historisch-kritische Gesamtausgabe*, Bd. 2, C. H, Beck' sche Verlagsbuchhandlung, München.
ニーチェ、F 一九六八：塚越敏訳「ペーターガスト宛て書簡」、『書簡集Ⅰ』、理想社。
ニーチェ、F 一九六九ａ：Götzen-Dämmerung, *Nietzsche Werke VI 3*, Walter de Gruyter & Co, Berlin. ＝一九九四：原佑訳『偶像の黄昏 反キリスト者』、筑摩書房。
ニーチェ、F 一九六九ｂ：*Also sprach Zarathusrtra*, Alfred Kröner Verlag, Stuttgart.
Nohl, H. 1970: *Die Deutsche Bewegung: Vorlesungen und Aufsätze zur Geistesgeschichte von 1770–1830*, herausgegeben von Otto Friedrich Bollnow und Frithjof Rodi, Vandenhoeck & Ruprecht, Göttingen. ＝一九九七：島田四郎監訳『ドイツ精神史―ゲッチンゲン大学講義』、玉川大学出版部。
Palmer, O. 1975: *Rudolf Steiners on his Book The Philosophy of Freedom*, Anthroposophic Press, United States.
ピヒト、G 一九九一：青木隆嘉訳『ニーチェ』、法政大学出版局。
Pries, C. 1989: *Das Erhabene: Zwischen Grenzerfahrung und Größenwahn*, VCH Acta Humaniora, Weinheim.（プリースの *Das Erhabene* の邦訳は富山大学人間発達科学部の野平慎二先生の未発表の翻訳を参照させていただいた。）
Querido, R. M. 1982: *Creativity in Education: The Waldolorf Approach*, International book. ＝一九九〇：佐々木正人訳『シュタイナー教育の創造性』、小学館。

ライチェル、B　二〇〇九：入間カイ訳『乳幼児のためのシュタイナー保育』、水声社。
Read, H. 1945: *Education Through Art*, Faber and Faber, London. ＝一九五三：植村鷹千代訳『芸術による教育』、美術出版社。
ラインハルト、G編　一九八六：伊藤勉・中村康二・長谷川淳基・吉用宣二・石井良訳『ルドルフ・シュタイナーの社会変革構想—社会機構三層化運動の理論と実践』、人智学出版社。
Rist, G & Schneider P. 1979: *Integrating vocational and general education: a Rudolf Steiner School: case study of the Hibernia School, Herne, Federal Republic of Germany*, Unesco Institute for Education, Hamburg.
Roszak, T. 1976: *Unfinished animal: the aquarian frontier and the evolution of consciousness*, Faber, London. ＝一九九五：志村正雄『意識の進化と神秘主義』、紀伊国屋書店。
Schiller, J. C. F. 1983: *Maria Stuart; Die Jungfrau von Orleans*, H. Bohlaus Nachfolger, Weimar. ＝一九五七：相良守峯訳『マリア・ストゥアルト』、岩波書店。
Schiller, J. C. F. 2002a: *Briefe 1772–1795*, Deutscher Klassiker Verlag, Frankfurt am Main.
Schiller, J. C. F. 2002b: *Briefe 1795–1805*, Deutscher Klassiker Verlag, Frankfurt am Main.
Schiller, J. C. F. 1961: *Über die ästhetishe Erziehung des Menschen*, Verlag Freies Geistesleben, Stuttgart.
＝一九八二：浜田正秀訳「人間の美的教育について—連続書簡」、『美的教育』所収、玉川大学出版部。
＝一九七七：石原達二訳「人間の美的教育について」、『美学芸術論集』所収、冨山房。
※シラー『人間の美的教育についての書簡』の引用の際には、浜田訳と石原訳、二種類の翻訳を参照させていただいた。
Schiller, J. C. F. 1964: *Shillers Werke Briefuechsel 1794–1795*, Nationalausgabe, Weimar.
＝一九四三：菊池栄一訳『往復書簡　ゲーテとシルレル　上巻』、櫻井書店。
Schiller, J. C. F. 1965: *Die Götter Griechenlands*, In: *Sämtliche Werke*, Bd. 1, Carl Hanser Verlag, München. ＝一九五九：新関良三訳『世界文学大系18　シラー』、筑摩書房。
Schiller, J. C. F. 1980a: Über das Erhabene, In: *Sämtliche Werke*, Bd. 5, Carl Hanser Verlag, München.
Schiller, J. C. F. 1980b: Über Anmut und Würde, In: *Sämtliche Werke*, Bd. 5, Carl Hanser Verlag, München. ＝一九四一：新関良

三編「優美と品位について」、『シラー選集（二）』、冨山房。
Schiller, J. C. F. 1980c: Über den Zusammenhang der tierischen Natur des Menschen mit seiner geistigen, In: *Sämtliche Werke*, Bd. 5, Carl Hanser Verlag, München. ＝一九四一：「人間の道徳的性質と精神的性質の関係について」、新関良編『シラー選集（二）』所収、冨山房。
Schiller, J. C. F. 1980d: Über naive und sentimentalische Dichtung, In: *Sämtliche Werke*, Bd. 5, Carl Hanser Verlag, München. ＝一九七七：石原達二訳「素朴文学と情感文学について」、『美学芸術論集』所収、冨山房。
Schiller, J. C. F. 1980e: Über das Pathetische, In: *Sämtliche Werke*, Bd. 5, Carl Hanser Verlag, München. ＝一九四一：新関良三編「激情的について」、『シラー選集（二）』所収、冨山房。
Schiller, J. C. F. 1980f: Über die notwendigen Grenzen beim Gebrauch schöner Formen, In: *Sämtliche Werke*, Bd. 5, Carl Hanser Verlag, München. ＝一九五五：高橋健二訳「美的形式の使用における必然的限界について」、『素朴文学と情感文学について』所収、岩波書店。
Schiller, J. C. F. & Goethe, J. W. 2005: Der Briefwechsel zwischen Schiller und Goethe, herausgegeben von Staiger, E., Insel Verlag, Frankfurt am Main und Leipzig.
シュナイダー、J・W　一九九三：高橋明男訳『メルヘンの世界観』、水声社。
Schubert, E. 1993: *Der Anfangsunterricht in der Mathematik an Waldorfschulen*, Verlag Freies Geistesleben, Stuttgart. ＝一九九五：森章吾訳『シュタイナー学校の算数の時間』、水声社。
スコペロ、M　一九九七：入江良平・中野千恵美訳『グノーシスとはなにか』、せりか書房。
Seddon, R. 1984: *Rudolf Steiner*, North Atlantic Books, California.
Seddon, R. 2005: *Philosophy as an Approach to the Spirit: An Introduction to the Fundamental Works of Rudolf Steiner*, Temple Lodge, East Sussex.
Selg, P. 2007: *Rudolf Steiners innere Situation zur Zeit der 《Philosophie der Freiheit》*, Verlag am Goetheanum, Dornach.
Sharpe, L. 1995: *Schiller's Aesthetic Essays: Two Centuries of Criticism*, Camden House, Columbia.

Shepherd, A. P. 1983: *Rudolf Steiner Scientist of the Invisible*, Floris Books, Edinburgh. = 一九九八：中村正明訳『シュタイナーの思想と生涯』、青土社。

Shusterman, R. 1992: *Pragmatist Aesthetics Living Beauty, Rethinking Art*, Blackwell, Oxford & Cambridge. = 一九九九：秋庭史典訳『ポピュラー芸術の美学―プラグマティズムの立場から』、勁草書房。

Sijmons, J. 2008: *Phänomenologie und Idealismus Struktur und Methode der Philosophie Rudolf Steiners*, Schwabe Verlag, Basel.

Simmel, G. 2003: Goethe; Deutschlands innere Wandlung Das Problem der historischen Zeit Rembrandt, In: *Georg Simmel Gesamtausgabe*, Bd. 15, Suhrkamp, Frankfurt am Main. = 一九四三：木村謹治訳『ゲーテ』、櫻井書店。

Spinks, L. 2003: *Friedrich Nietzsche*, Routledge, London & New York. = 二〇〇六：大貫敦子・三島憲一訳『フリードリヒ・ニーチェ』、青土社。

Spranger, E. 1972: Erzieher zur Humanität, In: *Eduard Spranger Gesammelte Schriften*, Bd. 11, Quelle & Meyer, Heidelberg.

Staiger, E. 1956: *Goethe 1786–1814*, Atlantis Verlag, Zürich. = 一九八一：小松原千里他訳『ゲーテ（中）』、人文書院。

Staiger, E. 1967: *Friedrich Schiller*, Atlantis Verlag, Zürich. = 一九八九：神代尚志他訳『フリードリヒ・シラー』、白水社。

Staley, B. K. 1988: *Between Form and Freedom: A Practical Guide to the Teenage Years*, Hawthon Press. = 一九九六：高橋明男訳『思春期の危機をのりこえる―シュタイナー教育の実践的十代論』、小学館。

Stein, H. 19–?：*Goethe und Schiller*, Reclam, Leipzig. = 一九四二：郡山千冬訳『ゲーテとシラー』、大観堂。

シュトラウス、M　一九八八：高橋明男訳『子どもの絵ことば』、水声社。

Swassjan, K. 1996: *The Ultimate Communion of Mankind: A Celebration of Rudolf Steiner's book The Philosophy of Freedom*, Temple Lodge, London.

Ulin, B. 1987: *Der Lösung auf der Spur. Ziele und Methoden des Mathematikunterrichts Erfahrungen aus der Waldorf Pädagogik*, Freies Geistesleben, Stuttgart. = 一九九五：丹羽敏雄・森章吾訳『シュタイナー学校の数学教育　数学が自由なこころをはぐくむ』、三省堂。

ワシントン、P　一九九九：白幡節子・門田俊夫訳『神秘主義への扉　現代オカルティズムはどこから来たか』、中央公論新社。
Wehr, G. 1972: *C. G. Jung und Rudolf Steiner: Konfrontation und Synopse*, Ernst Klett Verlag, Stuttgart. = 一九八二：石井良・深澤英隆訳『ユングとシュタイナー――対置と共観』、人智学出版社。
Wehr, G. 1977: *Der padagogische Impuls Rudolf Steiners*, Kindler Verlag, Müünchen.
ヴァイス、T・J 一九九三：高橋明男訳『魂の保護を求める子どもたち』、水声社。
Welburn, A. 2004: *Rudolf Steiner's Philosophy and the crisis of contemporary thought*, Floris books, Edinburgh.
Wilkinson, R. 1993: *Rudolf Steiner on Education: A Compendium*, Hawthorn press, Gloucestershire.
Willkinson, R. 2001: *Rudolf Steiner: An Introduction to his Spiritual World-view, Anthroposophy*, Temple Lodge, East Sussex.
Wilson, C. 2005: *Rudolf Steiner: the man and his vision*, Aeon, London. = 一九九四：中村保男・中村正明訳『ルドルフ・シュタイナー』、河出書房新社。
Witzenmann, H. 1988: *Die Philosophie der Freiheit als Grundlage kunstlerischen Schaffens*, Gideon Spicker Verlag, Dornach.
Windelband, W. 1921: *Lehrbuch der Geschichte der Philosophie*, Verlag von J. C. B. Mohr (Paul Siebeck), Tübingen. = 一九三三：井上忻治訳『一般哲学史　第四巻』、第一書房。
Wünsch, W. 1995: *Menschenbildung durch Musik*, Freies Geistesleben, Stuttgart. = 二〇〇七：森章吾訳『シュタイナー学校の授業　音楽による人間形成』、風濤社。
Zweig, S. 1929: *Der Kampf mit dem Dämon: Hölderlin, Kleist, Nietzsche*, Insel Verlag, Leipzig. = 一九七三：杉浦博訳『ツヴァイク全集九　デーモンとの闘争』、みすず書房。

浅田豊 一九七八：「ルドルフ・シュタイナーにおける美学のあり方と芸術の使命」、『ルドルフ・シュタイナー研究』創刊号、ルドルフ・シュタイナー研究発行所。
浅田豊 一九九一：「訳者あとがき」、シュタイナー、R（浅田豊訳）『ゲーテ的世界観の認識論要綱』、筑摩書房。
芦津丈夫 一九八八：『ゲーテの自然体験』、リブロポート。

麻生建　一九七二：「ニーチェとアフォリズム」、氷上英廣編『ニーチェとその周辺』、朝日出版社。
今井重孝　一九九六：「ルドルフ・シュタイナーと倉橋惣三：両者の幼児教育思想の類似性と類似性を生み出した原因について」、『東京工芸大学工学部紀要　人文・社会編』第一八巻第二号、東京工芸大学工学部。
今井重孝　一九九八：「シュタイナー認識論の現代的射程」、『ホリスティック教育研究』第一号、日本ホリスティック教育協会。
今井重孝　二〇〇八：「シュタイナーのライフサイクル論―死後の生活も射程に入れて」、武川正吾・西平直編『死生学三　ライフサイクルと死』、東京大学出版会。
今井重孝　二〇一〇：「三つのシュタイナー学校卒業生調査の主要結果について」、『教育人間科学部紀要』第一号、青山学院大学。
岩切利雄　一九七六：「シラーの『アウグステンブルク王子宛書簡』と『美的教育書簡』の関連について」、『ドイツ文学論集』、水野忠敏教授・滝沢寿一教授退官記念論集刊行会。
内村鑑三　一九五八：「宗教と文学」、『現代日本文学全集五一　福沢諭吉　内村鑑三　岡倉天心集』、筑摩書房。
衛藤吉則　一九九八：「ルドルフ・シュタイナーの人智学的認識論に関する一考察」、『教育哲学研究』第七七号、教育哲学会。
大石紀一郎・大貫敦子・木前利秋・高橋順一・三島憲一編　一九九五：『ニーチェ事典』、弘文堂。
大石昌史　一九九七：「自然・芸術・神話―ニーチェにおけるゲーテ的世界観の変容―」、『モルフォロギア―ゲーテと自然科学―』第一九号、ナカニシヤ出版。
大槻裕子　二〇〇七：『ゲーテとスピノザ主義』、同学社。
大貫隆　二〇〇一：「原グノーシスとグノーシス的なるもの」、大貫隆・島薗進・高橋義人・村上陽一郎編『グノーシス陰の精神史』、岩波書店。
小野文生　二〇〇九：「教育と宗教・超越の〈紐帯〉を思考することについて―『教育哲学研究』の半世紀を読み直す」、『教育哲学研究』第一〇〇号、教育哲学会。

小野村胤久　一九六四：「ゲーテのファウストにおける自由とシラー」、『奈良学芸大学紀要　人文・社会科学』第一二巻、奈良学芸大学。
勝田守一　一九三六：『シェリング』、弘文堂書房。
金田民夫　一九六八：『シラーの芸術論』、理想社。
神尾学編・岩間浩・今井重孝・金田卓也著　二〇〇五：『未来を開く教育者たち ── シュタイナー・クリシュナムルティ・モンテッソーリ……』、コスモス・ライブラリー。
河津雄介　一九八七：『シュタイナー学校の教師教育―シュタイナー教育教員養成ゼミナール体験記』、創林社。
川村和宏　二〇〇一：「シュタイナーがエンデに与えた影響」、『茨城大学独文学論集』第一号、茨城大学独文学論集編集委員会。
川村和宏　二〇〇四：「ゲーテの『メルヒェン』について―象徴的な解釈とシュタイナーの確信―」、『東北ドイツ文学研究』第四八号、東北ドイツ文学会。
木田元　二〇〇二：『マッハとニーチェ　紀転換期思想史』、新書館。
北原博　二〇〇五：『ゲーテの秘密結社―啓蒙と秘教の世紀を読む』、大阪公立大学共同出版会。
吉良創　二〇〇一：『シュタイナー教育　おもちゃと遊び』、学習研究社。
小泉進　一九八一：「R・シュタイナーの「ゲーテ自然科学」論」、『モルフォロギア―ゲーテと自然科学―』第三号、ナカニシヤ出版。
小杉英了　二〇〇〇：『シュタイナー入門』、筑摩書房。
五郎丸仁美　二〇〇四：『遊戯の誕生　カント、シラー美学から初期ニーチェへ』、国際基督教大学比較文化研究会。
酒井玲子　二〇〇三：「社会問題の革新と人間教育の役割：F・フレーベル、R・シュタイナーの教育論から」、『北星学園大学文学部北星論集』第四〇号、北星学園大学文学部。
信太正三　一九六九：『永遠回帰と遊戯の哲学―ニーチェにおける無限革命の論理』、勁草書房。
柴山英樹　二〇〇五ａ：「シュタイナーの色彩論に関する思想史的考察」、『近代教育フォーラム』第一四号、教育思想史学会。
柴山英樹 二〇〇五b：「ルドルフ・シュタイナーにおける「身体」・「リズム」・「教育」の関係をめぐって―エミール・ジャック＝ダルクローズとの比較考察を通じて」、『教育哲学研究』第九一号、教育哲学会。
柴山英樹 二〇〇八：「シュタイナーの人間観に関する考察―一九世紀自然科学との対峙という視覚から―」、臨床教育人間学会編『臨床教育人間学三 生きること』、東信堂。
薗田宗人 一九七二：「詩人の像―ニーチェ『ツァラトゥストラ』の研究Ⅲ―」、『人文研究 ドイツ語・ドイツ文学』第二四巻第三分冊、大阪市立大学文学部。
高橋巖 一九八〇：『神秘学講義』、角川書店。
高橋巖 一九八四：『シュタイナー教育入門―現代日本の教育への提言』、角川書店。
高橋巖 一九八四／八五：「ユングとシュタイナー」、『リーリエ』、第五、六、七号、リーリエ。
高橋巖 一九八六：『若きシュタイナーとその時代』、平河出版社。
高橋巖 一九八七：『シュタイナー教育の方法』、角川書店。
高橋巖 一九八九a：『シュタイナーの治療教育』、角川書店。
高橋巖 一九八九b：『現代の神秘学』、角川書店。
高橋巖 二〇〇九：『シュタイナー 生命の教育』、角川学芸出版。
高橋巖監修 一九八六：『オイリュトミー 新しい人間創造のための言語音楽芸術』、泰流社。
高橋弘子編 一九九八：『オイリュトミーの世界』、水声社。
高橋義人 一九八二：「解題」、ゲーテ、J・W（高橋義人編訳・前田富士男訳）『自然と象徴―自然科学論集』、冨山房。
高橋義人 一九八八：『形態と象徴―ゲーテと「緑の自然科学」―』、岩波書店。
高橋義人 二〇〇一：「哲学・文学・芸術の中のグノーシス」、大貫隆・島薗進・高橋義人・村上陽一郎編『グノーシス 異端と近代』、岩波書店。
竹田純郎 一九九七：「近さと隔たり―ゲーテとニーチェのあいだ」、『モルフォロギア―ゲーテと自然科学―』第一九号、ナカニシヤ出版。
田島正樹 二〇〇三：『ニーチェの遠近法』、青弓社。
恒吉良隆 一九九九：「ニーチェ資料館とエリーザベト・フェルスター・ニーチェ（Ⅱ）—エリーザベトとルドルフ・シュタイナー—」、『文藝と思想』第六三号、福岡女子大学文学部。
利光功 一九八三：「シラーの『美的教育』について」、東京大学美学藝術学研究室『美学史論叢』、勁草書房。
土橋寶 一九九六：『ゲーテ教育学研究—その世界観・遊戯観・人間形成観』、ミネルヴァ書房。
内藤克彦 一九八八：「シラーの美的教育の理念について」、『アカデミア 文学・語学編』第四四号、南山大学。
内藤克彦 一九九九：『シラーの美的教養思想—その形成と展開の軌跡—』、三修社。
長尾十三二 一九八二：「ペスタロッチとシュタイナー—素描的詩論—」、『人智学研究』第三号、人智学出版社。
長倉誠一 二〇〇三：『人間の美的関心考』、未知谷。
中村雄二郎 一九九〇：「ゲーテ自然学の豊かさ—「かたちのオディッセイ」を書き終えて—」『モルフォロギア—ゲーテと自然科学—』第一二号、ナカニシヤ出版。
西川隆範 一九八七：『シュタイナー思想入門』、水声社。
西川隆範 一九九五：『あなたは七年ごとに生まれ変わる』、河出書房新社。
西川隆範編 二〇〇八：『シュタイナー用語辞典【新装版】』、風濤社。
西平直 一九九七：『魂のライフサイクル ユング・ウィルバー・シュタイナー』、東京大学出版会。
西平直 一九九九：『シュタイナー入門』、講談社。
西平直 二〇〇三：「シュタイナー教育のアート—「フォルメンが想像力を育む」とはどういうことか」、佐藤学・今井康雄編『子どもたちの想像力を育む』、東京大学出版会。
西村拓生 一九九九：「〈プリズム〉としてのシラー『美育書簡』」、『近代教育フォーラム』第八号、教育思想史学会。
西村拓生 二〇〇三：「「美しい仮象の国」はどこにあるのか？—シラーの『美育書簡』をめぐる、仮象の人間形成論のための覚え書」、矢野智司・鳶野克己編『物語の臨界—「物語ること」の教育学』、世織書房。

新田義之　一九八二：「訳者解説」、シュタイナー、R（新田義之訳）『神秘劇　I』、人智学出版社。
新田義之　一九八三：「解説」、シュタイナー、R（新田貴代・坏正男訳）『メールヒェン、『緑の蛇と百合姫のメールヒェン』に開示されたゲーテの精神』所収、人智学出版社。
長谷川哲哉　二〇〇一：「シラーの美的教育論とミューズ教育思想」、『和歌山大学教育学部紀要　教育科学』第五一集、和歌山大学教育学部。
秦理恵子　二〇〇一：『シュタイナー教育とオイリュトミー』、学陽書房。
浜田正秀　一九八二：「訳者解説」、シラー、J・C・F（浜田正秀訳）『美的教育』所収、玉川大学出版部。
樋口純明　二〇〇九：「エンデのルドルフ・シュタイナー思想受容について」、『日本独文学会研究叢書　六四　エンデ文学におけるファンタジー』、日本独文学会。
広瀬俊雄　一九八八：『シュタイナーの人間観と教育方法　幼児期から青年期まで』、ミネルヴァ書房。
平山敬二　一九八八：「シラーの崇高論―カント美学の受容における異見的一局面」、『美学』第一五三号、美学会。
平山敬二　一九九九：「シラー思想とボイスの思想―美的国家の構築をめぐって―」、『ヨーゼフ・ボイス―ハイパーテクストとしての芸術』、慶応義塾大学アート・センター。
深澤英隆　二〇〇一：「ルドルフ・シュタイナーとグノーシス主義」、大貫隆・島薗進・高橋義人・村上陽一郎編『グノーシス　異端と近代』、岩波書店。
堀内節子　二〇〇〇：『〇歳から七歳までのシュタイナー教育』、学習研究社。
本田博之　二〇〇四：「フィヒテとシラーの美的衝動論」、『上智哲学誌』第一六号、上智大学大学院哲学研究科。
前田博　一九六六：『ゲーテとシラーの教育思想』、未来社。
前田博　一九七九：『教育の本質』、玉川大学出版部。
松浦賢　一九九五：「解説とあとがき」、シュタイナー、R（松浦賢訳）『悪の秘儀　アーリマンとルシファー』松浦賢訳、イザラ書房。
三浦信一郎　一九八七：「人間性完成の理想としての美　―シラーの美学―」、太田喬夫他編『美・芸術・真理―ドイツの美学者たち―』、昭和堂。
村上陽一郎 二〇〇一:「グノーシスと陰の精神史」、大貫隆・島薗進・高橋義人・村上陽一郎編『グノーシス 陰の精神史』、岩波書店。
森本倫代 二〇〇六:「ニーチェの「超人」思想―シュタイナーのニーチェ論をてがかりに」、『東京工芸大学芸術学部紀要』第一二号、東京工芸大学芸術学部。
山下純照 一九八八:「シラーの美的教育論―「手段」としての美と「目的」としての美の関係」、『待兼山論叢 美学篇』第二二号、大阪大学文学部。
山田忠彰 一九九七:「スタイルの詩学―ニーチェのゲーテ観をめぐって―」、『モルフォロギア―ゲーテと自然科学―』第一九号、ナカニシヤ出版。
山脇直司 二〇〇一:「ドイツ観念論とキリスト教グノーシス」、大貫隆・島薗進・高橋義人・村上陽一郎編『グノーシス 異端と近代』、岩波書店。
吉澤傳三郎 一九六四:『パスカルとニーチェ』、勁草書房。
吉田敦彦・井藤元・水田真由・河野桃子・纐纈好子 二〇〇九:「シュタイナー教育を思想史的に研究するということ」、『近代教育フォーラム』第一八号、教育思想史学会。
吉田武男 二〇〇八:『シュタイナーの人間形成論―道徳教育の転換を求めて』、学文社。
芳原雅弘 二〇〇三:『ゲーテとフランス革命』、行路社。

初出一覧

各章の元になった初出論考は以下の通りである。ただし、本書の文脈に従ってそれぞれ大幅に改稿している。

序章　書き下ろし

第Ⅰ部

第1章　書き下ろし

第2章　「シラー美的教育論をめぐる諸論の包越に向けて―『美的書簡』批判の四類型」、『東京大学大学院教育学研究科紀要』第四七号、東京大学大学院教育学研究科、二〇〇七年、一―九頁。

第3章　「シュタイナーのゲーテ『メールヒェン』論―ゲーテ、シラー、シュタイナーの思想的邂逅」、『ホリスティック教育研究』第一二号、日本ホリスティック教育協会、二〇〇九年、一―一三頁。

第4章　「ゲーテ＝シラーへの複眼的眼差し―人智学の通奏低音としての『美的書簡』―」、『モルフォロギア―ゲーテと自然科学―』第三二号、ナカニシヤ出版、二〇一〇年、九三―一二三頁。

補論1　「『崇高論』によるシラー美的教育論再考―シラー美的教育論再構築への布石」、『京都大学大学院教育学研究科紀要』第五五号、京都大学大学院教育学研究科、二〇〇九年、一七三―一八七頁。

補論2　「シラー『美的書簡』における「遊戯衝動」―ゲーテ文学からの解明」、『研究室紀要』第三三号、東京大学大学院教育学研究科教育学研究室、二〇〇七年、八九―一〇〇頁。

第Ⅱ部

第5章　「人智学の基盤としてのゲーテ自然科学―自己認識への準備―」、『ホリスティック教育研究』第一四号、日本ホリスティック教育協会、二〇一一年、五八―七二頁。

第6章　「シュタイナー「ニーチェ論」の思想史的検討―試金石としてのニーチェ」、『臨床教育人間学』第九号、京都大学大学院教育学研究科臨床教育学講座、二〇〇八年、九―一九頁。
及び
「シュタイナーとニーチェ―ニーチェ論に潜在するゲーテ的自然観」、『京都大学大学院教育学研究科紀要』第五七号、京都大学大学院教育学研究科、二〇一一年、八一―九五頁。

第7章　書き下ろし

第Ⅲ部

第8章　「ゲーテ『ファウスト』の神智学的解明―シュタイナー人間形成論の縮図」、『ホリスティック教育研究』第一三号、日本ホリスティック教育協会、二〇一〇年、三一―四四頁。

第9章　「シュタイナーの『ファウスト』論―『ファウスト』解釈に秘められた「自由」の哲学」、『京都大学大学院教育学研究科紀要』第五六号、京都大学大学院教育学研究科、二〇一〇年、九七―一〇九頁。

第10章　「シュタイナーとゲーテ『メールヒェン』―『メールヒェン』解釈に秘匿されたシュタイナーの人間形成論」、『臨床教育人間学』第一〇号、京都大学大学院教育学研究科臨床教育学講座、二〇〇九年、九―二〇頁。
及び
「「自由」獲得の前提としての「自己変容」―シュタイナー人間形成論における「自由」の内実」、『京都大学大学院教育学研究科「心が活きる教育のための国際的拠点」研究開発コロキアム論文集　人間形成における「超越性」の問題―自己変容・ケア・関係性―』、京都大学大学院教育学研究科、二〇一〇年、二二四―二三二頁。

補論3　「人智学的「自由」の射程―ライフサイクル論・宇宙進化論・社会有機体論」、『京都大学大学院教育学研究科「心が活きる教育のための国際的拠点」研究開発コロキアム論文集　人間形成における「超越性」の問題（Ⅱ）―自己変容・ケア・関係性―』、京都大学大学院教育学研究科、二〇一一年、五九―六八頁。

終章　書き下ろし

あとがき

幼少期に短い期間ではあるが、スイスのシュタイナー学校で過ごした。チューリッヒのユング研究所に留学した父が是非とも子どもにシュタイナー教育を受けさせたいと考え、私と妹がこの学校に通うことになったのだ。あれから二十五年がたったが、いまでも時々断片的な記憶が甦ってくることがある。担任の先生が黒板に描いた絵があまりに綺麗で、この人は魔法使いなのではないかと感嘆したこと。黒板消し係に任命されたとき、先生が黒板に描いてくれた美しい絵を消すのが躊躇われてしばらく消すことができなかったときのこと。最後の登校日に「また必ず戻ってくるから」と担任の先生に泣いて訴えたこと……。あの教育は四半世紀を経たいまも、鮮烈な体験として筆者の内に刻み込まれている。

大学に入って進路に迷っていたとき、子安美知子先生の『ミュンヘンの小学生』（中央公論新社、一九七五年）を読んだ。シュタイナー教育の実践を驚きと共に綴った本書の頁をめくるたびに、眠っていた記憶が呼び覚まされるような不思議な感覚に襲われた。自分が幼き日に受けた教育がいかに特殊な教育であったか、あらためてこの教育と出会いなおすこととなったのである。

もう一歩踏み込んで学んでみようと思い、シュタイナーの著作を手当たり次第読んだ。図書館に籠り、片っ端からシュタイナーの著作を読んでいった。けれども、私は人智学用語が氾濫するテクストの内容をほとんど理解することができなかった。彼の教育論、『霊学の観点からの子どもの教育』を手に取ったときには、さすがに自分には体験があるのだから、少しは実感を伴った形で理解できるだろうと読み始めたが、期待は見事に打ち砕かれた。シュタイナー教育のあの楽しかった経験とシュタイナー自身のテクストに書かれている内容が自分の中でどうしてもうまくつながらなかったのである。そして、シュタイナー思想がオカルトとして敬遠され、教育学の中では厄介な存在であることをこの時期に知った。ある先生からは「シュタイナーを研究しているというだけでアカデミックな世界では色眼鏡で見られる」と忠告をいただき、シュタイナーを研究することで背負わねばならないものがあることを思い知らされた。

そんな中、別の先生から「井藤さんは恵まれている。三〇年前だったらシュタイナー教育を公然と研究することは難しかっただろう」とお言葉をいただいた。三〇年前ならば相手にされなかったものが、時代が移り変わり、いまでは以前ほどシュタイナーに対する風当たりは強くない。やり方次第では、シュタイナー研究を「学術論文」としてまとめてゆくことも可能である。実践のあれほどまでの普及に比して思想研究の遅れの著しさが痛感される。地道な思想研究の必要性が高まっているのではないか。

けれども、あくまで「やり方次第」である。シュタイナーを学術的な場で扱ってゆくということはやはり容易なことではない。

博士論文をシュタイナーで書こうと決めてからはどのようにシュタイナーに接近してゆくか、その戦略を練ることで頭を悩ませた。何とか方法論を固めたあとも、常に「バランス」を意識しながらの作業となった。どこまでならば許され、どこから先が一線を越えているのか。きちんとバランスを保つことができているか。シュタイナーにのめり込んでいくとそれを判断する感覚が狂ってくる。一線を越えるか超えないかのところでいつも悩んだ。安全地帯でシュタイナーを論じているだけでは、シュタイナーの核心に迫ることができない。けれども、深く入り込み過ぎれば、今度は人智学に呑み込まれてしまう。秘教のヴェールをまとっている諸問題の中から、アカデミズムの承認を得ることのできる思想領域をいかに発掘できるか。そのための確かな手がかりが、ゲーテ、シラー、ニーチェであった。

本書はそうした綱渡りの中で書き上げられた。ともかくも思想研究というフィールドで論ずることを使命と考え、ゲーテ、シラー、ニーチェを媒介者として可能な限りシュタイナーに接近した。三思想家を通じて読み解くことで、徹底して思想研究という地平に止まったのである。こうした方法論を貫き、霊的指導者時代の彼の思想への深入りを避けたため、本書は人智学の総本山にまで切り込むことはできなかった。人智学に深く入り込み、その世界観をあますところなく捉えるには、ゲーテ、シラー、ニーチェの枠組みでは不十分なのである。この点において、人智学を深く学んでおられる向きには、本書は物足りない内容となっているかもしれない。だが、広く人智学の秘教的問題を扱うことはできなかったにしても、シュタイナー人間形成論の最重要課題である「自由」獲得の問題については、その根本的構図を抽出できたのではないかと思う。本書で強調した通り、シュタイナーは三思想家の核心の内に「自由」の問題を見出したのである。

振り返ってみれば、本書で試みたのは、シュタイナーがゲーテ研究において試みたのと同様の試みであったかもしれない。本書で示した通り、シュタイナーはゲーテ生誕一五〇周年の年（一八九九年）に、『メールヒェン』解釈を通じてゲーテ文学に隠された秘密の開示を試みた。本書もまた、シュタイナーのゲーテ、シラー、ニーチェ研究の解読を通じて、人智学に潜在する人間形成論的構図の顕在化を試みるものであった。シュタイナーもまた奇しくも二〇一一年に生誕一五〇周年を迎えたが、シュタイナー思想の源流を辿る中で、この思想を支える基本構図を浮き彫りにさせることが本書の課題であった。

本書は二〇一一年三月に京都大学大学院教育学研究科より博士（教育学）の学位を授与された学位論文

「シュタイナー人間形成論における「自由」の構図――試金石としてのゲーテ、シラー、ニーチェ――」に加筆・修正したものである。

学部時代から大学院時代に至るまで、三つの大学をまたいでの筆者自身の「遍歴」は数限りない学恩に恵まれたものであった。法政大学での学部時代には岩本努先生、山崎鎮親先生にお世話になった。両先生からは経済学部に在籍しながらも「教育学」を志し、孤軍奮闘していた筆者に、一から教育学の手ほどきをしていただいた。

東京大学大学院に進学して以降は西平直先生の薫陶を受けた。学部二年生の時、先生の著書に出会い、「これだ」と探し物を見つけた喜びに打たれた。何の面識もない中、勇気を出して「先生の講義を受けさせていただけないか」と不躾にも東大の研究室宛に直接手紙を書いた。いただいたご返書はどこの馬の骨ともわからぬ筆者をあたたかく迎えてくださる内容で心底恐縮したのであるが、それ以上に、手紙の裏面に記されていた先生のご住所を見て驚いた。なんと先生は筆者の下宿先と同じ八王子の町内にお住まいだったのである。不思議なご縁を感ぜずにはいられなかった。あれから一〇年余、先生にいただいた御恩は計り知れない。先生のお導きなくしていまの私は有り得ない。

東京大学の今井康雄先生には学部時代から講義やゼミに参加させていただき、厳しくご指導をいただいた。今井先生の講義では、思想史の途方もないエネルギーに圧倒され、感激し、講義中に涙が止まらなかったこともある。

指導教員である西平直先生が京都大学へと異動されたことに伴い、博士課程から京都大学大学院でお世話になった。京都大学の「自由」薫る学風の中で、文字通り自由な発想を許され、のびのびと論文を執筆することができた。

論文審査の主査をつとめてくださった西平直先生をはじめ、副査の矢野智司先生、山名淳先生に心からの感謝を申し述べたい。あらゆる意味で困難を伴うシュタイナー研究の過程で助言をくださった先生方、今井重孝先生、吉田敦彦先生、中川吉晴先生、西村拓生先生、高橋義人先生、生田久美子先生、齋藤直子先生、粂川麻里生先生にも深くお礼を申し上げたい。先生方からいただいた無限大の御恩への感謝は、いかなる表現を用いても本書の残された数行に到底収まりきるものではない。

また、京都大学学術出版会の國方栄二さんには編集段階で大変お世話になった。若輩者で出版に関して右も左もわからない筆者に的確な助言をあたえてくださり、本書を完成に導いてくださった。國方さんに編集を担当していただいたことは本当に幸運であった。深甚の謝意を表する次第である。

最後に、小学校時代の『論語』の素読にはじまり、いつも厳しく、無数の助言をくれた父に本書を捧げたい。同時にいつもあたたかく筆者を見守ってくれた母、妹、祖母、亡き祖父、そしてパートナーの由佳にも心から感謝する。数限りない後押しを背に受けて、感謝と共に本書を送り出す。

二〇一一年秋　　　　井藤　元

本書の刊行にあたっては、京都大学の平成二十三年度総長裁量経費　若手研究者に係る出版助成事業による助成を受けた。

人 名 索 引

事 項 索 引

サ行

タ行

ナ行

著者紹介

井藤 元（いとう・げん）

1980年愛知県生まれ。2011年京都大学大学院教育学研究科博士課程修了。
博士（教育学）。2009-2011年日本学術振興会特別研究員DC。
現在、大阪成蹊短期大学児童教育学科専任講師。

主な著作
『学校史でまなぶ日本近現代史』（共著、地歴社、2007年）、『「対人援助学」キーワード集』（共著、晃洋書房、2009年）、『教育原理』（共著、一藝社、2012年）、『子どもの心によりそう保育原理』（共著、福村出版、2012年）、『子どもの心によりそう保育者論』（共著、福村出版、2012年）、『子どもの心によりそう保育・教育課程論』（共著、福村出版、2012年）。

（プリミエ・コレクション 10）
シュタイナー 「自由」への遍歴
— ゲーテ・シラー・ニーチェとの邂逅

2012年5月1日 初版第一刷発行

著 者 井 藤 元
発行人 檜 山 爲 次 郎
発行所 京都大学学術出版会
京都市左京区吉田近衛町69番地
京都大学吉田南構内(〒606-8315)
電 話（075）761-6182
FAX（075）761-6190
URL http://www.kyoto-up.or.jp
振 替 01000-8-64677

ISBN978-4-87698-230-1
Printed in Japan

印刷・製本 ㈱クイックス
定価はカバーに表示してあります